本书为山东社科院创新工程重大支撑项目成果

儒家文化与东亚文明

孙聚友　石永之◎主编

中国社会科学出版社

图书在版编目(CIP)数据

儒家文化与东亚文明 / 孙聚友,石永之主编. —北京:中国社会科学出版社,2019.10（2020.6 重印）

ISBN 978-7-5203-5529-2

Ⅰ.①儒… Ⅱ.①孙…②石… Ⅲ.①儒家—中华文化—影响—文化研究—东亚—文集 Ⅳ.①B222.05-53②G131-53

中国版本图书馆 CIP 数据核字(2019)第 247849 号

出 版 人	赵剑英
责任编辑	冯春凤
责任校对	张爱华
责任印制	张雪娇

出 版	中国社会科学出版社
社 址	北京鼓楼西大街甲 158 号
邮 编	100720
网 址	http://www.csspw.cn
发 行 部	010-84083685
门 市 部	010-84029450
经 销	新华书店及其他书店
印 刷	北京君升印刷有限公司
装 订	廊坊市广阳区广增装订厂
版 次	2019 年 10 月第 1 版
印 次	2020 年 6 月第 2 次印刷
开 本	710×1000 1/16
印 张	25
插 页	2
字 数	408 千字
定 价	139.00 元

凡购买中国社会科学出版社图书,如有质量问题请与本社营销中心联系调换
电话:010-84083683
版权所有 侵权必究

前　言

　　优秀传统文化是一个国家、一个民族传承和发展的精神支撑和坚实根基，积淀着最深沉的精神追求，包含着最根本的精神基因，代表着独特的精神标识。两千多年来，儒家文化不仅在古代社会中对中华民族的发展壮大产生了重要的历史作用，而且以其优秀的思想对人类的文明进步，产生了深远广泛的影响。儒家文化是东亚文明的重要组成部分，东亚文明是由东亚各国共同参与建设的、独特的文明形态，它是以儒家文化为主导、通过多地域、多层面的交流与沟通而逐步形成和发展的。儒家文化就其精髓而言，集中体现为讲仁爱、重民本、守诚信、崇正义、尚和合、求大同等核心思想理念。这些文化精髓，展示了儒学对美好社会的理想追求。儒家文化塑造了东亚文明的基本底色，曾经对东亚各国的历史发展发挥了极为重要的作用。在当今社会中，儒家文化依然有其丰富而深邃的可借鉴的现代价值。正如习近平总书记指出，包括儒家思想在内的中国优秀传统文化中蕴藏着解决当代人类面临的难题的重要启示，中国优秀传统文化的丰富哲学思想、人文精神、教化思想、道德理念等，可以为人们认识和改造世界提供有益启迪，可以为治国理政提供有益启示，也可以为道德建设提供有益启发。对传统文化中适合于调理社会关系和鼓励人们向上向善的内容，我们要结合时代条件加以继承和发扬，赋予其新的涵义。为此，山东社会科学院将"儒家文化与东亚文明"列为本院创新工程的重大支撑项目，承担单位为国际儒学研究与交流中心。

　　为了进一步深入研究儒家文化与东亚文明的内在关系，山东社会科学院联合韩国国立安东大学于 2017 年 11 月 26 日，在山东省济南市共同主办了第四届中韩儒学交流大会。会议协办单位为中国孔子基金会、中国孔子研究院、韩国成均馆大学、韩国岭南大学，支援单位为山东省人民政府外事办公室、韩国驻青岛总领事馆，承办单位为山东社会科学院国际儒学研究与交流中心和韩国国立安东大学孔子学院。来自清华大学、复旦大学、中国社会科学院、武汉大学、同济大学、中山大学、山东大学、山东社会科学院、中国孔子研究院、韩国国立安东大学、韩国成均馆大学、韩国岭南大学、韩国启明大学、韩国建国大学、韩国江原大学、韩国放送通信大学等高等院校和研究机构的中韩两国八十多位儒学研究专家学者，从不同的国情与角度出发，围绕着"儒家文化与东亚文明"会议主题，进行了广泛深入探讨，剖析了儒家文化之于东亚文明的历史意义和当代价值。

优秀传统文化是一个国家、一个民族传承和发展的根本，如果丢掉了，就割断了精神命脉。我们要善于把弘扬优秀传统文化和发展现实文化有机统一起来，紧密结合起来，在继承中发展，在发展中继承。深入探讨儒家文化与东亚文明的内在关系，对于实现儒家文化的创新性发展与创造性转化，深入认识儒家文化在东亚文明发展中的重要作用，深刻揭示儒家文化在当今世界文明发展中的地位和价值，促进世界文明的和谐发展，助推当今世界的和平与进步，都有着重要而深刻的现实作用和应用价值。

目 录

山东社会科学院院长、研究员张述存先生在第四届中韩儒学
　交流大会开幕式上的致辞 …………………………………（ 1 ）
山东省政协第九、第十届副主席，山东省齐鲁文化研究院名
　誉院长王志民先生在第四届中韩儒学交流大会开幕式上的
　致辞 …………………………………………………………（ 4 ）
韩国驻青岛总领事馆副总领事尚承万先生在第四届中韩儒学
　交流大会开幕式上的致辞 …………………………………（ 6 ）
山东社会科学院副院长王志东先生在第四届中韩儒学交流大
　会闭幕式上的致辞 …………………………………………（ 8 ）

仁民与尊生："公刘居豳"与"古公迁岐"的儒道精神 … 丁四新（10）
国之兴衰床为喻——《周易》古经剥卦本义解读 ………… 李尚信（35）
儒家顺天应人的管理思想 …………………………………… 孙聚友（38）
孔子思想中"好学"的意义与重要性 ……………………… 李致億（50）
再论孟荀人性论之争非人性善恶之争 ……………………… 路德斌（57）
荀子诚信思想及其现代价值 ………………………………… 李峻岭（68）
从修辞角度看荀子的礼法结构——以比喻与同义
　连用为中心 ………………………………………………… 金汝珍（75）
杨朱的"为我"——杨朱思想逻辑结构及其学派归属 …… 匡　钊（88）
荀悦"九品"之论与汉魏选官制演变 ……………………… 李　玉（108）
中晚唐儒学议题：以荀孟之辨为中心 ……………………… 张　明（116）
引经入史：刘知几的经史观初论 …………………………… 路则权（125）
论两宋儒学的内在紧张及其不同的价值导向 ……………… 郭　萍（131）

朱熹和王守仁的道德教育思想研究 …………………… 安永哲(146)
王阳明的情论 …………………………………………… 朴吉洙(151)
从"以知解独"到"以自解独"——论阳明学派慎独工夫
　　转向及其哲学意义 …………………………………… 陈　畅(158)
从"知行合一"看王阳明对孔子的继承和发展 ………… 欧阳祯人(183)
守正以待时、不争而贞胜：王夫之论与小人相处之道 …… 谭明冉(198)
李泽厚之"情本体论"与儒家哲学 ……………………… 郑炳硕(214)
崔致远《〈天符经〉解》与鞠曦《〈天符经〉解要》之比较
　　——兼论《崔致远思想和作品研究》一书的治学问题 … 孙铁骑(233)
儒教共同体与积极的被动性——以茶山（丁若镛）二律背反的
　　儒教共同体论为中心 ………………………………… 全圣健(249)
为了东北亚市民社会的确立的朱子学性公论探索——从哈贝马斯
　　"公共领域"的角度 ………………………………… 权相佑(261)
中西文化共铸天下大同 …………………………………… 石永之(283)
罗尔斯与孟子正义观之理论价值探析 …………………… 王美玲(297)
心学与国人的信仰哲学 …………………………………… 彭彦华(306)
多元社会与"恕"的精神 ………………………………… 郑相峯(320)
开放发展理念的中国优秀传统文化基因 ………………… 刘永凌(327)
论儒家思想在现代社会中的价值体现 …………………… 张春茂(333)
东方绘画的审美象征性和象形性 ………………………… 宋奂儿(339)
重订曲阜孔庙元代加封孔子碑两通 ……………………… 杨海文(352)
二十世纪以来的《大学》研究——兼论《大学》研究的问题
　　及方法论 ……………………………………………… 张　兴(369)

后记 ………………………………………………………………(394)

山东社会科学院院长、研究员张述存先生在第四届中韩儒学交流大会开幕式上的致辞

尊敬的尚承万副总领事；

尊敬的王志民副主席；

各位专家学者；女士们、先生们：

大家上午好！

在成功举办三届中韩儒学交流大会的基础上，中韩两国的专家学者再次相聚济南，举行第四届中韩儒学交流大会。现在，我宣布，第四届中韩儒学交流大会隆重开幕！

本次会议由山东社会科学院、韩国国立安东大学联合主办，协办单位有：中国孔子基金会、中国孔子研究院、韩国成均馆大学、韩国岭南大学，支援单位有：山东省人民政府外事办公室、韩国驻青岛总领事馆，承办单位有：山东社会科学院国际儒学研究与交流中心、韩国国立安东大学孔子学院。会议还得到大众日报社等有关媒体单位的倾力支持。作为主办方之一，我们山东社会科学院倍感荣幸。在此，我谨代表本院和会议主办方，对出席会议的各位嘉宾表示诚挚的欢迎！

下面请允许我介绍出席会议的中韩两国嘉宾。

来自韩国的嘉宾有：

韩国驻青岛总领事馆副总领事尚承万先生；

韩国国立安东大学大学院原院长、孔子学院名誉院长、教授、尼山学者李润和先生；

来自韩国的嘉宾还有：

韩国驻青岛总领事馆领事崔基元先生；

韩国岭南大学教授、世韩哲学会会长、国际周易学会副会长郑炳硕先生；

韩国国立安东大学孔子学院院长、教授宋奂儿先生；

韩国建国大学教授郑相峰先生；

韩国国立安东大学孔子学院韩中儒家文化研究中心主任、教授安永晢先生；

韩国启明大学教授、大同哲学学会长权相佑先生；

韩国江原大学教授朴吉洙先生；

韩国国立安东大学教授、韩国实学学会总务理事全圣健先生；

韩国成均馆大学教授、山东大学儒家文明协同创新中心访问学者李致亿先生；

韩国放送通信大学讲师金汝珍女士。

来自中方的嘉宾有：

山东省政协第九、第十届副主席，山东省齐鲁文化研究院名誉院长王志民先生；

山东省人民政府外事办公室副主任陈白薇女士；

中国孔子基金会副秘书长刘廷善先生；

山东社会科学院副院长王志东先生；

中国社会科学杂志社编审莫斌先生；

长白山书院院长、教授鞠曦先生；

清华大学哲学系教授、长江学者丁四新先生；

武汉大学哲学系教授欧阳祯人先生；

中国社会科学院哲学所研究员匡钊先生；

同济大学文学院教授陈畅先生；

吉林白城师范学院政法学院教授孙铁骑先生；

中国孔子基金会学术部主任、研究员彭彦华女士；

山东大学周易研究中心、《周易研究》编辑部主任、教授李尚信先生；

中国孔子研究院研究员路则权先生。

以及我院各研究所研究人员和媒体朋友们。

让我们用热烈的掌声，对出席本次会议的各位嘉宾表示衷心的感谢！

各位嘉宾，女士们、先生们：

  优秀传统文化是一个国家、一个民族传承和发展的精神支撑和坚实根基，积淀着最深沉的精神追求，包含着最根本的精神基因，代表着独特的精神标识。两千多年来，儒家文化不仅在古代社会对中华民族的发展壮大产生了重要的历史作用，而且以其优秀的思想对东亚各国的文明进步，也产生了深远广泛的影响。

  儒家文化就其精髓而言，集中体现为讲仁爱、重民本、守诚信、崇正义、尚和合、求大同等核心思想理念。这些文化精髓，展示了儒学对美好社会的理想追求，促进了人类文明的进步发展。在当今社会中，儒家文化依然有其可资借鉴的现代价值。本次大会确定以儒家文化与东亚文明作为主题，就在于推动儒家文化的创造性转化和创新性发展，探讨儒家思想在当今社会的现代价值，揭示传统文明与现代文明的内在关系，促进人类社会的和平发展进步。我相信，在大家共同努力下，第四届中韩儒学交流大会一定会开得圆满成功，取得丰硕的学术成果，推动儒家思想的深入研究。

  最后，让我们再次以热烈的掌声，对出席会议的各位嘉宾表示衷心的感谢！

山东省政协第九、第十届副主席，山东省齐鲁文化研究院名誉院长王志民先生在第四届中韩儒学交流大会开幕式上的致辞

尊敬的尚承万副总领事、各位专家、各位学者、女士们、先生们：

大家上午好！

今天，来自中韩两国的数十名专家学者，以及媒体界的各位朋友们，齐聚在美丽的泉城济南，隆重举行第四届中韩儒学交流大会。在此，我谨对大会的召开表示热烈祝贺！对出席会议的各位嘉宾和专家学者，表示诚挚的欢迎和衷心的感谢！

本次大会的主题是"儒家文化与东亚文明"。众所周知，儒家文化历史悠久，传播广泛，泽被东亚，成为东亚文明重要的组成部分。时至今日，仍然发挥着重大而深远的影响力。韩国学者尤以李退溪先生为代表的一大批儒学鸿儒，深刻影响了韩国的文化。在消化、吸收儒学原典精神的基础上，韩国文化创造性的发展出了自身的文化特色。对于中韩两国来说，儒家文化在历史上长期处于主导地位，是我们共同的精神家园，深刻地影响了两国各自的社会政治制度、道德伦理生活，乃至整个文明发展的进程。

儒家文化作为中韩两国共有的优秀传统文化资源，成为促进两国之间不断往来、加深认识、建设友谊的重要平台，它不仅在历史上发挥了重大的作用，并且也将在今时今日，在可持续的未来，继续发挥着重要作用。

女士们、先生们，本次会议由山东社会科学院、韩国国立安东大学联合主办，山东省人民政府外事办公室、韩国驻青岛总领事馆给予了大力支援，我们应该向这些单位，以及为这次大会付出辛勤劳动的和前来参加这

次交流大会的各位学者表示诚挚的谢意！

这次大会，来自中韩两国深入研究儒学思想的各位专家，将围绕"儒家文化与东亚文明"这一主题，就儒家思想对中韩两国文明的影响、儒家文化在东亚文明发展中的具体问题、儒家文化在中韩两国交流中的重要作用、"一带一路"建设与儒家文化的内在联系等议题，进行广泛的交流与深入探讨。

到会的各位专家学者们为本次会议精心准备了高水平的学术论文，我们相信，在大家的共同努力下，第四届中韩儒学交流大会一定会进一步推动中韩两国的人文交流，增进理解，促进友谊，结出丰硕的成果。

最后，预祝第四届中韩儒学交流大会取得圆满成功！

祝大家身体健康，精神愉快，万事如意！谢谢大家！

韩国驻青岛总领事馆副总领事尚承万先生在第四届中韩儒学交流大会开幕式上的致辞

尊敬的山东省政协副主席王志民先生,
　　山东社会科学院院长张述存先生,
　　山东省人民政府外事办公室陈白薇副主任,
　　中国孔子基金会副秘书长刘廷善先生,
　　安东大学孔子学院李润和先生,
　　各位贵宾:
　　大家好!

　　作为韩中人文交流的项目之一——第四届中韩儒学交流大会今天在儒学的发源地山东省举办,两国的儒学领域的学者济济一堂,我对此表示衷心的祝贺!

　　在过去两千多年的历史长河中,儒学文化是两国共同的优秀珍贵的文化遗产,两国也应该就儒学的精神价值进一步交流与共享,并进一步发扬光大。从这一点来看,自2014年起举办的中韩儒学交流大会,通过儒学这一两国共同关心的话题,为增进两国关系作出了积极的贡献。希望今后大会也将继续为韩中两国的关系更上一层楼添砖加瓦,做出更多贡献。

　　另外,韩中两国一致认为,加强两国的交流合作符合韩中两国的共同利益,同意也利于推动各个领域的交流合作进入正常发展轨道。韩国有句俗语叫"雨后的土地更加坚实",中国也有一句话叫"梅花香自苦寒来"。在过去的一年里,韩中关系经历了短暂的困难时期,相信在未来两国关系会更加发展,更加成熟。

　　韩国驻青岛总领事馆将会积极致力于增进韩中两国,特别是与山东省之间,包括儒学领域的交流与合作,请大家多多提供支持和关注。

最后，借此机会向准备本次中韩儒学交流大会付出辛勤努力的山东社会科学院的各位和安东大学的有关人士表示衷心的感谢！

谢谢大家！

山东社会科学院副院长王志东先生在第四届中韩儒学交流大会闭幕式上的致辞

尊敬的各位嘉宾、女士们、先生们：

中韩学者共相聚，学术研讨分外忙，新论叠出抒见解，共促儒学大业壮。

由山东社会科学院、韩国国立安东大学共同主办，中国孔子基金会、中国孔子研究院、韩国成均馆大学、韩国岭南大学协办，并得到山东省人民政府外事办和韩国驻青岛总领事馆的全力支援，具体由山东社科院国际儒学研究与交流中心、韩国国立安东大学孔子学院承办的第四届中韩儒学交流大会，现在马上就要闭幕了。

在这紧张忙碌的一天时间里，来自中韩两国的专家学者，围绕着儒家文化与东亚文明这一会议主题，就儒家思想与东亚文明、儒家文化与中韩文化交流等诸多议题，展开了多角度、多层次的深入研讨。会议取得了丰硕的成果，达到了预期目的，开得圆满成功。

本次会议在筹备期间，《中国社会科学报》、《大众日报》、齐鲁网等媒体单位，给予了大力的支持，舜耕山庄给予了热情的接待。在此，我提议向所有参与本次会议的各有关单位和同人们所付出的工作努力和辛勤劳动，表示衷心的感谢！同时，向莅临本次会议的中韩专家学者表示最诚挚的谢意！

各位嘉宾，在本次会议上，中韩两国学者从不同的视角出发，充分肯定了儒家文化中蕴含的丰富思想资源，深入探讨了儒家文化与东亚文明发展的不同层面的关系，细心比较了中韩思想家对儒家文化的多重阐释，积极探讨了先秦儒家孔孟荀的思想，宋明理学，尤其是朱子学与韩国的传承关系，还就儒学最新发展的动态，展开了深入而热烈的讨论，揭示了儒家文化的深刻内涵,认真审视了儒家文化的当代价值。

本次会议的成功举办,将会有力推动儒家文化与东亚文明的学术研究,促进儒家文化的传承和弘扬,充分展示儒学的现代价值和重要作用。

最后,我谨代表第四届中韩儒学交流大会的主办方,预祝大家返程一路顺风,事业有成,身体健康,家庭幸福,万事如意!我们期待着大家来年再次欢聚。

现在,我宣布:第四届中韩儒学交流大会胜利闭幕!谢谢大家。

仁民与尊生："公刘居豳"与"古公迁岐"的儒道精神

丁四新（清华大学哲学系）

一 "周道之兴自此始"：公刘居豳与农耕文化

公刘迁豳、居豳，这是一个确定的史实，学界并无异议。但是，关于豳地的地理位置，以及公刘是从何处迁豳的，由于史料不尽统一，或史载不详，于是郑玄等学者就认为是从邰地北迁，[①] 而今人钱穆等学者则认为周民族在迁岐前一直居于晋地，持东来之说。[②] 经过相关文献的阅读，[③] 笔者认为"豳地"的位置仍应以传统说法为当。20世纪疑古过勇，许多观点未必正确。而不窋北窜，居于庆阳，这一说法最初出自《括地志》，

[①] "豳（邠）"，传统说法在泾、漆、沮三水相交会一带，见班固《汉书·地理志》、郦道元《水经注》、皇甫谧《帝王世纪》等。郑玄《毛诗笺》也持此一看法，不过他认为公刘不是从庆阳南迁，而是从邰地北迁至豳的。

[②] 钱穆、吕思勉、陈梦家、王玉哲及许倬云等持此一看法。钱氏的观点见《周初地理考》一文，初载《燕京学报》第10期。钱穆：《史记地名考》，商务印书馆2001年版，第309—312页；吕思勉：《先秦史》，开明书店1940年版，第117—118页；陈梦家：《殷墟卜辞综述》，科学出版社1956年版，第292页；王玉哲：《先周族最早来源于山西》，《中华文史论丛》1982年第3辑，第1—24页；许倬云：《西周史》，三联书店1994年版，第47—50页。"邠"为"豳"之异体字。钱氏认为，周先祖所居之地邰和邠，均在晋地汾水流域；"邠"即"汾"之假。他又认为"古公亶父"的"古"及《诗》"笃公刘"之"笃"，均为地名。这些读法或看法，实在显得过分新奇而大胆。参看钱穆前揭书，第311页。

[③] 相关研究文献已大体汇集在《庆阳先周历史与农耕文化论丛》一书中。《庆阳先周历史与农耕文化论丛》编委会编：《庆阳先周历史与农耕文化论丛》，中国文史出版社2009年。

戴震表示赞同，① 今天看来，仍应得到必要的尊重。

  渭水、泾水流域之大部，在历史上大抵属于所谓"中国"之地，而泥水（今马莲河）中游以上区域在先周多属于戎狄之地。如果我们将不窋所窜之地推定在庆阳（现名庆城）一带可以成立的话，那么周人迁豳，就是公刘带领族人、一次有意南下的过程。而公刘为何要南迁居豳？这是需要略加追问的问题。从目前的资料来看，可以肯定，公刘南迁显然是十分主动的，甚至为此动用了几乎全部武装力量，《诗》所谓"弓矢斯张，干戈戚扬，爰方启行"是也，却看不到彼时戎狄正从北方侵逼而下的蛛丝马迹。有学者认为，公刘南迁是逐步推进的。② 这个意见未必正确。《后汉书·西羌传》："后桀之乱，畎夷入居豳岐之间。"《诗·公刘》毛《传》："遂平西戎，而迁其民，邑于豳。"说明畎戎其时正乘夏桀之乱而南侵豳岐之间。应当说，畎戎侵居豳岐之间为公刘率众南下提供了极佳的借口和理由，同时这也成为激发周民同仇敌忾的基本动力，因为从泥水、泾水到梁山一线，从不窋北窜之后就一直是周人与居于渭河平原上的华夏民族相交往的必经通道。这次南征，"爰方启行"，矛头直指畎戎，这里既有维护周民族自身利益的考虑，也参杂了夷夏之辨的因素。③ 这当然是公刘南下最为直接的原因和目的，除此之外，笔者认为还有三个因素也起着重要作用：一是南部豳地的气候环境远较泥水中上游优越，对于北方而

---

  ① 戴震：《周之先世不窋以上阙代系考》，戴震：《戴东原集》，中华书局1980年版，第22—23页。正方立论，又可参看汪受宽：《豳国地望考》，《中华文史论丛》2008年第4期，第9—24页。

  ② 宋镇豪说："碾子坡居邑略早于'古公迁岐'之前，属于先周文化早期偏晚。以此为标尺，有可能找到比它更古老的先周文化，然应扩大到甘肃马莲河流域庆阳地区去寻找。文献所谓公刘迁豳，不是一个点，当为一地域范围的'面'，所迁豳的最后定点，不是一代一次完成的，其间当经几代周人在此'面'上的自北而南逐步迁徙和逐步壮大。"李学勤主编：《中国古代文明与国家形成研究》，云南人民出版社1998年版，第485页。

  ③ 关于周人的民族来源，一直是学界讨论的一个问题。从战国末至汉初建构的华夷系统来看，《史记》将周归入华夏系统应当是最为可取的一个观点。尽管孟子在《离娄下》有所谓舜为东夷之人、文王为西夷之人的说法，然而这只是孟子为了论说的方便而采取的相对立场，而没有从民族发展及夷夏之辨的历史过程来看待相关问题。当然，不窋窜于戎狄之间至于古公迁岐之前，周人经历了一定程度的夷狄化过程。至于先祖后稷弃，据史书的说法，属于华夏民族大家庭的成员之一。胡谦盈认为周民族大约起源于西北地区的寺洼文化。今天看来，这一观点是需要作更进一步的审慎论证。胡谦盈：《姬周族属及其文化探源——周族起源探索之二》，《胡谦盈周文化考古研究选集》，四川大学出版社2000年版，第98—101页。

言雨量起着重要作用；二是以泾、泥、漆三水相交会地带为核心的豳地，河谷更为宽阔深远，同时周围又拥有大片平野（《诗·公刘》所谓"溥原"），适宜耕牧；三是由豳地可向四方扩展，南下即可进入渭河平原，并指向邠岐之地。综合起来，公刘南迁的战略意图（目的）比较明确，就是为了振兴和壮大周族，夺回豳地，打通南下重返华夏文明核心区域的道路。①《史记·周本纪》云"周道之兴自此始"，这句话完全符合历史的实际，由此可见公刘迁豳具有重大的战略意义！当然，这里还有另外一个问题需要略加说明，据《史记·刘敬传》，公刘之所以居豳而没有进一步南下渭河平原，其原因与"避桀"的历史决断具有密切关系。②

公刘居豳的历史贡献，《大雅·公刘》篇作了铺陈性的叙述和歌颂：

笃公刘，匪居匪康。乃场乃疆，乃积乃仓。乃裹糇粮，于橐于囊。思辑用光，弓矢斯张，干戈戚扬，爰方启行。笃公刘，于胥斯原。既庶既繁，既顺乃宣，而无永叹。陟则在巘，复降在原。何以舟之？维玉及瑶，鞞琫容刀。笃公刘，逝彼百泉，瞻彼溥原。乃陟南冈，乃觏于京。京师之野，于时处处，于时庐旅，于时言言，于时语语。笃公刘，于京斯依。跄跄济济，俾筵俾几。既登乃依，乃造其曹。执豕于牢，酌之用匏。食之饮之，君之宗之。笃公刘，既溥既长，既景乃冈。相其阴阳，观其流泉。其军三单，度其隰原，彻田为粮。度其夕阳，豳居允荒。笃公刘，于豳斯馆。涉渭为乱，取厉取锻。止基乃理，爰众爰有。夹其皇涧，溯其过涧。止旅乃密，芮鞫

---

① 祝中熹说："《诗》言'弓矢斯张，干戈戚扬'，表明这是一次武装占领……公刘是从犬戎手中夺取了这片土地的。"按：其意是也。不过，周先祖不窋、鞠陶、公刘应当以从泥水到梁山的地区，为周人日后南下、重返邠地的必经通道。因此，在公刘及当时周先民的眼中，犾夷恰恰是侵略者，必须动用武力驱逐。另外两个证据是，一为周先祖始终与居处南部姜姓羌族通婚；二为邠地似乎还有另外一支周人留了下来。祝中熹：《公刘与先周史》，《青海社会科学》1992年第2期，第73页。

② 戴震说："不窋遭迫逐，自邠而远窜。公刘力能自兴，于是思旧土，聚粮聚兵而来，用复后稷之封。故《诗》曰'思辑用光'，又曰'涉渭为乱'，是有邠故封，至公刘而复。邠在渭北，非得邠而无由绝渭而南也。岐山亦在其邦域之中。不处于邠者，地邑民居，以人与时之宜而已。"戴氏所谓"不处于邠者，地邑民居，以人与时之宜而已"的说法，比较宽泛，不及《刘敬传》"避桀于豳"的记述具体而实际。又，《吴越春秋·吴太伯传》："公刘避夏桀于戎狄，变易风俗，民化其政。"与《刘敬传》相应。戴震：《戴震文集》卷一，中华书局1980年版，第23页。

之即。

概括来说，公刘的贡献主要表现在三个方面：其一，开疆拓土，① 人民富庶；其二，察相地形，营造京师；其三，"彻田为粮"，建立三单之军。《诗序》云："《公刘》，召康公戒成王也。成王将莅政，戒以民事，美公刘之厚于民，而献是诗也。"这说明公刘从周族自身的利益出发，在当时即已自觉地施行了重民、厚民而勤政的民本政治。这种统治观念及其在三个重大方面的展开，就构成了所谓的"周道"。相对于周边氏族而言，这些在当时无疑是非常先进的。《史记·周本纪》："公刘虽在戎狄之间，复修后稷之业，务耕种，行地宜；自漆、沮度渭，取材用。行者有资，居者有畜积，民赖其庆。百姓怀之，多徙而保归焉。周道之兴自此始，故诗人歌乐思其德。""庆"，《说文·心部》："吉礼以鹿皮为贽，故从鹿省。"其实，金文"庆"字从廌从心。② 《书·吕刑》："一人有庆，兆民赖之。"孔《传》："天子有善，则兆民赖之。"《本纪》即训为"善"，乃"庆"字引申义。"诗人歌乐思其德"，即指《大雅·公刘》篇而言。③ 太史公在《本纪》中特别突出了公刘在农耕生产和财富积累上为周人所作出的巨大贡献，此与孟子所谓公刘"好货"的诙谐说法恰相印证。④ 而这种建立在民本基础上的为政之善，也即古典所谓君德之善，正是民众安生而百姓保归的原因。

从另外一个角度看，绵长的农耕传统和文化，既是周人在其时区别于其他氏族的特长所在，也是整个"周道"得以展开的基础。周人的农耕

---

① 公刘南迁至"古公迁岐"之前，周人以泾、泥、漆三水相交会的地带为统治中心，其影响最盛时北及泥水中部，东达沮水（今谓沮河），南越梁山而度渭水，西与密、阮、共三国相接的广大地区。《本纪》云："自漆、沮度渭，取材用。"《大雅·绵》云："自土沮、漆。"《诗·公刘》云："涉渭为乱。"《诗·皇矣》云："密人不恭，敢距大邦。侵阮徂共，王赫斯怒。"皆为其证。
② 参见董莲池：《说文解字考正》，作家出版社 2006 年第 2 版，第 417 页。
③ 司马贞《索隐》："即《诗·大雅篇》'笃公刘'是也。"
④ 孟子曾说了一句俏皮话，云公刘"好货"，与《公刘》诗相印。《孟子·梁惠王下》："王曰：'寡人有疾，寡人好货。'对曰：'昔者公刘好货，诗云：乃积乃仓，乃裹糇粮。于橐于囊，思戢用光。弓矢斯张，干戈戚扬，爰方启行。故居者有积食，行者有裹粮也，然后可以爰方启行。王如好货，与百姓同之，于王何有？'"

传统发源于后稷,《尚书·尧典》《大雅·生民》《史记·周本纪》均有明确而突出的叙述。① 《国语·周语上》云不窋失官自窜之后也"不敢怠业",而《本纪》说公刘"虽在戎狄之间,复修后稷之业,务耕种,行地宜",足见农耕是周人后来兴旺发达的基础。农耕不仅给周人提供了物质上的保障,而且在农耕的基础上生成的文化系统(比如生活方式、风俗习惯、政治制度和社会理想等)为周人后来夺取天下和守护江山,创立了许多意识形态和上层建筑方面的重要内容。

周人在豳地农耕和劳作的生活图景,《豳风·七月》作了非常细致、具体的描绘。《诗》云:

> 七月流火,九月授衣。一之日觱发,二之日栗烈。无衣无褐,何以卒岁?无衣无褐,何以卒岁?三之日于耜,四之日举趾。同我妇子,馌彼南亩,田畯至喜。七月流火,九月授衣。春日载阳,有鸣仓庚。女执懿筐,遵彼微行,爰求柔桑?春日迟迟,采蘩祁祁。女心伤悲,殆及公子同归。七月流火,八月萑苇。蚕月条桑,取彼斧斨。以伐远扬,猗彼女桑。七月鸣鵙,八月载绩。载玄载黄,我朱孔阳,为公子裳。四月秀葽,五月鸣蜩。八月其获,十月陨萚。一之日于貉,取彼狐狸,为公子裘。二之日其同,载缵武功。言私其豵,献豜于公。五月斯螽动股,六月莎鸡振羽。七月在野,八月在宇,九月在户,十月蟋蟀入我床下。穹窒熏鼠,塞向墐户。嗟我妇子,曰为改岁,入此室处。六月食郁及薁,七月亨葵及菽。八月剥枣,十月获稻。为此春酒,

---

① 《尚书·尧典》:"帝曰:'弃,黎民阻饥,汝后稷播时百谷。'"《大雅·生民》:"诞实匍匐,克岐克嶷,以就口食。蓺之荏菽,荏菽旆旆。禾役穟穟,麻麦幪幪,瓜瓞唪唪。诞后稷之穑,有相之道。茀厥丰草,种之黄茂。实方实苞,实种实褎,实发实秀,实坚实好,实颖实栗,即有邰家室。诞降嘉种,维秬维秠,维穈维芑。恒之秬秠,是获是亩。恒之穈芑,是任是负,以归肇祀。"《史记·周本纪》:"弃为儿时,屹如巨人之志。其游戏,好种树麻、菽,麻、菽美。及为成人,遂好耕农,相地之宜,宜谷者稼穑焉,民皆法则之。帝尧闻之,举弃为农师,天下得其利,有功。帝舜曰:'弃,黎民始饥,尔后稷播时百谷。'封弃于邰,号曰后稷,别姓姬氏。"农业对于周人来说,源远流长,意义非同一般。陈家宁说:"在殷卜辞中尚未发现稷神或其他谷物神,可暂推稷神源于周族。"又"周"字甲文,徐中舒说:"象畍划分明之农田,其中小点象禾稼之形。"可知周人崇尚农业之甚。陈家宁:《〈史记〉商周史事新证图补:殷、周、秦〈本纪〉新证图补》,天津人民出版社 2011 年版,第 53 页;徐中舒:《甲骨文字典》,四川辞书出版社 1990 年版,第 94 页。

以介眉寿。七月食瓜，八月断壶，九月叔苴。采荼薪樗，食我农夫。九月筑场圃，十月纳禾稼。黍稷重穋，禾麻菽麦。嗟我农夫，我稼既同，上入执宫功。昼尔于茅，宵尔索绹。亟其乘屋，其始播百谷。二之日凿冰冲冲，三之日纳于凌阴。四之日其蚤，献羔祭韭。九月肃霜，十月涤场。朋酒斯飨，曰杀羔羊。跻彼公堂，称彼兕觥，万寿无疆！

这是一幅建立在以农耕为主业而以畜牧为副业之上的周先民生活图景！一年的农事安排及周文化的世俗内涵大抵展现于此。《后汉书·地理志下》："其民有先王遗风，好稼穑，务本业，故《豳诗》言农桑衣食之本甚备。"这与《七月》诗的叙述完全吻合。《诗序》云："《七月》，陈王业也。周公遭变故，陈后稷、先公风化之所由，王业之艰难也。"孔颖达《疏》："此诗主意于豳之事，则所陈者处豳地之先公公刘、大王之等耳。"① 《诗序》说这幅图景即是周先祖王业的表现，可见此诗非常重要。在本诗所描绘的生活场景中，"劳作"无疑是首要的，其次是"务本业"的传统，再次是和谐的上下关系。《七月》诗也包括了燕飨和祭祀等重要活动，人与自然、鬼神，及与他人（君民，庶民与贵族）的关系由此得以有序地建立，可知在周先民的农耕文化中，其实也包含了许多复杂而深刻的因素，一些纯粹精神性的观念被加入其中。而孔子后来所推崇的"周文"，亦渊源有自，它与周先人农耕文化的内涵具有十分紧密的关系。

在《七月》一诗中，以农耕为主要经济生产方式与基本生活来源的周先人必然被要求"定居"起来，并且通过"劳动"去熟悉自然环境的地域特性和顺应月令时节的循环变化。《七月》一诗所述农事（兼及畜牧）非常具体，即是印证。这里，包含着顺应自然而形成的"天人合一"的哲学观念。而在顺应自然的基础上，周先人稳定的生活方式和社会秩序也被建立起来，处于戎狄之间的周先民极大地实现了君民、上下之间的和乐关系。因此，这既是一个充满了稼穑之艰辛，但同时又充满了世俗幸福的理想社会。放而大之，这当然是一种齐家、治国、平天下的"王业"。从另一角度来看，为何"殆及公子同归""为公子裳""献豜于公""跻彼公堂，称彼兕觥，万寿无疆"，这些维系社会秩序、显示上下同心的活动可以长久表演下去呢？这里，当然需

---

① 阮元主持校刻：《十三经注疏》（清嘉庆刊本），中华书局2009年，第831页。

要人民的勤劳耕牧，但更需要统治阶层具有正直亲民的质量和以民为本的观念！可以说，在周先人年复一年而稳定的农耕生活中确实孕育了儒家的基本观念和精神。不仅如此，由于经济上内生而自足的观念从不窋以来即已蕴含在周先民的农耕文化之中，因此周人很早就牢固地建立了自己的"疆域"意识和民族自立性，同时在自身的宗教活动中养育出了珍爱生命和慎终追远的文化传统。这些观念，后来得到了儒家的着重继承和大力发扬。

与周先民相较，北方游牧民族——匈奴（鬼方、昆夷、荤粥、猃狁）的特性迥异。①《史记·匈奴传》说匈奴人"随畜牧而转移"、"逐水草迁徙"，他们的生活习性显然受到降水量年度变化的严重影响：哪里有水草，他们就随之追逐而去。一旦他们控制的地域——蒙古高原降水量减少，为了生存，他们就必须大举南下，侵入汉人领地，掳掠财物。于是，长此以往，匈奴人就养成了尚武而贵壮健的风俗。《匈奴传》曰："其俗，宽则随畜，因射猎禽兽为生业，急则人习战功以侵伐，其天性也……利则进，不利则退，不羞遁走。苟利所在，不知礼义……壮者食肥美，老者食其余。贵壮健，贱老弱。父死，妻其后母；兄弟死，皆取其妻妻之。"在一定意义上来说，这个民族实际上主张以"弱肉强食"为天理，并将

---

① 《匈奴传》司马贞《索隐》："应劭《风俗通》云：'殷时曰獯粥，改曰匈奴。'又服虔云：'尧时曰荤粥，周曰猃狁，秦曰匈奴。'韦昭云：'汉曰匈奴，荤粥其别名。'"裴骃《集解》："晋灼云：'尧时曰荤粥，周曰猃狁，秦曰匈奴。'"这是汉晋时期的说法。后司马贞作了进一步的概括，云："匈奴别名也。唐虞以上曰山戎，亦曰熏粥，夏曰淳维，殷曰鬼方，周曰玁狁，汉曰匈奴。"（《五帝本纪》司马贞《索隐》）王国维继承了此"大一统"的观念，云："我国古时，有一强梁之外族。其族西自汧陇，环中国而北，东及太行常山间，中间或分或合，时入侵暴中国。其俗尚武力，而文化之度不及诸夏远甚。又本无文字，或虽有而不与中国同，是以中国之称之也，随世异名，因地殊号，至于后世，或且以丑名加之。其见于商周间者，曰鬼方，曰混夷，曰獯鬻。其在宗周之际，则曰玁狁；入春秋后则始谓之戎，继号曰狄，战国以降，又称之胡，曰匈奴。综上诸称观之，则曰戎曰狄者，皆中国人所加之名；曰鬼方曰混夷曰獯鬻曰玁狁曰胡曰匈奴者，乃其本名，而鬼方之方，混夷之夷，亦为中国所附加。当中国呼之为戎狄之时，彼之自称决非如此。"陈梦家对于王国维的观点有所批评，曰："王国维的《鬼方考》，对于鬼方一事的考定，是有重大的贡献。但他其实受了《五帝本纪》《索隐》的暗示……此外他加入了混夷，以为凡此一切都是鬼方。这种混同，是不对的。玁狁是允姓之戎，和鬼姓是不同的种族。《孟子·梁惠王》下'文王事混夷……大王事獯鬻'，明二者非一。"应当说，鬼方、混夷、玁狁原非同一民族，但在战国时期逐渐融合为同一民族，即匈奴民族。獯鬻、玁狁、匈奴当为同一民族异时之称。王国维：《鬼方、昆夷、玁狁考》，《观堂集林》第二册卷十三，中华书局1959年版，第583—584页；陈梦家：《殷墟卜辞综述》，中华书局1988年版，第275页。

"损人利己"作为民族生存的基本价值原则,所谓"苟利所在,不知礼义"。因此,匈奴民族缺乏农耕社会赖以存在的一些基本价值原则,缺乏道德理性的必要规范。侵战、逐利、贱老、转房,这是为周先民及广大华夏民族所不齿,而难以容忍的丑陋行为。华夷之辨,是两种生产方式、两种民族类型和两种文明形态的对垒。

有必要指出,在农耕的基础上,周先人对于传统祭祀作了大胆革新,不但强调了黍稷等农作物作为祭品的平等资格,而且进一步将统治者(特别是君主)之"德"(以论证和维护统治的合法性为目的)上升为神人实现沟通的最为重要的中介。《大雅·生民》云:"诞我祀如何? 或舂或揄,或簸或蹂。释之叟叟,烝之浮浮。"后稷用黍稷等物以祭祀上帝,这是重视稼穑的表现。《易·既济》九五曰"东邻杀牛,不如西邻之禴祭,实受其福",则直接将东邻(殷)之牲祭厚祭与西邻(周)之禴祭薄祭加以对比,而认为前者不如后者"实受其福",更进一步凸现了稼穑在祀神方面的周文化特性! 沿着这条路线向前,周人至迟到文王时期已建立了一种以"德"为基石的抽象而纯一的祭祀与受命观念。《大雅·皇矣》:"帝谓文王:予怀尔明德,不大声以色。"《周书·酒诰》:"弗惟德馨香,祀登闻于天。"① 上帝归向"明德"一方,而君主之"德"可为馨香上达之物,超越实物祭祀,这些都是周人的发明。② 从历史的延续性来看,这同时也是周人农耕文化长期积累、发展和升华的结果。而"重德",正是儒家所着重传承的一贯思想。

总之,不窋失官北窜之后,因地理环境的改变,周人虽然在一些方面发生了不同程度的戎狄化,但是周文中最重要的传统——农耕文化被坚持了下来。按照《诗》《史记》《国语》等文献的叙述,周人的农耕传统及农耕文化正是"周道"形成和发展的基础,同时也是其中必要而重要的内涵。《史记·周本纪》所谓"周道之兴自此始",正是从公刘"复修后稷之业,务耕种,行地宜",使人民行有资、居有畜积而言的。可以说,公刘后来率

---

① 《左传·僖公五年》:"(宫之奇)对曰:臣闻之,鬼神非人是亲,惟德是依。故《周书》曰:皇天无亲,惟德是辅。又曰:黍稷非馨,明德惟馨。"
② "德"是周人着重推明的观念。郭沫若曾指出"德字始见于周文",并对金文中的"道德思想"作了系统的论述。郭沫若:《金文丛考》,人民出版社1954年版,第22—28页;饶宗颐:《天神观与道德思想》,台湾《"中央研究院历史语言研究所"集刊》第49本第1分册,1978年3月,第79页;丁四新:《论殷周的宗教观念及其转变》,《珞珈哲学论坛》第四辑,湖北人民出版社2000年版,第355—365页。

众南征，得胜居豳，与周人长久而深厚的农耕文化具有内在而深入的联系。而公刘在复修后稷之业的基础上大获成功，这对于增强周民族内部的凝聚力和文化认同感起了根本性的作用。当然，为了保持本民族的内部活力和身份认同感，周先祖必须营造出一个适应农耕文明的政治环境，同时领导族人顺应外在的自然环境，以及慎重处理与其他族类的关系。从《公刘》、《七月》等诗来看，公刘等先祖确实为周人建立了一个良性互动、和谐有序的社会环境。为政最忌君民、上下之间出现深刻的分裂和对立，而为了达到"跻彼公堂，称彼兕觥，万寿无疆"的和乐图景，这就要求居上者之为政应当以民为本：从内在的主体性而言，周人将其落实在"德"上面；从统治主体而言，就是为人上者应当做到"亲民"，对百姓、庶民施以恩惠。公刘"好货"，能与民同之，使行者有资、居者有蓄积，所以《孔子家语·好生》篇称之为"仁"，而孟子实际上认为这即是"仁政"的一个部分。周人的祭祀传统强化了"德"的观念，而"重德"观念使"君""王"必须承担"敬天"与"保民"的双重义务和责任。

二 仁民：古公"去豳迁岐"的历史决断与儒家、史家的解释

公刘以下凡历九世而至于古公亶父。古公亶父与殷王武乙（前1147—前1113年）及其父辈康丁、禀辛约为同时代之人。①《后汉书·西羌传》云："及武乙暴虐，犬戎寇边，周古公踰梁山而避于岐下。"结合后来季历屡次伐戎、国力已臻强大来看，古公去豳迁岐当发生在武乙早期。②

---

① 《古本竹书纪年》："（武乙）三十四年，周王季历来朝，武乙赐地三十里，玉十瑴，马八疋。"（《太平御览》卷八三皇王部）又曰："文丁杀季历。"（《晋书·束晳传》）据此，胡谦盈认为："周王季历之父——古公亶父约处于殷王康丁、武乙时期。"又说："周王季历之父——古公亶父与殷王武乙及其父辈康丁、禀辛约略是同时代的人。"胡谦盈：《胡谦盈周文化考古研究选集》，四川大学出版社2000年版，第97、125页。

② 《古本竹书纪年》："武乙三十五年，周王季伐西落鬼戎，俘二十狄王。"（《后汉书·西羌传》注）又："太丁二年，周人伐燕京之戎，周师大败。"（《后汉书·西羌传》注）又："太丁四年，周人伐余无之戎，克之。周王季命为殷牧师。"（《后汉书·西羌传》注）又："太丁七年，周人伐始呼之戎。"（《后汉书·西羌传》注）又："（太丁）十一年，周人伐翳徒之戎，捷其三大夫。"（《后汉书·西羌传》注）又："文丁杀季历。"（《晋书·束晳传》）公元前1112—1102年，太丁（文丁）在位。季历被杀即在太丁十一年。自是，殷周两族结下了不共戴天之仇。以上诸事，又见《后汉书·西羌传》。《易·未济》九四"震用伐鬼方，三年有赏于大国。"此"伐鬼方"，即为王季之事。

（一）古公去豳迁岐：历史决断

古公为何要去豳居岐？武丁时期殷墟甲骨多次出现"璞周"及"令周"等刻辞，① 唐兰等即据此认为武丁曾多次征伐周国，最终使之臣服，而听命于殷王的调遣。② 这些卜辞中的"周"，今天看来确实指居豳的周族，据此可以推断，周人的力量在当时已较为强大。不管怎样，周人应当较早臣服于殷人。关于其时周人的国力问题，这里有两个证据可作说明：其一，比"古公迁岐"稍早的长武碾子坡出土了丰富的先周文化遗存，这些文化遗存显示先周的文明程度较高；③ 其二，卜辞及传世文献显示，古公亶父至殷王文丁杀季历之前，大国殷与小邦周之间相处很好，长期以来殷王对周人非常信任：从王季屡行征伐并封为殷"牧师"来看，殷王大概在亶父居豳时或此前即已默许周人代行辖制西方诸侯的权力及担负起抵御戎狄的责任了。不过，在当时"非我族类，其心必异"的氏族关系中，④ 臣服于殷的周人应当知道自己不过是商人实现帝国雄心、保卫帝国边疆的工具，而殷人其实也未必会完全、真正信任周人，所以后来有"文丁杀季历""文王拘羑里"之难。⑤ 这是一个大的背景。前有獯鬻戎狄野蛮、强悍之兵压境，后有殷人乘危之大祸（"武乙暴虐"）随时降临，因此为了保存实力，古公亶父自觉地担负起挽救周民族于危亡灭绝的命运，高瞻远瞩，权衡情势，毅然放弃抵抗，最后离开公刘开创的基业——豳地而南下，实现了战略的大转移。对于此一重大历史决断，孟子从儒家

---

① 唐兰读"璞"为"粪戈"，与"伐"同意；并认为此"周"为"殷人大敌"。参见唐兰：《殷墟文字记》，中华书局1981年版，第47页。

② 孙作云、胡谦盈也认为此"周"为居豳的周族。孙作云：《诗经与周代社会研究》，中华书局1966年版，第30—31页；胡谦盈：《胡谦盈周文化考古研究选集》，四川大学出版社2000年版，第125页。陈梦家信从钱穆之说，将武丁时期甲骨刻辞中的"周"方列入"晋南诸国"之中。陈梦家：《殷墟卜辞综述》，中华书局1988年版，第291—293页。

③ 参见中国社会科学院考古研究所泾渭工作队《陕西长武碾子坡先周文化遗址发掘纪略》，《考古学集刊》第六辑，中国社会科学出版社1989年版。

④ 《左传·成公四年》载史佚之《志》有之曰："非我族类，其心必异。"《左传·定公十年》："夷不谋夏，夷不乱华。"《左传·僖公十年》载狐突引古语曰："神不歆非类，民不祀非族。"

⑤ 《史记·周本纪》："帝纣乃囚西伯于羑里。"同书《太史公自序》："昔西伯拘羑，演《周易》。"

的立场予以肯定,认为古公善于"以小事大",是智者之事。①

据《孟子·梁惠王下》、《史记·周本纪》等所云,古公亶父去豳南下,到了梁山,即面临向南、向东和向西去立足和发展的方向问题。面对此等事关民族未来命运的重大问题,古公亶父和随行的私属应当作了反复的商量和权衡。那时,以扶风为界,其东的广大秦川地区归属于商人的统治,其西则在羌人的控制之内。如果古公一行人南下梁山,在郃或其他附近地方定居,那么周人从此必然落入殷人的严厉监控之中,如此,何谈后来的迁岐、迁程、迁丰、迁镐的大发展,② 乃至伐纣灭商,周革殷命?《鲁颂·閟宫》云"后稷之孙,实维大王,居岐之阳,实始翦商",古公亶父绸缪深思,剪商之功实始于去豳居岐。而古公至梁山,面临三个方向去处的选择问题,帛书《要》篇即有所反映。《要》篇曰:"子曰:吾百占而七十当。唯(虽)周梁(梁)山之占也,亦必从亓(其)多者而已(已)矣。""周梁山之占",疑即指古公去豳居岐之占。③ 不过,此占当用卜,而非用筮。在解占的过程中,根据"从多"的原则,古公一行人实现了"人谋鬼谋"(《易传·系辞下》)的统一,放弃了原初准备南下奔郃的打算,踰越梁山,转而折向西南,渡过漆沮水(汉名杜水),而奔赴岐山之下。今天看来,周人迁岐的这一历史决断是非常正确和成功的。随后,可以想见,在戎狄的压迫和奴役下,滞留在豳地的大部分周民最后不得不追随古公而来。

(二) 古公去豳迁岐:《孟子·梁惠王下》的论述

对于古公亶父去豳迁岐之事,《孟子》、《史记》、《庄子》、《淮南子》

---

① 《孟子·梁惠王下》。
② 《白虎通·京师》篇:"周家五迁,其意一也。"陈立《疏证》云:"周家五迁者,邠也,岐也,程也,丰也,镐也,专指周初而言。"不过,班固说似有不同。《汉书·地理志》下:"昔后稷封,公刘处豳,大王徙?,文王作酆,武王治镐。"这里遗却"程"而未言。
③ "周梁山之占",此前廖名春曾疑心《孟子·梁惠王下》太王"去豳踰梁山"一段文本与此相关,然未作肯定。李学勤则明确指出它仍然属于文王的一次占筮,非古公时事。他说:"所谓梁山之占,应该是文王的一项重大占筮。梁山在周,《史记·周本纪》载古公'去豳,度漆、沮,逾梁山,止于岐下'。这次占筮的详情,史缺有间,目前已难推考。"廖名春:《帛书释〈要〉》,《中国文化》1994年第10期,第63—76页;李学勤:《帛书〈要〉篇及其学术史意义》,《中国史学》1994年第10期,第81—88页。案:帛书《要》篇上文先曰"纣乃无道,讳而辟(避)咎,然后《易》始兴也",其后接着说:"子赣曰:'夫子亦信亓(其)筮(接下页)

等均有记述和评论。《孟子·梁惠王下》云:

（1）齐宣王问曰:"交邻国,有道乎?"孟子对曰:"有。惟仁者能以大事小,是故汤事葛,文王事昆夷。惟智者为能以小事大,故大王事獯鬻,勾践事吴。以大事小者,乐天者也;以小事大者,畏天者也。乐天者保天下,畏天者保其国。诗云:'畏天之威,于时保之。'"

（2）滕文公问曰:"齐人将筑薛,吾甚恐;如之何则可?"孟子对曰:"昔者大王居邠,狄人侵之,去之岐山之下居焉。非择而取之,不得已也。苟为善,后世子孙必有王者矣。君子创业垂统,为可继也。若夫成功,则天也。君如彼何哉!强为善而已矣。"

（3）滕文公问曰:"滕,小国也;竭力以事大国,则不得免焉。如之何则可?"孟子对曰:"昔者大王居邠,狄人侵之;事之以皮币,不得免焉;事之以犬马,不得免焉;事之以珠玉,不得免焉。乃属其耆老而告之曰:'狄人之所欲者,吾土地也。吾闻之也:君子不以其所以养人者害人。二三子何患乎无君!我将去之。'去邠,逾梁山,邑于岐山之下居焉。邠人曰:'仁人也,不可失也。'从之者如归市。或曰:'世守也,非身之所能为也,效死勿去。'君请择于斯二者。"

就大王事獯鬻来看,毛《传》、《孔子家语·好生》与《孟子》的故

(接上页)乎?'子曰:'吾百占而七十当。唯(虽)周梁(梁)山之占也,亦必从亓(其)多者而已(已)矣。'""信其筮"之"其",当然指"文王"。不过,从语气来看,下文"周梁山之占"似非指文王之占,而孔子似乎正是要举太王周梁山之占来说明为占可信之道——"亦必从其多者而已矣"。另外,"周梁山之占"疑古公用卜,而非用筮。《说文·卜部》:"占,视兆问也。"此其本意。《周礼·春官·占人》:"凡卜筮,君占体,大夫占色,史占墨,卜人占坼。"即用"占"字本义。引申之,"占"泛指察看预兆而判断吉凶的行为。《尚书·洪范》第七畴"稽疑":"卜五,占用二……三人占,则从二人之言。"前一"占"字,特指"筮占";后一"占"字,作动词,兼卜筮而言,乃视兆象、卦象而判断吉凶之义。据帛书《要》篇,孔子认为筮之可信与否乃存在于占说活动之中,即使是古公那次在梁山的占卜,也必须顺从大多数人的解占来判断吉凶,如此方才可信。

事叙述全同。① 从《梁惠王》篇来看，上述三段引文皆为大小国相交往之道而发。第一段对话是在孟子和齐宣王之间展开的，并具有发凡之义。"惟仁者能以大事小"，例如汤事葛、文王事昆夷；"惟智者为能以小事大"，例如太王事獯鬻、勾践事吴。仁者乐天，智者畏天。齐，大国也。孟子当然希望齐宣王仿效汤和文王之例，做一个仁者。第二、三段对话是在孟子与滕文公之间展开的。齐人将筑薛，滕文公恐齐。孟子即着重以太王事狄之例来劝说滕文公，希望其"为善"，以面对此一危境。现在看来，孟子的劝说显得十分迂阔而不切实际，因为与殷末相较，战国中后期的历史条件早已发生了根本性的变化：一旦滕文公从滕地退却，其实即意味着滕国的迅速崩溃和灭亡，而孟子所许下的"后世子孙必有王者矣"的诺言，也非常可能只是一句美妙动听的说辞。当然，从道德理想主义的角度来看，孟子所劝说、主张的"为善"观念具有极大的人文价值，它对于"人"的应然价值和目的而言在根本上是不可或缺的。

而在古公去豳迁岐的相关叙述中，孟子以为，古公非特仁人而已，亦且为圣智之君。为仁人，故古公不忍"以其所以养人者（土地）害人"；为智者，故能以小事大，在自知周人远非戎狄对手的同时能够做到"畏天"而"保其国"。不过，我们看到，古公为仁为善的方面在《梁惠王》篇中得到了反复的突出和强调。在政治哲学中，"仁"作为一种对于民生民瘼产生恻隐之情的原则具有超越性，它要求对存在于"民"之中的每一个体生命的存亡及生存质量产生本源性的关切。这一点，正是孟子之意。设若周人与戎狄开战，即意味着大量民众徒劳的牺牲和伤残，而"土地"因素在此被凸显出来，成为诱发战争的根源。孟子的相关叙述和评论即依此而出。不过，《梁惠王》篇虽然没有弱化古公"仁民"的精

---

① 毛《传》："古公处豳，狄人侵之，事之以皮币，不得免焉；事之以犬马，不得免焉；事之以珠玉，不得免焉。乃属其耆老而告之曰：'狄人之所欲，吾土地。吾闻之，君子不以其所养人者害人，二三子何患无君！'去之，踰梁山，邑乎岐山之下。豳人曰：'仁人之君，不可失也。'从之如归市。"《孔子家语·好生》："孔子曰：'能治国家之如此，虽欲侮之，岂可得乎？周自后稷，积行累功，以有爵土。公刘重之以仁，及至大王亶甫，敦以德让，其树根置本，备豫远矣。初大王都豳，翟人侵之，事之以皮币，不得免焉，事之以珠玉，不得免焉。于是属耆老而告之：所欲吾土地。吾闻之，君子不以所养而害人。二三子何患乎无君？遂杜与大姜去之，踰梁山，邑于岐山之下。豳人曰：仁人之君不可失也。从之如归市焉。天之与周民之去殷久矣，若此而不能天下，未之有也。武庚恶能侮？'"

神,但是有所局限,而忽视了古公去豳南下是否超越了君臣死义之界限,① 及在普遍性的视域上来看"仁"的原则是否包容了"尊生"的内涵问题。

(三) 古公去豳迁岐:《史记·周本纪》的记述

司马迁的记述,大抵以《孟子》一书为依据,而小有变化和侧重。《史记·周本纪》曰:

> 古公亶父复修后稷、公刘之业,积德行义,国人皆戴之。薰育戎狄攻之,欲得财物,予之。已复攻,欲得地与民。民皆怒,欲战。古公曰:"有民立君,将以利之。今戎狄所为攻战,以吾地与民。民之在我,与其在彼,何异?民欲以我故战,杀人父子而君之,予不忍为。"乃与私属遂去豳,度漆沮,踰梁山,止于岐下。豳人举国扶老携弱,尽复归古公于岐下。及他旁国闻古公仁,亦多归之。于是古公乃贬戎狄之俗,而营筑城郭室屋,而邑别居之。作五官有司。民皆歌乐之,颂其德。

古公居岐,所处的地理和文化环境与豳地大异。古公适应环境的不同,于是贬弃戎狄之俗,而大兴华夏文明制度。不过,在《本纪》的记述中,我们也很容易看到,这位在本民族生死危亡的紧急关头作出正确历史抉择的领袖,在太史公的笔下却被刻意描绘成至仁之君而大加渲染。戎狄之贪婪和无耻,恰与古公之忍让和仁民构成强烈的对比。当戎狄一而"欲得财物"时,古公"予之",再而"欲得地与民"时,虽豳地之民皆怒而欲战,古公不仅亦欲予之,而且竟然带着一小伙"私属"独自去豳而南下。对此,太史公不仅没有呵斥古公之胆怯、妥协、逃跑和独断,反而为古公的决断和南下行为作了空前的辩护,他认为古公完

---

① 《礼记·礼运》:"故国有患,君死社稷谓之义,大夫死宗庙谓之变(《注》:辩,犹正也。君守社稷,臣卫君宗庙者)。"《孔子家语·礼运》篇同。《说苑·至公》:"诸侯之义死社稷,太王委国而去何也?"在《梁惠王下》中,孟子的回答虽然涉及了"世守""效死勿去"的义道问题,但是以"或曰"的方式引入的。从孟子的叙述可以看出,他具有舍此取彼的选择倾向是比较明显的。

全是站在超越的"仁"（包括"仁民"与"尊生"）的立场上来作出这一历史决断的。所谓"民欲以我故战，杀人父子而君之，予不忍为"，将"尊生"的观念加入到"仁民"之中，使古公之仁摆脱了狭隘的君臣之义的束缚，而上升到直切天理，从普遍主义的立场来尊重个体生命的高度。其实，古公去豳南下乃是一个不得已的历史决断，是综合考虑多种历史因素的结果，特别是将周人与獯鬻戎狄的战争实力相较之后而作出理性抉择的一种结果。相比较而言，孟子的评论更为符合实际：古公去豳居岐，虽有"仁"的意思，但更多地是"非择而取之，不得已也"，是一种智者之事。

需要特别指出的是，《孟子·梁惠王下》《诗·绵》、毛《传》《说苑·至公》及《庄子·让王》《吕览·审为》《淮南子·道应》等文献均谓狄人所欲得者仅为"土地"，而未言欲得周民！据此，可见司马迁涉嫌在《本纪》中伪造史事，而借此放大古公亶父"仁民"之精神，并将其特别提升起来，超越于和凌驾于君臣大义之上。这即是说，司马迁在獯鬻戎狄的欲求中又增加了"民"的一环，除了更加突出戎狄之贪婪和无耻之外，同时在一个更加普遍的思想平台上反衬出古公之伟大超凡。古公认为，先有人民而后才因之设立君位，而立君的目的完全是为了人民的利益。因此，二者之间只能是民为主、君为客的关系。这也即是说，人民不是君主实现统治的纯粹工具，而应当是其自身的目的。① 在强敌面前，尽管是在贪婪、无耻的强敌面前，号召抵抗，有时则无异于以卵击石，自开杀戒，让百姓肝脑涂地，血流成河，从而丧失了对于人之个体生命的普遍而必要的尊重。在古公"杀人父子而君之，予不忍为"的恻隐深处，我们看到了一种更加超越的"仁爱"观念，看到了一种不私君位、"不私其身"的"至

---

① 相关思想，《吕览·恃君》篇已启其端。《恃君》曰："群之可聚也，相与利之也。利之出于群也，君道立也。故君道立则利出于群，而人备可完矣……圣人深见此患也，故为天下长虑，莫如置天子也；为一国长虑，莫如置君也。置君非以阿君也，置天子非以阿天子也，置官长非以阿官长也。德衰世乱，然后天子利天下，国君利国，官长利官。此国所以递兴递废也，乱难之所以时作也。"《群书治要》载《慎子·威德》篇："故立天子以为天下也，非立天下以为天子也；立国君以为国也，非立国以为君也；立官长以为官也，非立官以为长也。"《太平御览》卷六百六十六引同。

公"精神。《说苑·至公》篇中即特别指明了这一点，① 而《孔子家语·好生》以"好生"名篇，亦有此意。二篇均抄写于《史记》之后，当是受到了太史公或《庄子》、《吕览》等的一定影响，将"好生""至公"之意直接拟出。

最后，固然獯鬻戎狄欲得周民的故事环节确实是《史记》所特有的，然而问题在于：为何司马迁要将此一环节编入整个故事之中，且作为重心，在"君—民"这一关系结构中作出了突破性的解释？首先，司马迁从史家的角度早已看透了世间改朝换代和兼并战争之非人性的一面：每一次战争，民众几乎无一例外地成为牺牲品——绝大多次的死亡和流血不过是政治精英和统治者之间的擅权或夺权，而满足其私欲与实现其野心的工具而已！因此，有必要在"仁"的观念中着力发表出超越社会阶层的局限，而直截尊重个体生命自身的观念来。当然，这无疑也是对于强权肆意鼓噪牺牲、奸雄操弄民命的一种间接的抗议和批判！另外，需要指出的是，司马迁在古公迁岐的故事中编入"欲得民"一环，并依此大起议论，可能与自己因言获罪、遭受腐刑之辱有关。②

---

① 《说苑·至公》："诸侯之义死社稷，太王委国而去何也？夫圣人不欲强暴侵凌百姓，故使诸侯死国，守其民。太王有至仁之恩，不忍战百姓，故事熏育戎氏以犬马珍币，而伐不止。问其所欲者，土地也。于是属其群臣耆老而告之曰：'土地者，所以养人也。不以养所以害其养也，遂居岐山之下。邠人负幼扶老从之，如归父母，三迁而民五倍其初者，皆兴仁义，趣上之事。君子守国安民，非特斗兵、罢杀士众而已。不私其身，惟民足用保民，盖所以去国之义也，是谓至公耳。'"蔡邕《琴操》："《岐山操》者，周太王之所作也。太王居豳，狄人攻之，仁思恻隐，不忍流血，选练珍宝犬马皮币束帛与之。狄侵不止，问其所欲得土地也。太王曰：'土地者，所以养万民也，吾将委国而去矣，二三子亦何患无君！'遂仗策而出，瑜乎梁而邑乎岐山。"

② 参见《史记·李将军列传》《汉书·李广苏建传》《史记·太史公自序》《汉书·司马迁传》。《李广苏建传》："群臣皆罪陵，上以问太史令司马迁，迁盛言：'陵事亲孝，与士信，常奋不顾身以殉国家之急。其素所畜积也，有国士之风。今举事一不幸，全躯保妻子之臣随而谋蘖其短，诚可痛也！且陵提步卒不满五千，深輮戎马之地，抑数万之师，虏救死扶伤不暇，悉举引弓之民共围攻之。转斗千里，矢尽道穷，士张空拳，冒白刃，北首争死敌，得人之死力，虽古名将不过也。身虽陷败，然其所摧败亦足暴于天下。彼之不死，宜欲得当以报汉也。'初，上遣贰师大军出，财令陵为助兵，及陵与单于相值，而贰师功少。上以迁诬罔，欲沮贰师，为陵游说，下迁腐刑。"在《报任安书》（载《司马迁传》）中，司马迁饱含感情，详细地叙述了自己受腐刑的经过和因由，最后哀伤地感叹道："仆以口语遭此祸，重为乡党戮笑，污辱先人，亦何面目复上父母之丘墓乎？虽累百世，垢弥甚耳！是以肠一日而九回，居则忽忽若有所亡，出则不知所如往。每念斯耻，汗未尝不发背沾衣也。身直为闺合之臣，宁得自引身藏于岩穴邪！故且从俗浮湛，与时俯仰，以通其狂惑。"毫无疑问，身受腐刑给司马迁带来了一生中最为强烈的耻辱感和持久的痛楚：在至高无上的强权面前，彼时人的生命其实没有任何保障，他们的肉体生命及人格尊严很容易招致惨无人道的任意虐杀和凌辱。

三　尊生：古公"去豳迁岐"的道家解释

古公亶父"去豳居岐"的故事，也几乎同时引起了道家学者的浓厚兴趣，从《庄子·让王》《吕览·审为》到《淮南子·道应、诠言、泰族》诸篇，均有深入的议论。

《庄子·让王》曰：

> 大王亶父居邠，狄人攻之。事之以皮帛而不受，事之以犬马而不受，事之以珠玉而不受，狄人之所求者土地也。大王亶父曰："与人之兄居而杀其弟，与人之父居而杀其子，吾不忍也。子皆勉居矣！为吾臣与为狄人臣奚以异！且吾闻之，不以所用养害所养。"因杖筴而去之。民相连而从之，遂成国于岐山之下。夫大王亶父可谓能尊生矣。能尊生者，虽贵富不以养伤身，虽贫贱不以利累形。今世之人居高官尊爵者，皆重失之；见利轻亡其身，岂不惑哉！

《吕氏春秋·审为》曰：

> 太王亶父居邠，狄人攻之，事以皮帛而不受，事以珠玉而不肯，狄人之所求者地也。太王亶父曰："与人之兄居而杀其弟，与人之父处而杀其子，吾不忍为也。皆勉处矣！为吾臣与狄人臣，奚以异？且吾闻之，不以所以养害所养。"杖策而去，民相连而从之，遂成国于岐山之下。太王亶父可谓能尊生矣。能尊生，虽富贵不以养伤身，虽贫贱不以利累形。今受其先人之爵禄，则必重失之；生之所自来者久矣，而轻失之，岂不惑哉？

这两段有关"亶父居豳，狄人攻之"的文本几乎全同，只有个别地方小有差异，今天看来，《审为》当抄自《让王》篇。"尊生"一语，二篇相同，高诱《注》："尊，重也。"二篇下文俱有"中山公子牟谓瞻子曰"一段文本,均以"重生"为说,① 可证高《注》是也。"尊生"也即"重生"。《淮南子·道应》"亶父居邠"一段文本作"保生","保"训"养",与"尊"、"重"义近。在故事结构上,《让王》《审为》二篇均以"狄人之所求者地也"为论述的起点。二篇所阐述的道理,当然都包含着"慈仁"的思想,但这不是主要的,作者的论述主旨并不在于此。《让王》《审为》的作者借太王放弃抵抗而去邠之前所说的"不以所用(以)养害所养"一语来阐明己身之"生"与身外之"富贵"对于个体生命的轻重关系。这与儒家立足于"恻隐之仁"的解释原则,从而推导出"仁民"(当然潜在地也包含了"尊生"的思想)的观念显然不同,以道家为主导的诸子则直接将一般性的个体生命"己身"与身外之"名利"(包括贵富显严名利、声色滋味权势)对立起来,从而得出了"重生而轻天下"的观点。从生命哲学的视角来看,对于人自身之存在而言,这是非常有意义和有价值的,值得肯定。孔子所谓"无求生以害仁,有杀身以成仁"(《论语·卫灵公》)的主张,与此形成鲜明的对照。

在故事上,《让王》《审为》还举出了"尧以天下让于子州支父""子华子见昭僖侯""中山公子牟谓瞻子曰"等例子来阐明"生"与"利","身"与"天下"孰轻孰重的问题,认为一个人对待自己的生命应当"重生而轻利""尊生而轻天下"。《让王》云:"道之真以治身,其绪余以为国家,其土苴以治天下。由此观之,帝王之功,圣人之余事也,非所以完身养生也。今世俗之君子,多危身弃生以殉物,岂不悲哉!凡圣人之动作也,必察其所以之与其所以为。今且有人于此,以随侯之珠,弹千仞之雀,世必笑之。是何也?则其所用者重而所要者轻也。夫生者,岂特随侯【珠】之重哉!"② 作者认为,"治身"乃修道的本真目的,其意义远超于"为国家"和"治天下"之上。在作者看来,"完身养生"才是人生的第一要务,若汲汲追求"为国家"和"治天下",这就是"危身

---

① 《庄子·让王》:"中山公子牟谓瞻子曰:'身在江海之上,心居乎魏阙之下,奈何?'瞻子曰:'重生。重生则利轻。'中山公子牟曰:'虽知之,未能自胜也。'瞻子曰:'不能自胜则从(纵)之,神无恶乎!不能自胜而强不从(纵)者,此之谓重伤。重伤之人,无寿类矣!'魏牟,万乘之公子也,其隐岩穴也,难为于布衣之士。虽未至乎道,可谓有其意矣!"《吕览·审为》篇大体相同,"从"作"纵"。

② "珠"字,据《吕氏春秋·贵己》篇补。

弃生以殉物",不知轻重,譬如以隋侯之珠弹千仞之雀,则必为天下笑矣。《审为》的议论与《让王》大体相同,云:"身者所为也,天下者所以为也,审【所为】所以为而轻重得矣。① 今有人于此,断首以易冠,杀身以易衣,世必惑之。是何也?冠所以饰首也,衣所以饰身也。今杀所饰,而要所以饰,则不知所为矣!世之走利,有似于此。危身伤生,刈颈断头以徇利,则亦不知所为也。""为",治也。作者认为"身"是修治的目的,而"天下"乃是"所以为"的手段,明辨"所为"与"所以为"而孰轻孰重即可知矣。为了身外的利益,譬如为了"为天下"之所谓大利而"危身伤生",这是作者所坚决反对的。

从观念的发展来看,上述权衡"治身"与"为天下",或"身"与"天下"之轻重的思想,实际上发端于《老子》。王弼本《老子》十三章:"宠辱若惊,贵大患若身。何谓宠辱若惊?宠为下,得之若惊,失之若惊,是谓宠辱若惊。何谓贵大患若身?吾所以有大患者,为吾有身。及吾无身,吾有何患?故贵以身为天下,若可寄天下。爱以身为天下,若可托天下。"(武英殿聚珍版)本章,亦见楚竹书本和汉帛书本。据简帛本,后两句"寄""托"二字互倒。上"以身","以",帛书二本俱作"为";又二字下,帛书二本均有"于"字。"以"训"为","为"犹"治"也。"于",表比较。世俗之人,常受宠辱(利禄权势之类)的惊扰,故有大患(危身伤生之类)及于其身。此身大患的消解,老子认为,有待于"无身"的修为。而世俗之宠辱恒以"为天下"之利害为大源,所以老子在方式上主张,人主必先贵爱"为身",不以利害伤身而异化"为天下"的目的,如此,乃可将天下托付给他。② 老子的这一思想,被《庄子·让王》《淮南子·道应》等篇所明言继承。《让王》曰:

> 尧以天下让许由,许由不受。又让于子州支父,子州支父曰:"以我为天子,犹之可也。虽然,我适有幽忧之病,方且治之,未暇治天下也。"夫天下至重也,而不以害其生,又况他物乎!唯无以天

---

① "所为"二字,据上文及文意补。又篇名《审为》,即据本句("审所为所以为")题篇。

② 参看丁四新《郭店楚竹书〈老子〉校注》,武汉大学出版社2010年版,第286—307页。

下为者，可以托天下也。

《道应》篇则直接就古公亶父"去豳迁岐"一事作如下评论：

> 大王亶父可谓能保生矣。虽富贵，不以养伤身；虽贫贱，不以利累形。今受其先人之爵禄，则必重失之。【生之】所自来者久矣，而轻失之，岂不惑哉！故老子曰："贵以身为天下，焉可以托天下；爱以身为天下，焉可以寄天下矣！"①

《让王》、《道应》将《老子》第十三章的观念进一步推明，将老子为了安身而阐发的处世哲理上升为权衡"身"与"天下"，"为身"与"为天下"之轻重的生命哲学上来，让人在深刻的反思中透悟个体生命之存在（the existence of individual life）自身对于人之存在（human being）的至关重要性。

总之，对于古公"去豳居岐"，儒家和道家用以解释的基本哲学观念不同。从庄周以来，个体生命的存在价值及其存在本性得到弘扬，于是道家学者相继以"尊生"（"重生"）的观念来解释古公"去豳居岐"的历史故事，从而在儒家的话语之外又开出道家的讲法，使我们更为深入地理解到这一历史故事所包含的丰富的哲学道理和文化精神。

四 余论："重生""利他""仁民"之辩

古公"去豳居岐"的故事，见于《孟子·梁惠王下》《诗·绵》、毛《传》、《孔子家语·好生》《说苑·至公》蔡邕《琴操》《史记·周本纪》《吴越春秋·吴太伯传》诸篇，其中《梁惠王下》和《周本纪》最具有代表性。诸篇均以"仁"为主导观念，并侧重于从"仁民"的方面来作解释的。除了《周本纪》之外，《梁惠王》等篇俱以獯鬻戎狄贪欲无度，

---

① "生之"字，据王念孙说补。王念孙：《读书杂志·淮南内篇第十二》，江苏古籍出版社2000年版，第868页。又，《淮南子·诠言》曰："轻天下者，身不累于物，故能处之。泰王亶父处邠，狄人攻之，事之以皮币珠玉而不听，乃谢耆老而徙岐周。百姓携幼扶老而从之，遂成国焉。推此意，四世而有天下，不亦宜乎！无以天下为者，必能治天下者。"此活用老子之言者。

欲得周人土地为故事的激发点。《史记》则加上了狄人欲得周民的另一暴行，太史公并借古公之口而由此大发议论，实际上褒扬了古公"尊生"的大仁精神。在司马迁的眼中，人民的存在是其自身的目的，他们的个体生命应当得到统治者的充分尊重，而不应当成为君主自利的牺牲品。在太史公的笔下，古公"立君利民"、彻底利他的仁民思想，体现了一种更为超越的"仁"的精神。《孔子家语》以"好生"为题，而《说苑》有"至公"之议，与司马迁的叙述似乎具有内在的联系。相比较而言，孟子在肯定古公去豳迁岐为仁行的同时，也将其"事獯鬻"看作智者之举、畏天之举，显然意识到了"智"的重要性。在孟子看来，如果古公仅有仁民的恻隐之心，那么这是不足以拯救周民于即将来临的危亡之灾的。因此，在不得已的条件下，去豳居岐正是明智之举，而不是所谓懦弱胆怯、逃跑苟且的表现。孟子将"智"加入到"仁"的原则中去加强解释的有效性，为古公去豳居岐的行为作了理论上的辩护。但是，对于一般性之个体生命的尊重，在孟子的叙述和解释中没有得到彰显，这在一定程度上弱化了"仁民"在恻隐之情上的内在深度。

古公"去豳居岐"的故事，又见《庄子·让王》《吕览·审为》和《淮南子》的《道应》《诠言》《泰族》诸篇。在这些书篇的叙述中，古公所表现出来的"不忍"精神虽然被考虑到了，但是解释的要点重点，落实在"重生"（即"尊生"）上面。"重生"是一种生命哲学观念，一直为道家学者所提倡和宣扬，它与儒家"仁"的原则在内涵上有着根本性的不同。在道家的"重生"观念中，一般性之个体生命本身的生全死伤、生存质量及身心之逍遥与否，成为哲学思考的主要对象和问题。老子发其端，杨朱、庄子扛其鼎，《吕览》《淮南》传扬于后。老子以"为身"来达到"无身"（消解名利欲望之身），并认为这是达到"为天下"的前提条件。两相比较，"为身"重于"为天下"矣。不过，《老子》第十三章的这一思想是从政治哲学的角度来说的，还没有集中到对纯粹个体性生命自身是否应当尊重的思考上来。杨朱大概是首位按照生命哲学的思路对个体生命作出深入的思考并提出"重生"观念的哲学家。《孟子·滕文公下》曰："杨氏为我，是无君也。"《尽心上》又曰："杨子取为我，拔一毛而利天下，不为也。"孟子站在儒家的立场批评了杨朱的"为我"，认为这一主张丧失了为人臣而利他的道德义务，与禽兽无别。其实，"杨子为我"是孟子的一个概括，未必准确。据《列子·杨朱篇》，杨子主张"人人不损一毫，人人不利天下"，① 这主要站在建立个体生命绝对独立的存在性上而言的：在终极意义上，人只是人自身，个体生命的一般价值超越于利害之上。所谓"人人不损一毫"，"不损"并非等同于"为我""自利"，此一主张其实是从普遍主义的立场上来立论的；作为落实普遍性之"人人"概念的载体——"我"，也并非即指作为全部社会关系服务之唯一目的和意图的"我"：设若在"人人"中存在着的无数个具体之"我"都将"我"自身划清界限，都由"我"来承担自"我"而出的所有责任和义务，那么"天下治矣"。所以，对于感性之"我"，肉身之"我"，杨朱必然尊之、重之，"拔一毛以利天下，不为也"，正如老子所言奈何万乘之主而以身轻于天下？②

从文献上来看，杨朱的"重身""尊己"当是针对墨家利他主义的"兼爱"观念而言的。杨朱为什么要批判利他主义的"兼爱"观念？难道"摩顶放踵以利天下"（《庄子·天下》）对于"天下治矣"还有什么重大危害吗？在杨朱、庄子看来，"摩顶放踵"本身即是以危害和残灭利他主义之实践者自身的肉体健康而言的，放而大之，设若天下人人如此，则不但利他不成，反而人人先已自残自损矣。如此，这就与人追求幸福的生活目的及其自然心愿大相乖违。所以《天下》篇批评墨家，一曰："以此教人，恐不爱人；以此自行，固不爱己。"再曰："其道大觳……反天下之心，天下不堪。墨子虽独能任，奈天下何！"

当然，面对道家的攻评和批判，墨家后学对于"尊生""重己"的观念也作出了反批评。《墨子·贵义》"子墨子曰"："万事莫贵于义。今谓

---

① 《列子·杨朱篇》："杨朱曰：'伯成子高不以一毫利物，舍国而隐耕。大禹不以一身自利，一体偏枯。古之人损一毫利天下不与也，悉天下奉一身不取也。人人不损一毫，人人不利天下，天下治矣。'禽子问杨朱曰：'去子体之一毛以济一世，汝为之乎？'杨子曰：'世固非一毛之所济。'禽子曰：'假济，为之乎？'杨子弗应。禽子出语孟孙阳。孟孙阳曰：'子不达夫子之心，吾请言之。有侵若肌肤获万金者，若为之乎？'曰：'为之。'孟孙阳曰：'有断若一节得一国，子为之乎？'禽子默然有间。孟孙阳："一毛微于肌肤，肌肤微于一节，省矣。然则积一毛以成肌肤，积肌肤以成一节。一毛固一体万分中之一物，奈何轻之乎？'禽子曰：'吾不能所以答子。然则以子之言问老聃关尹，则子言当矣；以吾言问大禹墨翟，则吾言当矣。'孟孙阳因顾与其徒说他事。"

② 王弼本《老子》第二十六章。

人曰：'予子冠履而断子之手足，子为之乎？'必不为。何故？则冠履不若手足之贵也。又曰：'予子天下而杀子之身，子为之乎？'必不为。何故？则天下不若身之贵也。争一言以相杀，是贵义于其身也。故曰：'万事莫贵于义也。'"非常有意思的是，墨家后学在承认"身贵于天下"的观点上，又进一步论证了"义贵于身"的观点，这就将道家的"重生"与儒家的"舍生取义"（《孟子·告子上》）统合在自己的思想系统之中了。然而问题在于：这种"统合"更多地是在一种推理形式上的统一，设若进一步追问墨家"义"的实际内容是什么，则又回到了全部辩论的开端。对于"为我"与"兼爱"（"利他"），孟子从人伦道德的角度作出了严厉的批评，所谓"无君、无父"是也，然而他以"执中有权"去指导为仁，① 在实践中把握起来也是大有困难的。这个困难，在面对死生全残的问题上也即是一种审慎而严肃的轻重权衡。

《让王》《审为》等篇所主张的"尊生"（"重生"）观念，既包括着"身"与"名利""富贵爵禄""天下"等一切身外之物的轻重权衡，也包括着"为身"与"为天下"的轻重权衡。"土地"对于国家和君主而言，诚然是非常可贵的，然而在"不得已"的情况下，为了"重生"，古公亶父也只好放弃和退让了，甚至连作为君主的名利都一并放弃。这是道家的解释。总之，《让王》《审为》的作者似乎具备重生主义的倾向。然而，在两利之间做权衡，如果人们总是以"身"重于"天下"，"生"重于"贵富贫贱"，甚至以"生"总是重于人之所以为人的"仁"道、"义"道，那么显而易见，这就会导致整个社会迅速堕入丛林法则之中，而导致弱肉强食，即孟子所谓"率兽食人"的状态，因为建立在以自我为中心而不是彼此互尊之基础上的"重生"，就只可能导致绝对"为我"的结果——而"为我"之害，以极权所施行的暴政为巨。从故事来看，古公的"尊生"显然不属于所谓极端的"为我"，在他的"尊生"中包含着"利他之仁"的精神：一方面古公不忍杀其弟、杀其子，这个恻隐之情比较一般；另一方面又不愿以养人之资（"土地"）害其所养之民，此

---

① 《孟子·尽心上》："孟子曰：'杨子取为我，拔一毛而利天下，不为也。墨子兼爱，摩顶放踵利天下，为之。子莫执中。执中为近之。执中无权，犹执一也。所恶执一者，为其贼道也，举一而废百也。'"

恻隐之情则比较具体。不过，在道家学者看来，"尊生"与"利他"之间有主从的关系，在古公去豳迁岐的故事中不存在舍我而利他的情况，或者说"仁民"是包含在古公的"尊生"精神之中的。《让王》《审为》篇将"民相连而从之，遂成国于岐山之下"的美好图景，即看作古公亶父"能尊生"的结果。

总之，儒、道、墨三家对于人的个体生命本身都有所思考。墨子主张利他主义的"兼爱"观，从施为一方而言，而为完全的利他之爱。设若人人以"摩顶放踵""枯槁羸瘠"为实践利他之爱的必要标准，这就必然会导致出现人人"自虐"的背反结果：这不但不是对于个体生命的爱护、恻隐和尊重，相反却是对于个体生命的无情虐杀。在道家和儒家的有力批判下，墨家后学承认和重构了"身贵于天下""义贵于身"的观点。这个论述虽然有所进步，但是仍以"十义"（天志、兼爱等）为至高无上的原理，这实际上在承认"尊生"居于其思想统系中之第二位的同时，将"兼爱"观念置于自相矛盾的窘境中：设若以"自我"之"身"为中心，则"兼爱"必毁矣；设若以利他为"兼爱"的确定内涵，则如何可能坚持"身贵于天下"？道家主张"重生"，认为"身贵于天下"，从理论上来讲，这当然将个体生命自身之独立价值凸显出来，但是从个体对群体的角度而言，人人"重生"则是人人"重己"，而从社会总体上来看，人人"不损己"也就意味着人人"利己""为我"。这就必然导致嫂溺不会援之以手，野有饿殍不知检发，甚至出现坐看围观、杀人以娱的悲惨悲凉景象。因此"尊生"内在地包含着"重己"与"重人"之间的尖锐矛盾。如何解决这一矛盾？从古公去豳迁岐的故事来看，道家显然又以"仁"（"不忍"）的原则来统一"重己"与"重人"，消解二者之间的矛盾的。但是更进一步的问题在于："仁"是否在任何条件下都能够消解"重己"与"重人"之间的矛盾，而可以真正地统一二者呢？这个问题，道家没有追问，《让王》《审为》也没有回答。从《梁惠王下》来看，"仁"未必能解决如何"尊生"的问题，于是孟子为古公事獯鬻加上了"智"的原则来作解释。"智"在孟子那里表现为"执中有权"，既要以"仁"的原则去统一"重己"与"重人"二者，所谓"执中"也，又要以"权"去裁量具体的历史条件，从而作出适宜的决断。在孟子看来，古公去豳迁岐正是一个善于权衡、把握历史之分寸，用"智"去表现"仁"的原则的典型例子。不过，如何裁量、如何决断才是明"智"的？难道只有后来在岐地的"王业"成功，才是检验古公从豳地退却是否合乎"智"的原则的唯一标准？这是孟子没有讨论的问题。

国之兴衰床为喻

——《周易》古经剥卦本义解读

李尚信

（山东大学　易学与中国古代哲学研究中心）

☷☶剥，不利有攸往。
初六：剥床以足，蔑贞，凶。
六二：剥床以辨，蔑贞，凶。
六三：剥之，无咎。
六四：剥床以肤，凶。
六五：贯鱼以宫人宠，无不利。
上九：硕果不食，君子得舆，小人剥庐。

　　彖曰：剥，剥也，柔变刚也。不利有攸往，小人长也。顺而止之，观象也。君子尚消息盈虚，天行也。
　　象曰：山附于地，剥。上以厚下安宅。【有厚实的地基，房子才能建得牢固；比喻厚待下层平民百姓，国家政权才能稳固。】
　　象曰：剥床以足，以蔑下也。【不把平民百姓放在眼里。】
　　象曰：剥床以辨，未有与也。【把各级官员伤害了，治理国家就没有依靠了。】
　　象曰：剥之无咎，失上下也。【在上、在下者都不认可，清除之可也。】
　　象曰：剥床以肤，切近灾也。【灾已及身。】
　　象曰：以宫人宠，终无尤也。【像宠幸宫女那样善待臣民，终究不会有过失。】

象曰：君子得舆，民所载也；小人剥庐，终不可用也。

剥卦以床、贯鱼、宫人、硕果等为喻，来阐释有关国家兴衰的道理。

剥卦卦象是一阳在上而众阴居下，阴处盛长之时，有消去居上一阳之势。上之一阳像一颗硕大的果实，上之一阳被消去，就像居树上的硕果被剥落于地，故取卦名为剥。

如果将上之一阳的硕果比喻为国家政权，那么，硕果被打落，就是比喻国家政权被颠覆。

国家政权被颠覆有一个过程。

如果用床来比喻一个国家的结构，则床足相当于黎民百姓（对应于初爻），床辨（或即床横木或床板）相当于各级官员（对应于二爻），会脏的床垫比喻会生积弊的国家机器，床上的主人相当于国家政权的掌舵人——君主（对应于四爻）。

初六：剥床以足，蔑贞，凶。

国家政权以民为本，初爻被剥即比喻百姓遭殃，百姓遭殃则国本动摇，国本动摇则国家危殆。故初六曰"剥床以足，蔑贞，凶"。"剥床以足，蔑贞，凶"，盘剥百姓就是无视正义，必会有凶。

这一爻是强调统治者不要过分盘剥百姓。

六二：剥床以辨，蔑贞，凶。

各级官员则是国家政权的重要支撑，二爻被剥则比喻在上者欺压、压榨下级官员，不顾下级官员死活，如此则国家同样会产生混乱，并逐步走向危险。故六二曰"剥床以辨，蔑贞，凶"。欺压、压榨下级官员，也是无视正义，也必有凶。

这一爻是强调在上位的统治者不要欺压在下位的官员。

六三：剥之，无咎。

国家机器生了积弊，就要及时清除。三爻被剥，即比喻清除积弊。故六三曰"剥之，无咎"。"剥之，无咎"，即清除积弊无咎。

这一爻是强调国家政权有了积弊要及时清除。

六四：剥床以肤，凶。

国本动摇，或各级官员受欺压，或国家机器的积弊不清除，迟早会危及国家机器的掌舵人。故六四曰"剥床以肤，凶"。这一爻是讲如果百姓或下层官员遭殃，那么将迟早会危及在上位的统治者。

六五：贯鱼以宫人宠，无不利。

统治者为了维护自己的统治，也会吸取教训，善待百姓与下级官员（臣民）。故六五曰"贯鱼以宫人宠，无不利"。贯鱼，比喻有序的臣民（百姓与臣子），也就是守法的臣民。宫人，即宫女。"贯鱼以宫人宠，无不利"，守法的臣民像宫女一样受到君王的宠幸，没有什么不利的。

鱼有阴象，阳为绳索。初爻至五爻这五阴爻，像是由上九一阳爻贯串起来的一串鱼，故有"贯鱼"之象。

宫人（宫女）也为阴象，君主为阳象。初爻至五爻五阴爻，又像是由六五阴爻统领着的一群宫女，正在有序的接受上九君王的宠幸。故有"以宫人宠"之象。

上九：硕果不食，君子得舆，小人剥庐。

上九阳爻取象硕果，硕果比喻国家政权。硕果不被打落下来吃掉，即"硕果不食"。"硕果不食"，即国家政权不被颠覆。国家政权不被颠覆，如果任用君子，君子自然能得百姓拥戴；君子能得百姓拥戴，即民载君子，故"君子得舆"。如果任用小人，则小人会贪婪到连一栋草庐都给你拆了，故"小人剥庐"。

☶☷剥，不利有攸往。

阴剥阳如果不被阻止，剥到最后，自然是国家政权最后被颠覆。国家政权被颠覆，则是小人当道，君子受迫害之时。这时如果想要有所为，不仅会劳而无功，而且会有生命之虞。故卦辞曰："不利有攸往。""不利有攸往"，即不利于有所作为。

儒家顺天应人的管理思想

孙聚友

（山东社会科学院国际儒学研究与交流中心）

管理是人类的基本社会活动，没有管理则人类难以在社会中生存发展。但是，对于什么是管理以及管理的本质是什么，这不仅是任何管理理论都要回答的问题，而且客观地体现于所有的管理活动之中。在现代管理学中，人们对于管理的本质认识，大多是从管理的职能、管理的对象、管理的分工等方面来进行探讨，但是，由此而形成的观点，争论十分激烈，且没有形成一个为人们所认同的一致答案。对于这一复杂的问题，儒家有其独特的认识。

儒家学者在对历史文化的损益更新中，在对现实社会的反思认识中，不仅建构了以德礼政刑为规范准则的人伦社会秩序纲纪，而且从天人合一的理论出发，论证了人伦社会秩序纲纪源于天道和合于人心的合理性。天人合一的思想，表现于儒家管理哲学之中，在于它为儒家管理的理论基础、管理的行为规范、管理的价值目的、管理的原则方法等，确立起了本体论的依据和形而上的本原。儒家认为，管理的本质作为对于管理属性特征的概括总结，贯穿蕴涵于管理活动的各个层面和领域，其内容具体表现为顺天应人的管理存在属性、自律他律的管理行为特征、成人成物的管理价值等方面。总括而论，儒家认为，无论是管理的存在属性，还是管理的行为特征，以及管理的价值，都是以顺天应人为其根本特征的，亦即管理的本质就是顺天应人的社会行为实践过程。

一　儒家顺天应人思想的来源

要回答何谓管理的本质这一问题，首先要回答什么是管理，这即是关于管理的存在属性问题。儒家对于管理的存在属性的认识，是从天人关系的理论出发的。管理是人的社会行为实践过程，在这一过程中，管理的对象可以分为人与客观世界两大部分，这两部分不是孤立存在的，而是有机地联系在一起的，因而人们在管理活动过程中，不仅要解决人与人之间的关系，而且还要解决人与客观世界之间的关系。只有正确地认识了这两大关系，才能正确地认识什么是管理，以及管理的本质，进而真正认识管理的存在属性。由天人合一思想出发，儒家认为，管理的存在属性是顺天应人。顺天应人是指管理的理论基础、管理的行为规范、管理的价值目的、管理的原则方法等的确立和践履，都是以顺应天道、合乎人道，为其本体论的依据和形而上的本原。

天人合一的思想理论，是天人观的重要构成内容，它是关于天与人二者关系的问题。对于这一问题的认识，儒家并不是孤立地探讨天的存在意义，也不是片面地分析人的存在的意义，而是将天与人作为一个对立统一的整体来认识。儒家"天人合一"思想的产生形成，经历了一个逐渐发展的演变过程，具有着悠久的历史源渊和深厚的文化积淀。它的历史源渊，可以追溯到原始社会。如尧在治理社会中，即是以持守则法天道为其政治特点。虽然"天人合一"思想在中国文明史中出现甚早，但自觉地把天人作为一对相互联系的概念范畴，以阐明其与人的存在行为及社会发展变化的内在关系，形成朴素的天人合一思想，则出现在殷周变革之际。

（一）西周初期的顺天应人思想

天命神学观作为文化形态的重要表现形式，是殷周时代人们对于人的存在认识的主体标志之一，它对人的行为方式具有着重要的支配作用。殷人的天命神学观，是以尊神事鬼为特征的，亦即在处理现实人事与鬼神的关系时，首先考虑的是奉事鬼神，而后才是现实人事。这表明了殷人在现实的社会现象面前，尚不能把握自己的命运，对自身能力缺乏理性的认知和肯定，没有认识到人的存在的主体地位和自我价值。如商朝末年的统治者纣王，认为天命是一种超越于人的存在的神秘异己力量，是现实政权存在的根本依据，它始终保佑着统治者的权势地位，任何人不得怀疑违抗天命，服从天命则必然得福，违背天命则必受大咎。陈旧的天命神学观，导致纣王盲目崇信天命神威，没有认识到人的存在的自身行为与天命意旨之间的内在联系，为政不重以德治国，结果最终走向灭亡。

而周人在其创建政权的过程中，则形成了崭新的天命神学观。他们对于天命的内涵有了新的认识，认为天命不再是神秘不可知的，它可从统治者的德行和民心的向背中得知，天命并非固定不变地保佑着统治者已有的政权，而是依据于统治者的行为善恶及合于民情的现实情况进行取舍转移的。故《尚书·召诰》曰："我不可不监于有夏，亦不可不监于有殷。我不敢知曰，有夏服天命，惟有历年；我不敢知曰，不其延。惟不敬厥德，乃早坠厥命。我不敢知曰，有殷受天命，惟有历年；我不敢知曰，不其延。惟不敬厥德，乃早坠厥命。今王嗣受厥命，我亦惟兹二国命，嗣若功。""惟不敬厥德，乃早坠厥命"，这表明了周人在对历史与现实的反思中，已经认识到了政权的转移实质上是由人的行为能否敬德所决定的，亦即拥有天命获得政权，其根本依据在于敬德。基于天命意旨与人的行为之间内在关系的揭释，周人形成了"以德配天"的天人观思想，提出了"天命靡常"的观点，强调"皇天无亲，惟德是辅"（《左传》僖公五年引）。他们在论证了自身政权得之于天命的至善合理性时，指出文王因为能够敬德保民，故"皇天既付中国民越厥疆土于先王"（《尚书·梓材》）。在此基础上，周人又指出了天命转移的可能性，强调"我有周既受，我不敢知曰，厥基永孚于休。若天棐忱，我亦不敢知曰，其终出于不祥"（《尚书·君奭》）。因此，天命的无常与有常，都是建立在人能否敬德的现实活动基础上的，"天惟时求民主"（《尚书·多方》），只有践履道德才能体现出人的存在的道德特征，得到上天的保佑。故周人提出了"人无于水监，当于民监"（《尚书·酒诰》）的为政策略，要求统治者在为政过程中，要时刻体察民心所向，持守敬德保民方针，以求保有天授政权。同时，周人认为，父慈、子孝、兄友、弟恭等道德规范，是上天对人们行为准则的合理规范，它具有不可违背的天赋神圣性和至上公正性。所以，人道来源于天道，天道决定了人道。人们只有绝对地遵循这些天赋的道德规范，规正自身的行为，才合乎上天的意旨。基于新的天人观思想的形成，周人发现了天命、政权和人的行为三者之间的内在关系，指出了"德"在沟通联结天人关系中的中介作用，认为"德"不仅是由人的自身行为表现出来的，而且它也是人的存在的主体地位和自我价值的根本依据。周人朴素的天人合一思想，决定了西周初期顺天应人的社会管理特点的形成。

（二）春秋时期的顺天应人思想

春秋时期，人们对于天人关系的认识，有了新的发展。人们重新论证了道德规范源于天道的本体论依据，指出了合于天道的纲纪伦常在社会管理中的作用。例如，春秋时期的人们认为，以礼为核心的道德规范，作为治国安民的纲纪伦常，不仅具有则因天地之道的存在根据，而且规范了人的存在的社会地位和行为准则。"夫礼，天之经也，地之义也，民之行也。天地之经，而民实则之。则天之明，因地之性，生其六气，用其五行。气为五味，发为五色，章为五声。淫则昏乱，民失其性，是故为礼以奉之。为六畜、五牲、三牺，以奉五味。为九文、六采、五章，以奉五色。为九歌、八风、七音、六律，以奉五声。为君臣上下，以则地义；为夫妇外内，以经二物；为父子、兄弟、姑姊、甥舅、昏媾、姻亚，以象天明；为政事、庸力、行务，以从四时；为刑罚、威狱，使民畏忌，以类其震曜杀戮；为温慈、惠和，以效天之生殖长育。民有好恶喜怒哀乐，生于六气。是故审则宜类，以制六志。哀有哭泣，乐有歌舞，喜有施舍，怒有战斗。喜生于好，怒生于恶。是故审行信令，祸福赏罚，以制死生。生，好物也；死，恶物也。好物，乐也；恶物，哀也。哀乐不失，乃能协于天地之性，是以长久。"（《左传·昭公二十五年》）礼作为人类社会的管理规范，是效法天地之道而制定和实行的法则，它涵盖了一切社会活动的领域和层面。故"礼以顺天，天之道也"（《左传·文公十五年》），"礼，上下之纪，天地之经纬也，民之所以生也。"（《左传·昭公二十五年》）以礼为核心的道德规范，是人效法天地之道而实行的法则，它是为国行政、为人行事的行为准则，其社会作用在于"经国家，定社稷，序民人，利后嗣"（《左传·隐公十一年》）。人在社会活动过程中，遵循礼就是顺应天道，违背礼就是弃天之道，所以，"君人执信，臣人执共，忠信笃敬，上下同之，天之道也"（《左传·襄公二十二年》）。天道是以道德为其根本特征的,人道是以遵循天道为其核心本质的,天人相通合一是合于道德的。这一思想在春秋时代的社会文化中占据着主体的地位,它决定了人们在社会管理中,是以天人相通合于道德的思维模式和价值取向为特点的,表明了人们已经初步认识到了顺天应人是管理的本质所在。

二 儒家的顺天应人思想

儒家对于天人关系的认识,在继承前人的基础上,形成了"天人合一"的思想。其内容主要表现为,天与人作为对立统一的整体,是相通合一。这种相通合一表现为,天道是人道确立的本根依据和终极来源,人道是天道的具体流行和现实体现。因此,人在现实的社会活动中,应当以识得则法天道、践履遵循人道作为行为的规范和准则。儒家对于管理的存在属性的认识,正是从"天人合一"的思想出发来加以揭释的。他们认为,顺天应人是管理的存在属性,它不仅表现为管理要顺应天道,而且表现为管理要合于人道。顺天应人的管理存在属性,存在于管理的所有方面,管理只有达致顺天应人,才能保证管理活动的顺利进行。儒家对于顺天应人的管理存在属性认识,主要是以孔子、孟子和荀子为代表。

(一) 孔子的顺天应人思想

孔子对于管理本质的认识,是以则法天道的天人观为其思想特点的。他在评价尧的为政特点时,曾说:"大哉,尧之为君也!巍巍乎!唯天为大,唯尧则之。荡荡乎,民无能名焉。巍巍乎其有成功也,焕乎其有文章!"(《论语·泰伯》)尧之为政,之所以能够取得有功于民的功绩,在于他在社会管理活动过程中,取法天道,以设人道,设制了天人合一的纲纪规范。亦即,孔子认为,天道是人类社会管理规范的本原,人只有遵循天道,才能取得管理的成功。孔子进一步说:"天何言哉?四时行焉,百物生焉。"(《论语·阳货》)天道是以生生万物的仁德为其本质特征的,则法天道治理社会,就应以生生仁德来管理民众,这就是管理本质的具体体现。

孔子所言的天,既是自然而然存在运行的客观自然之天,它生生万物。同时,孔子所言的天,又是体现着万物存在之理的本体义理之天。而天道就是这二者的统一。

就自然之天而言，天有其运行发展变化的客观规律，它不以人的主观意志为转移。人在管理中效法天道，就要像天道自然那样，使自己的管理行为合于生生之道，识得人类社会存在发展的客观规律，实现人类社会正常有序的运行发展。故《易传·文言》曰："夫大人者与天地合其德，与日月合其明，与四时合其序，与鬼神全其吉凶，先天而天弗违，后天而奉天时。"管理者只有识得天人合一，其德行才能与天地好生之德相合，其明察才能与日月普照相合，其恩威才能与四时顺序相合，其赏罚才能与鬼神福善祸淫相合。《礼记·哀公问》记载，鲁哀公问孔子，为什么君子要贵重天道？孔子说："贵其不已。如日月东西相从而不已也，是天道也；不闭其久，是天道也；无为而物，是天道也；已成而明，是天道也。"这里关于天道的解释，是指天的运行有其自然客观的规律，而这一规律又是为人们所认识和肯定的，具有着客观现实的合理性。管理者只有从天道自然中，识得人类社会的存在发展规律，进而则法天道自然的合理性，制定管理的规范和准则，其管理才会为人们所认同和遵行。这是顺天应人管理本质的体现之一，它体现了管理规范的合理性。

而就义理之天而言，天道的义理表现为生生不息的仁德，仁者人也，合而言之道也。仁德是人之所以为人的本质属性特征，同时它还是人道的集中表现和确立的依据。人类社会的道德规范和人伦秩序，都是以仁德为其核心特征的。所以，人在管理中则法天道，就要遵循源于天道义理、具有绝对至善性的以仁德为核心特征的道德规范和人伦秩序。所以，儒家认为，德礼政刑的社会管理行为规范，都是则法天道的产物，是天道对人道的要求和规范。例如，礼作为管理的行为规范之一，就具有着顺天应人的属性特征。"礼也者，合于天时，设于地财，顺于鬼神，合于人心，理万物者也。"（《礼记·礼器》）"夫礼，先王以承天之道，以治人之情也。"（《礼记·礼运》）《礼记·礼运》中载，孔子在向言偃阐释礼的起源时说："是故夫礼，必本于天，殽于地，列于鬼神，达于丧、祭、射、御、冠、昏、朝、聘。故圣人以礼示之，故天下可得而正也。"这即是说，人类社会的规范准则，源出于天道，以礼为核心，管理的规范和方法是天地秩序在人间的现实体现。所以，管理的本质，就在于顺天应人。

（二）孟子的顺天应人思想

孟子关于管理本质的揭释，也是从天人合一的思想理论进行论证的。他在论证天道与人道的关系时，指出天道是人道的终极来源和本根依据，人道是天道的具体流行和现实发现，天道与人道，是相通合一于诚道上的。他说："居下位而不获于上，民不可得而治也。获于上有道，不信于友，弗获于上矣。信于友有道，事亲弗悦，弗信于友矣。悦亲有道，反身不诚，不悦于亲矣。诚身有道，不明乎善，不诚其身矣。是故诚者，天之道也；思诚者，人之道也。至诚而不动者，未之有也；不诚，未有能动者也。"（《孟子·离娄上》）天道表现为生生不息、真实无妄的诚德，人道即表现为对于诚德的识得践履。"天人合一"于诚道的思想，在《中庸》中有着相同的解释。《中庸》说："诚者，天之道也。诚之者，人之道也。诚者，不勉而中，不思而得，从容中道，圣人也。诚之者，择善而固执之者也。"关于诚道的作用，《中庸》进一步指出，"唯天下至诚，为能经纶天下之大经，立天下之大本，知天下之化育。""唯天下至诚，为能尽其性；能尽其性，则能尽人之性；能尽人之性，则能尽物之性；能尽物之性，则可以赞天地之化育；可以赞天地之化育，则可以与天地参矣。"持守至诚尽性的诚道，就可以参赞天地之化育。因为"诚则形，形则著，著则明，明则动，动则变，变则化，唯天下至诚为能化。"诚是管理方法的原则，在于"诚者物之终始，不诚无物，是故君子诚之为贵。诚者，非自成己而已也，所以成物也。成己，仁也；成物，知也。性之德也，合内外之道也。故时措之宜也。"天人合德的思想，在《易传》中也有着明确的体现。《易传·说卦》言："昔者圣人之作易也，将以顺性命之理，是以立天之道曰阴曰阳，立地之道曰柔曰刚，立人之道曰仁曰义，兼三才而两之。"《易传·系辞上》言："一阴一阳之谓道，继之者善也，成之者性也。"所以，人通过存心养性事天的省察工夫，当下即可识得源于天道的仁德，并可在日用伦常的现实社会中，通过修己而安人，内圣而外王的管理实践，达于天人合德的理想境界。可见，儒家认为，践履诚道，就能实现成己成物的价值追求。

由天道与人道相通合一的思想出发，孟子论证了践履天道实践人道的管理本质特点。他说："尽其心者，知其性也。知其性，则知天矣。存其心，养其性，所以事天也。"(《孟子·尽心上》)人通过尽心知性，就可以知天事天，成就道德善性，践履天道诚德，实现天人合一。而管理就是通过尽心知性的道德修养，达致天人合一，实现修己安人的价值和目的。所以，就修身的自我管理而言，它是尽心知性的道德修养。孟子指出，人的心性特征，是以仁义礼智的道德心性为其特征的，道德善性是上天禀赋于人的心性中的。修身的自我管理，就是实践源于天道而内在于人心的仁义礼智道德善性。如果不能成就自身的道德善性，也就不能达致天人合一的境界。同样，就安人的社会管理而言，管理就是实施仁政德治，实现社会和谐运行，这也是在实践源于天道的人道。孟子曾指出，安人的管理能否成功，在于管理能否合于民心所向。他在引用《尚书·泰誓》的"天视自我民视，天听自我民听"时，就鲜明地指出了，无论是管理权力的获得，还是管理行为的成功，都是由上天的意志所决定的，而上天的意志是通过民众的意志体现出来的。亦即，天意就是民意，民意就是天意。不能实现安人的社会管理，也就不能达致事天应人的管理境界。所以，管理的本质，就是顺天应人。

(三) 荀子的顺天应人思想

基于天人关系的认识，荀子提出了天人相分的思想。他认为，天人各有其自身的职分，彼此之间不能相互替代，人当明于天人之分，不与天争职，唯有天人各尽其应尽的职分，才能实现自然与社会的和谐发展。荀子虽然主张天人相分，但他在对管理存在属性的认识上，就其本质而言，仍然是以天人合一思想为其特点的。

荀子认为，天人合一也是相合于诚德的，诚德不仅是天道的本质特点，它也是管理的本质特点。他说："天地为大矣，不诚则不能化万物；圣人为知矣，不诚则不能化万民；父子为亲矣，不诚则疏；君上为尊矣，不诚则卑。夫诚者，君子之所守也，而政事之本也。"(《荀子·不苟》)诚德是成己成物的仁爱之道，天道表现为诚德，人道就是对于天道诚德的认知和遵循。管理要合于人道，其实质就是践履天道。而践履天道，则是以隆礼守礼践礼为其表现特征的。

荀子指出，人道是以礼为其核心特征的，礼是人的道德规范和行为准则，礼是社会的纲纪伦常，礼确立了人的社会角色和社会职能，礼具有着养人之欲、给人之求，保证社会和谐运行的作用。而礼就是圣王本于天道以合人道而设置的。他说："礼有三本：天地者，生之本也；先祖者，类之本也；君师者，治之本也。无天地，恶生？无先祖，恶出？无君师，恶治？三者偏亡，焉无安人。故礼，上事天，下事地，尊先祖而隆君师，是礼之三本也。"（《荀子·礼论》）天地是人类生存的根本，祖先是人类形成的根本，君师是人类治理的根本，而礼就是事天地、尊先祖、隆君师的人道，故礼的产生源于圣王对于天地之道的遵循，源于圣王对于人道的认识。

荀子进一步论证了隆礼守礼在管理中的作用。他说："天地以合，日月以明，四时以序，星辰以行，江河以流，万物以昌；好恶以节，喜怒以当，以为下则顺，以为上则明。万变不乱，贰之则丧也。礼岂不至矣哉！立隆以为极，而天下莫之能损益也。本末相顺，终始相应，至文以有别，至察以有说。天下从之者治，不从者乱，从之者安，不从者危，从之者存，不从者亡。"（《荀子·礼论》）荀子认为，天地的和合，日月的光明，四时的有序，星辰的运行，江河的奔流，万物的生长，都是体现了礼的作用。而人的好恶由礼而得以节制，喜怒由礼而得以恰当；依礼而作民众就能安顺，依礼而为君主就能英明。天地万物和人类社会的千变万化，依循于礼就不会紊乱，背离了礼就导致丧亡。所以，礼是天地万物和人类社会和谐有序运行发展的最高准则，它决定着天地万物和人类社会的安危存亡。持守礼的准则，天下就会得到治理；背离礼的准则，天下就会处于混乱。故荀子强调"人无礼则不生，事无礼则不成，国家无礼则不宁"（《荀子·修身》），指出"礼者，治辨之极也，强固之本也，威行之道也，功名之总也。王公由之所以得天下也，不由所以陨社稷也"（《荀子·议兵》）。礼在修身管理和安人管理中，其作用在于成就人的道德善性，实现养民富国的目的。所以，管理以礼为准则，就是遵循天道，实践人道。亦即，管理的本质，就在于顺天应人。

荀子虽然主张天人相分，但他却极力主张管理要体现顺天应人的本质特点。尽管他提出人在社会活动中，要"制天命而用之"，这实质上是强调了人在管理活动中的主动性。他说："列星随旋，日月递炤，四时代御，阴阳大化，风雨博施，万物各得其和以生，各得其养以成，不见其事而见其功，夫是之谓神。皆知其所以成，莫知其无形，夫是之谓天。"

(《荀子·天论》) 天是具有其客观运行规律的自然之天,在自然之天面前,人应当充分发挥自身的能动作用。他说:"大天而思之,孰与物畜而制之! 从天而颂之,孰与制天命而用之! 望时而待之,孰与应时而使之! 因物而多之,孰与骋能而化之! 思物而物之,孰与理物而勿失之也! 愿于物之所以生,孰与有物之所以成! 故错人而思天,则失万物之情。"(《荀子·天论》) 认识到了天的伟大而仰慕它,不如将天当作人所管理的物来控制它;顺从天的规律而颂扬它,不如掌握天的规律来利用它;仰望天时而待天之恩赐,不如顺应时节的变化为人服务;空想使用万物,不如把万物加以调理使它不失去自己的作用;指望物类的自然发生,不如掌握它的生长规律而培养它的成长。所以,如果放弃了人的能动作用而指望天道来为人类服务,这是不合于万物发展的真实情况的。荀子所讲的制天命而用之的思想,并没有否定人的管理行为要遵循自然的发展规律,相反他明确地指出人在管理活动中要顺应自然规律,实现人的管理作用。他说:"天地者,生之始也;礼义者,治之始也;君子者,礼义之始也。为之,贯之,积重之,致好之者,君子之始也。故天地生君子,君子理天地;君子者,天地之参也,万物之总也,民之父母也。"(《荀子·王制》) 天地虽然产生万物,但万物的治理,却要依赖于人。这就是"天地生之,圣人成之"(《荀子·富国》),"故曰:天地合而万物生,阴阳接而变化起,性伪合而天下治。天地生物,不能辨物也;地能载人,不能治人也;宇中万物,生人之属,待圣人然后分也"(《荀子·礼论》)。圣人的作用就在于分辨万物,参赞天地,以实现管理的目的,这正是人的社会作用的体现。管理者要保证管理活动的成功,就要遵循自然的运行规律,满足人们的生存需求,这就是顺天应人的管理。

荀子指出,顺天应人的管理活动表现为,人在管理活动中,要顺应天的自然变化规律,实现人在管理活动中的能动作用。他认为,天虽然有其各种各样的自然变化现象,但社会的治乱成败不是由天所决定的,而是由人所决定的。他说:"天行有常,不为尧存,不为桀亡。应之以治则吉,应之以乱则凶。强本而节用,则天不能贫;养备而动时,则天不能病;修道而不贰,则天不能祸。故水旱不能使之饥,寒暑不能使之疾,祆怪不能使之凶。本荒而用侈,则天不能使之富;养略而动罕,则天不能使之全;倍道而妄行,则天不能使之吉。故水旱未至而饥,寒暑未薄而疾,祆怪未至而凶。受时与治世同，而殃祸与治世异，不可以怨天，其道然也。故明于天人之分，则可谓至人矣。"(《荀子·天论》)天所具有的自然变化规律，是不依人的意志为转移的，人在社会管理活动中，明于天人之职分，顺应天的自然变化规律，发挥自身的能动作用，采取适当的行为，就能避免各种自然现象对人造成的危害。所以，顺天应人的管理，是以明于天人之分为其特点的。他说："不为而成，不求而得，夫是之谓天职。如是者，虽深、其人不加虑焉；虽大、不加能焉；虽精、不加察焉，夫是之谓不与天争职。天有其时，地有其财，人有其治，夫是之谓能参。舍其所以参，而愿其所参，则惑矣。"(《荀子·天论》)人如果在管理活动中，不能明于天人之分，实现自身所具有的能动作用，就是丢弃自身职分，而去与天争职，违背人的活动规律的错误行为。因此，荀子指出，社会管理的治乱成败，完全是由人所决定的。他说："治乱，天邪？曰：日月星辰瑞历，是禹桀之所同也，禹以治，桀以乱；治乱非天也。时邪？曰：繁启蕃长于春夏，畜积收藏于秋冬，是禹桀之所同也，禹以治，桀以乱；治乱非时也。地邪？曰：得地则生，失地则死，是又禹桀之所同也，禹以治，桀以乱；治乱非地也。"(《荀子·天论》)天地有其客观存在的自然变化规律和现象，而禹得之以治，桀得之以乱，这一迥然不同的结果，完全是由他们所采取的社会行为所决定的。他指出，只有在管理活动中，顺应天地自然变化规律，实行合于人道的治理方法，才能实现管理的成功。所以，他说："物之已至者，人祅则可畏也：楛耕伤稼，楛耨失岁，政险失民；田薉稼恶，籴贵民饥，道路有死人：夫是之谓人祅。政令不明，举错不时，本事不理，勉力不时，则牛马相生，六畜作祅：夫是之谓人祅。礼义不修，内外无别，男女淫乱，则父子相疑，上下乖离，寇难并至：夫是之谓人祅。祅是生于乱。三者错，无安国。其说甚尔，其菑甚惨。勉力不时，则牛马相生，六畜作祅，可怪也，而亦可畏也。传曰："万物之怪书不说。"无用之辩，不急之察，弃而不治。若夫君臣之义，父子之亲，夫妇之别，则日切瑳而不舍也。"(《荀子·天论》)政令不明，残民害民，举措失时，不重民生，政事不理，礼义不修，道德败乱，上下乖离，这些险恶混乱现象的形成，都是由为政者没有采取正确的管理行为所造成的，而不是由天所造成的。故"暗其天君，乱其天官，弃其天养，逆其天政，背其天情，以丧天功，夫是之谓大凶"(《荀子·天论》)。因此，为政者在管理活动中,要防止社会动荡混乱现象的产生,保证人类社会和谐有序地运行进步,就应当遵循自然变化的规律,保证人的生存发展需求,实行重民爱民、富国安邦的管理行为。

儒家顺天应人的管理思想,揭释了管理的本质,指出了人在管理活动中所应采取的行为。无论是孔子的则天修养仁德的思想,还是孟子事天践履诚德的思想,以及荀子应天隆礼明分的思想,其实质都是主张在管理活动中,管理者要发挥自身的能动作用,持守顺天应人的管理本质,以人为中心,满足和实现人的生存发展的需求,保证社会和谐有序地运行,达致管理目的的最佳实现。

孔子思想中"好学"的意义与重要性

李致億（山东大学儒家文明协同创新中心）

摘要： "好学"在孔子思想中具有重要的意义。首先，对孔子而言，"学"并不单纯是取得成就的手段或方法，而是具有充分意义的自我目的性行为。孔子将"好学"作为表达自谦的谦辞及称赞弟子的赞辞。孔子认为，"好学"不仅停留在好学、乐学的程度，还意味着变化自我、成就自我的可能性。

关键词： 孔子，论语，学，好学

一　孔子思想中"学"的重要性

到目前为止，学术界中以孔子的"学"或者"好学"为主题展开了众多谈论并取得了丰硕研究成果。但笔者好学为主题的原因在于既存研究并不完善。笔者虽然充分赞同既存的研究成果，但试图从不同的角度对"好学"进行分析。

儒学中的"学"字实际占据着很大的比重。不仅是因为位于《论语》之首的"学而时习之，不亦说乎"（《学而》1）所显示的方面。"儒学"这一名称本身就体现了"学"的重要性。通常，我们不把其他诸子百家的思想称为"学"。例如，虽将老庄思想称为"道家"，但却不将其称为"道学"；虽称"墨家"，却不称"墨学"；对于后来由印度传入的佛教，也是更多地称为"佛家"，而很少使用"佛学"一语。通过以上事实可知，儒学中的"学"占据着何其重要的地位。

赋予"学"以重要性的另一特征体现于孔子的"志学"中。众所周知，孔子说道："十有五而志于学。"（《为政》4）"学"的一般意义可以说是指通过习得自己不知的东西，增加自身知识并提高自身实践能力，最终发展为"成人"的过程甚至方法。但就孔子的这句话来看时，似乎不能仅将"学"视为那样的方法或者过程。这是因为就表达而言，相当于"志于"之宾语的不可能是方法或者手段，必须将其本身作为目标。孔子对于道如饥似渴，说道"朝闻道，夕死可矣"（《里仁》8），在此，"道"位于"志于"之后似乎是理所当然的。事实上，《论语》中提到"志道"的部分还有"志于道，据于德，依于仁，游于艺"（《述而》6），"士志于道，而耻恶衣恶食者，未足与议也"（《里仁》9），且孔子直接提及"志"的内容如下：

> 颜渊季路侍。子曰，"盍各言尔志?"子路曰，"愿车马衣轻裘，与朋友共，敝之而无憾。"颜渊曰，"愿无无善，无施劳。"子路曰，"愿闻子之志"。子曰，"老者安之，朋友信之，少者怀之"（《公冶长》26）。

此处作为"志"之对象是"老者安之，朋友信之，少者怀之"这样的功效或者决定，而非过程或者方法。当然不能说因为同样使用了"志"字，所以就必须具有相同的意义。而在此则是为了说明对于孔子而言，"学"不仅具有现代汉语中所说的"学习""学问"这一意义，它还具有更加重要的意义。

二　"学"的意义

《论语》中出现的"学"字具有十分多样、多层的意义。胡适曾把孔子的"学"仅视为"学知识"，而梁启超则不同于胡适，认为"学"的重要意义在于实现自己的人格，因此认为实践即是"学"[①]。这样，就根据"学"的对象的不同而将意义进行了区分。有的学者将"学"区分为意义、内容、方法论等，同时认为"学"还包括者德行、读书、经验等意义。[②] 还有的学者将"学"区分为广义和狭义两种意义，所谓狭义的

[①] 引用任元彬《关于孔子之"学"的研究》，《孔子学》第1辑，1995年，第317—318页。

[②] 同上。

"学"是指对于诗、书等的学习,是与"思"相对立的读书,而广义的"学"则包括博学、审问、慎思、明辨、笃行的全过程。① 朴硕对《论语》中出现的 65 个"学"字的用例进行了分类与分析,指出作为对文献的学习这一意义出现的最多,是比较通常的情况。并且在与轴心时代的其他的圣人相比时,这是孔子的特色所在。②

与其说本文是在对《论语》中出现的"学"字进行一一分析,不如说本论文旨在探索具有多层、多样含义的"学"具有何种深层含义,并再次重申"好学"的意义所在。在此,朱熹对于"志于学"的解释能够作为一个重要媒介,具体内容如下:

> 朱子曰:"孔子只十五岁时,便断然以圣人为志矣。今学者谁不为学,只是不可谓之志于学。果能志于学,则自住不得,志字最有力。要如饥渴之于饮食,才有悠悠,便是志不立。"(《论语集注大全·为政 4》)

朱熹认为,孔子实际上志于成圣。但在立志时,并未直接提及"圣人",而是只说到了"学"。原因为何?根据朱熹的注释:第一,"学"字包含着"成圣"的意义,即对于孔子而言,"学"即是"圣学";第二,"学"不仅仅是为了"成圣"的单纯手段或者方法,即"学"是"成圣"的必经的唯一之路,其本事就是自我的目标行为。若不把学问自身作为目的,就不可能达到最终目标——"成圣"的境地。

这在当时学者所批判的"今学者谁不为学,只是不可谓之志于学"中可再次明确其意义。对这句话进行解释,其意义为:"人人皆做学问,但为何不能成为孔子一样的圣人?这是因为没有志于'学'这一自我目标的行为本身,而是把其他的作为志向所在。"根据这一解释,学者认为仅以圣人作为目标是不充分的,只有通过包含"成圣"之义的"学"才能实现。

---

① 朴星奎:《孔子的学问论》,《孔子学》第 11 辑,2004,第 34—35 页。
② 朴硕:《通过〈论语〉中"学"的用例看孔子修养论的特征》,《中国文学》第 58 辑,2009 年,第 13—20 页。

这与之前朴硕所指的孔子修养论的特征也有关。他认为,孔子与其他的圣人不同,对流传下来的传统文献直接进行整理,十分重视对此的学习。与此相反,释迦、耶稣、老子、希腊的思想家不仅对传统文献的整理丝毫不感兴趣,相反是轻视,甚至否定对于文献的学习。释迦对当时从印度流传下来的吠陀书或者《奥义书》不感兴趣,通过自己的觉悟走上了自己独特的道路。中国的贤者老子说道,"为学日益,为道日损。损之又损,以至于无为,无为而无不为"(《道德经》48章),否定了"学"的意义。①

正如众多学者所赞同,对于孔子而言,"学"是实现自我完成的最切实的唯一之路。虽然无法进行单纯的比较,但从宗教层面来看,与基督教的"信仰"或者佛教的"觉悟"是旗鼓相当的。如果说儒教可以称为宗教,笔者认为应该从作为宗教共同特征之一的"超越性"中寻找,而非从天、上帝、对于祖先的崇拜及祭礼仪式中寻找。

按照一位神学家的观点,在超越人类实际具有的局限性而成为崇高存在这一意义上,宗教将超越作为其共同特性。基督教将人类实际存在的局限称为"原罪",将打破局限成为"救援",认为其方法在于"信仰"。佛教认为虽然所有人类都是能够成佛的存在,但却由于"无明"而无法实现解脱。佛教认为解脱的方法是通过修道而实现的觉悟。同样,儒教也以人人皆可成圣人为基本前提,堵塞成圣之路的是不正的欲心。而打破这一局限,成为圣人这一崇高存在的途径即为"学"。②

参照这些内容来看,孔子的"学"不仅包含读书、学习、经验、实践等下位要素,除此之外,还具有广泛的意义。对于孔子而言,"学"是一个方法论性要素,同时也是一个含有变化、成长、突破之可能性与信念的概念。

三 《论语》中"好学"的用例

《论语》中总共有8章出现了"好学",其中一章是子夏的话而非孔

---

① 朴硕:《通过〈论语〉中"学"的用例看孔子修养论的特征》,《中国文学》第58辑,2009年,第14—17页。
② 参照裴约翰《神学者解儒教学说》,IVP,2014。

子的话。孔子关于"好学"的话并非直接对"何为好学"的说明，而是与"仁""孝"等其它概念一样，根据不同的情况进行了不同的解释。反倒子夏所说的"日知其所亡，月无忘其能。可谓好学也矣"（《子张》5），似乎更接近对好学的说明。另外，"君子食无求饱，居无求安，敏于事而慎于言"（《学而》14）等似乎是对于实践好学的说明。

另外，孔子所说的"好学"有一个重要特征，即同时作为对他人的"赞辞"和对自己的"谦辞"使用。而通常赞辞与谦辞不能同时使用。如果对他人说"长得很好"，此时是作为赞辞，但如果用于自己，则非但不是"谦辞"，而成了"妄言"。但孔子将"好学"作为对自己的谦辞，以及对弟子的赞辞，尤其是将其作为最高赞辞。

众所周知，能够被孔子称为好学的只有颜渊。但仅依此便把"好学"作为最高之赞辞可能会令人感觉不够充分。笔者认为以下的几点可以作为将"好学"称为最高的赞辞的证据。

第一，提问者对"好学"的提问十分重要。哀公和季康子直接问道"弟子孰为好学？"那么，他们为何以"好学"向孔子提问？虽无法十分确定，但可以推测其具有充分的可能性。即，孔子平时十分重视"好学"。孔子平时十分强调"仁"，所以当其他人请孔子对某一人物进行评价时，通常会采用"○○是否为仁？"的句式，在此也是相同的脉络。由此可见好学的重要性。

第二，孔子回答哀公和季康子问题的内容。对于哀公的问题，孔子回答道："有颜回者好学，不迁怒，不贰过。不幸短命死矣，今也则亡，未闻好学者也。"（《雍也》3）"而对于季康子的问题，他回答道："有颜回者好学，不幸短命死矣，今也则亡。"（《先进》7）"今也则亡""未闻好学者也"无异于对颜渊的至高赞辞。

第三，围绕孔文子的评价与子贡展开的对话中也显示出了"好学"的重要性。子贡问："孔文子何以谓之文也？"，孔子回答道："敏而好学，不耻下问，是以谓之文也。"（《公冶长》5）子贡对于平时行为不正的孔文子获得"文"这一谥号提出了疑义，而孔子认为其原因在于他"敏而好学，不耻下问"。

"好学"是孔子对于他人的最高赞辞之一，并且孔子在谦虚地介绍自己时也使用了此辞。孔子曾对自己说明道："十室之邑，必有忠信如丘者焉，不如丘之好学也。"（《公冶长》28）"忠信"是通过人的努力能够达到的一种德目。孔子不敢以"忠信"自负，但却敢以"好学"自称。当然，根据观点的不同，也可以将此视为赞辞。但就这是以弟子为对象时所用之语时，充分可以将此视为孔子在弟子面前放低自身姿态的谦辞。

以下内容中，虽未直接使用"好学"一词，但也包含着与"学"相关的谦逊之义。

> 叶公问孔子于子路，子路不对。子曰，"女奚不曰，其为人也，发愤忘食，乐以忘忧，不知老之将至云尔。"（《公冶长》19）
>
> 子曰，"我非生而知之者，好古敏以求之者也。"（《公冶长》20）

综合以上内容来看，可见在表达自身的谦让与对弟子的赞扬时同样使用了"好学"一语。

四 "好学"的意义与重要性

孔子为何要将"好学"作为一个具有双重意义的词语使用？对于孔子而言，"好学"具有什么意义？这与前文所提及的"学"的重要性有关。孔子认为，"学"并不单纯指通过学习不知的东西积累知识，而是自我实现的切实唯一道路。并且，"学"不是一种手段，而是一种自我充足、具有自我目的性行为。当然，孔子也说过，"生而知之者上也，学而知之者次也，困而学之，又其次也，困而不学，民斯为下矣"（《季氏》16），设定了即使不通过学也能够实现自我完成的圣人。但这在现实中是不可能的，孔子自身也不以"生而知之"自称。也就是说，孔子认为自己是必须通过"学"才能实现自我完成的一般人，坚信"好学"是实现自我完成的切实唯一道路。

孔子所说的"笃信好学，守死善道"（《泰伯》13）能够对此作出答辩。虽然通常把"笃信"和"好学"看作并列的结构，但如果把后一句中的"守死"和"善道"作为谓宾结构，那么前一句节中也应视作相同的结构。也就是说，"笃信好学"的意思不是"坚定地相信并好学"，而是"相信'好学（的功效）'，不要疑惑"。如果说"学"是实现自我完成的唯一切实之路，那么使其功效最大化的方法则不是人为努力进行的"学"，而是自发地欣然地进行的"好学"。

因此，"好学"的程度代表着一个人能够有所成就的可能性。通常，我们会把才能和努力作为衡量一个人成就的标尺。根据每个人生来具有的才能及努力程度，就能够判断一个人日后之成就的大小。因此，孔子把"好学"作为衡量一个人成就的最重要的尺度。换而言之，"好学"的程度就是一个人之变化与成就的可能性。因此，孔子把"好学"作为对弟子的最高赞辞。颜渊之所以能够成为孔子最赞赏的弟子，其原因是其"好学精神"，而非才能或者努力。

对孔子而言，"好学"是"成己成物"不可或缺的要素。换而言之，没有"好学"的姿态，是不可能有真正的变化和成就的。这是孔子重视"好学"的原因所在。补充言之，孔子的这种好学精神对当今将"学"视为安身立命之工具的教育具有重要的借鉴意义。

再论孟荀人性论之争非人性善恶之争

路德斌

(山东社会科学院国际儒学研究与交流中心)

一 新视角：孟、荀之争非人性善恶之争

孟子道"性善"，荀子言"性恶"，两千多年来，二子之"性"观一直被视为是两种典型且对立的人性论形态，国人熟稔之程度，甚至可以说是家喻户晓，尽人皆知。虽然自清代以来总有学者在尝试论证两种观点间不乏通融或互补的性质，但在二者论争之性质与焦点是为"人性善恶"问题上，却从未出现过质疑和反省。但是，在引入一个新的视角之后，笔者发现，关于孟、荀人性论的传统思维事实上一直深陷在一个"语言陷阱"中而懵然不觉，为人们接代相传而不疑的"常识"其实却是一个似是而非的观念。故，走出陷阱，还原真实，便是本文所要解决的问题。

那么两千年来，那个陷传统于迷途之中的"语言陷阱"究竟是什么？那个似是而非的观念又是如何生成并令人深信不疑的呢？如果说孟、荀人性论之间并非"善恶"之争，那么二子论争的实质或核心问题到底是什么？以下，我们试就此作出梳理和阐释。

首先，我们来看传统的维度和理路。(图示Ⅰ)

孟子："性"→（仁义礼智圣[①]）　善　√　×

荀子："性"→（耳目口腹欲[②]）　恶　√　×

[①]《孟子·尽心下》："仁之于父子也，义之于君臣也，礼之于宾主也，智之于贤者也，圣（人）之于天道也，命也，有性焉，君子不谓'命'也。"

[②]《荀子·性恶》："若夫目好色，耳好声，口好味，心好利，骨体肤理好愉佚，是皆生于人之情性者也，感而自然、不待事而后生之者也。"

如图所示，传统的思维理路是一个以"性"为前提和出发点而展开的逻辑过程。孟子言"性"，荀子也言"性"，那么按照形式逻辑的"不矛盾律"，在这个推理过程中，应该遵循的逻辑原则即为"同则同之"①，也即是说，从同样的前提出发，只有赋以同样的内容或得出相同的结论，两个命题间才不致形成矛盾和冲突。但我们从图示中却很清楚地看到，同一个"性"字，孟子和荀子却赋予了不同的内容，从而得出了不同的结论。孟子赋予"性"者为"仁义礼智圣"，故道"性善"；荀子赋予"性"者乃"耳目口腹欲"，故曰"性恶"。前提相同，而结论相反，于是乎，一场"人性善恶"之争便无可避免地在孟、荀之间形成并展开。依照逻辑，两个互相反对、互相矛盾的命题或思想，不可能同时为真，其中必有一假。如果孟子是对的，那么荀子就是错的；而如果荀子是对的，那么孟子便是错的。当然，实际的情形大家都知道，在占主流地位的传统观念中，孟子备受推崇，而荀子总遭诟病。但无论谁对谁错，有一点始终是确定的和毋庸置疑的，那就是在孟、荀人性论之间展开的是一场"人性善恶"之争。

单从形式上说，此一逻辑推理过程没有任何问题，从前提到结论，清晰严密，合理而自然。这也正是其结论所以能够获得普遍认同并流行两千多年而未遭质疑的原因所在。

然而，就是这样一个逻辑推理过程，当我们站上一个新的高度、从一个新的视角去重新审视的时候，赫然发现，传统的维度和理路竟然落入了一个大大的陷阱，那个看起来无懈可击的推理过程，不仅前提错误，而且，当然，结论也是错误的。

那么，这是一个怎样的视角呢？

其次，一个新的维度和理路。（图示Ⅱ）

　　　　　"实"　　---→"名"

孟子：仁义礼智圣—→"性"　　×　　√

荀子：耳目口腹欲—→"性"　　√　　×

这是一个基于名实关系而有的视角。从图示中我们可以看到，较之传统的维度和理路，新的维度和理路的不同之处就是前后次序有了一个完全的反转，而这种反转，并非是一个逻辑上的安排，而实乃是对历史及事实的回归

---

① 《荀子·正名》。

与还原。因为从"名"与"实"之现实而真实的关系看，绝非是先有"名"而后有"实"，而相反，是先有"实"之存在，然后人才"随而命之"①。对孟子和荀子来说，实际的情形当然也是如此。"仁义礼智圣"和"耳目口腹欲"作为"实"，原本存在，在先，是前提；而二人所谓"性"作为"名"或概念，乃人之所命，在后，是结果。由"实"而"名"，这是一个事实上的、本然的顺序和过程，因此，相对于传统的维度和理路而言，我们通过新视角而达成的其实是一个逻辑与历史的真正一致或统一。

那么，由这样一个维度去重新审视孟、荀的人性论之争，又会得出什么不一样的结论呢？毫无疑问，作为"实"，孟子所说的"仁义礼智圣"和荀子所谓的"耳目口腹欲"是属于"异实"，是两种完全不同的事物，那么按照"异则异之"②的原则，正确的做法当然应该是"分别制名"③以指"实"，也即是说，只要他们使用的是两个不同的名称或概念，两者间便就不会构成冲突和矛盾。但是，实际的情形大家都看到了，面对不同的"实"，孟、荀却给出了一个同样的"名"——"性"。"异实"而"同名"！这于逻辑上显然是不能允许的。于是乎，问题产生了，矛盾形成了。孟、荀之争原来并不是"人性善恶"之争，而乃是一场名实、概念之争，具体说，亦即是如何使用"性"概念之争：是孟子用错了"性"概念？还是荀子用错了"性"概念？这才是问题的焦点和核心。

不过，于此似乎有一不可理喻之处：作为后来者，作为名辨大师，荀子为什么非要给出一个相同的名称从而挑起一场看似不必要的纷争呢？细研荀学的理路，我们会发现荀子确有其不得已之故。至于此"故"到底为何，下文中我们将会述及，故先不赘。

总之，透过新的视角，传统维度与理路的失误和失察之处已经可以一目了然了。质言之，过往的传统犯下的是一个前提性错误，即把原本不确定的、本属结论的概念当成了确定的、无可争议的事实和前提。以名为实，倒果为因。前提是错误的，结论自然也是错误的。而结果呢，孟、荀间真正的焦点被掩盖，学者们为一个不是问题的问题争论不休两千年！

---

① 《荀子·正名》。
② 同上。
③ 同上。

二 焦点:"性"概念如何使用?"人之所以为人者"如何命名?

那么,"人性善恶"对荀子和孟子来说真的不是一个问题吗?换言之,孟、荀之间真的不存在"人性善恶"之争吗?是或者否,答案其实就在《孟》《荀》本文之中。兹作简录如下:(图示Ⅲ)

		孟子		荀子	
人之属性	人之所以为人者	人之所以异于禽兽者几希,庶民去之,君子存之。① 恻隐之心,仁之端也;羞恶之心,义之端也;辞让之心,礼之端也;是非之心,智之端也。人之有是四端也,犹其有四体也。② 从其大体为大人……先立乎其大者,则其小者弗能夺也。③	善	人之所以为人者,何已也?曰:……人之所以为人者,非特以其二足而无毛也,以其有辨也。⑦ 水火有气而无生,草木有生而无知,禽兽有知而无义,人有气、有生、有知,亦且有义,故最为天下贵也。⑧ 义与利者,人之所两有也……虽桀纣亦不能去民之好义。⑨	善
	人之动物性	口之于味也,目之于色也,耳之于声也,鼻之于臭也,四肢之于安佚也,性也,有命焉,君子不谓'性'也。④ 从其小体为小人……耳目之官不思,而蔽于物。物交物,则引之而已矣。⑤ 养心莫善于寡欲。⑥	恶	今人之性,饥而欲饱,寒而欲暖,劳而欲休,此人之情性也。若夫目好色,耳好声,口好味,心好利,骨体肤理好愉佚,是皆生于人之情性者也,感而自然、不待事而后生之者也……夫好利而欲得者,此人之情性也。⑩	恶

---

① 《孟子·离娄下》。
② 《孟子·公孙丑上》。
③ 《孟子·告子上》。
④ 《孟子·尽心下》。
⑤ 《孟子·告子上》。
⑥ 《孟子·尽心下》。
⑦ 《荀子·非相》。
⑧ 《荀子·王制》。
⑨ 《荀子·大略》。
⑩ 《荀子·性恶》。

如其所是的呈现确证了我们在前文中透过新的维度而得到的结论。从引录中我们可以确凿无疑地看到，不管是孟子还是荀子，他们的人性论其实都是地地道道的两层人性论，即，都有对人与禽兽之共通属性即人之动物性之认知，亦都有对"人之所以为人者"即"人之所以异于禽兽者"之觉识。而且，二人皆认为，前者为恶之根源，后者乃善之根据。也即是说，在"人之所以为人"之善恶问题上，孟、荀之间并不存在观解上的相反观点，因而也就根本不可能形成所谓的"人性善恶"之争。孟、荀之于"人"的看法，如果说确实有什么不同或分歧的话，那么这种不同或分歧也仅仅表现在他们对"人之所以为人者"之具体内容的认知和觉解上。在孟子，其对"人之所以为人者"之觉解即是所谓的"四心"或"四端"；而在荀子，他所理解的"人之所以为人者"则是所谓的"辨"和"义"。当然，就问题本身而言，此一不同或分歧不可谓不深刻，亦不可谓不重要，但无论多么深刻和重要，它们都只是对具体内容之认知上的差异，而不是一个人性善恶与否的问题。

诚是，两千多年来，一直被后人从善恶的角度去解读的那场发生在孟、荀间的人性论之争，其实在孟、荀自己那里，却有别一样性质，另一番模样。它绝不是一场关于人性到底是善还是恶的论争，因为善恶之于孟、荀并未构成问题，真正引发那场论争的其实是一个名实关系问题，孟、荀之争其实是概念之争。

那么，那究竟是一场怎样的论争呢？引发论争的问题到底是什么？内容和理路如何？其对孟、荀人性论本身又意味着什么呢？

一如大家所知，孔、孟、荀所处的时代堪称是中国文化的"轴心时期"，因而也是一个制名迎新的时代。社会、经济尤其是文化的裂变式发展，使原有的范畴、概念已远远无法满足如雨后春笋般涌现出来的新事物和新思想。于是乎，"名守慢，奇辞起，名实乱，是非之形不明，虽守法之吏、诵数之儒，亦皆乱也"①，这也正是名辨思潮在当时兴起的背景和语境。而其中，儒家自孔子以来之对"人"的发现——"人之所以为人者"，便属于一种新思想、新事物，是新作新出而亟待"名"之者。孟、荀之争事实上就是围绕如何为儒家思想之新发现——"人之所以为人者"

---

① 《荀子·正名》。

命"名"而展开。在孟子看来，这项工作是通过"性命之辨"来进行的。其言曰：

> 口之于味也，目之于色也，耳之于声也，鼻之于臭也，四肢之于安佚也，性也，有命焉，君子不谓"性"也；仁之于父子也，义之于君臣也，礼之于宾主也，智之于贤者也，圣（人）之于天道也，命也，有性焉，君子不谓"命"也。①

在这里我们需要特别注意和了解的是，通过"性命之辨"，孟子对传统的"性"概念进行了一次"旧瓶装新酒"的改造，传统"性"概念所涵括的内容（耳目口鼻身及其欲望）被其剥离而统归在"命"一概念之下，而"性"则被其专用于指称儒家之于"人"的新发现——人之所以为人而异于禽兽者（在孟子即为"仁义礼智圣"）。于是乎，"性"，一个原本只是用来指陈人与禽兽之共通属性因而并不具有"人之所以为人者"之内涵和意义的概念，在孟子的哲学体系中，因新内容之进替和新内涵、新意义之生成而变成了一个全新的概念，即变成了一个用以表征人区别于禽兽之本质属性的概念。

而在荀子，命"名"的工作则是通过"性伪之辨"来完成的。其言曰：

> 若夫目好色，耳好声，口好味，心好利，骨体肤理好愉佚，是皆生于人之情性者也，感而自然、不待事而后生之者也。夫感而不能然、必且待事而后然者，谓之生于伪。是"性""伪"之所生，其不同之征也。②
>
> 凡性者，天之就也，不可学，不可事；礼义者，圣人之所生也，人之所学而能、所事而成者也。不可学、不可事而在天者，谓之性；可学而能、可事而成之在人者，谓之伪。是"性""伪"之分也。③

---

① 《孟子·尽心下》。
② 《荀子·性恶》。
③ 同上。

在这里，需要先对引言中的"伪"字稍作解释，因为此一意义上的"伪"字在荀学中是一个特别重要的概念。参稽其他篇章中的说法，概括地说，"伪"于荀子可析为两义，一是"存在"义；一是"发用"义。就"存在"义说，"伪"是一种能力，是一种植根于人"心"并以"辨""义"为基础而趋向于"善"的能力；而从"发用"义说，"伪"则是一个过程，是一个"伪"而成"善"、合外（仁义法正之理）内（辨义之知能）为一道的过程，用荀子自己的话说，即是一个"心知道，然后可道；可道，然后能守道以禁非道"① 的过程。明白及此，我们再回头梳理一下荀子的"性伪之辨"。对应于孟子的"性命之辨"，荀子"性伪之辨"的逻辑理路则可大致表述如下：

  目好色，耳好声，口好味，心好利，骨体肤理好愉佚，是人之所生而有也，性也，感而自然，亦性也，故君子谓之"性"也；人之有义，人之能辨，是亦人之所生而有也，性也，有伪焉（即"感而不能然，必且待事而后然者"），故君子不谓"性"也。

很显然，与孟子"性命之辨"中的理路和做法不同，一方面，对于耳目口鼻身及其欲望，荀子坚持"约定俗成"的原则，"有循于旧名"②，继续以"性"一概念"名"之；另一方面，对于"人之所以为人者"，传统中并无相应之"实名""善名"可用，故当"有作于新名"③，荀子于是而命之曰"伪"。

从"性伪之辨"和荀书中的论述，我们可以清晰地看到，作为后起的儒者，荀子非但没有接受和沿用孟子的做法，相反，对孟子的做法表达了严重不满并进行了严厉地批评。在荀子看来，孟子用"旧瓶"来装"新酒"的做法，从根本上违反了"约定俗成"的制名原则，既未守"名约"以言"性"（耳目口腹之欲），亦未作新名以指"实"（即儒家发现之"人之所以为人者"），而是"析辞擅作，以乱正名"④，不仅无益于概

---

① 《荀子·解蔽》。
② 《荀子·正名》。
③ 同上。
④ 同上。

念的明晰和思想的传达，相反，会愈发导致名实混乱，"使民疑惑，人多辨讼"。依荀子之见，"性"之概念在当时已是一个"约定俗成"的"实名"或"善名"，在习俗和生活中早已形成了其表征自身并为人们不言而喻的概念属性或规定性，概括说来，有两点：其一，即"生之所以然"，也即"天之就也"，与生俱来，不待人为而有；其二，即"感而自然"或"不事而自然"，也即感物而动，不待思虑而成。毫无疑问，在当时的背景下，这是一个现实的、既成的语境，所以尽管孟子对"性"一概念进行了重新的界定，但当他把"仁义礼智圣"置换到"性"概念之下并以"性善"来标举自己的理念和主张的时候，关于"性"概念的传统思维定式会在自觉不自觉中将其"性善论"纳入到人们久已习惯了的思维理路中，并由此得出一个合乎逻辑的结论：善是生而有之的，亦是感而自然的。而这样一种观念所造成之后果，无论在理论上还是在实践中，在荀子看来都是灾难性的，因而也是不能被允许和接受的。依荀子之见，后果至少有两点：其一，从制度层面说，即是"去圣王，息礼义"。其言曰："今诚以人之性固正理平治邪？则有恶用圣王、恶用礼义矣哉！虽有圣王礼义，将曷加于正理平治邪哉！……故性善，则去圣王、息礼义矣。"①如果"仁义礼智圣"果真乃"性"中固有且是感而自然，那么圣王、礼义便也就彻底失去了其存在的合法性和意义。欲求正理而去圣王，欲得平治却息礼义，对一个社会而言，这无异于摧毁了大厦的基础却又期望大厦能巍然屹立、不坠不覆，其可得乎？其二，从个人修养层面说，则必造成一严重误导——恃性善而慢修身，任自然而废问学。道理很简单，"富而不愿财，贵而不愿势，苟有之中者，必不及于外"②。如果"仁义礼智圣"已然是"性"中固有，圆满自足，那么一切后天的作为和努力如修身养性、拜师问学等等，对人而言便皆成多余而变得毫无疑义，任何人只需任随"性"之自然，即可毫无阻滞地呈现其"性"中固有的美善，睟面盎背，德充四体，并最终达致"通于神明，参于天地"的圣人之境。"性"概念乱用之后果竟有如此之严重，身为名辨大师的荀子自然不会听之任之、坐视不理，故作"性伪之辨"，严别"性""伪"，批评孟子的人性

---

① 《荀子·性恶》。
② 同上。

论是"不及知人之'性',而不察乎人之'性''伪'之分者也"①,由此建构之理论,无"辨合",无"符验","坐而言之,起而不可设,张而不可施行,岂不过甚矣哉!"②

就实而论,从当时的背景和语境来说,荀子的"性伪之辨"及他对孟子的批评显然并非无稽之谈,可谓是持之有故,言之成理。但是,历史却跟荀子开了个玩笑。荀子肯定不曾想到,自唐、宋开始,随着孟子哲学作为儒家主流思想的被推崇,其有着独特内涵的"性"概念也逐渐获得了普遍的认同而成了"约定俗成"的"实名""善名",相反,荀子所使用的"性""伪"概念却在后代儒者那里引发了诸多意想不到的误解和混乱,以至于在很大程度上成了后人准确理解和把握其思想与精神的一道难以逾越的屏障。斗转星移,昨是今非,不免令人唏嘘不已。

三 结论:新视角下的孟、荀人性观

视角不同,则视域不同;视域不同,则结论不同。相对于传统的维度,在新的视角之下,孟、荀人性论亦可以有非常不同的观感,以下几点只是初步的结论:

Ⅰ. 孟、荀之争非人性善恶之争,而是名实、概念之争。

由孟子的"性命之辨"和荀子的"性伪之辨"可知,孟子之"性"与荀子之"性",实乃同"名"而异"实",根本就是两个不同的概念。孟子是"旧瓶"装"新酒",其所谓"性"已是一个被赋予了全新内涵的新概念,这个全新内涵即是"人之所以为人者";相反,荀子则是非常自觉地在传统的意义上使用"性"之概念,其所谓"性"仅仅指的是人与禽兽之共通属性,并不具有"人之所以为人"之意义。而且,在荀子的人性观中,也并非没有对"人之所以为人者"之觉解,只是他没有使用"性"而是用了另外一个概念("伪")来命名或称述而已。所以,孟、荀人性论之争,绝非如文字、表象所直观显示的那样是"性善""性恶"之争,事实上,孟子道"性善"、荀子言"性恶",就如同孟子说

---

① 《荀子·性恶》。
② 同上。

"苹果是甜的"、荀子说"苦瓜是苦的"一样,两个命题间根本构不成矛盾和对立,根本就不在同一个逻辑过程当中。一如前文所述,孟、荀人性论之争,实乃名实、概念之争,具体说,即是"性"概念如何使用、"人之所以为人者"如何命名之争。

Ⅱ. 孟、荀人性论皆是两层人性论,并非只是一个"性善论"或"性恶论"。

关于荀子的人性论,牟宗三先生的说法代表了唐宋以来的主流传统。牟先生在其《荀学大略》中这样说:"荀子只认识人之动物性,而于人与禽兽之区以别之真性则不复识。此处虚脱,人性遂成漆黑一团。"并由此判定荀子是"高明不足""大本不立"。但是,我们从前文(图示Ⅲ)的引录中却可以真确无误地看到,不管是孟子还是荀子,他们都是地地道道的两层人性论,都有对"人之动物性"的认知,亦都有对"人之所以为人而异于禽兽者"之觉识。在这个问题上,传统的观解显然是犯了一个蔽于"名"而不知"实"的错误,想当然地以为,凡论"人性",只能而且自然都是在"性"一概念之下展开,凡不以"性"称述的内容,皆不属于"人性"的范畴。于是乎,最后进入法眼的,于孟子就只是一个"性善论",于荀子则只有一个"性恶论"。以"性善论"称名孟子的人性论,虽然亦有偏失,但代价不大,起码他"大本"未失,正统得立;但以"性恶论"来认定荀子的人性论,代价之大却真的是荀子、荀学所不能承受之重,因为它所招致的是"大本已失""大本不立"的盖棺论定,招来的是千余年被驱逐、被罢祀、被百般诟病的悲催命运。其实,如果能够明白和了解孟、荀人性论之争原本是一场名实、概念之争,从而跳脱"性"概念的障蔽,从纯"实"的角度去观察和审视,就会很容易地发现,在荀子的概念体系里,具有"人之所以为人"之意义从而可以与今人所谓"人性"或"人的本质"相对应的概念,并不是所谓的"性",而是所谓的"伪"。"伪"才是荀子人性论之真正的不可或缺的核心内容。

Ⅲ. 孟、荀人性论性质之论定:以"名"定性?还是稽"实"定性?

在此问题上,传统的论定犯了一个以"名"定性的错误,乍见孟子道"性善",即谓孟子的人性论是"性善论",看到荀子曰"人之性恶",就认定荀子的人性论是"性恶论"。一为"性善",一为"性恶",工整而严密,于是乎,孟、荀之人性论便无所可逃地成了中国哲学史上最具典型意义且两相对立的人性论形态。事实上，这恰如我们在生活中经常遇到的一种情形，走在大街上，忽听有人喊到一个我们非常熟悉的名字，那么我们是否可以直接断定那就是我们自己所认识的那个人呢？当然不能！到底是或不是，只有亲眼见证才能确定。对孟、荀人性论性质的论定也是如此，如果我们能够破除"名"之拘蔽，真正据"实"以观的时候，就会发现，传统的论定不只是简单、表面，而且偏颇、错误、不合实情。一如图示Ⅲ所展现，荀子和孟子对"人性"的观解，皆非只有一层，而是两层。因此，对孟、荀人性论之把握，当然不能只见树木，不见森林，而应兼顾全体，分层以观。那么，当我们真的如是去做的时候，看到的又会是怎样一种不一样的情形呢？

从"人之动物性"的层面看：荀子和孟子都承认基于人之动物性的"欲"乃是恶之为恶的内在根源——若不然，孟子就不会称其为"小体"并主张"养心莫善于寡欲"了，如果就此说荀子是"性恶论"，那么孟子也是"性恶论"。

从"人之所以为人者"之层面看：荀子和孟子都认为善有其在人自身的内在根据——尽管在具体内容上有所不同，孟子主"四端"，荀子主"辨""义"，如果据此判定孟子为"性善论"，那么又怎么可以说荀子是"性恶论"呢？

荀子诚信思想及其现代价值

李峻岭

(山东社会科学院国际儒学研究与交流中心)

荀子是战国末期儒学的集大成者,他以弘扬儒家为己任,吸纳百家之长,对儒学进行了大刀阔斧的改造,使得儒学脱离了孟子"迂远而阔于事情"的窘境,在实践性和广延性上有了一次质的飞跃。荀子所处正是战国最为动荡的时期,"亡国乱君相属,不遂大道而营於巫祝,信禨祥",面对这样的社会现实,荀子继承和开拓了孔孟的诚信观欲以对抗当时纷乱的社会局势,以期望建立一个社会井然有序、人们各司其职、百姓安居乐业的统一国家。如何建立这样一个一统的国家,是荀子理论体系的一个基本点,其中,"诚信"在这个理论体系中占据了重要的地位,荀子甚至认为这是建立大一统国家的重要品格。我们首先看看荀子的诚信观都有哪些内容。

一 "诚信"以修身及其理论依据

《说文》:"信,诚也。""诚,信也。""诚"与"信"是可以互相为意的。在荀书中,诚信连用的有三条:

体恭敬而心忠信,术礼义而情爱人;横行天下,虽困四夷,人莫不贵。劳苦之事则争先,饶乐之事则能让,端悫诚信,拘守而详;横行天下,虽困四夷,人莫不任。(《修身》)

公生明,偏生闇,端悫生通,诈伪生塞,诚信生神,夸诞生惑。此六生者,君子慎之,而禹桀所以分也。(《不苟》)

得众动天。美意延年。诚信如神,夸诞逐魂。(《致士》)

虽然荀子的时代诚信已经不是一个国家必须的品格，但是，人们对于神灵还是心怀敬畏的，因此，荀子一再强调诚信如神，如果做到了诚信便如同有了神助，不管做什么都能成功，便可以做到"横行天下"。为什么诚信有这么重要的作用呢？

首先，诚信是君子修身必要的前提。《荀子·不苟》曰："君子养心莫善于诚，致诚则无它事矣。"修身是儒家对于君子最为基本的要求，而"诚"则是君子修为最为重要的一个方面，因为"诚心守仁则形，形则神，神则能化矣。诚心行义则理，理则明，明则能变矣"（《不苟》）。只有心"诚"了，才能有所成就，才能与达于"天德"，成就君子，而儒家修身便是为了成就君子。所以从另一个方面来说，君子修行首先要以诚为本，孟子也说："万物皆备于我矣。反身而诚，乐莫大焉。强恕而行，求仁莫近焉。""是故诚者，天之道也；思诚者，人之道也。至诚而不动者，未之有也；不诚，未有能动者也。"可见，在荀子和孟子看来，只有实现了诚信，才能符合"天道"达于"仁道"，从而成就君子。

"天地为大矣，不诚则不能化万物；圣人为知矣，不诚则不能化万民；父子为亲矣，不诚则疏；君上为尊矣，不诚则卑"（《不苟》），天道便是诚信之道，天地化生万物，所依赖的便是诚，不诚便不能化生万物，圣人能够化万民，所仰仗也是诚，不待民以诚，便不能够得人心，又如何谈得上化万民呢？由此类推，父子虽为亲人，彼此仍要以诚相待，这样才能维持亲密的关系；而君主如果不能待臣民以诚，臣下和人民都会轻视他。在这里，荀子从天道、人道、父子、君臣四个方面论述了诚信的重要性，认为诚信是天道运行、人道至尊、父子相亲、君臣和睦的重要方面。因此，诚信是国家政治清明的保障，君主治国，唯诚信才能感化身边的人，才能济众、化万民。因此，荀子反复地强调诚信的重要性，认为这是君子修身所必须具备的品格："夫诚者，君子之所守也，而政事之本也，唯所居以其类至。操之则得之，舍之则失之。操而得之则轻，轻则独行，独行而不舍，则济矣。济而材尽，长迁而不反其初，则化矣。"（《不苟》）"故君子者，信矣，而亦欲人之信己也；忠矣，而亦欲人之亲己也；脩正治辨矣，而亦欲人之善己也。"（《荣辱》）

其次，诚信是百姓安居乐业之本。当然，作为普通的百姓，也是要注重诚信的，不讲诚信是小人的行为，"言无常信，行无常贞，唯利所在，无所不倾，若是则可谓小人矣"（《不苟》）。首先，"父子为亲矣，不诚则疏"，亲情是依靠彼此相待以诚来维持的，如果不能以诚相待则会使得亲情疏远，家庭不和睦，天伦之乐也荡然无存。其次，各行各业的人士也要以诚信为本，士大夫"士大夫务节死制，然而兵劲"，国家才能不受外敌侵扰；百吏畏法循绳，然后国家机构才能正常运行，才能国家稳定；商人诚信则"商旅安，货通财，而国求给矣"；百工忠信则"器用巧便而财不匮"；农夫朴实忠信则"上不失天时，下不失地利，中得人和，而百事不废"。这样的国家想不强盛都难。因此，对于普通百姓来说，诚信是其安居乐业之本。

荀子对于诚信如此的看重，其理论依据是什么呢？答曰：人性论。他在《性恶》开篇便说："人之性恶，其善者伪也。"为什么这么说呢？因为"今人之性，生而有好利焉，顺是，故争夺生而辞让亡焉；生而有疾恶焉，顺是，故残贼生而忠信亡焉；生而有耳目之欲，有好声色焉，顺是，故淫乱生而礼义文理亡焉。"即便是如此，能不能顺从人性呢？答案是否定的："然则从人之性，顺人之情，必出于争夺，合于犯分乱理，而归于暴。故必将有师法之化，礼义之道，然后出于辞让，合于文理，而归于治。用此观之，人之性恶明矣，其善者伪也。"（《性恶》）因为人的天性就是趋利避害的，是利己的，如果顺从人性必然引起社会纷争，因此必须要有后天的教化才能实现"其善者"，如何实现善呢，就要依靠"伪"，因为"人之性恶，其善者伪也"，"可学而能可事而成之在人者，谓之伪"（《性恶》），杨倞注："伪，为也。"指的是人们后天的行为，《性恶》曰："若夫目好色、耳好声、口好味、心好利、骨体肤理好愉佚，是皆生于人之情性者也；感而自然，不待事而后生之者也。夫感而不能然，必且待事而后然者，谓之生于伪。是性、伪之所生，其不同之征也。""伪"是"待事而后然者"，是需要人们的经过思考、抉择，才能实现的道德。

既然，后天的"伪"是成善的途径，如何伪呢？荀子说："得贤师而事之，则所闻者尧舜禹汤之道也；得良友而友之，则所见者忠信敬让之行也。"（《性恶》）所以《荀子》开篇便是"学不可以已"，强调了后天学习的重要性，通过学习而做到"好善无厌，受谏而能诫"，这样便实现善。在这个过程中，诚信起到了关键性的作用，"体恭敬而心忠信，术礼义而情爱人；横行天下，虽困四夷，人莫不贵。劳苦之事则争先，饶乐之事则能让,端悫诚信,拘守而详;横行天下,虽困四夷,人莫不任"(《修身》),只有做到了心忠信、情爱人就能得到天下人的敬仰,只有做到了端悫诚信、拘守而详,便能得到天下人的信任。可见,对于君子来说诚信是其修身之本。

二 诚信,治国之本

在战国纷争的时代,只有维持诚信才能得天时地利人和,避免被别国吞并,因此,荀子指出,"夫诚者,君子之所守也,而政事之本也","故君人者,立隆政本朝而当,所使要百事者诚仁人也,则身佚而国治,功大而名美,上可以王,下可以霸"(《王霸》)。故诚信,治国之本也。

(一)信立而霸

荀子跳出了孔孟思想的窠臼,打破了传统儒家对于"霸业"的价值认知,认为经由霸业乃是实现王道政治的现实而可行的途径。他清醒地认识到,战国中后期,随着国家形态由"封建制"向"郡县制"的转变,儒家建立在血缘宗法关系基础上的"德治""仁政"理念在很大程度上已失去了其施行和落实的客观条件和基础。因此,他说:"故用国者,义立而王,信立而霸,权谋立而亡。"(《王霸》)他充分肯定了春秋五霸的功业,并且从诚信的角度来分析他们之所以成就霸业的原因:

德虽未至也,义虽未济也,然而天下之理略奏矣,刑赏已诺信乎天下矣,臣下晓然皆知其可要也。政令已陈,虽睹利败,不欺其民;约结已定,虽睹利败,不欺其与。如是,则兵劲城固,敌国畏之;国一綦明,与国信之;虽在僻陋之国,威动天下,五伯是也。(《王霸》)

齐桓、晋文、楚庄、吴阖闾、越勾践的行为虽然离着儒家的"仁义之道"还差很远,但是因为他们都恪守"诚信",所以能够成就霸业,名垂千古。虽然五霸离着王道所要求的"仁德""仁义"相差很远,但是他们能够尽力去做到"诚信",不管是做人、治国、用兵都能以诚为本,尽管在僻陋之地,却能"威动天下,强殆中国",所依赖的不过是"诚信"二字。

如何做到信立而霸呢?

首先，军事战争要以诚信为本。战争是春秋战国的主旋律，强国以此争霸，弱国以此求存，即便是在战场上也是要讲究诚信的，这也是后世对于身体力行倡导"义战"的宋襄公褒扬有加的原因吧。

荀子作为儒家的大师，即便是看待战争也是站在"仁义"的基础之上的。因此，他说："上不隆礼则兵弱，上不爱民则兵弱，已诺不信则兵弱，庆赏不渐则兵弱，将率不能则兵弱。"（《富国》）对士兵要以礼相待，赏罚公平，言必信行必果，才能得到士兵的拥戴，这样在战争中士兵才能以死报国，因此，他认为得胜的关键是是否能得人心，而若要得人心则必须做到"信"，"故凡得胜者必与人也，凡得人者必与道也。道也者何也？曰：礼义辞让忠信是也。故自四五万而往者强，胜非众之力也，隆在信矣"（《议兵》）。

不仅是对自己的士兵要诚信，即便是对于敌对方，荀子也提出要"不潜军"，"不越时"，不搞阴谋颠覆活动。而对待兼并国家的人民，荀子重点提出要"凝之"，即感化。他说："故能并之，而不能凝，则必夺；不能并之，又不能凝其有，则必亡。能凝之，则必能并之矣。得之则凝，兼并无强。古者汤以薄，武王以滈，皆百里之地也，天下为一，诸侯为臣，无他故焉，能凝之也。故凝士以礼，凝民以政；礼脩而士服，政平而民安；士服民安，夫是之谓大凝。以守则固，以征则强，令行禁止，王者之事毕矣。"（《议兵》）如果不能得到人心，即便是兼并了别国的土地，也会失去，只有以诚信对待兼并国家的老百姓，才能得民心，做到真正的拥有。

其次，在外交上要诚信待人。春秋战国的外交是非常精彩的，各国为了达到自己的目的，纷纷使用外交策略加固已有的利益，并谋求更大的发展空间。因此，荀子提出在外交事务中一定要讲诚信，言必信，才能得到诸侯国的拥戴，从而成就霸业，即便是对于小国也不欺骗，这样虽然不能仁义治国，也能横霸中原，流芳千古，他说："非本政教也，非致隆高也，非綦文理也，非服人之心也，乡方略，审劳佚，谨畜积，脩战备，齺然上下相信，而天下莫之敢当。故齐桓、晋文、楚庄、吴阖闾、越勾践，是皆僻陋之国也，威动天下，彊殆中国，无它故焉，略信也。是所谓信立而霸也。"（《王霸》）荀子以五伯为例阐述了他的霸国外交思想，那就是"天下之理略奏矣，刑赏已诺信乎天下矣，臣下晓然皆知其可要也。政令已陈,虽睹利败,不欺其民;约结已定,虽睹利败,不欺其与"(《王霸》),国与国之间的交往最为重要的便是"诚不欺",只有这样才能得到诸侯的拥戴,从而成就霸业。

(二) 忠信治国

为政要以诚为本,荀子认为治理国家首先要做到"义",这也是实现王道的必要条件,其次是"信","凡为天下之要,义为本,而信次之"(《强国》),"故自四五万而往者,彊胜非众之力也,隆在信矣"(《强国》)。国家强盛重在信誉,那么如何在治国中实现信呢?

首先,统治者要对待百姓要诚信。百姓信服了,才能上下以诚相待。"合符节,别契券者,所以为信也;上好权谋,则臣下百吏诞诈之人乘是而后欺。探筹、投钩者,所以为公也;上好曲私,则臣下百吏乘是而后偏"(《君道》),只有上下以诚相待,整个国家才能公平安定,臣子才能更好地为国家服务,百姓自然安居乐业。因此,荀子猛烈地抨击了法家申不害提出的所谓"主道利明不利幽,利宣不利周。故主道明则下安,主道幽则下危"(《荀子·正论》),如果君主对臣下使用权谋,那么做臣子的便不知道如何去治理百姓,整个国家便陷入无秩序之中,因此,荀子又说,"故上好礼义,尚贤使能,无贪利之心,则下亦将綦辞让,致忠信,而谨于臣子矣。如是则虽在小民,不待合符节,别契券而信,不待探筹投钩而公,不待冲石称县而平,不待斗斛敦概而啧。故赏不用而民劝,罚不用而民服,有司不劳而事治,政令不烦而俗美。百姓莫敢不顺上之法,象上之志,而劝上之事,而安乐之矣"(《君道》),上行下效,统治者诚信了,整个社会便会形成风气,百姓自然也会诚信待人。

其次,臣子待君要以诚。君主信以待臣子,臣下待君回报以诚,这样才符合"仁人",荀子说,"若夫忠信端悫,而不害伤,则无接而不然,是仁人之质也。忠信以为质,端悫以为统,礼义以为文,伦类以为理,喘而言,臑而动,而一可以为法则",这样便可以成为百姓的表率,成为功臣、圣臣,"内足使以一民,外足使以距难,民亲之,士信之,上忠乎君,下爱百姓而不倦,是功臣者也。上则能尊君,下则能爱民,政令教化,刑下如影,应卒遇变,齐给如响,推类接誉,以待无方,曲成制象,是圣臣者也"。人君若能用功臣便可以为国家带来荣耀,用圣臣则可为使得诸侯以本国为尊,他还举例说明了功臣与圣臣的功绩,"齐之管仲,晋之咎犯,楚之孙叔敖,可谓功臣矣。殷之伊尹,周之太公,可谓圣臣矣"(《臣道》),以与篡臣和态臣相区分。

第三,士大夫要诚信。作为社会中流砥柱的士大夫阶层更是要以诚信作为行为准侧,因为"得众动天。美意延年。诚信如神,夸诞逐魂"(《致士》),待人宽厚便能感动上天,从而得到上天的庇佑,君子便会因此心情平和、舒畅,从而保健祛病,延年益寿。诚信的人做事会得到神助,自然马到成功,而荒诞不经的人自然会诸事不顺。在这里,荀子不但将诚信作为君子的行为准则,而且还将诚信作为人们处理人与自然、人与人、人与社会的唯一规范,认为只有按照诚信来处理以上的关系才能通于神明,遇事则吉,不会将自己处于危殆的境地。

通过以上的分析我们知道,荀子的诚信观念贯穿于他的整个理论体系之中,大到一统天下、治理国家,小到个人修身、亲人相处都不能离开诚信。荀子的这一观念即便是放到两千多年后的今天也是非常必要的。我们生活的这个时代,物质极大丰富,科技迅猛发展,人民的生活水平今非昔比,但这一切非但没有增加安全感和幸福感,反倒是活得谨小慎微、处处防备,究其原因,是这个社会失掉了诚信。我们更应该像祖先那里去寻求智慧,以改变现有的社会状况,使我们的国家更加美好。

从修辞角度看荀子的礼法结构

——以比喻与同义连用为中心

金汝珍

(韩国播送通信大学)

1. 前言

《荀子》全篇大部分内容可看作荀子本人所著述的。从荀子的文章当中可知，他为了构建礼法论而做了非常细致又彻底的写作工作。本文要谈的是基于修辞的荀子的立论方式，同时也要发现其在中国哲学史上具有何种意义。

2. 荀子礼法言说中作为逻辑基础的"统一"

比方说，有关礼与法间关系的荀子言说，正如一个个的"结构物"。将如此言说的总体叫作"礼法"的"上层结构"。同时，支撑"上层结构"的逻辑基础可视为"基础结构"，大致分为三类型，各个称为"别立""并立""统一"的结构。根据该文的主题，在此针对性地探讨基于《荀子》修辞，从"统一"之"基础结构"所生成的两个"结构物"，即"礼法一体论"与"礼法定型论"。

2.1. 从比喻看礼法一体论

从"统一"的礼法结构来看"一体论"就意味着礼和法归于"一致"，是与"分歧"相对的概念。在荀子这里以两种情况为表现。其一是，礼之法化。"援法入礼"中所提到的，荀子将"法"作为一个"溶质"，放进去"礼"里面，相当于"溶媒"的"礼"包涵了"法"，故而"礼"已经包括大量的法之因素。其二是，法代礼。有一些法规在春秋时期议论政事时本来都被视为在"礼"的范畴之内。正如郭沫若所谓的有时几乎所有的立法司法行政法规都包涵着礼之领域的情况①。本文将前者的"礼之法化"倾向通过《荀子》中比喻来做探讨，以先秦文献所见的"度量衡器"比喻用例为中心。

孔子对"礼"的言说中，与"法"概念的联系是较为疏远的。然而在荀子言说中，礼、法概念却是非常切近的。在使礼、法概念走得相互接近的"润色"工作中，荀子对"礼"下定义时，开始使用了度量衡的解释。

首先，查看《荀子》对"礼"言说中度量衡的解释。

古来"度""量""衡"三字，分别指"计量长短的器具或其标准单位""测定计算容积的器皿或其标准单位""测定物体重量的工具或其标准单位"。这样，"度量衡"既是以尺子、升子、秤的统称，又是统一的法定单位。同时，"度""量""衡"字的原意引申为"法度""规范""准则""标准"之义。例如，《左传·昭公三年》所谓"公室无度"；《昭公四年》载"度不可改""王道有绳"；《管子·乘马》云"黄金者，用之量也"等言说表现。

与这样的测量器具一起，被比喻为"准则""标准"的工匠所用的绳墨、规矩等工具，都出现在《荀子》里面阐释"礼"的时候。我们在下面详细地查看其例子。

> 国无礼则不正。礼之所以正国也，譬之犹衡之于轻重也，犹绳墨之于曲直也，犹规矩之于方圆也，既错之而人莫之能诬也。②
>
> 礼之于正国家也，如权衡之于轻重也，如绳墨之于曲直也。故人无礼不生，事无礼不成，国家无礼不宁。③

---

① 郭沫若《十批判书》，北京：中国华侨出版社2007年版，第177页。
② 《荀子·王霸》。
③ 《荀子·大略》。

"衡"是称重量的秤杆;"绳"是木工用以测定直线的魔线;"规"是画圆形的工具;"矩"是画方形或直角的工具。即使人的直觉和眼力再好也很难超越"绳墨""秤杆""规矩"这些工具的性能,因为人体的判断含有不正确或偏差的可能性。所以这些度量衡的工具都象征客观性及公正性和准确性。正如木工要制造或修理木器就得借助于实际的工具,同样在治理国家时就要有礼的教化、纠正的实效功能。荀子将能够超越人体的物理限制,具有客观、公正、正确性的因素直接投影到"礼"里面。

> 礼者,人主之所以为群臣寸尺寻丈检式也,人伦尽矣。①

这里说明"治人"时礼的原则及功能。当任用、配置贤才时,成为其标准的也是"礼义"。以知长短优劣的单位"寸""尺""寻""丈"来说明"礼义"就是君主用来衡量群臣的规格、标准。这一法则里面都含有人的类型(人伦)——众人、小儒、大儒。荀子将适合它的职位及从事的业种分成为工农商贾人、诸侯的大夫或士、天子的三公,此三类。这样的用人之术从外面看,似乎比较机械固定,但实际它里面的内容及其标准是属于礼之判断的。因为荀子在讲身份和职位时,与战国时期的变法思想家最大的不同点,在于将对儒家型人才的要求作为其标准。例如,"虽王公士大夫之子孙,不能属于礼义,则归之庶人","虽庶人之子孙也,积文学,正身行,能属于礼义,则归之卿相士大夫。"②

> (礼之理诚深矣,"坚白""同异"之察入焉而溺;其理诚大矣,擅作典制辟陋之说入焉而丧;其理诚高矣,暴慢、恣睢、轻俗以为高之属入焉而队。)故绳墨诚陈矣,则不可欺以曲直;衡诚县矣,则不可欺以轻重;规矩诚设矣,则不可欺以方圆;君子审于礼,则不可欺以诈伪。故绳者,直之至;衡者,平之至;规矩者,方圆之至;礼者,人道之极也。③

---

① 《荀子·儒效》。
② 《荀子·王制》。
③ 《荀子·礼论》。

荀子主张"礼"具有深刻、伟大、高远的原理，而君子将其绝对的原理了解得明白清楚的态度相当于工匠"墨线画得好""秤挂得好""圆规矩设置得好"的行为。荀子认为，名家公孙龙的"离坚白"辩论、惠施的"合同异"辩说，由于繁琐难懂的原因，都会有欺骗人的可能性。正相反，工匠或君子只要"诚陈""诚县""诚设"或"审于礼"，就不可能发生欺骗一定标准（如"曲直、轻重、方圆"或"社会道德规范的标准"）的情况。这样，通过将绳、衡、规、矩四个工具的原理及法则与"礼"并列论述，强调"礼"所具有的规范的可预测性、不可移易的标准性及稳定性。荀子在与非儒家学派之学说做比较时，也把度量衡的因素置于"礼"里面而号召儒家学说的优位性和重要性。

给儒家传统的"礼制""礼义"直接赋予度量衡因素，这样的方式在孔、孟思想中未有的倾向，可以说在儒家系谱中唯荀子具有的特点。在《论语》里面，指以形态、数量标准的"矩"和"度量衡"的句子有两处，但两处都跟荀子的目的——强调礼之功能及优位性——完全无关。如《为政》篇言"七十而从心所欲不逾矩"[1]；《尧曰》篇言"谨权量，审法度，修废官，四方之政行焉"[2]。前者《为政》篇所说的"矩"本指"法度""规范"，而孔子要说的是已经内化成自己的行为规范的状态。后者《尧曰》篇，按杨伯峻说，这里"法度"不是法律制度之意，而是以长短的尺度指"分、寸、尺、丈、引"而言。"权"就是量轻重的衡量，"量"就是容量，所以"谨权量，审法度"两句只是"齐一度量衡"一个意思。不过，这只是在谈及武王的功绩而已，不以显示荀子式的意图。[3]

进入战国时期，从《孟子》中所见的度量衡的比喻比《论语》中出现得还多一点。主要以形态标准的工具"规矩"为出现，如下面。

    孟子曰："离娄之明，公输子之巧，不以规矩，不能成方员。师旷之聪，不以六律，不能正五音，尧舜之道，不以仁政，不能平治天

---

[1] 《论语·为政》。
[2] 《论语·尧曰》。
[3] 杨伯峻：《论语译注》，中华书局2006年版，第208页。

下……故曰:"徒善不足以为政,徒法不能以自行。"……圣人既竭目力焉,继之以规矩准绳,以为方圆平直,不可胜用也。①

孟子曰:"规矩,方员之至也。圣人,人伦之至也。欲为君,尽君道。欲为臣,尽臣道。二者皆法尧舜而已矣。"②

孟子曰:"羿之教人射,必至于彀。学者亦必至于彀,大匠诲人,必以规矩,学者亦必以规矩。"③

孟子曰:"大匠不为拙工改废绳墨,羿不为拙射变其彀率。君子引而不发,跃如也。中道而立,能者从之。"④

孟子曰:"梓匠轮舆,能与人规矩,不能使人巧。"⑤

孟子说"能与人规矩,不能使人巧"。据《孟子集注》所云,"规矩"指通过语言可传达的"下学",而"工巧"指由心觉悟而通达的"上达"。所以朱熹在《孟子集注》中《尽心章句下》篇注引尹氏曰:"规矩,法度可告者也。巧则在其人,虽大匠亦末如之何也已。盖下学可以言传,上达必由心悟,庄周所论斲轮之意盖如此"⑥。所谓"大匠诲人,必以规矩,学者亦必以规矩""尧舜之道,不以仁政,不能平治天下",都表示"规矩"是可以传授的、具有实际性的工具性侧面。

不过,孟子的核心是"徒善不足以为政,徒法不能以自行"之言。虽然最完整的"方圆"是通过最模范性的规格"规矩"才可以完成的,但若只有法令,那也不能够使之自己发生效力。同样,只有善德不足以处理国家的政务,德性的涵养、听政皆为如此。因而在此孟子所说的"规矩"都包涵内容的本质和形式。"规矩"的工具是由善心的意向而被邀请来的。

从而可见,孟子所涉及的度量衡工具,不具有荀子那样用于代表客观、公正、中立、准确性的科学成分。并且从国家的立场强调的教化、纠

---

① 《孟子·离娄上》。
② 同上。
③ 《孟子·告子上》。
④ 《孟子·尽心上》。
⑤ 《孟子·尽心下》。
⑥ 朱熹:《孟子集注·尽心章句下》,中华书局1983年版,第373页。

正的意义也比较弱。总之，荀子在做对"礼"的定义、阐释时，使用的度量衡工具的比喻方式，在孔、孟子对"礼"之言说中没有见到。并且"在孔子、孟子的思想中，'矩''规''法'不是向人们（或至少君子）强制性地赋予的形态，而是君子所遵从的标准或规范的形态"①。

至于《庄子·人间世》所谓："未达人心，强以仁义绳墨之言，述暴人之前者，是以人恶有其美也"，对此《疏》云："绳墨之言，即五德圣智也"。以此"仁义绳墨之言"字，可以推定当时"绳墨"字能被使用在谈及儒家理念的时候。再如，看《礼记》所云：

> 礼之于正国也，犹衡之于轻重也，绳墨之于曲直也，规矩之于方圆也。故衡诚县，不可欺以轻重；绳墨诚陈，不可欺以曲直；规矩诚设，不可欺以方圆；君子审礼，不可诬以奸诈。②

由上可知，《经解》中"国无礼则不正"的观点重复出现在《荀子》的《王霸》篇和《礼论》篇之中。有鉴于《经解》篇的成书时期为战国中期③的话，似乎见得《荀子》引用了《礼记》的《经解》之文。

可见，在战国初、中期，度量衡的比喻方式，无论是哪家分派，不管其对象是"礼"或"法"，似乎都为确立自己的论点而被广泛使用。

不过，在战国前期法家和黄老学派的文献与《管子》里面，更易于发现较积极的"度量衡"的比喻方式，以为立论的根据。主要有：一是将"度量衡"的性质直接代入"法"而强调"法"所具有的功能和重要性。二是对"法"概念下定义的时，用的言说方法。

首先，将"度量衡"的性质和"法"所具的功能看作同一物，以此强调它的重要性。

---

① Benjamin I. Schwarz, The World of Thought in Ancient China, Cambridge: Harvard University press, 1985, p. 322.
② 《礼记·经解》。
③ 据王锷所说："细审《经解》文字，乃作者引用孔子言论，进一步论述礼对社会和治理国家的重要性，《荀子》《礼察》先后征引其文，所论又与《孝经》、上博简有相通者，所以，《经解》应成篇于战国中期。"（参见王锷《〈礼记〉成书考》，中华书局2007年版，第209页。）

> 法度者，正之至也。而以法度治者，不可乱也。①
> 有权衡者，不可欺以轻重；有尺寸者，不可差以长短；有法度者，不可巧以诈伪。②
> 先王县权衡，立尺寸，而至今法之，其分明也。夫释权衡而断轻重，废尺寸而意长短，虽察，商贾不用，为其不必也。故法者，国之权衡也。夫倍法度而任私议，皆不知类者也。③

由上可知，为了强调治国必须依靠法制，都在涉及"法"（及"道"）的重要性和正当性。并且其重要性和正当性都借助于度量衡的性质而论述。因为他们认为尺子、权衡、绳墨所具的可靠性、正确性、客观性的功能就都在"法制"里面，所以主张法制才是禁乱而正国的最完善的方法。

对"法"概念下定义的时，或在规定"法"的含义时，也以度、量、衡和形态标准的工具为阐释。

> 夫法者，天下之准绳也，人主之度量也。"④
> 尺寸也，绳墨也，规矩也，衡石也，斗斛也，角量也，谓之法。⑤
> 道生法，法者，引得失以绳，而明曲直者也。⑥
> 法出乎权，权出乎道。⑦

《七法》篇以列举度量衡的工具（尺寸、绳墨、规矩、衡石、斗斛、角量），就规定"法"之规范的定义。《道法》篇将"法"解释为人们用来判断天下万物得失、曲直的准绳。《修权》篇对"法"定义为既是天下社会的准则，又是君主的度量标准。另一面，《经法》和《管子》中还涉

---

① 马王堆汉墓帛书整理小组编：《经法·君正》，文物出版社1976年版，第13页。
② 《慎子》，华东师范大学出版社2010年版，第18页。
③ 高亨：《商君书注释·修权》，清华大学出版社2011年版，第121页。
④ 《文子·上义》。
⑤ 《管子·七法》。
⑥ 《经法·道法》。
⑦ 《管子·心术上》。

及有关"法"的"基础"和其"来源",主张"道"是"法"的基础,法从道而生。总之,他们在阐释"法"的定义和丰富内容的含义时,也就利用度、量、衡及绳墨、规矩等工具。

到此为止,我们考察了在《荀子》及战国初、中期文献中,思想家们言说"礼"或"法"时所用的度量衡之喻。由此可知,不管是形态标准的工具,还是数量标准的度量衡工具,在战国时期诸子学派的内部——尤其儒家、法家、黄老学派——都常常被用作比喻对象。

	题旨(Tenor)	媒介(Vehicle)
《荀子》及《礼记》	礼	衡 寸 尺 寻 丈 绳墨 规 矩
《管子》及初期法家文献等	法	权 衡 寸 尺 绳墨 规 矩 衡 石 斗 斛 角 量

【图1】

但值得关注的是,如上面【图1】所示,《荀子》与非儒家文献之间,只有比喻"礼"或比喻"法"的区别,而选取的媒介本身则是高度一致的,因为他们都认为其题旨(被比喻的对象)含有度量衡器的性质。这就是儒家内部其他学派未曾使用的《荀子》的修辞法,由此可以说明他的礼法一体论。

2.2. 从同义连用看礼法定型化

在此"统一"意味着礼和法合为整体模式,形成某种完整的型态。也就是说,本来区分的领域聚合之后,置于一个体系或一个组织的下面。故而此时所谓的"统一"之"一"并不意味着礼和法的"一致",而是意味着"一个体系",是为了找出其体系的产生所具的哲学史上意义。

如众所知,礼法一词所指的意思是"礼乐"与"刑法(罚)";"礼义"与"法度";"礼制"与"政令";"礼"之"法规范"等。不过"'礼法'一词,为荀子首创,这不是礼和法两个概念的机械重叠、简单相加,而是荀子对礼的改造,对礼的属性的最高把握。他所得出的关于礼和关于法的新认识就反映在'礼法'这一范畴之中"。① 那么，在此荀子所创建的"礼法"概念能否以他的修辞特征为说明？也就是说可以试论从语义学的角度突入哲学史的方法吗？

首先，"礼法"并提的用例最早出现于战国时期文献里面，只有《庄子》（二处）、《商君书》（一处）、《列子》（一处）与《荀子》（三处）出现得较稀罕，而且其用法的目的也是不相同的。例如，《庄子》② 的话，庄子论述了赏罚的利害、五刑的刑法，是教化的"末端"；礼义法度、规定实质和名分，是政治的"末端"。在此所说的"礼法"之词是在否定意义上使用。与之相反，在《列子》③ 里面所谓的"礼法"只是客观的描述的对象。该礼法连词既不是否定意义上的使用，又不是肯定意义上的使用。

当然，荀子将礼与法都看成为一个范畴，而在肯定意义上使用，虽然在《荀子》④ 中，很少提到礼法统一的言说方式。不过，除此之外，想必还有更为周到严密的、关于荀子的写作方式等着我们去发现。"比照统计的数据，先秦文献《尚书》《诗经》《孙子》《论语》《国语》《左传》《孟子》《庄子》《荀子》《韩非子》里面出现总共 2493 个同义连用。从中《荀子》一书出现的同义连用数量最多，共有 655 个同义连用"⑤，它在先秦文献当中占有最高的比率。荀子常用同义连用之理由，是为了表达更为准确、清晰的概念定义。查看《荀子》中所见的"礼法"用例，其实只用"礼"字也足够表达其含义。因为对荀子而言"礼"的最高规范总是个治理的纲领。尽管如此，荀子对"礼"字后面加上"法"字的原因，是从如下修辞效果的层面可以推知。

所谓同义连用现象，就指将其意义相同或相近的字并列在一起。其将意义相近的并列结合之后，"共同表达一个概念，同指一个事物。可以消除因为单音词一词多义造成的表义不明确的缺点，让语义更加准确"⑥。

---

① 俞荣根：《儒家法思想通论》，广西人民出版社 1998 年修订版，第 413 页。
② 《庄子·天道》。
③ 《列子·周穆王》。
④ 《荀子·修身》；《荀子·王霸》。
⑤ 相银歌：《先秦同义连用现象研究》，四川大学硕士学位论文，2007 年 4 月，第 18 页。
⑥ 刘海燕：《古汉语同义连用的特点》，《宜春学院学报》，2010 年 5 月，第 93 页。

由此而看，荀子的"礼法"概念可以呈现如下修辞效果。其一，提到"礼法"一词，就可以强调它的"法（实定法）规范"的层面。其二，比如，礼（A）与法（B）又暗示着各自的意义，同时也强调 A 含有 B 的特质。其三，对于 A 所含的多义性解释，以 B 所固有的意义为限制，由此能够表达更加清晰、准确的意义。

从此我们可以确定荀子所谓的"礼法"能理解为不可须臾分离的一个特殊范畴。这就意味着荀子的"礼法定型化"的产生。也可以说在此强调的是，这"礼法言说"作为某种理论"范式"的层面。使"礼"与"法"合言，表示"礼"和"法"同等具有社会治理的目的与意义，只是给礼和法赋予不同功能罢了。正如汤一介先生所说："'礼'与'法'从制度上说虽是两套，但有着互补的相联关系，因此从精神上说则是一贯的。就这点看，荀子提出'礼法'这一概念对古代中国社会生活的治理，应是十分有意义的。"①

从周文王"明德慎刑"之表现开始，"政以治民，刑以正邪""德以柔中国，刑以威四姨""礼以行义，刑以正邪""德刑两立""德刑不立""重德轻刑""以德去刑""德生于刑""隆礼重法""以礼释法""视礼为法""以礼率法""礼出于法"等说法续出，它们就其礼法解释的层面、治理方法或理想的层面、时间先后关系的层面，价值序列的层面等进行表述，可以说是经过政治家、思想家对礼法的比较认识系统中，或者说经过对于两者之间不同作用及功能、效用价值的考察与经验而产生出来的。

从"德主刑辅"的儒家传统思想，到了荀子最终提出了以隆礼重法的"礼法合治"的治国模式，荀子这一哲学思想的突破是何以可能的呢？对荀子而言，为了正确理解和把握特定知识，"比较"就成为不可避免的方法。

《哲学事典》对于"比较"概念的解释说明是：

> 比较是指两个或两个以上的对象包含于一个思维体系里，并从中

---

① 汤一介：《论儒家的礼法合治》，《北京大学学报》，2012 年 5 月（第 49 卷第 3 期），第 6 页。

找出异同性的操作过程。①

对某种对象的认识，从其根本性来说指它是与他物之间之差异的认识。在其"找出异同性的操作过程"中，荀子发现礼与法的异同性。实际在战国中、晚期，"礼"和"法"的对比言说方式更加频繁出现。这就反映出人们开始有了对礼与法之间相互关系的重视，同时也可以说——如上面揭示的"'比较'是可以发现'差异性'的'方法'"，此说法同样——认识到了礼与法所具有的"不同的功能"②"效用的不同"③之处。它们显现在政治、经济、伦理的"功能"及"效用"的不同成就，或"（法与礼乐）异用而同功"④的特质上。

当然荀子也处于这种"两者分别"（《王制》）的大趋势中。他"在论述礼法各自的地位和作用时，总是阐明两者之间的互相关系"⑤的原因也在于此。荀子所设定的礼与法之间关系并不是一个固定而一律的样子。他将"礼"与"法"置于别立、并立、统一的三类基础结构上面，而又使它呈现出其礼、法之间相互多样关系及定义，如"以礼统法，准礼制法""先有礼后有法""礼本法末""礼法并用""礼法兼施""礼法互补""礼法一体论""礼法定型化"等。如此对礼与法之"比较"的认识机制，就像跟"基因"似的，并且以两个范畴——一是"礼"和"法"；另一是它们之间发生的逻辑结构或价值轻重等——为结合的。这一切构成一个个体的等位基因总和，就是作为"基因型"，在先秦时期诸子百家所提倡的政治思想之中，便以多种多样的"表现型"呈现出来的。

我们可以确定，战国时期定型化的"礼法"结构的社会理论乃荀子之首创。如上所提，荀子所谓的礼法"统一"的"一"不是意味着礼与法的"一致"，而是指，"一个体系"的理论模式。这种统一，指是统一

---

① ［日］下中弘编：《哲学事典》，平凡社 1990 年版，第 1136 页。
② 汤一介：《论儒家的礼法合治》，同上。
③ 《礼与法》，见韦政通：《中国哲学辞典》，第 243 页。
④ 《孔丛子校释·记问》云："（子思问于夫子曰）伋闻夫子之诏，正俗化民之政莫善于礼乐也，管子任法以治齐，而天下称仁焉，是法与礼乐异用而同功也，何必但礼乐哉？"（中华书局 2011 年版，第 95 页。）
⑤ 郭志坤：《旷世大儒——荀况》，河北人民出版社 2001 年版，第 70 页。

于一个哲学家的理论构建，这种构建提供一种治世方案，在这种构建中，礼法有其自己合适的位置，有其各个层面的作用，在治世的目的和人文精神上，二者是一致的，只是就逻辑或者发生学上的重要性及次序而言，二者则保持着根本的不同。在当时的治学风气中，荀子彻底了解到礼与法各自所具的效用与局限，从而提出礼法并举的政治理论构想，试图消除礼法各自的局限而互补，从而在理论中试图让礼法在儒家的根本思想中达到完美的统一，这就是荀子的理论所作出的杰出贡献。

最终战国末期荀子的礼法思想在政治舞台上虽然没有得到成功实现，但是我们无疑地确定先秦时期的确存在这个"礼法范式"的，而且是由荀子所创建定型化的。荀子在中国哲学史上最大的贡献就在于他首次提出了"礼法"的公式。本文的目的及意义就在于此，即自从汉代直到今天，"礼法"就是在中国的文化、思想里面非常重要的因素之一，而其最为基底的思想之始初就存在于先秦时期，尤其在荀子身上。郭沫若先生说："汉代儒家总汇百家而荀子实其先河。"[①] 荀子提倡的"礼法"范式成为在中国社会治理国家的理论体系和规范范型。这一构想的实现和荀子有着非常重要的关系，说荀子是汉代礼法社会的理论奠基人也并不为过。礼法合治的思想经过汉代实践之后，在以后的年代里，从此对中国的社会结构产生了深远甚至是支配性的影响。

3. 结语

本文从修辞角度查看荀子礼法论的结构及其意义。从礼法的基础结构上所谓别立、并立、统一之三类型当中，选取了其中"统一"的基础结构所产生的"礼法一体论"与"礼法定型化"。

第一，说明了从比喻的角度看礼法一体论的必要性。通过查看在《论语》《孟子》《荀子》与战国初中期文献里面所见的"度量衡器"比喻，可以发现荀子在儒家内部中未见的"礼之法化"倾向，由此也可以解释礼法的"一体论"。

第二，基于上古汉语的同义连用现象论述了礼法的定型化。这是一种

---

① 郭沫若：《十批判书》，中国华侨出版社 2007 年版，第 181 页。

尝试从语文学的角度突入哲学史的方法。从同义连用的角度看"礼法"概念有一些修辞效果,由此可知荀子所谓的"礼法"可以理解为不可分离的一个特殊范畴,也可以看出"礼法"作为一种完整的"公式"来源于荀子的礼法合治思想。

杨朱的"为我"

——杨朱思想逻辑结构及其学派归属

匡钊（中国社会科学院哲学研究所）

杨朱可能是中国思想史上最典型盛名之下，其实难附的例子，某种程度上是一位"思想史上的失踪者"。如所周知，孟子视其为重要的论辩假想敌，将其与墨家并置齐观，明指其言论"盈天下"，乃是儒家大对手。墨家的事迹和言论，遗存下来的非常丰富，与之对照，杨朱其人其学却非常渺茫，其事虽或散见于一些子书，但多语焉不详，其学虽有《列子·杨朱》一篇总述，却几乎没有与其他诸子形成讨论的互动与呼应，如钱穆所言，"先秦诸子无其徒，后世六家九流之说无其宗，《汉志》无其书，《人表》无其名"[1]。更为严重的是，传世的《列子》争议颇多，《杨朱》篇能否顺利作为杨朱观点的写照自然需要清算了。从上述角度来看，似乎杨朱并不具有孟子所认定的那种思想史上的重要性，[2] 而孟子攻击一毛不拔的杨朱是无君的禽兽，这种激愤之辞是否真的是有的放矢，大概也需要进一步思量。杨朱现已形成的思想史形象，由是观之尚有进一步探讨的余地。

一 杨朱其人其说

对杨朱其人，以往学者多有考证，但观点相互出入。较为极端的例

---

[1] 钱穆：《先秦诸子系年》，商务印书馆2001年版，第284页。
[2] 如钱穆言："儒墨之为显学，先秦之公言也。杨墨之相抗衡，则孟子一人之言，非当时只情实也。"，见氏著：《先秦诸子系年》，第285页。

子,是蔡元培曾提出的一个观点:杨朱就是庄子,这实际上是否认杨朱其人的实际存在。上世纪80年代初,尚有人为此观点再作论证。① 对此看法,早有较为系统的反驳,② 而从先秦古书中的一些痕迹来看,此论证也实恐难以成立,尤其是荀子言庄子也言杨朱,③ 可谓是有力反证。多数现代学者,如钱穆、胡适、冯友兰、陈奇猷、顾实、唐钺等,都主张杨朱虽身份不甚明朗,但还是确有其人,而如阳子居、阳子、阳生、杨子等,大概都是其别称。④ 虽有其人,但是否有其书,也就是说《列子》里的《杨朱》篇是否至少大部分可信,仍有不同看法。

秦火之后,刘向整理的《列子》也早已亡佚,后人所见,只是魏晋时张湛注的《列子》。对其真伪的争辩,大约始于唐代柳宗元《列子》,其后自宋明清至近代,对《列子》真伪的质疑更频起叠出。从近代学术辨伪的立场出发,认为《列子》全书存在极大疑点的代表人物如马叙伦、梁启超、吕思勉等人以及古史辨派。马叙伦《列子伪书考》提出了二十多条质疑其真伪的理由。后又有今人杨伯峻撰《列子集释》一书,其附录收录了历代关于《列子》辨伪的文字二十四篇,认定《列子》是魏晋人的伪作。如果上述看法完全成立,那么先秦时代杨朱的思想史形象,大概就只能永远隐藏在历史的云雾当中。近代学术辨伪,对于厘清古书源流极有帮助,确实让不少杂芜的作品变得"可读",即在相对确切定位后,可充分发挥其思想史作用,尤其是对某些古籍神话般权威形象的打破,对建立现代学术系统功不可没。只是不少近代学者的观点,站在今天的角度看,为了破坏以往陈陈相因的说辞,有时用力不免过猛,反而从相反的方面束缚了我们研究古代学术的手脚。关于《列子》,晚近的观点,则多认为其书不能全伪,并对较早时辨伪所用书证有新的检讨。对此,余嘉锡对所谓"古书通例"的理解,确有助于我们重新考虑古书的"真伪"问题,

---

① 参见冯韶《杨朱考》,《学术月刊》1980年第11期;冯韶、冯金源:《杨朱考补充论证》,《学术月刊》1981年第6期。
② 参见孙开太《杨朱是庄周吗——〈杨朱考〉及其〈补充论证〉质疑》,《学术月刊》1983年第5期。
③ 《荀子·解蔽》、《王霸》两篇,曾分别言及二人。
④ 有关杨朱的身份考证情况的讨论,参见葛然:《杨朱及其思想学派研究》,东北师范大学硕士学位论文,2008年。

如《列子》在整理当中或有后人掺入的内容，间杂一些相互矛盾或不可能见于先秦的观点，但这并不足以否认其主体内容仍然是来自先秦的思想，尤其是《列子》与《吕氏春秋》多有文辞相合之处，考虑到古书编成的过程之复杂，完全以其书为魏晋伪作的观点，似乎过于简单了。海外学界，大体没有如近代国人般峻急，更多直接以《列子》为可用的先秦材料。① 总体而言，如下看法或可成立："《列子》是一部基本反映先秦时代列子学派思想的著作，其文句可能有后人增益整理的成分，但其哲学思想和文本面貌，却基本仍是先秦古籍的本来面目。可能的出入抵悟之处，尚不足以否定其时代属性，正如今本《老子》与郭店楚简和马王堆帛书文句差别颇大，却并不足以否定《老子》的先秦真书身份一样。"②

若对《列子》全书作如是观，则《杨朱》一篇大概最为可用了。如张湛《列子序》所言："先君所录书中，有《列子》八篇，及至江南，仅有存者。《列子》唯余《杨朱》《说符》、'目录'三卷。"如不以恶意揣测，《杨朱》篇中的记载，大部分应不失为探讨杨朱思想的可靠材料——当然，这不意味着当中不包含张湛在编次其书时掺入的其他成分，但后一种成分的存在，也未必应视其为故意做伪，如认为其出于编次者自己对《杨朱》原文的理解而代入的内容可能更为恰当。事实上，以先秦哲学或思想史为研究指向的众多学者，从国内的胡适之到国外的葛瑞汉，也大体都做如是观，即有所拣择地使用《杨朱》文本作为探讨先秦思想的素材。

《列子》全书既与《老子》有联系，也与《庄子》有关系，其中还称引《黄帝书》，放在先秦的思想史语境当中，将其归为黄老学者的撰著大约不差。一般来说，多数现代和以往学者在此基础上进一步将杨朱也归为道家或者黄老学者——冯友兰甚至曾一度视杨朱为道家先驱，当然，也有将其归为法家或独立一派。③ 各种说法如何裁处，如联系现有可用的记载，恐尚费思量，我们似乎不能简单由于《杨朱》篇出现在一部主要是

---

① 有关讨论情况，参见安东《〈列子〉文本考辨及其价值研究》，曲阜师范大学硕士学位论文，2010年；杨孟晟：《〈列子〉考辨及思想研究》，南京师范大学硕士学位论文，2011年；杨富军：《〈列子〉研究述列》，东北师范大学硕士学位论文，2012年。

② 杨孟晟：《〈列子〉考辨及思想研究》，南京师范大学硕士学位论文，2011年。

③ 有关杨朱学派归属的现有讨论，参见任明艳《杨朱伦理思想研究》，西南大学硕士学位论文，2015年。

黄老学倾向的书中，就断定杨朱是其思想同道。

出于稳妥，暂不考虑先秦著作中可能与其思想有关但没有直接提到杨朱其人的部分篇章，尤其是暂时悬置《吕氏春秋》中如《重己》《贵生》等显然与《杨朱》篇的内容有联系的相关篇章，① 仅对比《列子·杨朱》当中的故事和散见于《列子》书中其他篇及先秦其余子书的有关杨朱的直接记载，包括以"杨朱曰"开头的文字，以杨朱为主角的故事，和《杨朱》中虽未提到杨朱其人，但显然是被编者认为可用以论证杨朱观点的假托其他人为主角的故事，可以发现这些材料分别涉及五个主题。其一是与"拔一毛而利天下"的话题有关，包括《列子·杨朱》中杨朱与禽子的对话、随后禽子与孟孙阳的对话、孟子的严词批评（《孟子·滕文公下》《尽心上》）、韩非子对此话题的转述（《韩非子·显学》）等。涉及这个话题的内容从分量上来看并不是最多，但由于受到孟子的批评，现在已经成为杨朱的"思想招牌"。其二是涉及生死问题的讨论，包括《列子·仲尼》和《力命》中有关季梁的叙述和《杨朱》篇中的大部分内容。其三是有关养生和欲望的讨论，仅存在于《列子·杨朱》中，典型如"晏平仲问养生于管夷吾""子产相郑""卫端木叔"三段故事和杨朱对"舜、禹、周、孔"和"桀、纣"这四美二凶的评价。其四是涉及或针对"名"的一些评述，如《列子·杨朱》开篇杨朱和孟氏的对话，后文中杨朱的一些自道则涉及名与"寿""位""货"的关系等等。上述二、三、四主题，相互讨论多有交叉之处，其间展现了杨朱思想的某种连续性。最后，其五是有关杨朱行状的一些故事，如《列子·黄帝》言杨朱见老聃、过宋东逆旅，《杨朱》言杨朱见梁王，《说符》载歧路亡羊和犬吠其弟，这些故事，有的也见于其余诸子的记载，如阳子居见老聃之事另见《庄子·应帝王》和《寓言》，阳子宿于逆旅事另见《庄子·山木》和《韩

---

① 笔者在本文的讨论中，故意未采用《吕氏春秋》中的内容，虽然《杨朱》与后书间的联系早为学者所见，葛瑞汉甚至直接将《吕氏春秋》中的部分内容作为杨朱思想的再现（参见氏著《论道者：中国古代哲学论辩》，张海晏译，中国社会科学出版社 2003 年版，第 55 页）。从时间上看，《吕氏春秋》中的相关内容，应是杨朱后续或其思想发展后的产物，细读其文本，也已经包含与《杨朱》篇中的核心观点不同的要素，如论"养性""全生"等。这些内容，或许可视为杨朱观点的某些进一步的发展，但对于厘清杨朱本人的观点，并没有直接的作用，反而有可能混淆视听。

非子·说林上》，杨朱见梁王事另见刘向《说苑·政理》，犬吠其弟事则另见《韩非子·说林下》。此外还有一个杨朱哭衢的小段子，见于《荀子·王霸》、《淮南子·说林训》和《论衡·率性》。这些故事的目的与指向并不一致，从先秦诸子惯用寓言的手法来看，是否可作为真实记载看大可存疑，恐怕很难直接作为杨朱思想的真实证据采用。

杨朱的核心思想，古人似已论之甚明，要之不外所谓"为我""贵己"和"重生"①，"为我"的评价源于孟子："杨子取为我，拔一毛而利天下不为也。"（《孟子·尽心上》）"贵己"的议论源于《吕氏春秋》："老聃贵柔，孔子贵仁，墨翟贵廉……阳生贵己。"（《吕氏春秋·不二》）"重生"的说法源于韩非子："今有人于此，义不入危城，不处军旅，不以天下大利易其胫一毛。世主必从而礼之，贵其智而高其行，以为轻物重生之士也。"（《韩非子·显学》）这三种评价里面，孟子的负面否定态度为人所共知，"杨氏为我"，是无君的禽兽（《孟子·滕文公下》）；《吕氏春秋》里的态度，仅从上文看似乎是客观描述，但如联系到该书中存有杨朱观点影子的篇章，可以断定其实际上对其基本赞同；至于韩非子的态度，如联系下文"今上尊贵轻物重生之士，而索民之出死而重殉上事，不可得也"，实际上同孟子一样也是负面的。

近代以来，对杨朱思想的讨论，仍然大体不出以上"为我""贵己"和"重生"的范围，只是出于某些与"现代性"思想联系的立场，对其有不同方向的发挥。正如古人，今人对于杨朱核心思想的评价，也是既有肯定，也有否定，较早时多以否定为主调，如认为其思想主利己、纵欲，唯心而代表某些没落阶级，晚近渐有意在为之平反正名的声音，多有学者强调杨朱"重生"的思想反映了对生命的重视，而这具有积极的重视个人价值的意义。② 典型如陈鼓应以为："杨朱的'贵己'，乃是强调尊重自我，强调个人生命的价值与尊严。"③ 由此进一步推演，大可认为杨朱

---

① 韩非子原文，"重生"前尚有"轻物"二字，这个说法的来源，大约与《杨朱》篇中"一毛"与"天下"的对比有关，其细节容后文详论。

② 有关研究状况讨论，可参见葛然：《杨朱及其思想学派研究》，东北师范大学硕士学位论文，2008年。

③ 陈鼓应：《杨朱轻物重生的思想——兼论〈杨朱篇〉非魏晋时伪托》，《江西社会科学》1990年第6期。

"为我"的主张完全是合理的,如"为我"乃是我们为了保证每个个体的存在,从而保证社会、国家之存在。① 而追求自己的欲望也有其合理性,并不一定意味着极端的利己主义。甚至这种对个体生命、欲望的看重,有所谓反对政治压迫、发展传统民本主义的意义。② 以上今人见解的出入,无疑与他们评价杨朱时各自潜在的学术立场有关,如暗自认同某些诸如个体与生命的价值、欲望的合理性等带有现代性色彩的见解,自然会得到与主张集体主义伦理和清教徒式道德规范的学者完全不同的结论,而这些结论,都可以从各自的角度出发,被视为是对杨朱思想的合理发挥。那么,如果回到杨朱的基本主张,回到思想史现场,暂时悬置对于其本来观点的推论和评价,我们可以发现,目前的针对杨朱思想或哲学的研究,实际上存在两个尚未充分回答的问题,一是仍然缺少足够的对于杨朱思想本身内在逻辑结构的精细处理,太轻易如古人般将之归结到少数某几个关键词——对这些关键词的讨论,又往往较为主观;二是未能充分说明孟子何以激烈反对杨朱的主张,笔者以为,这绝不能被简单视为曲解或夸大其词。

二 "理无不死":杨朱思想的逻辑起点

重新对杨朱的思想加以探讨,最可靠的方法无非是从前文所述有关杨朱及其思想的五个主题的记载开始。五个主题当中,生死问题和有关养生与欲望的讨论,以及专门针对"名"的一些评述高度相关,从篇幅上看占到有关杨朱思想记载的大半,如欲首先对其思想内在结构做精细研究,正可由上述三个主题出发。实际上,古人对杨朱思想的原有概括,也主要是针对上述主题。

涉及以上三个主题的内容,从分量上看,无疑是杨朱思想最主要部分,纵观其文,马上可留下三个非常鲜明的印象,一是反复讨论生死问题;二是颇多对酒色放逸的赞美;三是明指"名"与礼义毫无意义。在先秦的思想传统中,学者多好论生而鲜论死,这大概正应和了国人好生恶死的本能,中国大概是世界上唯一的缺少人格化的灵魂观念的古老文明,

---

① 葛然:《杨朱及其思想学派研究》,东北师范大学硕士学位论文,2008年。
② 现有观点综述,可参见任明艳:《杨朱伦理思想研究》,西南大学硕士学位论文,2015年。

没有不灭的灵魂作为支撑，死亡对于人生来说就成为不可逾越的极限，这种无法抗拒的、丝毫没有余地的终极毁灭，让讨论死变得非常艰难。先秦主流的对待死亡的态度，大约不外三种：如孔子般拒绝讨论，将其作为不可言说的问题悬置起来；如某些道家方士般发挥老子的"长生久视"之道，尝试通过一定的诸如"行气"之类的方式部分或彻底克服肉体的死亡；① 如庄子般强调通过精神境界的提升，打破生死梦觉的界限，安时处顺以求"悬解"，即否认死亡对精神生活的意义，迂回地达到克服死亡的目的。孔子和庄子的态度实际上都是在以不同方式回避问题，而方士们的努力，从战国中期以前的情况来看大概还没有提供出什么成功的案例——成仙的故事直到战国末年和秦汉之际才蔚为大观。在这种情况下，杨朱正面谈论死亡而不是设法对其加以回避，可谓是特立独行的。杨朱反复强调死亡的必然与不可避免，典型如杨朱曰："万物所异者生也，所同者死也……十年亦死，百年亦死，仁圣亦死凶愚亦死……腐骨一矣，孰知其异？"又如与孟孙阳的对话所表达的：

孟孙阳问杨子曰："有人于此，贵生爱身，以蕲不死，可乎？"曰："理无不死。""以蕲久生，可乎？"曰："理无久生。生非贵之所能存，身非爱之所能厚。"

一句"理无不死""理无久生"，将死亡的必然性表现得淋漓尽致。这种对于生命必然面对死亡的毫不留余地的揭示，实际上就是杨朱所有思想的逻辑起点。

既然"万物……所同者死也"，如是，则基于死亡的必然性可得出一系列推论。推论一：一切以延续生命为目标的努力，最终都是无效的，如《列子·仲尼》《力命》中讲杨朱与季梁的交往，季梁病甚，而杨朱歌曰："天其弗识，人胡能觉？匪祐自天，弗孽由人。我乎汝乎！其弗知乎！医乎巫乎！其知之乎？"继而季梁死，杨朱仍"望其门而歌"。杨朱的态度，从文中可见季梁本人是认同的，这里杨朱当然不是在歌颂死亡本身，而是

---

① 参见匡钊《专气、行气与食气——道家方士对"气"的不同理解及其后果》，《中国哲学史》2013 年第 2 期。

在说明一个道理，病死之事终究无可阻挡，没必要试图徒劳地延迟其来临。推论二：由于生命本身所包含的各种"苦"，也没有必要去延续它，如杨朱所谓"且久生奚为？……百年犹厌其多，况久生之苦也乎？"所谓"久生之苦"，指的就是杨朱所说："百年寿之大齐；得百年者，千无一焉。设有一者，孩抱以逮昏老，几居其半矣。夜眠之所弭，昼觉之所遗又同居其半矣。痛疾哀苦，亡失忧惧，又几居其半矣。"虽然充分考虑到死亡的不可避免和生命本身之苦，但杨朱的深刻之处在于，他认为这并不意味着我们就应该轻易放弃生命，如他的学生孟孙阳就问，如此是否就应该"践锋刃，入汤火，得所志矣。"杨朱的回答是否定的，理由是："既生，则废而任之，究其所欲，以俟于死。将死，则废而任之，究其所之，以放于尽。"这里"废而任之"大概说的是不要有多余的无谓行动而应听凭生命本身的发展，于是，就有了推论三：唯一有价值的就是现世的生命及使生命感到快乐的声色之欲："人之生也奚为哉？奚乐哉？为美厚尔，为声色尔。"这个观点，杨朱持论用力最多，极力主张活着的时候要"究其所欲"，而这就是他所谓"养生"。如"晏平仲问养生于管夷吾"，管夷吾曰："肆之而已"，意思仍就是"究其所欲"，后文遂有对"所欲"的具体说明："恣耳之所欲听，恣目之所欲视，恣鼻之所欲抽，恣口之所欲言，恣体之所欲安，恣意之所欲逸。"这也如同文中端木叔的生活方式："墙屋台榭，园囿池沼，饮食车服，声乐嫔御，拟齐楚之君焉。至其情所欲好，耳所欲听，目所欲视，口所欲尝，虽殊方偏国，非齐土之所产育者，无不必致之，犹藩墙之物也。乃其游也，虽山川阻险，途径修远，无不必之，犹人之行咫步也。宾客在庭者日百往，庖厨之下，不绝烟火；堂庑之上，不绝声乐。"如果这些欲望得不到满足，即是对生命的"废虐"，而如果活着的时候得到了满足，死亡本身乃至死后如何也就无所谓了，"且趣当生，奚遑死后？"如晏平仲曰："既死，岂在我哉？梦之亦可，沈之亦可，瘗之亦可，露之亦可，衣薪而弃诸沟壑亦可，衮衣绣裳而纳诸石椁亦可，唯所遇焉。"《杨朱》中的有关子产之兄弟公孙朝和公孙穆好酒色的主张："为欲尽一生之观，穷当年之乐，唯患腹溢而不得恣口之饮，力惫而不得肆情于色"和卫端木叔"不治世故，放意所好。其生民之所欲为，人意之所欲玩者，无不为也，无不玩也"的观点，也都是为了进一步强调应尽量满足现实生命欲求才算是养生的道理，并进一步牵连出有关"名"和礼义的讨论。如果仅仅考虑此生的逸乐,将死亡作为个体一切意义毁灭的终点,那么就不应以任何理由来干扰生之所欲的达成,更不必考虑死后世人的评价,于是有推论四:"名"和礼义,在生命本身的欲望和必然来临的死亡面前,都是毫无意义的,包括它们在内,没有任何东西值得我们以生命本身为代价去追求。"名"在杨朱这里的用法,专指名声、名誉,即《尹文子》中所谓"毁誉之名",这些生前身后的美誉,不值得付出肉体生命或者压抑欲望的方式去博取,如公孙朝、穆所言:"欲尊礼义以夸人,矫情性以招名,吾以此为弗若死矣……不遑忧名声之丑、性命之危也。"杨朱对舜、禹、周、孔"四美",桀、纣"二凶"的对比,也仍然是为了说明这个道理:"凡彼四圣者,生无一日之欢,死有万世之名……彼二凶也,生有纵欲之欢,死被愚暴之名。"但是一旦"同归于死",则美誉恶名都同样毫无意义。既然如杨朱所言,"仁圣亦死凶愚亦死",则应"不违自然所好,当身之娱,非所去也",至于生前之虚誉、死后之余荣都不必在意:"故不为名所劝",亦所谓"死后不名……名誉先后……非所量也。"甚至如果放宽眼光,从大尺度的历史时间来看,"太古至于今日,年数固不可胜纪",仅"伏羲已来三十余万岁,贤愚、好丑、成败、是非,无不消灭,但迟速之间耳。""贤愚、好丑、成败、是非"这些毁誉之名本身的意义,被其最终的"消灭"所消灭,所以杨朱主张:"矜一时之毁誉,以焦苦其神形,要死后数百年中余名,岂足润枯骨?何生之乐哉?"至于礼义,杨朱直接将其作为扭曲生命、压制欲望的枷锁,这从《杨朱》文中对公孙朝、穆、端木叔生活方式的肯定和对舜、禹、周、孔"四美"的人生的否定可以非常清晰地看出,杨朱主张的是"纵欲于长夜,不以礼义自苦"。

如所周知,"名"是先秦诸子当中的重要话题,学者常在政治或论辩可接受性的意义上谈"名位""名分"或"名实""形(刑)名"之名,现代论之者亦甚众,但坦白而言,对其理解似乎还远未形成具有融贯性的足够的共识。杨朱所言毁誉之名,虽然涉及对人的善恶评价,但从上下文来看,其谈毁誉之名的目的,并非是为了论证某种政治观点,仅是在主张相关善恶评价从人终有一死的角度看是无意义的。如此,这种"无意义"的名,与"实"处于何种关系当中就需要再推敲了。《列子·杨朱》中记载了两段杨朱对名的专论,言及名实关系,而《列子·说符》中则记有杨朱的两句话专谈名利关系。杨朱这方面的言论，受到《庄子》的重视，《骈拇》、《胠箧》中杨墨并举，均视之为以无用之言乱天下的辩者，大概就与此有关。《杨朱》中，杨朱在与孟氏的问答中，先谈博取好名声的副作用和需要付出的代价："名乃苦其身，燋其心""凡为名者必廉，廉斯贫；为名者必让，让斯贱"。这里的"名"专指好名声，在杨朱看来，人博取好名声，在生前是为了富贵，在死后则还幻想能"益于子孙""泽及宗族，利兼乡党"，但是如果有了富贵，就不需要名的附丽，而管仲、田氏的例子更表明好名声未必具有泽及子孙的作用。最终，杨朱得出"实无名，名无实；名者，伪而已矣"的结论，观其上下文，大体是将人生中富贵之类的各种实惠视为实，而好名声只是对于实惠而言毫无补益的虚名。如此，杨朱实际上是将"名"与"实"对立了起来，而我们可以由此推论，由此杨朱有将两者完全分离的意思，如前文论四美二凶时所言："实者固非名之所与也"。仅就杨朱这种"离名实"的态度而言，他的确大有辩者风格。《杨朱》篇全文的最后一段，粗看似乎是在归纳前文各种主题，但在细节上实则大有出入。如前所述，该段文字首先再次肯定人对"丰屋美服，厚味姣色"的欲求，进而主张忠义足以"危身""害生"，故而应灭绝忠义之名。在谈到欲求的时候，文中随即谈到对"无厌之性"的排斥，似乎表现出某种要求欲望适度的观点，后文再次表现出对名的否定，但否定的根据却不是由于忠义之名为虚誉，而是由于忠义本身的危害，这两点与前文杨朱的一贯观点并不完全一致。前述杨朱的思想结构中，并没有任何保持欲望适度的主张，虽然认为名与礼义都无益于人生，但始终是将两者作为两个并行的例子来处理，而没有将两者联系起来，也没有一字言及"礼义之名"。本段文字中谈到无厌之性和忠义之名的方式，显然与前文对杨朱观点的讨论颇有出入。本段中后文接着引鬻子、老子"去名者无忧""名者实之宾"的观点，最后反对"守名而累实"，仅从结论看，似乎与前文杨朱"离名实"的看法相合，但鬻子的引文，不见先秦典籍，而所谓老子言，非但不见于目前为止所见任何一种传世或新出土《老子》文本，反而出自《庄子·逍遥游》，是许由对尧欲让天下而不受的一个推辞。究其上下文，许由不受天下，以天子之名为虚，以天下之治为实的看法，与《杨朱》篇开头杨朱与孟氏的问答中最后一段话谈到尧让天下于许由时的观点着眼点完全不同，庄子强调的是天子之名应与治天下之实对等，而杨朱根本以尧让天下之事本身为"伪"，两者的观点并不能简单通约。这里文本层面表现出的扞格之处，笔者认为不能强行解释为杨朱受道家影响的例子，如果《列子》中确有魏晋人留下的痕迹，这里可能恰好就是一处。魏晋尚玄风，好言老庄，张湛改换庄子言论掺入《杨朱》并以之总括杨朱论名的观点，不是不可能。此段言论，笔者以为或许是张湛出于自己对《杨朱》篇的理解而在文末加上去的综合论断，但由于他戴着道家的有色眼镜，这段话所表达的观点只是表面上与杨朱的说法类似而实际相去甚远。

以上所述，可以认为是杨朱思想的核心内容及其逻辑结构，古人对杨朱"重生"的判断，或正是针对其"理无不死"的主张而言，"贵己"的判断，则可能由以上"推论三"而来——欲望总是个体自身的欲望，而这个判断，似比"重生"更进一步、更具体了一些。这两个判断，如前所述，都是肯定性，且既不是语义相同可相互置换，也不是平行地从不同侧面反映杨朱的思想，而存在某种递进。笔者猜测，两个判断间的递进，或一方面由于杨朱思想本身的逻辑结构所决定，另一方面则由于《吕氏春秋》相比韩非子更多对杨朱"重生""贵己"之论调的同情和习用。现代人对杨朱的判断，自然也由上述种种推论而来，只不过多截取其思路之片段，再加自己的发挥而已。综观杨朱上述思想，他可能是先秦诸子中唯一正面面对死亡，并以人之必死作为自己思考出发点的哲人，但杨朱与道家的关系，恐怕不如前人所判断的那样确切无疑。欲对上述问题进行分辨，关乎涉及杨朱记载中目前本文尚未处理的两类材料，一是有关"一毛"与"利天下"的关系的材料；二是有关杨朱的种种行状。后文便针对上述杨朱的"思想名片"和各种有关故事，力图在厘清其与上述已知的杨朱思想逻辑结构之间的关系，并在此基础上进一步回答杨朱的学派归属和为什么孟子对其深恶痛绝。

三 杨朱非道家

必须承认，在有关杨朱的现有记载当中有部分段落，特别是有关杨朱行状的一些故事，均无法合理置于以上思想结构当中。如《杨朱》篇中论及使"生民之不得休息"的"寿""名""位""货"，似乎是在宣传某种老子式的自然观，而论"人肖天地之类，怀五常之性，有生之最灵者人也"的一段，不但带有汉人的思想痕迹，其目的也在主张某种老子式的"不有""去私"，至于言及"丰屋美服，厚味姣色"的几句话，如前所述，则似乎是在主张某种欲求的适度。对于这几个论点理解，如与笔者前文对《杨朱》篇末一段解释相协调，也并不能被认为是杨朱在某种程度上受到道家影响的结果，其在思想层面上与前述杨朱的逻辑不合。这些道家式的言论，笔者以为或者均是《列子》书在重新编订过程中掺入的内容——如前所言，魏晋尚玄谈，张湛重编《列子》时加入自己的理解，有意无意以道家观点来诠解《杨朱》篇十分自然。将这些内容作为《列子》被称为"伪书"的痕迹，而不是为了将其与杨朱其他观点相协调而曲为解说，认其为杨朱本人受到道家影响的结果，笔者认为更为合理。至于有关杨朱行状的各种故事，如杨朱见老聃、梁王，过宋东逆旅，论歧路亡羊和犬吠其弟事，虽然其中有的也见于其余诸子的记载，但其反映的思想却不能一概而论，或许只有部分观点属于杨朱本人，其他说法，或者与上述杨朱思想逻辑结构相冲突，或溢出其外，并无法与之建立合理的联系。

由于《杨朱》篇存在于《列子》书中，而与关系密切的《吕氏春秋》虽被认为是杂凑之书，但其中保存着许多来自黄老道家的一贯主张，这样看，杨朱被认为也是应属于黄老学派的思想家，似乎有一定道理。但是除上文言及的杨朱与老子思想层面的明显差异之外，这个对于其学派归属的认定，包含一个重大的、无法回避的缺陷：黄老道家的思想潮流当中——如当今学界所知，黄老学覆盖面极广，其中不少人物的关注重心并不相同，视为一种思想潮流似乎比视为一个学派更恰当——包含一个统领其他各种观念的核心："道"或者"一"，无论黄老道家学者从何种角度立论，"道"或者"一"在其思想逻辑中一定具有原点或最高位阶观念的地位，一定是无所不包的、整全性的，能覆盖天人之全体，而其他任何对于具体问题或观念的讨论，都可由此而导出。这种思考模式，却在有关杨朱的记载中全然未见。《列子》全书涉及杨朱的段落中，"道"字凡 16 见，除一次之外，均无法被视为基源性或整全性的第一观念，都是作为复数形式的多种"道"之一在使用。"道"字在《黄帝》中做"道路"义："老子中道仰天而叹"，《说符》中歧路亡羊的故事后杨朱学生心都子言中亦做此义："大道以多歧亡羊，学者以多方丧生。"《杨朱》中做"政治纲领"义，如"道行国霸""孔子明帝王之道"中的"道"字，与子路所谓"君子之仕也，行其义也。道之不行，已知之矣"（《论语·微子》）用法相同；也做"方式、方法"：杨朱所谓生死之"相怜之道"和"相捐之道"，另外文中出现的"君臣之道""君臣道"也可做如是观，指的是为君为臣的方式或君臣相处的方式；或抽象的"途径、进路"义：文中讲子产密语邓析："侨闻治身以及家，治家以及国，此言自于近至于远也。侨为国则治矣，而家则乱矣！其道逆邪？"；还做"言说"义："口之所欲道者是非"；亦做"时局"义："不知世道之争危"，这里的"世道"和现代的用法几乎没有不同；《说符》中做"学说"义："仁义之道""先生之道"，这两处或指儒家的学说，或指杨朱自己的学说。除上述较为明显的用法外，另有两处"道"字需要再深加辨析，《杨朱》中管夷吾与晏平仲尽论"生死之道"，后文则有杨朱自道"君臣皆安，物我兼利，古之道也。"联系上下文，"生死之道"无疑是指有关生死的终极真相或法则，这种"道"在杨朱处可被视为核心话题，甚至可能是其思想推演的关键，但其位阶，仍未达到黄老学中"道"的地位，似不具备无所不包的整全性。至于《杨朱》篇末段所言"古之道"，是唯一一处从字面上看很像黄老道家所讨论的"道"，也具有覆盖天人物我的总括性，但如我们前文对这段文字的分析，有关的说法，恐怕不能被作为讨论杨朱思想的可据材料，这个用例，大概需要被排除在讨论之外。如是观之，确不能将杨朱简单归于黄老道家。当然杨朱的思想是否与黄老道家存在某种联系仍需要讨论，此点容后另论，但从根本的理论逻辑上看，不能认为杨朱就是黄老学者。笔者以为，杨朱非道家，以上对"道"的用法的讨论，可算是强有力的否定性证据。

还有另外两点值得注意，一是在前述杨朱思想的逻辑结构当中，推论一和二，即主张以延续生命为目标的努力最终无效且实际上也没有必要去努力延续生命，明显与老子追求"长生久视"的立场不同；二是上述推论三中杨朱对"养生"的理解也和老子、方士们或庄子完全不同，后者可谓是传统道家式的养生，其目标是为了或在肉体层面、或在精神层面克服死亡的威胁，但对于杨朱来说，人是必死的，所谓"养生"不过是从此生人之所欲而已。这种"养生"的主张前所未见，进一步考虑到老子明确反对声色之欲——"五色令人目盲；五音令人耳聋；五味令人口爽；驰骋田猎，令人心发狂；难得之货，令人行妨"（《老子·第十二章》），该养生的主张和对延续生命的努力的否定，可作为杨朱不属于黄老道家的肯定性证据。由此立场出发，摘下黄老学的有色眼镜，对于现有记载中的杨朱其他种种行状，或能有更恰当理解。

《列子·说符》中载杨朱论歧路亡羊事，仍以他和学生孟孙阳等人的对话展开，对话结论，是要说明"学者以多方丧生"的道理，如杨朱举学操舟的例子所暗示的，学者之学往往无益于养生，反而可能危及生命。这个观点与杨朱前述思想大体一致，礼义虚誉无益人生，所谓"学"大抵也可做如是观。出现在《荀子·王霸》中杨朱哭衢的小段子，笔者怀疑是由此歧路亡羊的故事引申而来，其虽简单，但主旨大体一致。至于见于《淮南子·说林训》和《论衡·率性》中的杨朱哭衢事，大约都是由《荀子》中的记载而来。

《列子·黄帝》则记载了一个杨朱见老子的故事，文字几乎与《庄子·寓言》中的一段完全相同，笔者怀疑是编书的人直接从《庄子》中抄出的，不但不能被作为杨朱真的见过老子的证据，反而如前述《杨朱》篇末段落一样，是《列子》书中掺入非先秦原有观点的痕迹。《庄子·寓言》一文本身并不连贯，且如其文自道："寓言十九，藉外论之"，里面的故事，当假托之而申明自己观点而已。对照《庄子·应帝王》中另有"阳子居见老聃"事，或亦可做如是观，此段论所谓"明王之治"与《寓言》中所述相去甚远，由此正可见两事均为伪托而已。道家推重老子，其后学在自己的书中炮制某某见老子的故事，恐怕不外是为了通过尊奉老子显示自家学问的高明，除了这里杨朱见老子的故事，孔子见老子的故事就更有名了——这些大约都是道家后学喜爱并惯用的主题。① 《列子·黄帝》中还有一个杨朱过宋东逆旅的故事亦见《庄子·山木》和《韩非子·说林上》，从行文繁简看，《黄帝》与《说林上》中的段落，恐与前

---

① 从时间上推断，钱穆以为"杨朱辈行较孟轲惠施略同时而稍前"（氏著：《先秦诸子系年》，第284页），则若实有老子其人，且其长于孔子，则杨朱无论如何不可能得见老子。汉初墓、祠中多见画像石，图画内容常有孔子见老子、孔子见神童项橐之类的主题，依笔者所见，大约都是黄老学兴盛的遗产，全然不能作为史料采用——同样的画像石上，还有著名的伏羲女娲交尾图。

述杨朱见老子事相同，均是由《庄子》书中抄出。这两个抄写，文字略有出入，但都是对《山木》原文的缩写——很可能是《说林上》抄《山木》，《黄帝》抄《说林上》。更重要的是，以上两个故事主旨分别是在说明"大白若辱，盛德若不足"和"美者自美""恶者自恶"的道理，从思想关联的角度看，也与杨朱前述思想逻辑结构无关，既不能被视为杨朱本人的思想，也不能被认为是他受到道家影响的例证。《列子·说符》还有一个犬吠杨朱之弟的故事亦见《韩非子·说林下》，笔者以为，可能如杨朱过宋东逆旅事一般，也是《列子》编者抄自《韩非子》，该段文字主题是要说明人对事物的认识，难免随外部条件的改变而改变，而这与杨朱其他的思想并无任何关系。

综合来看，杨朱应非道家，其思想从人的必死出发，主张一种仅以生命欲望为指向的养生观，其思想在先秦诸子中可谓独树一帜。更如前文分析的，他与战国时蔚为大观的黄老道家，也未见思想上的实质性联系，一些字面上的类似，并不足以作为其受到后者影响的证据。至于《杨朱》篇中黄老思想的痕迹，反而可能均出自重编其书者个人对杨朱思想并不贴切的理解。那么如何理解《杨朱》篇出现在一部道家式的《列子》书中呢？这一事实，应非重编者张湛所为而是先秦古书成卷册时的安排，也大概就是他会从道家立场对其加以阐发的重要文献层面的理由。对此笔者以为，道家与杨朱可能有共同的思想源头，已经有冯友兰等学者指出，杨朱思想在一定程度上是对以往隐逸遁世思想的总结，① 隐者早被学界作为道家的源头，如也是杨朱思想的源头，则道家和杨朱也就能并只能在上述意义上被联系起来，在此意义上《杨朱》篇被编于《列子》书中，也是完全合理的——毕竟杨朱本人的原始文献太少。至于以杨朱为法家的论点，统观杨朱的全部可靠记载，均缺少思想层面内容的支持，且韩非子对杨朱的态度颇为负面，这种论调可不予考虑。有关杨朱和庄子的关系，还需要略加赘言。杨朱当然不是庄子，《庄子》书中有多处关于杨朱的故事和评价，但杨朱与庄子或庄子后学之间却没有什么真正的共同点。《庄子》对于杨朱的态度，也是批评性的，称之为辩者的"无用之言"（《庄子·骈拇》）"非吾所谓得也"（《庄子·天地》），虽然有时两者之间也会呈现出

---

① 参见饶尚宽：《杨朱论》，《新疆师范大学学报》2005 年第 4 期。

某些字面和话题上的相似之处。杨朱的"贵己",如再加以推论,可认为其包含着一种对于个人与社会之间关系的否定,即将自己作为唯一可贵的对象从社会中加以隔绝,而这也是现代诠释中往往视杨朱为"个人主义者"的理论基础。这种态度,恰与"独与天地精神往来"的庄子好像有某种类似之处——儒家、墨家和黄老道家,都不否认个人与社会之间的联系,只是尝试从不同角度来发展、调节这种联系。但是,杨朱与庄子做如此想时的出发点完全不同,庄子是出于对的某种更高境界精神生活的追求,而杨朱强调的只是肉体生命的欲望。这种不同是根本性的,如《庄子·人间世》开头,记孔子教颜回不可轻身去说卫君以免生命之危,似乎也有类似杨朱的"重生"之意,但庄子却从来没有把肉体生命置于首要的地位,《人间世》后文随即转入对"心斋"的讨论便是明证。学界以往曾有调和庄子杨朱说法的努力,如论者以为老庄之学的"无己"与杨朱之学的"贵己",一主无我、一主为我,只是方法或途径上的差异,他们的目的则是一致的,即全生。若说"贵己"是正题,"无己"是反题,那么追求"全生葆真"的境界就是他们的合题。① 这样的尝试调和庄子与杨朱,甚至全部道家与杨朱的努力,基本是建立在对文献的过度诠释之上的,在笔者看来,我们无需对杨朱的思想曲为解说,努力将其归于汉人归纳的某一已知流派,而否定其思想的独特存在。②

四 "一毛"与"天下"

最难判断的故事,是《列子·杨朱》中载杨朱见梁王事。此事另见《说苑》,而从时间上推断,有学者认为其完全可以成立。杨朱见梁王,谈的是"治天下如运诸掌",而达到此目标的方式是"治大不治细"。有关杨朱的全部记载中,很少有涉及治天下问题的讨论,在前文讨论过的比较可靠反映其思想的段落中,完全没有任何言论直接针对此问题,这里杨朱忽然见梁王而大谈治天下,可谓是非常可怪的。处理这个问题,就牵扯

---

① 参见李季林《庄子"无己"与杨朱"贵己"的比较》,《贵州社会科学》1996年第1期。
② 高亨、詹剑峰均曾将杨朱视为独立的学者,参见高亨《杨朱学派》,罗根泽:《古史辨》第四册,上海古籍出版社1982年版,第578页;詹剑峰:《杨朱非道家论》,《中国哲学》第七辑,生活·读书·新知三联书店1982年版,第55页。

到至今本文未加正面研究的最后一个主题：杨朱的"思想名片"，即"拔一毛而利天下"的问题，对此问题的解答，将有助于我们合理解释杨朱是否关心治天下，或者是以何种态度关心治天下。

孟子对杨朱的严词批评众所周知，而以往学者也论之甚众。有论者以为孟子误解了杨朱的原意，也就是说，杨朱的意思并不是不愿意以自己的"体之一毛"以"济一世"，而是以一毛的代价，从天下获利也不愿意。① 由于孟子后文还涉及对墨子的批评，戴卡琳认为，这里解释上的难点，实际上涉及"利"的双重意思："对杨子它意味着'从天下获利'，对墨子则是'有利于天下'。"② 对照《列子·杨朱》中杨朱与禽子谈及一毛与天下关系的原文和《韩非子·显学》中对杨朱这一主张的评价，杨朱的意思，应该确实是哪怕付出一毛的代价从天下获利也不愿意，"不以一毫利物""损一毫利天下不与也"，这也就是《杨朱》文中"善逸身者不殖"的意思，并拒绝回应相反指向的、墨家式的问题："去子体之一毛以济一世，汝为之乎？"如此。韩非子视杨朱为"轻物重生"之士，"重生"之前"轻物"的评价，大概就是针对不愿以一毛的代价从天下获利的观点。这个看法，与前文所述杨朱的一贯思想逻辑相一致，既然珍爱自己的生命，就不应以任何理由对其造成丝毫的损害或威胁，极端一点儿看，哪怕是自己"一毛"的损失，也不应付出。考虑到韩非子对杨朱这种看法的否定和他自己完全对立的主张，也就是要求人主"陈良田大宅，设爵禄"而设法"易民死命"，应该可以确定杨朱的意思就是"不以天下大利易其胫一毛"。至于有的古代与现代解释者认为此处杨朱的意思是与此相反的"不以一毛的代价有利于天下"，或许一方面是受到"利"字双重用法的影响；另一方面是受杨、墨对举的干扰——《杨朱》后文谈到大禹的例子也的确对问题的讨论方向有一定的误导作用，这让读者误以为杨、墨之间的对比，存在于"不计代价也要利天下"的大禹和"不以一毛的代价利天下"的杨朱之间，实际上，这里的对比存在于前一个大禹的形象和"不愿哪怕付出一毛的代价从天下获利"的伯成子高之间。可将上

---

① 顾颉刚曾持此说，而冯友兰有保留地同意。有关讨论参见戴卡琳《不利之利：早期中国文本中"利"的矛盾句》，《文史哲》2012年第2期。

② 戴卡琳：《不利之利：早期中国文本中"利"的矛盾句》，《文史哲》2012年第2期。

述杨朱的主张推广到了更极端的地步,"从天下获利"的极致就是获得天下本身,而戴卡琳认为杨朱所看到的,实际上是拥有天下这种"大利"对自身潜在的可能损害,所以他所推崇的伯成子高才会"舍国而隐耕"——杨朱要反对的,是即使获得保有天下这种大利,也不足以补偿人自身可能为此付出的身心代价。戴卡琳进一步将上述观点和"禅让"及新出土文献《唐虞之道》中的某些看法联系起来,《唐虞之道》后文中明确主张尧"致仕"而禅天下于舜,是出于"退而养其生"的考虑,而这归根结底是由于尧"此以知其弗利也"——治理天下即使对于天子来说也是个得不偿失的苦差事。① 《杨朱》其他地方明确认为大禹属于为名所累,哪怕当天子也是苦差事的观点实际上潜藏于《杨朱》篇中杨朱和禽子的对话当中。那么,如果孟子没有误解杨朱的意思,那么他是否是从与韩非相同的角度展开对杨朱的批评的呢?

回答无疑应是否定的,孟子肯定不会同意韩非式的法家主张,"陈良田大宅,设爵禄"而"易民死命",他所反对的,是杨朱的上述立场当中包含的那种明确的对于社会政治责任的拒绝。如前所述,杨朱主张某种个人与社会之间的隔绝,而"不以一毛的代价从天下获利"可谓是对这种隔绝的正面表达,这个表达实质上也就意味着个人对社会政治责任的彻底拒绝。

回到孟子对杨朱的批评,他也采用了杨墨对举的方式,虽然可能"孟子所谓杨墨之言盈天下者,亦其充类至极之义,非当时之学术分野之真相也"②,不过孟子这种杨墨对举的方式,实则既契合于《杨朱》中杨朱与禽子的对话,也与《庄子》中的情况一样,是将杨朱视为辩者。这位辩者杨朱的主张,与墨子相比,在孟子眼中正好处于两个极端:"杨子取为我,拔一毛而利天下,不为也。墨子兼爱,摩顶放踵利天下,为

---

① 参见戴卡琳《墨子和杨朱的血液在儒家的筋肉里:〈唐虞之道〉的"中道观"》,李国章、赵昌平主编:《中华文史论丛》(总第八十四辑),上海古籍出版社 2003 年。类似的观点和态度,与庄子嘲笑惠子"以子之梁国吓我"有类似之处,不过其理由完全不同——一是出于精神生活不受干扰,一是出于肉体生命不受连累。如溯其源头,杨朱与庄子的上述态度大概都和较早时的隐者有关,如长沮桀溺这样的隐者作为避世之人,其行为中正包含着对社会责任的回避。《庄子》的《逍遥游》和《让王》里,以及《列子·杨朱》中尧以天下让许由而后者不受的传说,大概都是从不同角度对上述源流的形象化表述。

② 钱穆:《先秦诸子系年》,第 285 页。

之。"如前所言,这里形成对比的,是"不以一毛的代价从天下获利"的杨朱和"不计个人代价也要利天下"的墨子,而孟子本人的态度,或如戴卡琳所言,如《孟子》后文所表现的,与主张一种"执中"有关。① 涉及"中"及其他可能问题的讨论非常复杂,超出了本文的意图之外,粗糙而言,我们可以认为孟子与儒家在自己与天下的关系方面,主张某种既不同于杨朱,也不同于墨子的立场,这种立场,处于"为我"和"兼爱"两种极端立场之间,对于自己和天下的关系,有一个孟子认为更为合理的安放。墨子的意思比较清楚,就是要求人不惜代价、不怕自苦而去做对天下有利的事情,或许可称为"重利轻生"之士,"利"也可以是"物",在这个意义上,"轻物重生"的杨朱,恰好与"重物轻生"的墨子对立起来,并在孟子眼中成为两个极端。孟子与儒家在处理自身与天下、物和生的关系时,其立场处于杨朱的"不为"和墨子的"为之"之中,权衡生命和天下之治,既不否认饮食男女、礼乐文化等生之欲,也同时希望天下能有善治,在利与生之间努力达到某种平衡——大同世界的理想,建立在所有人"皆有所养"的基础上。但孟子的批评之所以如此严厉,还不仅是因为杨朱和墨子各执一端,而是由于他们"为我""兼爱"的主张意味着"无君""无父",而这在孟子看来,是儒家所坚持一切价值的毁灭,是禽兽行径。墨子兼爱无父,在儒家眼中意味着对基本人伦关系和人伦价值的破坏,这一点非常清楚无需多言,但"为我"为什么就会"无君"呢?杨朱所谓"养生",包括纵情声色、不顾名誉、无视礼义之种种,这些行为都是儒家所深恶痛绝的,但孟子对其"无君"的评价,所针对的应是杨朱所表达出的那种个人对社会政治责任的完全拒绝,这种态度,是主张致力于追求社会善治、东周之礼的儒家无论如何不能接受的。对这种态度的表述,亦如《杨朱》中假托的公孙朝、穆的话回答:"以我之治内,可推之于天下,君臣之道息矣。"这里的意思,用现代的语言可以解释为人人仅专注自己的生命与欲望而无需对社会或他人承担任何政治责任,如此社会或呈现出无政府状态。杨朱又说:"人人不损一毫,人人不利天下,天下治矣。"这似乎是在暗示某种天下的自动运行,而很容易让我们联

---

① 参见戴卡琳《墨子和杨朱的血液在儒家的筋肉里:〈唐虞之道〉的"中道观"》,李国章、赵昌平主编:《中华文史论丛》(总第八十四辑),上海古籍出版社2003年。

想到老子的看法。但实际上杨朱的这种说法不同于老子。老子强调的是圣人无为，而无为的目的是让天下循道自化，至于杨朱所说的"不为"是拒绝对天下承担任何责任，且并没有同时为天下的运行指出任何可能遵循的道路。如果人完全退缩到个体的生命欲望当中隔绝于社会，那么人类社会就会崩溃，当然也就不会有君臣之道，不会有任何社会治理存在，而这可能就是孟子所谓"无君"。这种局面下的"天下治矣"，当然只是一种不切实际的幻想，是一种不明所以的对"治"的想象，与老子意义上的有明确内容的、以道作为支撑的"无为而治"并不相同。

从以上角度看，杨朱见梁王论治之事，恐难以作为可信材料，很难想象主张君臣道息的杨朱会去和君主谈论治天下，也正如韩非子在《显学》中所说的，同样很难想象陈良田、设爵禄的战国君主会让完全主张相反观点的杨朱来到面前逞其巧舌。此事虽然复见于《列子》与《说苑》，但从思想的契合性角度看，还是将其存而不论更妥当。

坦率而言，杨朱的思想中实际上包含内在的、无法解决的矛盾。人人自利，必起纷争，仅仅考虑自己的欲望，一定会对他人造成威胁，这些复杂的问题，从现有的记载看，杨朱似乎均未加正面考虑。当然，考虑到材料的流失，可能杨朱本人的思想要比现在所见要复杂得多，但这种复杂性，大概永远都不会再次展示给后人了。站在今天的角度回看，杨朱思想结构中最具有思想史意义的内容，仍然是其思想的起点，即那种对于死亡的无条件正视，明确在先秦诸子中间存在这样的思想家，或许为中国古代的思想拼图贡献了本来就不应缺失的一块。

荀悦"九品"之论与汉魏选官制演变

李 玉（山东社会科学院国际儒学研究与交流中心）

汉魏之际，古代选官制度发生重大变革，九品中正制取代察举制成为魏晋南北朝时期选官用人的主要途径，人才选拔的重心也发生了改变。因何而变？稍后于陈群的魏晋时人卫瓘曾提到"魏氏承颠覆之运，起丧乱之后，人士流移，考详无地，故立九品之制，粗且为一时选用之本耳。其始造也，乡邑清议，不拘爵位，褒贬所加，足为劝励，犹有乡论余风"①，后人常引以为因，九品中正制的出现与汉代乡闾评议之传统、曹魏初年人士流移之现实紧密相关，也是曹魏政权和世家大族之间排抑、妥协的产物②，前贤之研究，可称完备。陈群"九品官人法"开九品中正制之端，并仿班固九品等差人物，"班固著《汉书》序先往代贤智，以为九条……而陈群依之依品生人"③。然钩稽史籍发现，自班固《汉书》至陈群倡建九品官人法之间的百余年间，仅有荀悦一人阐论"九品"，前有荀悦《申鉴》"九品"之论，15年后始有陈群"九品官人法"，关系何在？尤其引人注意的是，荀悦已然以性分"三品"阐理人性，其后复有性分"九品"，用意为何？

一 荀悦、陈群之家族渊源

汉末建安年间，荀悦、陈群均有"九品"之论，然而境遇却大相径

---

① （唐）房玄龄等：《晋书》卷三十六《卫瓘传》。
② 张旭华：《九品中正制研究》，中华书局2015年版，第102页。
③ （北宋）李昉等：《太平御览》卷二六五引《孙楚集奏》。

庭。建安十年（205年），荀悦撰成《申鉴》呈给汉献帝，"八月，侍中荀悦撰政治得失，名曰《申鉴》，既成而奏之"①，其中阐有"九品"之论。建安二十五年（后改延康元年，220年），陈群任曹魏吏部尚书，"制九品官人法"②。自此之后，"九品"一语往往与"九品官人法"（九品中正制）相关联，而鲜有提及荀悦的"九品"之论。原因很明显，陈群向曹丕倡建九品官人法，尽管记载简略，却随着曹氏执政推行而为天下所知，并由此建立了魏晋南北朝时期最为重要的选官制度，影响着实深远，而荀悦"九品"之论虽为汉献帝"览而善之"③，然"政移曹氏，天子尸居，虽有嘉猷，将安用之"④。相较结局，缘起似乎更引人斟酌。在前后不到15年的时间里，荀悦、陈群分别向汉献帝、曹丕（魏文帝）提出了有关"九品"的见解，想必用偶然的巧合已无法解释，只能循着荀陈二人的生活轨迹去探究其背后的历史渊源。

荀悦、陈群都出身于颍川大族。荀悦生于东汉建和二年（148年），"字仲豫，俭之子也。性沉静，美姿容，尤好著述……建安十四年（209年）卒"⑤，撰《汉纪》、《申鉴》，其父祖皆有高名，"荀淑字季和，颍川颍阴人，荀卿十一世孙也……有子八人：俭、绲、靖、焘、汪、爽、肃、专，并有名称，时人谓之'八龙'"⑥。陈群"字长文，颍川许昌也。祖父寔，父纪，叔父谌，皆有盛名"⑦，其生年不详，卒于青龙四年（236年）。东汉末年，颍阴、许昌是颍川郡辖内的两个邻县，作为颍川地方大族，荀、陈两家名士辈出，时人品鉴士人时常常将荀陈两家并称，"正始中，人士所论，以五荀方五陈：荀淑方陈寔，荀靖方陈谌，荀爽方陈纪，荀彧方陈群，荀顗方陈泰"⑧。荀、陈门第相当，又处同郡，荀、陈两家

---

① （东晋）袁宏：《后汉纪》卷二十九《孝献皇帝纪》。
② （西晋）陈寿：《三国志》卷二十二《魏书·陈群传》。
③ （南朝宋）范晔：《后汉书》卷六十二《荀悦传》。
④ 孙启治校补：《申鉴注校补》附明代黄省曾《注申鉴序》，中华书局2012年版。
⑤ 《后汉书》卷六十二《荀悦传》。
⑥ 《后汉书》卷六十二《荀淑传》。
⑦ 《三国志》卷二十二《魏书·陈群传》。
⑧ （南朝宋）刘义庆：《世说新语》卷中之下《品藻第九》。

从祖辈便已交往甚密①，并数次联姻，如陈群娶荀彧之女，"顗（荀彧之子）字景倩，幼为姊夫陈群所异"②，成为荀悦的侄女婿。陈群对荀家包括荀悦十分推崇，在与孔融论汝、颖人物时，他认为"荀文若（荀彧）、公达（荀攸）、休若（荀衍）、友若（荀谌）、仲豫（荀悦），当今并无对"③。

　　荀陈两族关系紧密，来往频繁，"荀淑与陈寔神交。及其弃朗陵而归也，数命驾诣之"④。荀淑、陈寔相谈，荀、陈子孙也会有机会倾听，如，一次荀淑领儿孙到陈家，"（陈寔）令元方（陈纪）侍侧，季方（陈谌）作食。尝一朝食迟，季方跪曰：'向闻大人与荀君言甚善，窃听之，甑坏饭糜。'寔曰：'汝听谈解乎？'答曰：'解。'令说之，不误一言，公悦。"⑤ 谈话间，家学文风、时论乡议莫不成为家门议题。因此，当荀悦、陈群在著述或上书中有机会提出自己的见解时，一些家门议题就会渗透其中。荀悦《申鉴》中经常会看到家门议题的出现。例如，《申鉴·时事》载"尚主之制，非古也。釐降二女，陶唐之典；归妹元吉，帝乙之训；王姬归齐，宗周之礼。以阴乘阳，违天；以妇凌夫，违人。违天不详，违人不义。"对此，连为《申鉴》作注的明代黄省曾都说："悦之叔父荀爽于延熹九年对策陈便宜，以汉承秦法，设尚主之仪，以妻制夫，以卑临尊，违乾坤之道，失阳唱之义，宜改尚主之制。今悦复以为言，殆其家门

---

① 《世说新语》卷上之上《德行一》载有一则："陈太丘（陈寔）去拜访荀朗陵（荀淑），贫俭无仆役，乃使元方（陈纪）将车，季方（陈谌）持杖后从，长文（孙子陈群）尚小，载着车中。即至，荀淑使叔慈（荀靖）应门，慈明（荀爽）行酒，余六龙下食，文若（孙子荀彧）亦小，坐在膝前。于时太史奏：'真人东行'"。余嘉锡《世说新语笺疏》引程炎震之语，指出荀淑卒时，荀彧尚未生，由此对此事存疑。但袁山松《后汉书》卷六六八《荀淑传》亦载此事，并说"荀淑与陈寔神交。及其弃朗陵而归也，数命驾诣之。"据此可推断一下，若此事属实，仅从年龄考虑，荀淑卒于建和三年（149年），荀悦生于建和二年（148年），荀淑去世时荀悦不到两岁，符合文中"亦小，坐在膝前"之语。另，陈群是陈寔长子长孙，荀悦是荀淑长子荀俭之子，是否长孙无史迹可寻。因此，这里荀淑之孙是指荀悦也不无可能。当然，此段并不是为了考证史料的真假，只为说明荀陈两家交往密切。
② 《三国志》卷十《魏书·荀彧传附子恽传》裴松之注引《晋阳秋》。
③ 《三国志》卷十《魏书·荀彧传》裴松之注引《荀氏家传》。
④ 《太平御览》四百三十二引袁山松《后汉书》。
⑤ 《太平御览》七百五十七引袁山松《后汉书》。

所商讲者乎？"① 陈群也会重申父祖之议，如曹操议恢复肉刑，令陈群曰："御史中垂能申其父之论乎？（陈群）曰：臣父（陈）纪以为汉除肉刑而增加笞，本兴仁恻而死者更众，所谓名轻而实重者也。名轻则易犯，实重则伤民……若用古刑，使淫者下蚕室，盗者刖其足，则永无淫放穿窬之奸矣。"② 荀悦在《申鉴》中也有复肉刑之议，"惟复肉刑，是谓生死而息民"。由此而思：荀悦、陈群接踵言及"九品"或二人有过交流抑或有家门论人之渊源？

二 荀悦"九品"之论与两汉品评人物之风

陈群"以天朝选用不尽人才，乃立九品官人法"③，以九品论人选拔官吏，荀悦依性善、恶施以教、法，"得施之九品"④，以九品论人之性，都是以九品论人。而论人、知人素为荀、陈两家所长。史籍中屡见荀家、陈家"论人""知人"记载。荀悦祖父荀淑"少有高行，博学而不好章句，多为俗儒所非，而州里称其知人"⑤，荀悦叔父"（荀）爽其所辟举皆取才略之士"⑥，曹操进用"汝颖人士"多靠荀彧（荀悦堂弟）荐举，"太祖以彧为知人，诸所进达皆称职"⑦，并发出"二荀令之论人，久而益信，吾没齿不忘"⑧之叹。而（陈）群也向曹操推荐人才，不少成为名臣，于是"世以群为知人"⑨。

汉代察举孝廉的重要环节是考察乡论，乡党名士对乡人德行进行考论，以作为察举取士的依据，"选举良才，为政之本。科别行能，必有乡曲"⑩，更带动了乡里品鉴论人之风。而汉末盛行名士清议，一些大族名

---

① （汉）荀悦：《申鉴》卷二《时事》"黄省曾注"。
② 《三国志》卷二十二《魏书·陈群传》。
③ （唐）杜佑：《通典》卷一四《选举二》。
④ 《申鉴》卷五《杂言下》。
⑤ 《后汉书》卷六十二《荀淑传》。
⑥ 《后汉书》卷六十二《荀淑传附荀爽传》。
⑦ 《三国志》卷十《荀彧传》。
⑧ 《三国志》卷十《荀彧传》裴松之注引《荀彧别传》。
⑨ 《三国志》卷二十二《魏书·陈群传》。
⑩ 《后汉书》卷四《和帝纪》。

士"好乐人伦"①,尤其与颍川相毗邻、同属豫州的汝南郡形成了固定的"汝南月旦评"②,每月由名士核论乡党人物,而荀、陈两家与汝南名士也相交甚密,如许劭"到颍川,多长者之游"③,荀淑到汝南访黄宪④,陈寔与汝南陈蕃则结识于太学,于是,品评人物自然成为荀陈两家聚会时的重要议论话题,在如何甄评人物时,荀、陈两家也很有可能以等级甚至"九品"对人物进行区分,因为这个时期,以九品之法区分人物优劣已经流行。《史记》载评论李广及其从弟李蔡时提到"下中","(李)蔡为人在下中,名声出广下甚远,然广不得爵邑,官不过九卿,而蔡为列侯,位至三公"⑤。东汉初年,马皇后之从兄马严求进马援之女于掖庭的上书中提及"上中","援有三女,大者十五,次者十四,小者十三,仪状发肤,上中以上。皆孝顺小心,婉静有礼"⑥。虽然直到班固《汉书》中才将以九个等级区分优劣归纳为"九品",但至少在时人的观念中已经开始运用九个品差等级区分人物优劣了。

三　荀悦"九品"之论与汉魏人性论之转向

在人才选拔上,汉代察举制重在选"德",曹魏九品中正制重在选"人"。以德选官,重德"行","敷奏以言,则文章可采;明试以功,则政有异迹。文质彬彬"⑦均可选任,但东汉中期以后,流弊却越来越显现,为了入仕为官,矫情造作、沽名钓誉,甚至出现了"举秀才,不知书。察孝廉,父别居。寒素清白浊如泥,高第良将怯如鸡"⑧的现象。时人开始重新思考以何种标准选拔人才,乡论清议品鉴人物的重心开始由注重"德"的外在行迹转向注重"人"的内在品性,如"或问许子将,荀

---

① 《三国志》卷五十二《吴书·顾雍传附子邵传》。
② 《后汉书》卷六十八《许劭传》。
③ 同上。
④ 《后汉书》卷五十三《黄宪传》。
⑤ (西汉)司马迁:《史记》卷一〇九《李将军列传》。
⑥ 《后汉书》卷一〇上《明德马皇后传》。
⑦ 《后汉书》卷三《肃宗孝章帝纪》。
⑧ (东晋)葛洪:《抱朴子·审举》。

靖与荀爽孰贤？子将曰：'二人皆玉也：慈明外朗，叔慈内润'"①，也开始从人性论基础上为品鉴论人寻求等级依据。这样一来，由先秦哲人开端的人性论思考发展到汉代，尤其东汉中期以后，就呈现出了两个转变：论人以"智愚"转化为论人以"善恶"；论性由性本身转向人性改善。

在先秦人性论中，孟子说性善，荀子说性恶，于是，西汉时董仲舒提出性三等说，用实然人性论来调和性善性恶，东汉王充用上中下对孟子、荀子和扬雄的人性论进行归类，"余固以孟轲言人性善者，中人以上者也；孙卿言人性恶者，中人以下者也；扬雄言人性善恶混者，中人也。"②班固则采用孔子"上智、中人、下愚"的说法，把智愚问题集中到能否鉴别善恶、扬善抑恶上来，"传曰：譬如尧舜，禹、稷、卨与之为善则行，鲧、讙兜欲与为恶则诛。可与为善，不可与为恶，是谓上智。桀纣，龙逄、比干欲与之为善则诛，于莘、崇侯与之为恶则行。可与为恶，不可与为善，是谓下愚。齐桓公，管仲相之则霸，竖貂辅之则乱。可与为善，可与为恶，是谓中人。因兹以列九等之序"③，这样，"论人以智愚也就转化为论人以善恶"④。

班固将古今人物分为三品乃至细分为九品，正如唐君毅先生所说"三品与九品之说，所以为独盛者，亦非无其理由。此即因自客观上分人性之善恶，虽可分为无数品，然吾人通常言人之善恶，必有吾人所定之标准。以此标准而观他人之性，则其善有过于此标准者，亦有不及于此标准者，而人性即成三品。一品之中更三之，即成九"⑤。虽然班固将"可与为善，不可与为恶""可与为恶，不可与为善""可与为善，可与为恶"作为上中下之分的标准，但模糊不确切，九品更是只列人物未有划分依据，缺乏理论支撑。荀悦的性三品说、性九品说则恰恰与之相应，可以为补。

荀悦在评论先哲人性论的基础上，与班固以"品"等级人物相对应，

---

① （西晋）皇甫谧：《逸士传》。
② （东汉）王充：《论衡校释》卷第三《本性篇》。
③ （东汉）班固：《汉书》卷二十《古今人表》。
④ 丁毅华：《〈汉书·古今人表〉识要》，见氏著《丁毅华史学论文自选集》，湖北人民出版社 2002 年版，第 343 页。
⑤ 唐君毅：《中国哲学原论·原性篇》，中国社会科学出版社 2005 年版，第 81 页。

性以"品"分，提出了性三品说①，"或问天命、人事。曰：'有三品焉。上下不移，其中则人事存焉尔。命相近也，事相远也，则吉凶殊也。故曰穷理尽性以至于命'"②，于此，荀悦提出了一个"三势"的概念，以性命三势之理论辩上中下之分，"夫事物之性，有自然而成者，有待人事而成者，有失人事不成者，有虽加人事终身不可成者，是谓三势，凡此三势，无物不然"，既然"无物不然"，运用到人性与教化的关系上同样可行，"推此以及教化，则亦如之何哉？人有不教而自成者，待教而成者，无教化则不成者，有加教化而终不可成者。故上智下愚不移，至于中人，可上下者也。"③ 上下不移，中人则可进一步细分，"纯德无慝，其上善也。伏而不动，其次也。动而不行，行而不远，远而能复，又其次也。其下者，远而不近也。凡此皆人性也"，"慝"即恶之心，"制之者则心也，动而抑之，行而止之，与上同性也。行而弗止，远而弗近，与下同终也"④，由此，三品又可分为九品，中人上下可移。中人如何移，荀悦将阴、阳作为介质将恶、善与法、教对应起来，"凡阳性升，阴性降。升难而降易。善，阳也；恶，阴也。故善难而恶易。纵民之情，使自由之，则降于下者多矣"⑤，"教者，阳之化也；法者，阴之符也"⑥，于是，"唯上智下愚不移，其次善恶交争，于是教扶其善，法抑其恶。得施之九品，从教者半，畏刑者四分之三，其不移大数九分之一也。一分之中又有微移者矣"⑦，既强调了法教的重要，也扩大了改善的范围。

荀悦性分"三品"扩展为性分"九品"，使班固无论三品等差人物还是九品论人都有了对应的人性论依据。陈群倡建九品官人法，如何九品论人虽史载不详，但据魏晋之际孙楚之言"九品汉氏本无，班固著《汉书》序先往代贤智，以为九条，此盖记鬼录次第耳，而陈群依之依品生人"⑧，可知其九品论人之大概仿班固，因此，从这个意义上说荀悦"九品"之

---

① 此说为唐代韩愈所取鉴，明代王鏊《申鉴注序》称"三品之說，昌黎公有取焉"。
② 《申鉴》卷五《杂言下》。
③ （汉）荀悦：《汉纪》卷六《高后纪》。
④ 《申鉴》卷五《杂言下》。
⑤ 同上。
⑥ 《申鉴》卷一《政体》。
⑦ 《申鉴》卷五《杂言下》。
⑧ 《太平御览》卷二六五引《孙楚集奏》。

论也为陈群"九品官人法"提供了人性论基础。另外,荀悦将性"三品"拓展为性"九品",扩大了人性改善的范围,表达了"教化之废,推中人而坠于小人之域;教化之行,引中人而纳于君子之途"① 的强烈意愿,因此,南宋陈振孙评价《申鉴》时独说此段为"古今名言也"②。

---

① 《申鉴》卷一《政体》。
② (宋元)马端临:《文献通考》引南宋陈振孙对《申鉴》的评价,"陈氏曰:汉黄门侍郎颖川荀悦仲豫撰。献帝颇好文学,政在曹氏,恭己而已。悦志在献替,而谋无所用,乃作此书五篇奏之。其曰:'教化之废,推中人而堕於小人之域;教化之行,引中人而纳於君子之涂。'此古今名言也。"注:《文献通考》卷二百九《经籍考三十六·子·儒家·申鉴》。这里的陈氏应是南宋陈振孙,其有《直斋书录解题》。《文献通考》卷一七五《经籍考二》中第一次提到陈氏时,说"陈氏《书录解题》曰"。

中晚唐儒学议题：以荀孟之辨为中心

张 明

（山东社会科学院国际儒学研究与交流中心）

一 韩愈的荀学观

韩愈（768—824）在中国思想史上具有重要的地位，近代史学家陈寅恪在《论韩愈》中评价他为"承先启后转旧为新关捩点之人物也"。谓之"承前"，是因为韩愈籍孟子之言而首倡"传道"之说，于中唐时期力排佛老，恢复了儒学的正宗地位；谓之"启后"，是因为他的学说奠定了此后宋明理学的基础，故钱穆认为治宋学"必始于唐，而昌黎韩氏为之率"。不过，韩愈在推崇孟子的同时，又有对荀子的贬抑之辞。这就在客观上打破了历来"孟荀齐号"的格局，这种影响到了宋代，一方面造成了孟子的升格运动；另一方面又使得荀子被排斥出"道统"，以致荀学一脉千年以来不得彰显。然而细致考究韩愈的荀学观，实则有其更为复杂的样态。

韩愈对于荀子的评价，既有前后一致的地方，也有看似矛盾之处。这集中在他的几篇相关的文章中，最为典型的是《读荀子》《原道》与《进学解》三篇。

《读荀子》云："圣人之道不传于世。周之衰，好事者各以其说干时君，纷纷籍籍相乱，'六经'百家之说错杂。然而老师大儒犹在。火于秦，黄老于汉，其存而醇者，孟轲氏而止耳，扬雄氏而止耳。及得荀氏书，于是又知有荀氏者也。考其辞，时若不醇粹；要其归，与孔子异者鲜矣。抑犹在轲、雄之间乎？"又云："孟氏，醇乎醇者也；荀与扬，大醇而小疵。"

《原道》云:"斯吾所谓道也,非向所谓老与佛之道也。尧以是传之舜,舜以是传之禹,禹以是传之汤,汤以是传之文、武、周公,文、武、周公传之孔子,孔子传之孟轲,轲之死,不得其传焉。荀与扬也,择焉而不精,语焉而不详。"

《进学解》云:"昔者,孟轲好辩,孔道以明,辙环天下,卒老于行。荀卿守正,大论是弘,逃谗于楚,废死兰陵。是二儒者,吐辞为经,举足为法,绝类离伦,优入圣域,其遇于世何如也?"

考察这三篇文章,韩愈在提及荀子之时,总与孟子相提并论,但《读荀子》《原道》两篇明显地扬孟而抑荀,谈孟子辄曰"醇乎醇",谈荀子则云"大醇而小疵","择焉而不精,语焉而不详",这就打破了自汉代以来"孟荀齐号"并且多为"先荀后孟"的格局。然而相矛盾的是,在《进学解》中韩愈却又将荀、孟一体而论、不分伯仲,并给予"优入圣域"这样崇高的评价。

韩愈儒学思想的要旨在"传道",其所以特意标榜孟子,是因为在他看来,圣人之道在"轲之死,不得其传焉"。既然他下了这种断语,那么在《原道》所勾勒出的传道谱系中就没有给荀子留下位置。而他本人在其他文章中也一再强调孟子在传道谱系中的这种特殊地位,甚至不再提及荀子。如《送王埙秀才序》云:"孟轲师子思。子思之学,盖出曾子。自孔子没,群弟子莫不有书,独孟轲氏之传得其宗,故余少而乐观焉。"又《与孟尚书书》云:"孟子虽贤圣,不得位,空言无施,虽切何补?然赖其言而今学者尚知宗孔氏、崇仁义,贵王贱霸而已……故愈尝推尊孟氏,以为功不在禹下者,为此也。"又云:"释老之害过于杨墨,韩愈之贤不及孟子。孟子不能救之于未亡也!虽然,使其道由愈而粗传,虽灭死万万无恨!"按《与孟尚书书》写作年代可考,当在元和十五年(820年)(洪兴祖《韩愈年谱》),已近于韩愈卒岁。由此比照《原道》《读荀子》等篇来看,韩愈思想上实有某种一以贯之的线索,即以孟子为圣人之道的合法传承者,而在孟子之后道的传承就中断了。韩愈本人则以呈递孟子的薪火为己任,所谓"道济天下之溺"是也。至于荀子,在传道的链条中就显得不那么重要了,更难以与孟子比肩,这也就在客观上形成了"扬孟抑荀"的效果。

那么为什么在《进学解》中韩愈又将荀、孟并称,并冠以"优入圣域"的评价呢？这是否与他贯穿始终的标榜孟子而不计荀子的"传道"说相背离呢？要回答上述疑问，不妨先具体考察一番文本的内容与特点。《进学解》是韩愈遭受贬谪；三为国子监博士时的作品。就文意而言，其写作的目的与内容一为劝学，即开篇所谓"业精于勤，荒于嬉；行成于思，毁于随"，以先生老师的口吻对学生进行劝诲。而另一深层意蕴则是讲诉自己精通学问却屡遭贬谪的经历，即借学生的口吻所谓"三为博士，冗不见治"诸种不得其志的状况，在这种语境下特举孟、荀为例以自况：以孟、荀为"优入圣域"的大儒，却在现实中皆不得志，前者"卒老于行"，后者"废死兰陵"，而韩愈本人的经历与二人何其相似，"其遇于世何如也？"就此而言，该篇的主旨乃是以老师与学生对答劝学的形式，抒发了自己不遇于世的愤懑抑郁之情。而《进学解》作成，也起到了实际的效果，史载："执政览其文而怜之，以其有史才，改比部郎中、史馆修撰。踰岁，转考功郎中、知制诰，拜中书舍人。"（《旧唐书·卷一百六十》）通过这番文本考察，我们可以发现，《进学解》与《原道》《与孟尚书书》等以"传道"为主旨的文章不同，并不涉及圣人之道的传承问题，而是另有其他的写作目的。换句话说，当无涉"传道"谱系的理论建构之时，韩愈是将荀子与孟子并举的，相互之间并无高下之别。类似的情形也见于《送孟东野序》，其文云"臧孙辰、孟轲、荀卿，以道鸣者也"，所要表达的乃是"不平则鸣"的文学创作论主张，孟、荀并举，也与"传道"不相干。据此可以见出，韩愈在发挥"传道"说之外，另有一种对于荀子的评价方式，这种方式沿袭了历来孟荀齐号的传统，故此梁玉绳《史记志疑》中也说："孔、墨同称，始于战国，孟、荀齐号，起自汉儒，虽韩退之亦不免。"事实上，即便在《读荀子》《原道》等篇中韩愈于"扬孟"之时不免有对荀子的贬抑之辞，但也称"要其归，与孔子异者鲜矣"，以"大醇"目之，可见在韩愈心目中，荀子的地位并不卑微。

但是，韩愈虽然没有贬低荀子之意，但作为文坛领袖，一代巨擘，他的只言片语不免被后来的文人学者加以片面的解释和夸大，终究打破了自太史公作《孟子荀卿列传》以来孟荀齐号的格局，有关孟与荀的争议就此成为自韩愈之后中晚唐时期的一条重要议题。其中围绕这一议题从两个角度展开争论，成为此时期特有的一道思想史景观。

二　人性论

　　人性论乃是中国古代思想史上一个重要话题，人性是善是恶，或非善非恶，或有善有恶，诸如此类，各家说法不一，纵观整个历史来看，出自孟子的性善论，与相对应的荀子的性恶论，皆源自儒家学派，其影响最为深远。但是在韩愈那里，虽然在树立道统时扬孟抑荀，但在谈论人性论时，却自说自话，创立自己的"性三品说"，既非孟，又非荀。这样，就又制造了关于人性论的议题，引发了当时以及之后的一系列争论。这些争论的最显著的特点，则是在不同程度上在孟与荀之间进行选择，或支持孟子的性善论而贬低荀子的性恶论，或反之，这也体现出孟学与荀学在这一时期的某种对应变化，而最终孟学的胜出、荀学的隐没，根本上就在于这人性论问题。

　　韩愈虽然自创了"性三品说"，但应者寥寥，并未产生很大的影响。作为韩愈的学生，杨倞在为《荀子·性恶篇》作注解时，全文引入了韩愈的《原性》，但却不置一词，可能也只是作为某种参照而已，或表达对韩愈本人的尊重。然而杨倞在编排《荀子》篇目次序时，把《性恶篇》由原来的后七篇"杂录"提升到了第二十三，并注云"旧第二十六，今以是荀卿论议之语，故亦升在上"，实质上肯定了该篇在《荀子》书中的地位。从杨倞本人对荀子的尊崇态度来看，这种编次的提升行为，也未尝不可视作注者本人对该篇思想内容的肯定。

　　与韩、杨同时代，且与韩愈交往甚密的李翱，在人性论问题上可说是孟子思想的继承者。李翱作《复性书》三篇，开头就讲："人之所以为圣人者，性也。人之所以惑其性者，情也。喜怒哀惧爱恶欲，七者皆情之所为也。情既昏，性斯匿矣，非性之过也。"（《复性书·上》，《全唐文》卷637）非性之过，则性是不变的，是善的，而导致恶的则是情，是情昏而致使隐匿了圣人之性。所以要达致善的目的，就要恢复被情所遮蔽了的性。李翱的这一观点，与孟子所谓"求放心"说相去不远，都是反诸求己，朝向"内圣"的路径。不过他把性和情截然对立起来，却走得偏了，因为按照这个"复性"的逻辑，就必须先去"灭情"，这样的主张未免太过激烈，以致朱熹也怀疑他的思想中掺杂了佛家的观念而不纯粹。

皇甫湜（777—835）师事韩愈，故对后者的"性三品说"有所继承，但同时也对孟子性善论有所偏向。他论说道："孟子曰'人之性善。'荀子曰'其善者伪也。'是于圣人，皆一偏之论也。推而言之，性之品有三：下愚、中人、上智是也。圣人言性之品亦有三：可上、可下、不移是也。黄帝生而神灵，幼而徇齐；文王在母不忧，在师不烦；后稷不坼不副，克岐克嶷之，谓上智矣。齐桓公以管仲辅之则理，以易牙辅之则乱；子夏出见纷华而悦，入闻仁义而乐之，谓中人矣。越椒之生，熊虎之状；叔鱼之生，溪壑之心，谓下愚矣。是故有生而恶者，得称性善乎哉？有生而善者，得称性恶乎哉？故曰孟子、荀卿之言，其于圣人，皆一偏之说也。穷理尽性，惟圣人能之。宜乎微言绝而异端作，大义乖而偏说行。孟子大儒也，荀卿亦大儒也，是岂特开异门，故持曲辩哉？盖思有所未至明，有所不周耳。即二子之说，原其始而要其终，其于辅教化尊仁义，亦殊趋而一致，异派而同源也。何以明之？孟子以为恻隐之心，人皆有之，是非之心，人皆有之，性之生善，由水之趋下，物诱于外，情动于中，然后之恶焉，是劝人汰心源返天理者也。荀子曰：'人之生不知尊亲，长习于教，然后知焉；人之幼不知礼让，长习于教，然后知焉。'是劝人黜嗜欲求善良者也。一则举本而推末，一则自叶而流根，故曰二子之说，殊趋而一致，异派而同源也。虽然，孟子之心，以人性皆如尧舜，未至者斯勉矣；荀卿之言，以人之性皆如桀跖，则不及者斯怠矣。《书》曰：'唯人最灵。'《记》曰：'人生而静，感于物而动。'则轲之言，合经为多益，故为尤乎。"（《孟子荀子言性论》，《全唐文》卷686）虽然称孟、荀为殊趋而一致，异派而同源，但是终究还是引经据典，表现出对孟子性善论的认同。

杜牧（803—852）也是从性与情的关系上来讨论这一话题，但却更为倾向荀子的性恶论。他说："孟子言人性善，荀子言人性恶，杨子言人性善恶混。曰喜、曰哀、曰惧、曰恶、曰欲、曰爱、曰怒，夫七者情也，情出于性也。夫七情中，爱、怒二者，生而能自。是二者性之根，恶之端也。乳儿见乳，必拿求，不得即啼，是爱与怒与儿俱生也，夫岂知其五者焉。既壮，而五者随而生焉。或有或亡，或厚或薄，至于爱、怒，曾不须臾与乳儿相离，而至于壮也。君子之性，爱怒淡然，不出于道。中人可以上下者，有爱拘于礼，有怒惧于法。世有礼法，其有逾者，不敢恣其情；

世无礼法，亦随而炽焉。至于小人，虽有礼法，而不能制，爱则求之，求不得即怒，怒则乱。故曰爱，怒者，性之本，恶之端，与乳儿俱生，相随而至于壮也。凡言性情之善者，多引舜、禹；言不善者，多引丹朱、商均。夫舜、禹二君子，生人已来，如二君子者凡有几人？不可引以为喻。丹朱、商均为尧、舜子，夫生于尧、舜之世，被其化，皆为善人，况生于其室，亲为父子，蒸不能润，灼不能热，是其恶与尧、舜之善等耳。天止一日月耳，言光明者，岂可引以为喻。人之品类，可与上下者众，可与上下之性，爱怒居多。爱、怒者，恶之端也。荀言人之性恶，比于二子，荀得多矣。"（《三子言性辩》，《全唐文》卷754）

总的看来，此时人性论的议题整体徘徊在孟与荀之间的倾向与选择上，其中或受到佛学的影响，把性与情两个概念分离出来，以灭情而达到"复性"的目的，虽有偏颇，但很能看出孟子人性论的逻辑色彩。杜牧则是荀子思想的坚定支持者，他从七情中抽绎出"爱""怒"两端，视为性恶的源头，以此来褒举荀子的学说。皇甫湜的人性论脱胎于其师韩愈的"性三品说"，实则更在意与孟、荀之间，而更倾向于性善。有关人性论的问题，将会在宋儒中更为集中地加以论争、选择，乃至藉此重新定位儒家心性之学的统序，而此时还被视为殊趣而一致，异派而同源的孟、荀两派，也因此决定了此后的不同命运。

三 荀子之地位及与孟子之关系

韩愈本人的荀学观颇为复杂，尽管提出过"大醇而小疵"等带有贬义——尤其相对应于孟子的"醇乎醇"而言——的话语，却也只是一语带过，未作出深入细致的分析，更何况他的很多言行颇能说明他对荀子的推重，这就造成了一种状况：韩愈将问题提了出来，但却只给出了相互抵牾、意思含混的答案。于是，在中晚唐的思想界就涉及孟、荀的关系问题而言产生了两种不同的观点：一种是尊荀而抑孟；另一种是尊孟而抑荀。

尊荀派的代表者有柳宗元、刘禹锡、杨倞、杜牧、林慎思等人。柳、刘二人是韩愈的朋友，他们都对后者"天刑人祸"的观念进行激烈的反驳，尽管其中没有直接谈及荀子，但他们用以立论的学理依据则显然出自荀子的思想。刘禹锡更在别的场合说过"能明王道似荀卿"（《唐故衡州刺史吕君集序》，《全唐文》卷650）之类的话，虽然这话是用来称赞吕温的，但是很明显的，在他的心目中，荀子本就是"明王道"的楷模。

从很大程度上来说，杨倞应该算作尊荀派的代表。他在历史上第一次为《荀子》作注，并且在序言中有意地将荀子排在孟子之前，实则表明了他在二者之间的取舍态度。杨倞似乎很少受韩愈"传道"说的影响，而是独独对荀子表现出强烈的兴趣，在注文中常常为荀子的论调加以辩护。在这方面，他的态度要比韩愈明确得多，或者说，他恰恰继承了韩愈在"传道"之外对荀子推重的一面，即认为这位孔孟之后的儒家大师，实在应该受到更多的关注。

作为晚唐最著名文人之一的杜牧，在论及荀子时，与杨倞如出一辙。他作《书处州韩吏部孔子庙碑阴》，中云"荀卿祖夫子"（《全唐文》卷754），显然也未受到韩愈"传道"说的干扰而扬孟而抑荀，反而认定了荀子承继孔夫子之事业这个事情。他的这一判断，绝非偶然的，也非出自一时之论。杜牧对《荀子》书应该有相当的了解，至少其中部分篇目他是熟悉的，比如他所撰《论相》一文中就说："余读荀卿《非相》，固感吕氏、杨氏，知卿为大儒矣。"（《全唐文》卷754）至于谈到人性的善恶问题时，他就更为决然地站到了荀子一边。

之后的皮日休（838—883）则在对待孟荀的态度上并没有表现出特殊的好恶，他一方面推崇孟子，作《请孟子为学科书》，给予孟子极高的评价；另一方面又极力推崇荀子，认为"当斯时也，苟任荀卿之儒术，广圣深道，用之期月，荆可王矣"（《春申君碑》，《全唐文》卷799），这是从历史的角度对荀子作出的评价，认为荀子的思想道术，如果能被楚国当政者加以运用，竟可能有改变战国末历史走向的作用。特别值得注意的是，皮日休尽管从文学与思想两方面都很受韩愈的启发，但在关于"传道"谱系的问题上，他并没有像韩愈那样只停留在孟子那里，而是说："夫孟子、荀卿翼传孔道，以至于文中子……文中之道，旷百祀而得室授者，惟昌黎文公焉。"（《请韩文公配飨太学书》，《全唐文》卷796）这实则提出了有别于韩愈的另一种"传道"说，不仅将被韩愈排斥于外的荀子重新拉进道统的序列，并且视道的传递为一种不绝如缕的形态，自先秦以下至王通，嗣后又有韩愈。表面上看，皮日休的这种说法的目的之一也是在极力推崇韩愈；然而我们之前已对韩愈"传道"说及由此而产生的扬孟抑荀的客观影响问题进行过分析，而他在《原道》诸篇中描述传道谱系时业已明确称"轲之死，（道）不得其传焉"，那么皮氏此说实在大大地有违韩愈的本意。按皮日休如此立说，一者是因为时代变迁，韩愈当年籍孟子学说立传道谱系以排佛老的一番苦心，在此时已然变得不怎么合乎时宜，其理论的特殊之处也不怎么被特别关注与理解；二者则是韩愈遽尔打破历来孟荀齐号的格局，将荀子乃至其后诸儒统统摈弃于门墙之外，从历史的角度上说，也实在显得过于突兀和轻率。皮氏的说法，其实并没有什么发明，而只是从一般常识性的历史眼光出发略作盘点，但其效果倒是因此还原了被韩愈做了特殊解释的历史的真实情况。

由韩愈所引发的扬孟抑荀之论，显然直接地影响到了他的学生李翱、皇甫湜等人，他们成为尊孟派的代表。李翱作《复性书》，全然以思孟学派的思想构造其人性论，这对后来宋儒产生了极大的启发；然而全书并无一字语涉荀子，这就把韩愈扬孟抑荀的影响无形中扩大了。皇甫湜坚持了韩愈的"性三品说"，同样取孟荀人性论作为论据，但却得出了荀不如孟的评价。

有关孟荀之间孰优孰劣、孰先孰后的争执上，除了人性论，最为引人瞩目的则是荀子与其弟子韩非、李斯之间的关系问题。

晚唐陆龟蒙（？—881）作《大儒评》云："世以孟轲氏、荀卿子为大儒，观其书，不悖孔子之道，非儒而何？然李斯尝学于荀卿，入秦干始皇，帝并天下，用为左丞相。一旦诱诸生聚而坑之，复下禁曰：天下敢有藏百家语，诣守尉烧之；偶语《诗》《书》者，弃市。昔孔子之于弟子也，自仲由、冉求以下，皆言其可使之才；及其仁，则曰不知也。斯闻孔子之道于荀卿，位至丞相，是行其道，得其志者也。反焚灭《诗》、《书》，坑杀儒士，为不仁也甚矣！不知不仁，孰谓况贤？知而传之以道，是昧观听也。虽斯具五刑，而荀卿得称大儒乎？吾以为不如孟轲。"（《全唐文》卷810）

陆氏此文开端就以孟荀相提并论，立意即是要断得二者之间的高下，而最终判定荀不如孟。他的理由只有一条：荀子教出了李斯这样的"不仁"之徒，有失察之过。由于这一旦的疏忽与蒙蔽，导致了焚书坑儒的恶果，就此看来，荀子既称不得"贤"，更难当"大儒"的资格。文章虽短，却也暗藏锋芒，所谓"斯闻孔子之道于荀卿，位至丞相，是行其道，得其志者也"云云,加之文章首尾评孟与荀,却于其中将荀与孔作比较,其中不免对荀子之传道的正统性作了含沙影射。

与陆龟蒙针锋相对,林慎思(844—880)《伸蒙子·由天》则云:"赵女有巧饰容者,越女见之谓倾国之态难移矣,岂知习之而反自胜邪?郢人有善调歌者,巴人闻之谓贯珠之音可夺矣,岂知习之而反不及邪?且颜容喉舌,天然也,妍丑清浊,岂有同乎?盖以齐庄运动,不得无师矣。仲尼昔师于老氏也,后设其教则大于老氏焉,是师其齐庄也,妍丑岂由于老氏乎?韩非、李斯昔师于荀卿也,后行其道则反于荀卿焉,是师其运动也,清浊岂由于荀卿乎?若使人有能否可褒责其师也,则妍丑清浊亦可移于人,不由天矣!"

此文中林氏以取类譬喻的方式,以"妍丑清浊"与"齐庄运动"相对照,认为师弟之间所秉不同,取法有别,不能因后来成为法家的韩非、李斯曾就学于荀子,却反叛了儒家之道,而身为老师的荀子就需担负责任,他们本就没有学到荀子"齐庄"的一面。值得注意的是,文章也引孔子为例,证明教者与学者之间,并不一定相对应,这就使荀子为"大儒"之说得以正名。

按荀子作为孔门传人、先秦大儒的地位,向来未曾动摇过,然而作为"最为老师"的儒者,却教出了韩非、李斯这样的学生。前者乃是法家思想的集大成者,其学说为秦所用,建立了一整套与儒家尚仁崇礼观念相背的严刑苛法制度;后者则倡议焚书坑儒,几乎使儒学的传承遭受灭顶之灾。这不得不说是一个需要加以严肃而深入讨论的题目:荀学与法家之间终究有何种关联。陆龟蒙与林慎思之间的争论,尚未真正深入到思想领域内,而仅只流于表面,即老师与学生之间是否须得一致,学生的"过错"是否应当由老师来承担?其实这个问题放在今天实在不成为问题,即便在唐代,韩愈也说"弟子不必不如师,师不必贤于弟子"(《师说》),有此见识,其义自明。只是,当涉及荀子地位问题,尤其是有意吹毛求疵、罗织理由来贬低荀子时,荀子与其弟子的关系问题就会被常常拿来说事。及至宋代,苏轼更甚其辞,说"其父杀人报仇,其子必且行劫。荀卿述王道,明礼乐,而李斯以其学乱天下,其高谈异论,有以激之也",(《荀卿论》)则近乎荒唐的血统论了。

引经入史：刘知几的经史观初论

路则权

（孔子研究院）

刘知几的经史观是古代学术史上的一个重要的发展阶段，但对其经史观评论不一。如翦伯赞认为刘知几的历史观总的来说是进步的，但有一些问题，也就是不符合作为我国古代社会正统思想的经学，只是在某些方面有经学的残存。① 也有人认为刘知几的史学仍属于正统思想，如白云《求实录与扬名教：刘知几史学批评的双重原则——读〈史通〉札记》。要正确认识刘知几的经史观，首先纵向上对古代经史观有所了解。其次是横向结合刘知几的社会背景和他所著的《史通》作进一步的分析。

一 唐以前经史观对刘知几的影响

从《史通》可知，《史记》《汉书》《文心雕龙》《隋书·经籍志》等几部著作对刘知几的经史观有极大影响。

在汉代经史观中，司马迁和班固是在经学的范围内论述史学的。以《太史公自序》和《汉书·艺文志》为典型。我们承认司马迁在不自觉的状态下创造史学，和当时经学有了差异，如果说司马迁是以实践的形式来反映他的经史观，那么刘向刘歆父子，班固主要是以目录学的形式来表达经史未分的事实。班固的《汉书·艺文志》是根据刘歆的《七略》写成的，在《汉书·艺文志》中，《太史公书》和《楚汉春秋》等史学著作是列入了"六艺略"的"《春秋》类"。当然我们也看到了经学的微妙变

---

① 翦伯赞：《论刘知几的史学》，（吴泽《中国史学史论集》（二））。

化，儒家和经学分开了。"六艺"地位提高了。

到了魏晋南北朝，经史开始分离，最有代表性的是《中经新簿》和《七录》。《中经新簿》亡失，但《隋书·经籍志》中有记载。《七录》的四分法大家是都知道的。史部和经部分离，这时史部在子部后。也反映了史学的发展当时的状态。

刘勰《史传》论史学说史学可以"共日月而长存……并天地而久大"，认为史学具有超时代价值，明显受经学的影响，但也划分了史学的范围："表征盛衰，殷鉴兴废""一代之制""王霸之迹"，可以看出他继承了司马迁的史学核心，但形式上认同断代体。笔者认为从理论上，《史传》观点表明史学从此独立出经学。《隋书·经籍志》是对隋以前尤其是魏晋南北朝后期典籍的总结，它是现存最早标志史学独立经学的著作，它甚至认为"史官既立，经籍于是兴焉"。隐约有了"六经皆史"的苗头。到唐代，经学逐渐扩展到全社会，科举和礼制的变化也可以证明这一点。同时史学也受到统治者的高度重视。史官的政治地位是很高的，当然史官的独立性也受到侵犯。这些都对刘知几的经史观有直接影响。

二 刘知几引经入史

刘知几自幼喜欢史学，也接受了系统的经学训练。在《史通·自叙》中他有追忆，也可见于《新唐书·刘子玄传》。他的经学修养为《史通》中经学部分的写作打下良好基础。《史通》是刘知几在史馆工作20多年的时间里对官修史书编撰工作的总结。如果和司马迁、班固相比，刘知几的仕宦生涯就是史学生涯，政治观基本上是史学观。尽管当时权力斗争激烈，但他并没有直接介入权力政治。当然他也受到权臣的压制，《史通·忤时篇》就是明显表现。刘知几对当权者对传统文化的破坏是十分不满的，那么如何解决呢，他认为要重建传统的皇权制度。在《史通》中大量讨论了"名分"特别是"帝王名分"，如《史通·本纪》对项羽的评论就是典型。他是以史学作为武器参与现实政治的，他认为官修史书应由史馆负责。[①]

[①] 《史通·辨职》。

对于如何纠正当时混乱的形势，还要保证史馆独立又不卷入当时的政治斗争呢？刘知几提倡利用当时已经衰落的经学，倡导用经学加强皇权。在经史分途的时代，引经入史又要保持史学独立的品格，自然使得刘知几的经史观呈现出极为复杂的面貌。这种现象在《史通·六家》中表现十分明显。刘知几所列"六家"，核心内容是"事"：政治活动，这一点和司马迁、班固、刘勰是一致。但对"六家"的分类，体现出《史通》和经学的关系。刘知几所分的六家，按照《隋书·经籍志》观点有四家是经学作品。

刘知几为什么要引经入史呢？除了上述原因，还有他对魏晋以来史书"其道不纯"的不满。另外，这一时期作为皇权意识形态的今文经学的衰落和古文经学被玄学、佛学冲击，也直接影响到刘知几的认识。他认为，只有如此才能挽救中国传统文化。从这个意义上看，刘知几和司马迁的经史观虽有类似的地方，但本质是有区别的。司马迁是无意识的，而刘知几是有意识的，是为了借助经学来整顿史学。

三 《史通》：刘知几的经史观的实践

1.《史通》命名与经学

《史通·序》指出："昔汉世诸儒，集论经传，定之于白虎阁，因名曰《白虎通》。予既在史馆而成此书，故便以《史通》为目。且汉求司马迁后，封为史通子，是知史之称通，其来自久。博采众议，爰定兹名。"可知，《史通》之书名借鉴于《白虎通》。

《白虎通》即为《白虎通义》，是东汉章帝建初四年（公元79年）皇帝亲自主持和召集著名的博士、儒生讨论五经异同之后经班固整理而成的。这场讨论是由于古文经学出现之后与今文经学在思想等方面发生了分歧，双方展开了激烈的争论而发起的。在汉武帝时期占统治地位的今文学派为了保住自己的既得地位，急需利用皇帝的权威来压倒对方。当时董仲舒提出的神学世界观适应了统治者的需要，所以皇帝也乐于出面组织一场大讨论，以便使谶纬迷信和封建经典更好地结合起来，使神学经学化，经学神学化。参加会议者有刘向、楼望、咸封、桓郁、丁鸿、贾逵、班固、杨终、召驯、李育等数十人，绝大多数是今文学家，也有古文学家。所以说，《白虎通义》融合了今文学派的思想、古文学派的思想和董仲舒的谶纬学说，其目的在于疏通义理，统一经学，以此来适应巩固统治的需要。

这里的"白虎"指白虎阁，是汉代的观阁名，由于在此召开经学研讨会而用来指代经学，自此以后成为了经学的代名词。而"通义"是一种体裁。在汉代，经学家为了阐述经书创造了许多体裁，有"传""训诂""通义"等。由于"通义"主要是从义理上阐述经书，所以说它是一种理论性文体。而刘知几在史馆撰成此书，仿白虎阁成书而取名《史通》。故"史通"之"史"是指"史馆"，也可以借代为"历史"，"史通"之"通"即为"通义"。在这里，刘知几把经学体裁应用到史学领域，开创了史学理论研究的先河。

2.《史通》与儒家经典

首先，《史通》在语言和事件上大量引用儒家经典。唐初，《易》《诗》《书》《周礼》《仪礼》《礼记》《左传》《公羊传》《谷梁传》被称为"九经"。经笔者初步统计，刘知几引用九经的情况如下：《易》有《乾》《屯》《谦》《随》《贲》《系辞上》《系辞下》《说卦》，总计8篇。《诗》有《国风》之《召南》《邶风》《王风》《魏风》《秦风》，《小雅》之《彤弓之什》《北山之什》《桑扈之什》，《大雅》之《文王之什》《荡之什》，《商颂》之《那》，总计15篇。《书》有《序》《尧典》《舜典》《皋陶谟》《禹贡》《仲虺之诰》《汤诰》《说命》《泰誓》《牧誓》《武成》《洪范》《旅獒》《君奭》《毕命》，总计15篇。《周礼》有《天官冢宰》开篇、《地官司·正条》和《春官宗伯》，总计3篇。《礼记》有《曲礼》《檀弓》《王制》《礼运》《少仪》《学记》《乐记》《经解》《中庸》《缁衣》《儒行》《聘义》，总计12篇。另外，还引用《大戴礼记》之《曾子天圆》《帝系》《小辨》和《保傅》4篇。《左传》则引用了其记述的鲁十二公中的十一公，刘知几除了没有引用定公之外，其他的都引用到，隐公2篇、桓公3篇、庄公3篇、闵公2篇、僖公7篇、文公7篇、宣公4篇、成公8篇、襄公9篇、昭公11篇、哀公1篇，总计57篇。是刘知几引用最多的一部经典。《论语》有《学而》《为政》《八佾》《里仁》《公冶长》《雍也》《述而》《泰伯》《子罕》《先进》《颜渊》《子路》《宪问》《卫灵公》《季氏》《阳货》《微子》《尧曰》《子张》19篇。20篇涉及了19篇。《春秋公羊传》有《隐公十年》和《哀公十四年》，总计2篇。

由上可知，刘知几引用《左传》和《论语》的篇目最多。在内篇36篇中，引用经典超过10处以上的有《书志》《载文》《言语》《叙事》《模拟》《书事》《人物》《序例》篇。其中《叙事》篇中引用的最多，总计有29处之多。此外，《史通》中提到的经学家有：孔衍、刘向、刘歆、贾逵、王肃、虞翻、韩婴、戴德、服虔、郑玄、王劭等。

其次，对儒家经典著作的评论和认识。他对《尚书》和《春秋》非常推崇，但又相对辩证。如他对《尚书》赞赏道："《尚书》古文，《六经》之冠冕"。主要表现在以下几个方面。一是体例："《尚书》记言，以日月为远近，年代为前后，用使阅之者雁行鱼贯，皎然可寻"。二是内容："知远疏通，网罗历代。"其中对《虞书》：他赞扬它记载的起始时间正确，遵循了孔子所说的"不在其位，不谋其政"的原则。对《舜典》之〈元首之歌〉(《今文尚书·皋陶谟》中载)、《夏书》之〈五子之咏〉：他赞扬诗歌类的文章被放到"书"里的做法。而且他认为《尚书》中的"元首之歌"不仅文字简明扼要而且还能起到"劝善惩恶"的作用。对《夏书》之《禹贡》《周书》之《王会》：他称赞这些篇目记载了金石、草木、丝织品、鸟兽、虫鱼等以及别国进贡的东西。因为这些资料可以增加读者的见闻，丰富读者的知识。三是编撰：他更为赞赏的是《尚书》在处理语言的时候做到了记事简要含义却很深刻，"文约而事丰"，是"述作之优美者"。如《虞书》："帝乃殂落，百姓如丧考妣"。同时他也指出了《尚书》的不足：没有记载元凯、寒浞、飞廉、恶来、散宜、闳夭这些人，因为他认为这些人有的罪恶滔天，有的仁德深厚，所以是很有必要记载的。

他对《春秋》赞赏的同时也指出不足。主要表现有：一是体例："系日月而为次，列时岁以相续"，又，"用使阅之者雁行鱼贯，皎然可寻"所以，只要是同一年代发生的事都会有所记载，而且使读者一目了然。二是编撰：《春秋》"文约而事丰"，是"述作之优美者"；《春秋》评论委婉，记事含蓄，言辞华美却不过分。其著述原则："别是非，申黜陟，而贼臣逆子惧"。三是内容：《春秋》中记载的因为杞桓公来朝时用夷人之礼就被降为"子"，爵位降了一等"，这样的记载方式是不可取的，应该变通。

刘知几对《左传》尤其重视。他在少年时期就对《左传》有兴趣，只用了一年的时间就把它诵读完毕。在《史通》中他又对《左传》的做了大量的引用和评论。外篇中还专门设有《申左》篇，在其中他把《左传》与《公羊》、《谷梁》传进行了比较，提出了《左传》有"三长"，其他二传有"五短"。不仅如此，《史通》的诞生和他想效仿孔子、左丘明、司马迁"成一家之言"有很大的关系。刘知几认为《左传》为"三传"之最，因为左丘明身为鲁国史官，论时代，和孔子处于同一个时代，论才德，和孔子有相似的道德观。此外，对于《左传》的编撰，他说"《左传》为书，叙事之最"。他认为《左传》言辞简明扼要，叙事详细广博，是著述中的第一之作。"词寡者出一言而已周"，"加以一字太详，减其一字太略，求诸折中，简要合理。"对于《左传》内容的评论。称赞以"君子"发起议论，因为该议论可以辨析疑惑，疏通难懂之处，"辨疑惑，释疑滞"。称赞《左传》遵循了"古者诸侯曰薨，卿大夫曰卒"的原则。称楚邓曼曰："王薨于行，国之福也。"即使从语言学角度，他也称赞《左传》所载的童谣很优美："鹑贲""鸲鹆"，谚语："山木""辅车"，筑城民夫所唱："腹弃甲"，普通大众所诵："原田是谋"。

刘知几对《尚书》《春秋》十分推崇，他在外篇中撰写了《疑古》、《惑经》，其目的是用来批判《尚书》和《春秋》，但这并不代表他在贬低这两部儒家经典。他不过是把儒家经典作为普通的史书来对待，从编撰理论方面对其加以考察，从实事求是的精神出发，试图以自己的理解来重新解释儒家经典。

因此，刘知几借助经学整顿史学的意图，既符合以经学主导史学（尤其是正史）的意识形态的需要，又能有利于认识复杂的历史真相，融合了前代存在的经史矛盾。

论两宋儒学的内在紧张及其不同的价值导向

郭萍

（山东社会科学院国际儒学研究与交流中心）

两宋时期，在家族伦理日趋内化稳固的同时，市民生活悄然兴起，由此造就了两宋儒学兼具固守专制礼法与张扬个体价值的两面性，这也正是传统儒学发生现代转向的拐点。对此，两宋儒学在形而上的哲学义理上体现为普遍之理与个体之心的紧张，即一方面将专制的纲常礼法抽象为至上的天理而日趋保守；另一方面又通过"立人极"，以心包理而确立起个体的绝对主体地位，打开了一种趋向现代价值的可能。相应地，在形而下层面，两宋儒学存在着"皇极"与"人极"的政治博弈，以及理欲、义利的伦理对峙。笔者发现，在两宋儒学内部的两种截然相反的价值趋势，渐行渐远，形成了一个日趋扩大的"剪刀叉"格局，这既在明清儒学中有更加明显的体现，也在现当代演变为复古的国粹派或原教旨主义，与倡导现代价值的儒学的对立。

一 两宋儒学与儒学的现代转型问题

"现代性"不仅仅是一个时间标签或称谓，而是具有特定的内容和涵义。作为一种哲学的考察，我们并不像社会科学家那样，将"现代性"实证地看作一整套经济制度、政治制度和文化制度的架构（吉登斯），[①]而是试图从其承载的价值观念中抓住现代性的根本特质。当然，在最早哲

---

① 参见［英］吉登斯《现代性的后果》（译林出版社 2007 年版）和《现代性与自我认同》（生活·读书·新知三联书店 1998 年版）。

学的讨论中，"现代性"只是对西方社会世俗化进程的描述，随着启蒙思想与理性主义的兴起，"现代性"逐渐演化为一种"与传统抽象对立"（哈贝马斯语）的现代意识，马克斯·韦伯认为，理性主义特别是以工具理性主宰世界，是现代性的最根本特征。然而，人们同样将反理性的唯意志主义思想家叔本华、尼采，以及存在主义思想家也视为现代性思想。这意味着理性本身并不是现代性最根本的特征。

作为现代性最根本的特征自然要体现上述对现代性理解的一般共同性，回到现代性发生的历史境域中，现代性是在启蒙运动中生长起来的，不论理性、非理性、资本、工业文明等等，无一不是基于一种主体而存在的，这便是个体主体。在哲学本体论上，理性、意欲作为根本依据确证着个体主体的绝对地位，商业资本、工业文明及民主政治等等，都是个体主体在经验层面上所形成的社会各领域的生活方式，经济生活就是商业资本和工业文明，政治生活就是民主政治。就此而言，笔者认为现代性最根本的特征在于个体性。对此，笔者认为，透过现代社会普遍追求的自由、平等、博爱等价值的背后乃是个体主体价值的挺立，故而，我们可以说，现代性的根本特质在于个体性。牟宗三也曾说："近代化国家建立之基石存于个体性之自觉与普遍性之透彻。无个体性之自觉，下而不能言权利（诸自由）与义务，上而不能言真实的普遍性。"[①] 当然，这也不是福柯仅仅作为"态度"的那种虚无化的个体价值观念，[②] 而是体现在现实实践中，体现在社会的各领域，经济、政治、道德等诸领域。

基于这一基本判断，我们反观儒学历史，不难发现，作为一种既有的实情，明清启蒙儒学、维新儒学、现代新儒学等儒学形态不论从其称谓上的"启蒙""维新""现代"这种称谓上，还是就其思想本身体现的问题意识、话语形态，还是从其承载的价值都具有鲜明的个体主体特质，具有鲜明的现代性特质，而不同于所谓的"传统儒学"。据此可以表明"儒学能否现代化"是一个不攻自破的伪问题，当前真正值得我们探究的不是传统儒学"能否"的问题，而是传统儒学究竟在"何时""如何"发生

---

① 牟宗三：《历史哲学》，广西师范大学出版社2007年版，第367页。
② 福柯说："我自问，人们是否能把现代性看作为一种态度而不是历史的一个时期：我说的态度是指对于现时性的一种关系方式：一些人所作的自愿选择，一种思考和感觉的方式；一种行动、行为的方式。"（参见《福柯集》，上海远东出版社1998年版，第534页。）

了这种现代性转向的问题。

这种个体性观念在现代新儒学、明清启蒙思想黄宗羲、王夫之，上至泰州学派、阳明心学已经有所显露，因此可以沿着儒学的发展脉络一路向上追溯，不难发现，他们都无不与宋代儒学有着密不可分的师承关系，在学理上形成一个整体性的思想谱系，这或许也是现代新儒家为开出现代的民主科学，而要坚持返本到宋明儒学，再接着宋明讲的一个潜藏的重要原因。其实，日本学者宫崎市定早就已指出宋代是东亚乃至世界最早的现代社会，① 而文学、史学、民俗学等多个学科领域中都有相应的研究成果表明宋代已经出现了繁荣的市民生活。毋庸置疑，这种生活方式的改变必定会在当时的儒学理论中有所反映。然而，如李泽厚所说："许多哲学史论著喜欢把宋明理学公式化地分割为宇宙观、认识论、社会政治思想几大块论述，反而掩盖了……基本特点。"② 也就是说，各种概念化的儒学研究遮蔽了两宋儒学的这一面相。对此，当代儒者黄玉顺就认为："宋明儒学当中必定已经存在着儒学的某种现代化版本，只不过被既有的'宋明理学'研究遮蔽了，需要我们将其揭示出来。"当然，这并非认为两宋儒学已经是某种现代性儒学，而是说它从思想观念上打开了一种通往现代性的可能。这种可能性意味着两宋儒学不仅仅是传统儒学形态的完成，而且也是传统儒学现代转向的发端，因此同时体现出两种不同的价值指向：一方面，它在更深层面上维护着专制主义、家族伦理，是反现代性的"守成"儒学；而另一方面却潜藏着颠覆传统家族伦理的可能，敞开了走向现代性的可能性，是趋向现代性的"开新"儒学。

在此，本文拟从两宋儒学的形上义理，到政治思想、道德价值等三个方面重新审视两宋儒学，揭示其截然对立的两面性，并阐明这种两面性对后世儒学发展的影响。

二 以心包理与以理驭心的义理纠缠

北宋初期，道学家就提出了"立人极"的观念，哲学上"立极"代

---

① 参见［日］宫崎市定《中国史》，焦堃、瞿柘如译，浙江人民出版社2015年版。
② 李泽厚：《中国古代思想史论》，生活·读书·新知三联书店2008年版，第231页。

表着最基本的、同时也是最高的价值，其实质是指一种绝对的主体性观念。所以，"立人极"就是在绝对意义上确立起人的主体性。不过，人极的挺立是有内容、有标准的，最初周敦颐只是以"仁义中正"之性为人极的标准和内容，但随着进一步地理论化建构，二程提出了"天理"，并将之置于人之前，作为人极的标准。于是，天理便成了人极是否挺立的前提和根据，此所谓"继天立极"，当然此时的"天"早已不再是汉唐时期的意志之天，而是两宋儒家所指的"天理"。何为"天理"？两宋儒家继承发挥《礼记》思想①，强调"君臣父子，天下之定理，无所逃于天地之间。"也就是说，天理的实质正是对传统的家族纲常礼法的抽象表达。而不论程朱理学，还是陆王心学，都认为天理具有前提性和至上性，不过，程朱理学在这方面体现的尤为突出。朱熹说：

> 盖自天降生民，则既莫不与之以仁义礼智之性矣；然其气质之禀或不能齐，是以不能皆有以知其性之所有而全之也。一有聪明睿智、能尽其性者出于其间，则天必命之，以为亿兆之君师，使之治而教之，以复其性。此伏羲、神农、黄帝、尧、舜所以继天立极，而司徒之职、典乐之官所以设也。（《大学章句序》）

在他的表述中，尧舜等圣王虽然可以继天立极，但也以遵从天理为前提，而其他人则等而下之并没有立极的资格。这依然没有走出与汉儒所强调的"以人随君，以君随天……屈民而伸君，屈君而伸天"（《春秋繁露·玉杯》）②的天—君—民的等级伦理，只是转换成了一种更加哲学的解释。

即便在个体性的实践工夫上，程朱理学也特别强调个体只是一个实在的行为者，一切言行都是为了合于外悬的"天理"，朱熹："一身之中，凡所思虑运动，无非是天。"③ 所谓的工夫就是自觉的"格物穷理"，自觉

---

① 《礼记》将"礼"作为人伦事物的根本原理，如《礼记·仲尼燕居》"礼者，理也"；《礼记·乐记》"礼也者，理之不可易者也。"
② 董仲舒：《春秋繁露》，中华书局1992年版，第32页。
③ 《朱子语类》（第六册）卷九十《礼七·祭》，黎靖德编，北京：中华书局1994年版，第2292页。

的"克尽人欲,复尽天理"。显然,这种个体自觉根本不是在确证个体主体价值,而是为了更好的维护家族伦理秩序。

不过,在工夫论的意义上,宋代儒学的其他学派并没有向程朱理学那样刻板,甚至不认为普遍天理与个体人欲是截然对立的关系,如湖湘学派胡宏明确提出:"天理人欲同体而异用。"而与理学一直相辩驳的心学,更从工夫论上体现出以心包理的态度,如开心学之端倪的大程子在《识仁篇》中说:"仁者,以天地万物为一体,莫非己也。认得为己,何所不至?若不有诸己,自不与己相干。如手足不仁,气已不贯,皆不属己。"①这更像是"万物皆备于我"的宋代版本,大有以一己之心消融外在的天理的意思。当然,真正凸显个体之心对于天理的包容还是从陆九渊开始的,由是便打开了一种趋向现代价值的可能。陆九渊以"心即理"的命题将外在天理收摄于一己之心,强调"吾心即是宇宙,宇宙即是吾心""自作主宰""自立自重"而且直接声明"六经皆我注脚",② 正是典型的以心包理。继陆九渊之后,其弟子杨简(慈湖学派)也有类似的观点:

> 天地,我之天地;变化,我之变化,非他物也……清明者,吾之清明;博厚者,吾之博厚,而人不自知也……夫所以为我者,毋曰血气形貌而已也,吾性澄然清明而非物,吾性洞然无际而非量,天者,吾性中之象,地者,吾性中之形,故曰在天成象,在地成形,皆我之所为也,混融无内外,贯通无异殊。③

魏了翁进一步提出"人心为天地之太极"(《乙酉上殿札子三》,《鹤山大全文集》卷十六)。尽管当时心学派关心的是心理之辩,而对个体主体性意识还是一种不自觉的强调,但这种"吾心"的张扬敞开了建构个体主体性的可能性,正是心学推动儒学现代转向的最突出的一点,这个思想对后世儒学的发展有着极大的影响,其中蕴含着对个体主体价值的肯认而开启了一种通往现代性的可能。

---

① 《二程集》,北京:中华书局1981年版,第15页。
② 陆氏的弟子杨简所开创的慈湖学派,以及以舒璘为代表的广平学派,也都值得注意。
③ 《慈湖己易》,引自《宋元学案》卷七十四,第2467—2468页。

这种可能性通过阳明心学的建构得到了一种系统化的表达。阳明直接以"良知"取代太极,做本体,无待于外,"天理者,天然自有之理也,才欲安排如何,便是人欲"(《明儒学案》卷32),他虽然否定"私意"的正面价值,但他也承认即使是"私意"也是从良知本体而来,也就是说,良知是一个个体意识很强的本体观念。他的"性无善恶""性无定体"具有很大的灵活性。① 更进一步地,阳明不但强调心外无理,而且认为心必须依靠"身"才能存在,他说"无心则无身,无身则无心,但指其充塞处言之谓之身,指其主宰处言之谓之心"(《传习录下》),本体之心以更具现实性、自我性的"身"为现实的附着,从经验层面凸显了个体的主体价值。

不过应当承认,心学的这一效果,与其理论初衷并不一致,它所体现出的个体独立自由精神,仅仅是在工夫论上对程朱理学的突破,而其本体观念并没有改变。② 也就是说,心学与理学所追求的根本价值并无二致,只是追求的方法不同,即理学向外求,心学向内求;而求得的"天理""良知"实质都是传统家族伦理规范的先验化、本体化,甚至在某种意义上,"以心包理"是更深层地暗合了"以理驭心",这两个义理面向始终在两宋儒学内部相纠缠,甚至影响至今。但即便如此,两宋儒学透显出的个体性一面,客观上正是传统儒学现代转向的一个思想起点,这也正是当代儒学需要继承发挥的传统基因。

四 人极与皇极的政治博弈

儒学积极入世的思想性格使得义理上的纠缠,首先体现为两宋政治生活中皇极与人极的博弈。一方面,宋儒在现实政治中始终尊奉"皇极",这也是自春秋时代就确立起来的一种政治观念,它最初见于"洪范九畴"的第五"建用皇极":

---

① 蒙培元:《理学范畴体系》,人民出版社1995年版,第214—215页。
② 心学与理学的差别,类同于西方唯名论与实在论之间的差别。唯名论认为上帝是观念性的存在,它存在于每个个体心中,这导致了"因信称义"为核心理念的新教改革,由此促使西方走向现代启蒙。之所以说心学中蕴含着通往现代性的可能,也是在于它将外在高悬的"天理"收摄到每个个体心中,所谓"心即理"。

皇建其有极，敛时五福，用敷锡厥庶民。惟时厥庶民于汝极，锡汝保极……惟皇作极。凡厥庶民……不协于极，不罹于咎，皇则受之……时人斯其惟皇之极……会其有极，归其有极。曰皇极之敷言，是彝是训，于帝其训。凡厥庶民，极之敷言，是训是行，以近天子之光。

建"极"者乃是"皇"，就是"皇建其有极""惟皇作极"，而"时人斯其惟皇之极"。此"皇"在宗法时代是天子，而在专制时代则是皇帝。朱熹的弟子蔡沈解释"极"说："极，犹北极之极，至极之义，标准之名，中立而四方之所取正焉者也"；"皇极者，君之所以建极也"；"皇极曰建，所以立极也"。其中"中立而四方之所取正焉"，也是以房屋建造为隐喻。蔡沈说："言人君当尽人伦之至：语父子，则极其亲，而天下之为父子者，于此取则焉；语夫妇，则极其别，而天下之为夫妇者，于此取则焉；语兄弟，则极其爱，而天下之为兄弟者，于此取则焉；以至一事一物之接，一言一动之发，无不极其义理之当然，而无一毫过不及之差，则极建矣。"这是表明"皇极"乃是最高准则的意思，不是本体论意义上的，而是伦理学意义上的，最主要就是政治意义上的。汉唐时期，叔孙通也引"建用皇极"为乾纲独断、君主独揽大权作辩护，只不过到两宋时期，皇权的神圣性更多的来自哲学化的"天理"而非神学化的"天意"。

但另一方面，宋儒又在义理上确立了"人极"。儒士根本坚信自身贵为"人极"，而治平天下乃"人极"挺立的必要环节，因此在现实认为自身有资格，也有能力格君心之非，辅佐并矫正。虽然"人极"的实际价值在于辅佐"皇极"，但也由此形成了与"皇极"相辅相成又对立制衡的一股政治力量。具体来看，宋儒为参政找到了一种不同于汉儒的学理依托，他们不再依靠灾异祥瑞说，而只需"独以诚意感动人主"，[①] 就可以实现"格君心之非"的目的，所以，两宋时期"士大夫矫厉尚风节"[②]的议政之风颇为盛行。

这种人极对皇极的相辅和相左，突出的体现在以下两个方面。

[①] 《二程集·伊川先生文七》，中华书局1981年版。
[②] 参见（元）脱脱等著《宋史·忠义传序》，中华书局1977年版。

(一)"共定国是"与得君行道

"共定国是"是指君主与士大夫集团共同制定基本国策。前论的"建用皇极"实际已经赋予了皇帝独断"国是"的合理性,但"共定"表明皇帝与儒士分享治权。我们知道,先秦楚庄王曾有"愿相国与诸侯士大夫共定国是"之语,宋代的"国是"也是秉承这一传统而来,用南宋初宰相李纲的话说,"古语有之云:'愿与诸君共定国是'。夫国是定,然后设施注措以次推行,上有素定之谋,下无趋向之惑,天下事不难举也。"(《三朝北盟会编》卷一〇五)"国是"一旦定下来,对皇帝、对廷臣都有约束力,皇帝想单独更改"国是",并不是一件容易的事情。

当然,这一切还是在维护"皇极"的前提下才具有合理性,而且最终的落实和执行也还是要依靠皇帝的授权,所谓"得君行道"。对此,小程子曾通过《易·乾卦》阐明了这一观点,他说:"乾九二,以圣人言之,舜之田渔时也。利见大德之君,以行其道。君亦利见大德之臣,以共成其功"。这在现实中最典型的例子就是北宋时期的"熙宁变法",而王安石也因此成为后世儒者所羡慕的幸运儿。可以说,这在传统社会的语境中具有相当的必然性和合理性,然而基于当前民权时代的语境中,"得君行道"却暴露着儒学自身的软弱性和保守性,实是对儒士作为政治主体性的否定。而今依然有不少儒者怀抱得君行道的幻想,不但可悲而且值得警惕。另外,"共定国是"还仅是儒士阶层的一种政治自觉,并不是一种民众的普遍意识,而且精英阶层始终将百姓排除在外,文彦博就认为皇帝"为与士大夫治天下,非与百姓治天下也"。这都表明"共定国是"还远不能与现代性的民权、民主同日而语。

尽管如此,两宋儒士对参与国家治理还是远远超过之前的任何时代,这也是由其当时的社会生活境遇所决定的。一来科举的普及使当时社会受教育的人数大幅增多,越来越多的寒门子弟进入到社会精英阶层;[①] 二来当时的中国已经失去了天下共主的地位,四夷崛起的边境危机使人们不再神化国家的存在;三来帝国体制的成熟和兵权的集中让儒士对皇权没有实

[①] 王瑞来提出"宰辅专政"的说法,参见《宰相故事:士大夫政治下的权力场》,中华书局2010年版,第304页。

质的威胁,而赵家皇朝军政羸弱,需要从文官集团中得到更多的援助,据《宋史·曹勋传》及南宋笔记的记述,宋太祖曾立下一份誓约,藏于太庙,要求嗣后皇帝"不得杀士大夫,及上书言事人,子孙有渝此誓者,天必殛之"。凡此种种都造就了两宋政治特殊的小气候,儒士们在国家治理中享有了更多的话语权。

对此,二程以《周易》为哲学依据做了解释,程颐曰:"夫以海宇之广,亿兆之众,一人不可以独治,必赖辅弼之贤,然后能成天下之务。自古圣王,未有不以求任辅相为先者也。"① 而且他解释"乾"卦九二、九五爻辞时,指出:"圣人既得天位,则利见在下大德之人,与共成天下之事。天下固利见夫大德之君也"(《程氏易传》)这直接影响后世的社会政治观念。程颐对皇帝说,"天下重任,唯宰相与经筵,天下治乱系宰相,君德成就责经筵"(《续资治通鉴》卷三七三),明确主张"政事由中书"。宋儒们在政治上坚信"权归人主,政出中书,天下未有不治"(《续资治通鉴》卷一六七)。两宋儒家参政议政的自觉意识直接对明末东林党的崛起,以及清末政治性学社的发展都有着先导作用;而且其中体现的虚君思想对明末王船山提出"虚君立宪"也不无影响。

(二) 乡约自治与保甲连坐

在地方治理中,两宋儒士的主体意识也以特殊的方式体现出来。两宋的国家行政管理的设置直到县一级,县以下不设置,而是实行户等制、乡役制、保甲制等乡村制度化管理,除此之外,还出现了各种"私"系统,也即社会和民众自我发展、调适的运行程式,这就是乡民自我管理模式,诸如以书院为代表的私学、以社仓为代表的民间救济、以义约为代表的民间慈善、以义役为代表的经济合作组织、以弓箭社为代表的民间自卫武装,以及宗族、家族等乡规民约的管理模式等。这些自治模式的出现,大都由久居乡间的儒士发起和主导。宋人有云"读书人人有分",② 官学和书院培养了大批的读书人,读书人的相对数量比起前代有了明显增长,但出仕为官的毕竟占少数,大多落第的读书人在基层社会中从事教书、作

---

① 《二程集》,中华书局1981年版,第522页。
② (宋)施彦执:《北窗炙輠录》卷上,《丛书集成初编》,中华书局1985年版。

吏、农耕，甚至成为僧道，中举者也难免长时期处于待阙或丁忧、退休状态之中。因此，他们自觉与不自觉的主体意识和治平天下的现实抱负，更多的是在民间、乡里和宗族中施展，其中最具代表性的就是乡约自治制度。

"乡约"是北宋关学代表人物吕大钧首创的。作为张载政治经济领域中的推广和践行者，吕大钧创建了以"约"为单位的非政府性的民间自治组织，并为之制定了《吕氏乡约》。其中规定："凡同约者，德业相劝，过失相规，礼俗相交，患难相恤，有善则书于籍，有过若违约者亦书之，三犯而行罚，不悛者绝之。"明代王阳明也效仿此法推行于南赣，进一步发展了民众的自觉性，逐渐与保甲、社仓、社学一道构成了明代的乡治体系。这种自治模式是依靠舆论监督、劝诫相告等熟人社会的道德伦理的软性约束实现民户相互监督、自我牵制。村人一旦触犯抵牾道德礼法，就会受到道德谴责，同时还通过保甲、连坐等进行刑事处罚，由此维护乡村人伦的有序性。现代新儒家张君劢将之比附于英国的自治，认为"乡约和中国地方自治的关系相当于卢骚的社约（Social Contract）与西方民主政治的关系"，[①] "吕大钧和王阳明的乡约变成了一种劝人如何成为优良公民的方法"[②]。

事实上，这种由宋儒所主导的乡约自治并不同于现代性的公民自治。散落乡间的儒士既是国家政治权力在乡村中的代表，又是民间社会力量的代表，是介于州县政府和乡村大众之间衔接性的中介。[③] 作为国家权力的代表和家族伦理的维护者，他们自觉到"有王法所不能及者。有心人关怀风教为之立规定制以济王法之穷。固都士人之责。"这种自觉担当的主体意识不过是"本体—工夫"之间悖谬的具体体现，也就是说，是儒士自觉维护王法，认为自身具有为王法查缺补漏的责任，在这个意义上，乡约实际是国家权威朝向乡间渗透的手段，纲常教化观念的传布与渗入的另一种渠道，家族道德伦理配合着户等制、保甲制等制度将每个人编织在一起，个体是无法独立成为政治主体的，实际让更加深了中央集权的控制

---

① 吕希晨、陈莹选编：《张君劢新儒学论著辑要》，中国广播电视出版社1995年版，第188页。
② 吕希晨、陈莹选编：《张君劢新儒学论著辑要》，第190页。
③ 刁培俊、张国勇：《宋代国家权力渗透乡村的努力》，《江苏社会科学》，2005年第4期。

力，传统的家族观念的禁锢越发严重。在这个意义上，两宋开始的乡约自治模式并不是造就"优良公民"的良方。

但另一方面，儒士主导"乡约"也往往会成为削弱国家权力，制衡皇权的民间力量，在这个意义上，确与现代自治有类似之处。另外，乡约等自治模式的有效推广是基于一个起码的前提，即愚夫愚妇也同样具有明德达理的能力，同样具有主体自觉的能力。其实，北宋初期胡瑗就指出："民之于礼也，如兽之于圈也，禽之于缧也，鱼之于沼也，岂其所乐哉？勉强而制尔。民之于侈纵奔放也，如兽之于山薮也，禽之于飞翔也，鱼之于江湖也，岂有所使哉？"① 是对中央刚性统一的制度束缚的不满，是对普通民众主体价值的尊重和认可。这就与汉儒所言的"民者，瞑也"（董仲舒语），"民之为言者，瞑也"（贾谊）所体现的主体价值观念已有明显的差别。"乡约"鼓励了普通民众主体意识的觉醒也是具有现代意义的。

现实地看，两宋政治中皇极与人极的博弈结果明显地倾向于保守的一方，这自然使得两宋儒学在形而下层面的现代转向显得薄弱无力。但这其中萌动的政治世俗化的趋势和个体政治意识的觉醒值得我们珍视，毕竟这撕开了一道通往现代政治的口子。

五　欲与理、利与义的伦理对峙

（一）以欲融理与存理灭欲

宋儒所言"人极"绝非空洞概念，而是当下可以践行的现实意义的，所以宋儒专门提出一套工夫论，通过当下实际的道德践行通达天理，方能切实地确立起人极，如此"希贤、希圣、希天"的践行却确定无疑是个体性的自觉自为的行为。于是，如何合理的解释普遍的"天理"或曰"理"与个体性工夫之间的关系，如何实现本体与工夫的契合成为宋儒需要解答的一个关键问题。

由于天理具有至上前提的意义，所以道德践履表现为个体对现实的家族伦理道德价值的认同和自觉履行，人人都要时时省察，从内心自觉认同家族伦理价值观念才是通达天理的工夫。虽然陆王心学较之程朱理学更显

---

① 参见《李觏集·与胡先生书》，中华书局 2011 年版。

现出个体精神，但在实际道德立场上都不过是以心合理，如阳明还强调要"破心中贼"，并认为：

> 减得一分人欲，便是复得一分天理，何等轻快脱洒！何等简易！①

显然，这种道德个体自觉并不具有现代道德的意义，反倒是传统家族伦理的卫道士。所以有学者指出："事实上，当阳明说道天理的实际内容时，比朱熹更坚定地主张纲常伦理、存理灭欲。"对此，诚如蒙培元先生所说："理学心性论，从本质上说是道德形上论，它以普遍、绝对、超越的道德法则为人性的根本标志，赋予社会伦理以本体论的意义，将其说成是人的最高存在。人的地位和价值被空前地提高了，但正因为它把人性仅仅归结为道德本性，因而从更全面的观点看，人的地位却又被降低了。"

即便如此，我们还是不得不承认，修身工夫的落实主要不再依仗外在礼法的惩戒或律令的震慑，而是个体自觉的行为和内心的认同，这就为个体自主选择开辟了空间。而且程朱理学那种"存天理，灭人欲"近于禁欲主义的道德观念，也没有得到其他各派的认同。当时，近于心学，但自成一派的湖湘学派对于个体欲求和利益的正当合理性给出更明确的认同。如胡宏明确提出，"天理人欲同体而异用，同行而异情"，②并不将天理人欲相对立，而是认为二者同一，"夫妇之道，人丑之者，以淫欲为事也，圣人安之者，以保合为义也，接而知有礼焉，交而知有道焉，惟敬者为能守而勿失也，《论语》曰'乐而不淫，则得性命之正矣，谓之淫欲者，非陋庸人而何？'"③ 这样对于个体欲求的合理性予以肯定。南宋陈亮强调人的耳目口鼻之需，为"人之所同欲"，既是"四肢之于安佚"的生理需要，也是天然的合理的愿望。但各人不可以自肆其欲，需要"君长"以权柄为之节制。这就是所以"叙五典、秩五礼"，以与"天下共之"。事实上，这正是"理学心性论发展到自我否定的新阶段，因而具有积极意

---

① 《传习录》，选自《王阳明全集》（第一册），上海古籍出版社1992年版，第28页。
② 《胡宏集》，中华书局1987年版，第329页。
③ 同上书，第7页。

义",而明清启蒙儒家之所以批判理学"以理杀人",也正是由宋代儒学自身对人欲的肯定进一步发展而来的。

(二) 功利与道义

除此而外,两宋儒学伦理中的两面性,还集中体现为功利与道义的价值争论中。早在北宋初期,李觏就有"人非利不生"的观点,为此极力主张发展商业,"今日之宜,亦莫如一切通商"(《李觏集》卷16)。而王安石的思想具有更明显的功利倾向,他将《周易》"利者,义之和也"重新解释为"义固所为利也",这与程颐"利者和合于义也"的解释大为不同。他的变法主张中,多半是"开源"之策,鼓励发展商贸。司马光也讲工商业与农业并无实质的本末之分。南宋陈耆卿说得更为简捷:"(士、农、工、商)此四者,皆百姓之本业。自生民以来,未有能易之者。"(《风俗门·重本业》)胡宏也说:"轲见子思,问牧民之道何先?子思曰:'利之。'孟子曰:'君子教人,亦仁义而已矣。'思曰:'是所以利之也。上不仁则下不得其所,上不义则下乐为诈,不利大矣。'"(《皇王大纪》卷71)义虽然是出发点,但究竟义与不义是从其效果即是否有利,利大利小来作出评价,利才是义的真实内容。

不过,最能体现对功利价值认可的,还是浙东学派当中的永嘉学派(以叶适代表)、永康学派(以陈亮为代表)。陈亮、叶适出身贫寒,是社会底层,事功学派并没有什么高深精致的形上学建构,所以朱子看不起事功学派,认为"若永嘉永康之说,大不成学问",但反映市民社会兴起后整体价值观念世俗化、务实的发展趋势,与程朱理学价值观念对立,并形成鼎立之势。在现实伦理层面颇有现代功利主义伦理的意味。这已经与董仲舒提出"正其谊不谋其利,明其道不计其功"截然相反的伦理立场了。

叶适认为,"既无功利,则道义乃无用之虚语耳"(《习学记言》卷23),因此重视工商。陈亮不仅主张农商并重,进而认为"古今异宜,圣贤之事不可尽以为法",故"法令不必酌之古,要以必行"(《三国纪年》),义要体现在利上,故利也就是义,义利双行缺一不可,所以他认为"功到成处,便是有德;事到济处,便是有理"。当然,他所谓的利,不是无节制的一己私利,而是泛指"生民之利"。这个利和功一样。陈亮首先提出不能离开事而空言义利、理欲,主张在事中察其"真心",这是非常深刻的思想。他给片面强调道义的朱熹复信说，应当"大其眼以观之，平其心以参酌之"，要"眼目既高，于驳杂中有以得其真心故也。波流，利欲万端，宛转于其中而能察其真心之所在者"（《又乙巳春书之二》）。

可以说，事功主义与近代的功利主义伦理在具体主张上存在着相似之处，但从其根本价值立场上看，二者还是有着本质区别。事功学派对个体欲求的认可及功利的正当性，都未否定天理的至上价值，也都是基于皇权的发用来判断个体利益、欲求是否合理。如陈亮在声明个体利欲具有正当性的同时，也强调个人不可以自肆其欲，需要"君长"以权柄为之节制。这就是所以"叙五典、秩五礼"，以与"天下共之"。诚能如此"行之者"，则为"富贵尊荣之所集"；否则，必带来"危亡困辱"。这就是人君所以要赏罚、劝惩。但如果人君凭一己之"私喜怒者，亡国之赏罚也"，而如果为天下人而"公欲恶者，王者之赏罚也"。其王者这样去"执赏罚以驱天下"。还是以皇极为原则，更没有批判皇权专制的意识。此外，他们推崇工商业发展，增加经济利益，但并不批判封建经济。所以，事功学派没有超越传统的义利观，根本还是在前现代的价值立场上的一种功利主义。

不过，事功主义的兴起在当时的思想和政治领域中都产生了很大影响，特别通过与朱子理学的交锋，逐步渗透到社会生活的各种领域，也为浙东地区工商业的发展和繁荣提供了思想基础。在明清之际经世致用的思潮中，经世学者对事功学派的功利思想也都特别推重，从王夫之的富民强国思想、颜元的义利统一观，都可以看到陈亮和叶适事功主义思想的影子。可以说，这也是儒学向现代转型的一个重要的思想基因。

余 论

两宋儒学指向的两种截然相反的价值方向，在后世的明清儒学乃至现当代儒学中更加明显的体现出来。

在明清儒学中，一方面，出现了具有启蒙色彩的儒学思想，将通往现代性的可能一步步彰显出来，对理学家"以理杀人"的批判日趋高涨；而另一方面，皇权专制下通过将程朱理学进一步意识形态化，而加强了思想钳制，使得儒家思想日趋保守，而最终成为"吃人的礼教"。近代儒学发展中，维新派、现代新儒家等朝向现代价值的儒学，一直与国粹派相抗争。甚至在当代儒学发展中也依然并存着两面性，也即原教旨主义的复古儒学与倡导现代民主法治、自由平等的当代儒学的对峙。

对于这些现实，我们在两宋儒学中都能找到思想上的端倪，这也表明其本身都是蕴藏在儒学自身之中的思想内容。儒学自身的这种分裂和撕扯、拉锯，正是中国社会生活向现代转型，孕育新生的阵痛，一种新的生活方式逐步成长、直至有一天摆脱传统的母体，成为一种独立的新形态，这一过程势必伴随着母体的不适和排斥反应，必然有各种冲突和对抗，这本身既体现着新生事物的盎然的生命力，也说明既定固有的事物面对自身没落的挣扎，但不论如何，谁也逆转不了浩浩荡荡的发展大势。在这个意义上，以偏概全地去判定儒学是传统保守的为专制辩护的，或者简单的认为儒学早就具有现代价值，以传统儒学观念与现代价值相比附，都是不足取的态度。当下我们需要做的首先是认清传统儒学自身内容的复杂性，顺应生活发展的趋势来甄别出其中具有现代价值的思想因素，唯此才能做出具有积极现实意义的当代儒学。

朱熹和王守仁的道德教育思想研究

安永哲

（韩国国立安东大学）

一　前言

本研究旨在阐明构成宋明新儒学两大主流的朱熹和王守仁的道德教育思想的特征。本文首先对二人道德法则的知行方法的特征进行界定，在此基础上，归纳二人道德教育思想的特征。之所以设立这样的研究框架，是因为特定思想家的教育思想的特征，只能根据实际的学说特点进行界定。

王守仁开始信奉朱熹的学问方法论，希望以此来达到圣人的境地，但最终失败了，后来遵循程明道的学问路线，实现了龙场悟道。之后，王守仁对朱熹学说中存在的问题进行了批判，展开了各种学术活动。在这个过程中，提出了与朱熹学说相对立的"心即理说"与"知行合一说""致良知说"等主张。可以说，二人作为具有历史影响的两大儒学代表，其学说的整体特征与体系是对立的。

韩国哲学界关于二人思想的研究，大多为对朱子学和阳明学的理论研究和两人特定学说的比较研究。在道德教育学领域也是如此，最近以知和行的问题为研究重点，诸多研究致力于对二人的思想进行比较，对二人学说的关系进行阐释。这些研究对了解二人的思想有一定的帮助，但还需要进一步深入的研究。因此，本研究基于当前的研究脉络和方法，通过对二人思想的基础性考察，希望能对二人的思想有更为公正的理解。

二 朱熹和王守仁的道德知行论

道德的知和行是怎样形成的呢？可以说，在对事态有着合理的道德法则认识的基础上进行实践后形成的。在这一点上，朱熹和王守仁也是如此。因此，要想了解二人道德知行的特征，就要先了解二人是怎样理解道德法则的，是以怎样的方式理解的，又是怎样将对法则的知转化为行的。以下将对这些问题进行具体说明。

1. 朱熹的道德知行论

朱熹探索圣人的学问，阅历诸多思想、理论，注重自身修养，成为学问的集大成者。他的学问历程以其学说变化为基础，可分为中和旧说之前，中和旧说时期以及中和新说时期。

中和旧说之前，他不局限于儒学的条框，对多种思想进行较为自由的探索。他曾师从李延平，接受"默坐澄心，体认天理"的理念。后师从张南轩，受到湖南学派的影响，形成中和旧说，其核心思想表现为"性体心用说"，认为"心为已发，性为未发，已发无法体认未发"。但后来他又否定了张南轩的"已发察识端倪说"，建立了中和新说。中和新说以程伊川的"性即理说"和张横渠的"心统性情说"为基础，将心性思想和居敬穷理的修养思想体系化，成为他的最终思想。

解释道德法则的朱熹的学习论由居敬和穷理两大体系构成。居敬意味着涵养和省察，贯通动和静，未发和已发。最能体现他穷理思想的是《大学集注》的"格物补传"部分，他提出心和物、知和理相对的结构，表明其认识方式不是向内的而是向外的。朱熹通过向内的居敬和向外的穷理来认识天理，希望以此为基础设定人们的行为法则，其中最为重要的知的方式是"识别知"为主的抽象化的本质认识。

朱熹提出"性即理"，主张人类的天生本性就是人类的道德法则。理作为一种抽象的原理，不能被心所改变。朱熹的道德行为就是以这种对理的认识为出发点。对他来说，知和行是"先知后行"的关系，行更为重要。

从他对《大学》的格物、致知、诚意、正心的阐释可以看出他的道德实践状况。王守仁把以上四个方面视为一个过程，而朱熹将其分为学习者必须经历的四个阶段。

2. 王守仁的道德知行论

王守仁经过龙场悟道之后,提出"心即理"的主张。他认识到朱熹的格物致知理学不是圣学的根本,他全部赞同陆九渊的"心即理"的主张。

"心即理"的主张既包含"要从内心追求道德法则"的道德认识的方法论,也包括"判断正误的标准不在于外物,而在于内心"这样的学问的根本立场。"心即理"中的心为何物?心为去除私欲的心,为良知,为天理。他说的理即道德法则,不是通过对外在对象的探究得到的行为法则,而是超越小我的实际界限的主体不断努力的结果,这种心境下的行为法则。归根结底,王守仁的道德法则是通过向内的认识来实现的,其根源在于心。经过这种过程得到的认知不是"识别知"的抽象的认知,是来自本体心的悟。这种心境下,知和行是合一的。

三 朱熹和王守仁的道德教育思想的特征

教育是有一定施教目的的有意识的活动。施教目的是怎样的,教什么,怎样教呢?最终,施教者要与学生们共同完成自己的目标,将自己学到的东西以自己学到的方式进行传授。因此,特定思想家的教育思想特征,只能从其自身的学问特征进行界定。

1. 朱熹的道德教育思想的特征

朱熹告别了省察内心的道南学派和湖南学派的影响,提出中和新说,完成了心性论和学习论的统一。这是伊川的"性即理"和横渠的心统性情的心性说,以及他自己的居敬穷理学习论的整合,也是对伊川的向外的穷理说的重新定义。在此基础上,朱熹建立起对圣学的信心,对各种儒家经典进行注释和学术争论,开展教育活动。以他的学问为基础的教育思想的特征可归结如下。

(1) 以体系化获取知识为主的主知式教育
(2) 训育和教化为主的教育

（3）格式化、体系化的教育

2. 王守仁的道德教育思想的特征

王守仁悟道后，他心中的圣人是能感受到天地万物并热爱和守护他们的一种存在。他重视体验式努力，其核心就是良知的实现。这也是他做学问的目标、方法以及核心内容，也体现在他的教育思想方面。他的教育思想的特征可归结如下。

（1）本体体证为主的实践教育

（2）自发性和能动性的教育

（3）听从良知的弹性教育

四　结论

朱熹探索成为圣人的学问，阅历诸多思想、理论，注重自身修养，最终成为学问的集大成者。对他来说，知是一种居敬穷理的内外兼修的认识方式，由此得出的道德法则是无法还原为人类内心的纯粹理念行的形而上的存在。这种认知是归纳型的"对抽象原理的本体认知"。与之相伴的实践是需要有意识的努力的阶段性的实践。因此，他的教育思想是体系化的、以获取知识为主的主知式教育，重视施教者的训育和教化作用的教化为主的教育，重视格式化、体系化的教育内容。

与此相反，王守仁在追求成圣的道路上，他对知的认识是"得良知"，是一种向内的认识方式。由此得出的道德法则并不是根据事物的存在法则而是根据本心和良知进行判断和履行的行为法则。这种认知是"本体的直接和直观认知"。因此，与之相伴的实践也是自觉的自然发生的实践。因此，他的教育思想是以本体良知的实际感悟为主的实践教育，是鼓励受教育者良知发现、引导其自觉性的重视自发性和能动性的教育，是不墨守成规、重视自律性的弹性教育。

人类社会中，道德规范和其实现方式以及理解方式并不是只有一种。以中国的儒家思想为例，自孔子以来，有重视内心心性的孟子，也有重视客观制度和外在层面的荀子。孟子通过对形而上的本体的体证来理解道德现象，展开以本体为主的思考；荀子通过对现象的体系化一贯性的认识来理解道德现象,开展以现象为中心的思考。可以说,王守仁和朱熹分别继承了二人的这种倾向,各自与这两位思想家中的一位有很大的相似性。孟子和王守仁通过仁义的道德实践来体证知,认为知不需要向外的认识方式,比起外在的规范和形式更为重视内在的心性。相反,荀子和朱熹主要展开向外的认知和思考,主体的认知是基于客观性,善于将不同的思想倾向纳入自己的体系进行整合。尤其是两人都具有"知先行后,知轻行重"的知行观,在做学问方面以居敬穷理相结合的方式构成内外兼全的体系,可以说在思维形态方面一脉相承。

这两种思想倾向都是以构成世界的两种存在契机中的一个方面为依据建立起来的思想体系。因此,两者的关系单从理论逻辑方面来看是相反的关系,但是从历史演变和实践角度来看,两者的关系又是需要对方从另一个层面进行补充的互补的关系。

王阳明的情论

朴吉洙
（韩国江原大学哲学系）

王阳明（1472—1529）是明代中期著名的学者，又是明代心学的奠基者。他曾对程朱学加以批评和修正，并由此建立新的心性体系，比如"心即理""诚意""良知"理论等。然而可惜的是，很多的研究者，除了这些思想之外，还未提到王阳明的情论。溯其原因，他们认为在王阳明的心学思想当中，"心即理""心即性""情即性"的逻辑结构成立，并由此心、性、情这三个概念实质上可以相通、相合。因此学者在研究时还未注意到这三个概念在王阳明心性说中的差异以及其哲学的意义。但很细致地考察，可以发现他的情论与程朱学很大不同，而独具一格。它的核心所在就在重新建构"性即情"思想。在这一写作起缘之下，这里叙述王阳明情论的独特的逻辑和意义。

首先，说起阳明的中和说和体用说。众所周知，性和情这两对概念在宋明理学的心性学说体系中占有最重要的、最核心的地位。然而从整个宋明思想上来看，大多数的理学家比情更重视性（理）的概念。他们都同意朱熹曾所谓"性发为情"的想法，就认为性是体，情是用；性是理，情是气。所以在程朱学的体系，"性即情"的逻辑决不可容纳。只能说"性发为情"而已。与此相反，王阳明虽然提出"性即情"的原则，但在圣学理念的实现方法上还是更重视情的概念。这个事实在阳明的中和说与体用逻辑中很自然证实。依他的看法，"致中和"的最高境界的体征之处并不是"致中"上，而是"致和"上。因此阳明说到：

不可谓未发之中，常人俱有。盖体用一源，有是体即有是用，有未发之中，即有发而皆中节之和。今人未能有发而皆中节之和，须知是他未发之中亦未能全得。①

也就是说，先有"中节之和"，才可说"体认未发之中"。无疑，这里所谓"中节之和"指示七情的中节。此外，上文还同时叙述"体用一源"的用法。这就说明，阳明所提出的中和或者性情概念并这两者的关系与体用逻辑很密切关联。其实，这种想法在阳明的思想中早已出现。例如，他四十岁时，在寄给汪石潭的书信中，关于未发还是已发集中表现出自己的见解。他说到：

夫喜怒哀乐，情也。既曰"不可"，谓未发矣，喜怒哀乐之未发，则是指其本体而言，性也。斯言自子思，非程子而始有。执事既不以为然，则当自子思《中庸》始矣。喜怒哀乐之与思与知觉，皆心之所发。心统性情。性，心体也；情，心用也。程子云"心，一也。有指体而言者，寂然不动是也；有指用而言者，感而遂通是也。"斯言既无以加矣，执事姑求之体用之说。夫体用一源也，知体之所以为用，则知用之所以为体者矣……君子之于学也，因用以求其体。②

这是阳明对汪石潭的提问的答信。这里他指情的未发为心之本体；情为已发为心之作用。而他又在传统的"心统性情"基础上用体和个别规定性和情。但引人注目的是他的规定方式。就是说，他和朱熹不同，提出"性，心体；情，心用"，删掉"之"字，他的用意就在于，更强调性是心体的全部，情是心用的全部，所以性和情之间事实上没有任何的缝隙。这就是阳明说的"体用一源"的本意。尤其引人注目的是，他提出作为君子的学问方法之"因用求体"。换言之，"体用一源"的实质内涵就指示"因用求体"。这就表明，与致中和一样，他在体和用的关系中也更重视"因用"。由此可见，他所提的体用一源的逻辑是中和说的大前提，其

---

① 《王阳明全集》卷一，《传习录》（上），第17页。
② 《王阳明全集》卷四，《答汪石潭内翰》，第146—147页。

重点就是强调"即用见体",或者"因用求体"。之所以他提出这种体用的逻辑,是因为要试图在实现圣学的理念和方法的过程中确保"致和"的优先性。这就是他比性更重视情的证据。

其次,关于阳明的"性即气,气即性"思想的。这个思想也旁证了他的"性即情"思想。为了叙述的方便,先看阳明的文章:

> "生之谓性","生"字即是"气"字,犹言气即是性也。气即是性,人生而静以上不容说,才说气即是性,即已落在一边,不是性之本原矣。孟子性善,是从本原上说。然性善之端须在气上始见得,若无气亦无可见矣。恻隐羞恶辞让是非即是气,程子谓"论性不论气不备,论气不论性不明",亦是为学者各认一边,只得如此说。若如得自性明白时,气即是性,性即是气,原无性气之可分也。①

"'生之谓性',性即气,气即性,生之谓也",这句话原是北宋思想家程明道首次提出来的。② 但这里,阳明也用程明道的说法来直接阐明"生之谓性""性即气,气即性"的内涵。③ 因为若果有人认定"生之谓性"的内涵的话,那么"生即性"意义当然在题中之义了。阳明再将"生即性"的具体内涵解释为"性即气,气即性",这就表明在他的眼里,

---

① 《王阳明全集》卷二,《传习录》(中),《启问道通书》,第61页。
② 《二程集》卷一,《河南程氏遗书》卷一,第10页。"告子云'生之谓性'则可。凡天地所生之物,须是谓之性。皆谓之性则可,于中却须分别牛之性、马之性。"(《二程集》卷二上,《河南程氏遗书》,第29页)"孟子言性,当随文看。不以告子'生之谓性'为不然者,此亦性也;被命受生之后谓之性尔,故不同……若乃孟子言善者,乃极本穷源之性。"(《二程集》卷三,《河南程氏遗书》,第63页)"天地之德曰生","天地絪缊,万物化醇","生之谓性"(告子此言是,而谓犬之性犹牛之性,牛之性犹犬之性,则非也)(《二程集》卷十一,《河南程氏遗书》,第120页)。
③ 在这一点上,可说阳明在心性方面上实际上继承并发挥程明道的心性思想。特为,两人对告子的性说的评价在大体上一致。请参见下文:"告子云'生之谓性'则可。凡天地所生之物,须是谓之性。皆谓之性则可,于中却须分别牛之性、马之性。"(《二程集》卷二上,《河南程氏遗书》,第29页)"孟子言性,当随文看。不以告子'生之谓性'为不然者,此亦性也;被命受生之后谓之性尔,故不同……若乃孟子言善者,乃极本穷源之性。"(《二程集》卷三,《河南程氏遗书》,第63页)"天地之德曰生","天地絪缊,万物化醇","生之谓性"(告子此言是,而谓犬之性犹牛之性,牛之性犹犬之性,则非也)"(《二程集》卷十一,《河南程氏遗书》,第120页)。

"生＝性＝气",至少"生即气"逻辑成立。众所周知,"生之谓性"原是先秦思想家告子在和孟子进行人性问题讨论中提出的,而后传统的儒家对他的见解作出激烈的批评。他们看来,"生之谓性"的实质含义只限定在心理学、生物学的范围上,并不能表现出人性的本质和意义。反而,阳明首先十分肯定并采纳告子的命题。但阳明的看法在具体的内涵上与告子不同。比如说,阳明在别处对于道、性、生的关系说到:"夫率性之谓道,道,吾性也;性,吾生也。"① 他这里提出"道＝性＝生"的内涵和逻辑。所以"生"并不指狭窄的心理学、生物学意义上的范畴,而指好像程明道所谓"天只是以生为道,继此生理者即是善也"② 的一样,包括天人其中的广义的而规范的生道。③ 综上所述,在阳明思想中,性的本质与特点被包括在生或气的范围内,反过来说,它不可不含有"生气"成分。按照这种逻辑,在实现本性的过程中,更重要的是情,而不是性。

最后,论及阳明的"表德"思想。阳明曾关于心性的本质与特点提出一个十分独特的看法,即是"性一"。这就指人性本是"一个"。他说:

> 性一而已,仁义礼智,性之性也;聪明睿知,性之质也;喜怒哀乐,性之情也。

依他的见解,人性分明是一个,但它具有三个层面,即"性之性""性之质""性之情"。前方的三个性字都指示那个浑然未分的整体之性,后方的"性""质"和"情"分别指示浑然之性进行条理化过程之后可体现出的三个特性。因此,整体之性是作为先天的、超验的性,常属于形而上的领域,不可用言语来规定或描述。与此相反,化为条理化的各个特性是作为后天的、经验的性、质、情,已经表现出一些特定的形而下的属性,可以用言语来规定或描述。按照这种想法,阳明与陆原静讨论四德和四端时,干脆地说:"澄问:'仁、义、礼、智之名,因已发而有?'曰:

---

① 《王阳明全集》卷七,《自得斋说》,第265页。
② 《二程集》卷二上,《河南程氏遗书》,第29页。
③ 这种生道概念是由《周易》来的。比如,《系辞传》所载的"生生之谓易""天地之大德曰生"等的观念都属于此。这无疑证明无论程明道还是王阳明,他们的心性思想的形成过程受到《周易》的生道思想的诸多影响。

"然。"他日，澄曰："恻隐、羞恶、辞让、是非，是性之表德邪？"曰："仁、义、礼、智，也是表德。"① 也就是说，无论是四端还是四德，都属于"表德"。表德原来指示为具体化的名称或者行为，这里就表示浑然之性经过某种情况而转化为一切具体的德性。所以阳明认为无论四德还是四端，都属于后天的、经验的德性范围。因为既然把从超验之性发为的各个特性可规定为"四德""四端""仁义礼智""恻隐、羞恶、辞让、是非"，那么它们已经就成为一种具有形而下的属性的个别德性。由此可见，阳明对性情的看法与程朱完全不同。他在这里试图把四德和四端的传统的区分标准和根据全部排除，只是在属性上才肯定它们之间的差异。再说，四德和四端之间未曾发生本质性差异（比如，体和用、理和气等），只存在程度的差异（比如，实现的程度或强弱）。这样，如果取消四德和四端的区别，两类之间实质上没有差异，那么它的结果是什么呢？它们的本质与特点不限于狭义的道德范畴，带有更广泛的伦理学或者道德心理学的色彩。阳明说道：

> 喜怒哀乐，本体自是中和的。才自家着些意思，便过不及，便是私。②
>
> 问："乐是心之本体，不知遇大故于哀哭时，此乐还在否？"先生曰："须是大哭一番方乐，不哭便不乐矣。虽哭，此心安处，即是乐也；本体未尝有动。"③

在第一句，阳明把喜怒哀乐的本体规定为"中和"，它们的过不及（不中节）并不是其自身的缺点，而是由私意来的。而在第二句，他在"乐是心之本体"前提下，提出"苦"和"乐"的辩证关系。依他的见解，苦和乐的关系首先围绕心的安处而展开。这里"苦"指示"痛苦"，乐指"痛快"或"爽快"，"安处"则表示"安顿"或"安定"。无疑，这些意义都归属心理学，而不归属道德哲学。再说，遇到父母尊亲的死亡

---

① 《王阳明全集》卷一，《传习录》（上），第15页。
② 《王阳明全集》卷三，《传习录》（上），第19页。
③ 《王阳明全集》卷三，《传习录》（下），第112页。

的悲剧，他的心理很自然地感觉到非常痛苦，这就是很正常的。之后他在"心之本体"之乐的作用下慢慢地回复心理的安定。考虑到阳明的这种说法，他在道德心理学或者情感心理学上阐明传统的道德哲学的内容和意义。① 如果从传统的理学范畴上看，阳明的这种看法实际上针对程朱的性说批评而发。然而他最后把传统的情感所含的道德哲学的价值和内涵无意中扩展到很广泛的心理学范畴中。这是王阳明情论所包含的很重大的意义。② 正是在这个脉络下，阳明最后对于"形色天性"作出进一步的发挥：

> 恻隐之心，气质之性也。形色天性，通一无二。以尽性而言，性即是气；以践形而言，气即是性。③

阳明这里很明确地发言本然之性即是气质之性，而这也是将"性即气，气即性"思想意蕴进一步发挥的结果。但"性即气"和"气即性"在内涵上还有所不同。前者（性即气）指由尽性入圣学；后者（气即性）即指由践形入圣学。但两者的不同之处只在圣学工夫的入门和方向上的差异，也并不是本质性差异。因为从逻辑上看，只有形色和天性之间原初存在相通之路，可以说虽然尽性和践形的工夫方式互相不同，然而最终招致同一的效果。

综上所述，王阳明在建立心性说时更多注重情的作用和意义，所以他对程朱的心性学说作激烈的批评，甚至把其颠覆。而它之核心就在于，在心性问题和圣学工夫上全面地突出情对性的优先性。如上所述，为了有效地成就这一目标和根据，阳明将"中和""体用""性即气""表德""形色天性"等诸种心性范畴联系在一起并加以统一，最后重新建构了以性

---

① 这一点还在他的其他著作所见。"乐是心之本体。顺本体是善，逆本体是恶。如哀当其情，则哀得本体，亦是乐。"《王阳明全集》卷四十，《阳明先生遗言录》（下），第1605页。在这里，他提出善恶的标准是顺乐，喜哀之情的适当与否是"得本体"的标准。

② 笔者曾很细致地考察王阳明的情说在道德心理学上的内容和意义。请参见，朴吉洙，〈在王阳明哲学中的道德情感和乐的问题〉，高丽大学哲学研究所编著，《从道德心理学上考察情感》，韩国学术情报，2014，145—189页。

③ 《王阳明全集》卷四十一，《言行录汇集》（上），1626—1627页。

即情为核心焕然一新的情论。而这个情论不但包括传统的道德哲学和伦理学方面，而且还涉及到现代的心理学因素。这就是他的情论对传统的哲学和现代学术的贡献之处。当然，阳明的这种思想的出现也不可没有与阳明生存当时的社会背景和因素。因此，为了更全面地考察阳明情论的全体规模，应该对这个方面同时进行研究。

从"以知解独"到"以自解独"
——论阳明学派慎独工夫转向及其哲学意义

陈畅

（同济大学人文学院哲学系）

黄宗羲《明儒学案·蕺山学案》案语中有一句惊人之语："儒者人人言慎独，唯先生（按：指刘宗周）始得其真。"① 黄氏为刘宗周门人，学界历来多以"门户之见"打发此语，例如自称私淑于黄宗羲的全祖望即为代表。② 事实上，黄宗羲这一观点与阳明学派慎独工夫的诠释转向密切相关。按黄宗羲自己的解释，阳明学派"以慎独为宗旨者多矣"，但是各家在慎独论题上立场不一，陷入困境："或识认本体，而堕于恍惚；或依傍独知，而力于动念。"③ 困境的根源来自阳明本人主张的"独即所谓良知也"④"良知即是独知时"⑤，其门下王畿（号龙溪，浙江山阴人）、欧阳德（号南野，江西泰和人）等弟子也主张"良

---

① 黄宗羲：《明儒学案·蕺山学案》，《黄宗羲全集》第八册，浙江古籍出版社2005年版，第890页。
② 全祖望评论为"党人之习气未尽""门户之见深入"，详见全祖望《与郑南谿论明儒学案事目》、《答诸生问南雷学术帖子》，《全祖望集汇校集注》，上海古籍出版社2000年版，第1693、1695页。
③ 黄宗羲：《刘子全书序》，收入《刘宗周全集》第五册，"中研院"中国文哲研究所，1997年版，第755页。
④ 耿定向《东廓邹先生传》记载，详见董平编校整理《邹守益集》下册，凤凰出版社2007年版，第1382页。
⑤ 王守仁撰；吴光、钱明、董平编校：《王阳明全集》卷二十《答人问良知二首》，上海古籍出版社1992年版，第791页。

知即是独知"①。这一观点引发了阳明后学激烈的思想辩论(致中与致和之辩、良知与知觉之辩等等)。详细考察《明儒学案》,不难发现黄宗羲此言实际上指出:刘宗周一举扭转了阳明学派的慎独诠释困境,提出了终极解决方案。

本文试图解决的问题是:如何理解黄宗羲之洞见?或者说,此所谓诠释转向具有何种哲学意义?本文将从工夫论的角度厘清阳明学派"良知即是独知"说的内在张力及由此张力而推动的慎独诠释转向,并在此基础上考察此诠释转向的哲学意义,就教于方家。

一 "独知"说:朱子、阳明论慎独工夫

本体与工夫是宋明理学最为核心的议题。工夫是对本体(道理)的实践,以求实现主体自我的转化,开出天下文明。如港台新儒家牟宗三先生所言:与重视理论而不重视工夫的西方哲学不同,理学讲本体必含着工夫、讲工夫就印证本体,重视在工夫中了解心体、性体这些道理。② 因此,从工夫论的角度考察理学史上的慎独思想,对于我们深入理解中晚明阳明学派思想发展及其哲学内涵具有重要意义。

"慎独"工夫何以能够成为阳明学派共同关注的理论兴趣点?这牵涉到阳明对朱子工夫论的批评与改造,亦即与两家工夫论差异有关。王畿对朱子、阳明工夫论分歧有一个评论:

> 晦翁既分存养省察,故以不睹不闻为己所不知,独为人所不知,而以中和分位育……先师则以不睹不闻为道体,戒慎恐惧为修道之功;不睹不闻即是隐微,即所谓独……晦翁随处分而为二,先师随处合而为一,此其大较也。③

---

① 王畿撰,吴震编校整理:《王畿集》卷十《答洪觉山》,凤凰出版社 2007 年版,第 262 页。欧阳德撰,陈永革编校整理:《欧阳德集》卷三《答朱芝山》,凤凰出版社 2007 年版,第 88 页。
② 牟宗三:《中国哲学十九讲》,《牟宗三先生全集》第 29 册,第 395 页。
③ 王畿撰,吴震编校整理:《王畿集》卷二《书婺源同志会约》,第 39 页。

王畿认为朱子将不睹不闻戒慎恐惧与慎独、致中与致和、存养与省察"随处分而为二",阳明则将其"随处合而为一";这是两家学术最大的差异。无独有偶,朱子本人也把此类"二分"看作是他与之前的理学家在工夫论上的重要分歧。朱子《中庸或问》有两条设问:"诸家之说,皆以戒慎不睹、恐惧不闻即为慎独之意,子乃分之以为两事,无乃破碎支离之甚耶?""子又安知不睹不闻之不为独乎?"[①] 朱子的回答,除了文本上的根据之外,最重要的是义理上的分疏:

> 其所不睹不闻者,己之所不睹不闻也,故上言道不可离,而下言君子自其平常之处,无所不用其戒惧,而极言之以至于此也。独者,人之所不睹不闻也,故上言"莫见乎隐,莫显乎微",而下言君子之所谨者,尤在于此幽隐之地也。是其语势自相唱和,各有血脉,理甚分明。如曰是两条者皆为谨独之意,则是持守之功,无所施于平常之处,而专在幽隐之间也。且虽免于破碎之讥,而其繁复偏滞而无所当亦甚矣。[②]

在朱子的论述中,戒慎恐惧与慎独是体道之功入手处,两者分别对应于"己之所不睹不闻"与"人之所不睹不闻",各自的功夫要点分别在于"平常之处"与"幽隐之地"。这种区分源于朱子对人的精神心理结构(未发已发关系)的看法,以及因应前人工夫论之缺失而提。朱子认为,戒惧工夫是"当先其事之未然而周防之,以全其本然之体也",慎独工夫则是"当随其念之方萌而致察焉,以谨其善恶之几也"。[③] 此即将两种工夫分别对应于未发与已发。在朱子己丑之悟后的中和新说,未发指心的静止状态,已发指心的活动状态。未发时心体寂然不动,性具于其中而呈形显象;已发时心体感物而通,性发为情而见心之用。在此种心体结构中,心分为性与情两个层次:性是纯粹的核心,是形而上的绝对至善;情则是形而下者,是有善恶之分的气质因

[①] 朱熹:《中庸或问上》,载《四书或问》,上海古籍出版社、安徽古籍出版社2001年版,第51—52页。

[②] 朱熹:《中庸或问上》,载《四书或问》,第52页。

[③] 同上书,第50页。

素。由此，工夫论的核心就是根据性理（客观规范）对"情"的种种活动进行检查，以使人的意念与行动符合"理"的要求。朱子称："然未发之前，不可寻觅，已觉之后，不容安排。但平日庄敬涵养之功至而无人欲之私以乱之，则其未发也镜明水止，而其发也无不中节矣。此是日用本领工夫，至于随事省察，即物推明，亦必以是为本，而于已发之际观之，则其具于未发之前者，固可嘿识。"① 工夫分为两部分，一是作用于未发的工夫；一是作用于已发的工夫。前者为"庄敬涵养"；后者为"随事省察、即事推明"。概言之，戒惧、"庄敬涵养"工夫是对道南一脉"默坐澄心"神秘主义体验的纠偏；慎独、"随事省察"工夫则是对上蔡"以觉论仁"学说易堕入"认欲为理"的纠偏。

朱子早年师从道南传人李侗学习，记述道南功夫指诀如下：

> 先生（李侗）既从之（罗从彦）学，讲诵之余，终日危坐，以验夫喜怒哀乐未发之前气象如何，而求所谓中者，若是者盖久之，而知天下之大本真有在乎是也。②

从杨时、罗从彦到李侗的道南一脉把《中庸》的未发已发说归结为"默坐澄心"、体验未发气象的直觉体验。朱子师从李侗时，对此类体验始终未能契入。按照陈来先生的研究，代表朱子思想走向成熟的中和新说，不是通过未发功夫获得内心体验，而是把主敬之功作为主体修养的手段，以为穷理致知奠定基础；从而实现了从追求未发体验的直觉主义转为主敬穷理的理性主义。③ 前引文中，朱子以"平常之处"言戒惧，就是理性主义立场的表现。换言之，朱子认可道南一脉对主体修养的重视，力图将人性的深层品性开显出来，获得精神上的自新；但朱子更加强调的是主体修养不能局限于直觉体验，而必须将静时体验和日用行为、公共事务贯通起来，内外交养、动静一贯。因为，如何以"理"的立场恰当安顿人的精神追求和日常事务之平衡，是理学探寻人的精神

---

① 朱熹：《与湖南诸公论中和第一书》，《朱熹集》卷六十四，四川教育出版社 1996 年版，第 3383—3384 页。
② 朱熹：《延平先生李公行状》，《朱熹集》卷九十七，第 4985 页。
③ 陈来：《朱子哲学研究》，华东师范大学出版社 2000 年版，第 193 页。

心理结构之内在要求。故而朱子曾感慨称:"理学最难。可惜许多印行文字,其间无道理的甚多,虽伊洛门人亦不免如此"。① 所谓"理学最难",指的是生活化与"平常化"之难:"所谓平常,亦曰事理之当然而无所诡异云尔"。② 这也就是朱子所坚持的"中庸"之"庸"作为"平常"解释的题中应有之义。这种主张亦展现于朱子对"以觉论仁"说的纠正之中。

"以觉论仁"思潮的代表人物是北宋程门弟子谢上蔡。上蔡称:"心有所觉谓之仁"③ "仁是四肢不仁之仁,不仁是不识痛痒,仁是识痛痒④。"上蔡所说的"觉"是对"心"应事接物时活泼泼的状态的描述,知觉活泼时为仁、麻木时为不仁,其论说的重心是要在不可抑制的生机自然勃发状态中直接把握仁(天理)的真面目:

> 所谓天理者,自然底道理,无毫发杜撰。今人乍见孺子将入于井,皆有怵惕恻隐之心。方乍见时,其心怵惕,所谓天理也。要誉于乡党朋友,内交于孺子父母兄弟,恶其声而然,即人欲耳。⑤

上蔡的天理人欲之辨,侧重于是否能超越理智穿凿,他时刻警惕理智对生机的规制和扼杀。朱子坚决反对以上蔡为代表的"以觉论仁"思潮,其称:"仁者,生之理,而动之机也。"⑥ 仁是生生之理,是主导事物变化的造化力量本身。"生之理"的提法是有其明确针对性的。在朱子看来,生机如果不按其自然条理运行,将如电光石火般稍纵即逝;这样一来,自然生机与人欲会很容易混淆,若没有道德理性的辨识和贞定,就会有"认欲为理"的危险。这种"以觉论仁"与"以理论仁"的差异,就是

---

① 《朱子语类》卷六十二,第1485页。
② 朱熹:《中庸或问上》,载《四书或问》,第45页。
③ 朱熹《论语精义》卷六下记载,见《朱子全书》(修订本)第七册,上海古籍出版社、安徽教育出版社2010年版,第419页。
④ 谢良佐:《上蔡语录》卷中,收入《朱子全书外编》第3册,华东师范大学出版社2010年版,第20页。
⑤ 谢良佐:《上蔡语录》卷上,收入《朱子全书外编》第3册,第4页。
⑥ 《朱子语类》卷九十五,第2418页。

朱子"慎独"诠释的理论源头。① 朱子所说的慎独，是要谨慎地审察善恶之几。朱子认为"几"是天理流行、实理发见的重要枢纽，"天理固当发见，而人欲亦已萌乎其间"是其基本状态。这一意义上的"几"，善恶杂糅，必须由"理"作出贞定。例如朱子说"当其未感，五性具备，岂有不善？及其应事，才有照顾不到处，这便是恶。"② 所谓"照顾不到处"，是指未能由"理"加以贞定的心念，此即恶的根源。在这一意义上，虽然慎独是至隐至微的"人所不知而己所独知之地"功夫，但是其本质上是以公共理则意识能否正确树立的重要关口。

综上，朱子工夫论中的戒惧与慎独之所以被区分为二，是以静存之固、动察之密的方式树立公共理则意识。其以"独知"解释慎独之独，不是个体层面之知，而是具有公共意义之知：根据公共客观规范对"情"的种种活动进行检查，以使人的意念与行动符合"理"的要求。然而，朱子确立的精密工夫论，也是后世理学家生命困惑的根源所在。例如，明代心学两位代表人物陈白沙和王阳明早年依循朱子的教导做工夫实践，均有"吾心与物理难以凑泊"的困惑，即源于此。尽管朱子所说的性理是从即物穷理的具体情境中"格"出，但毕竟与生生活泼、流动不居的实际情境有一间之隔。其根源在于，在领会生活世界的节奏这一点上，"理"比"情"慢了几拍：客观性理必须经由理性的反省方能掌握；而"情"则是感应场域中的直接、当下产物，具有随感随应之灵活性。当现实情境急剧变化时，人把握到的"理"与现实发生乖离，流而为僵化拘执的观念，亦在所难免。

众所周知，阳明良知学的提出与他对朱子学天理观弊病的反省密切相关。阳明提倡的良知是灵明："可知充天塞地中间只有这个灵明，人只为形体自间隔了。我的灵明，便是天地鬼神的主宰。"③ 良知是贯通天地的

---

① 关于宋明理学乃至中国思想史上"以觉论心"和"以理论心"之差异和对立，详参冯达文先生的系列研究：《从"理性"到"觉性"——论慧能禅学在中国佛学发展史上之价值》、《再论从"理性"到"觉性"——中国佛学与宋明儒学的一个公共话题》，两文均收入冯先生《理性与觉性：佛学与儒学论丛》（成都：巴蜀书社 2009 年版）一书。
② 《朱子语类》卷九十四，第 2395 页。
③ 王守仁：《传习录下》，《王阳明全集》，第 141 页。

生机在人之体现，是生机自身之明觉，是其自明、自了、自知①，是为我的灵明。天地宇宙中的生机是一种融于无形，却无时不刻地显现自己的统体存在。这种显现总是具体的，是由"我的灵明"来感知和实现。感是人际、物际生机之感通，是一气相通的生机之流通共振；人在日常生活中通过"感"形构出一个个的实践场域，在每一个场域中，是良知（我的灵明）唤醒了一体生机的韵律，以"活泼泼地"的方式共在。在这个意义上，是良知（我的灵明）激活了我的世界中的万物生机、力量和秉性；天地宇宙正是依赖于良知灵明而显现自身，这种显现属于一体之中的自明、自了、自知。从工夫论的角度来说，通过排除任何强制和扭曲，回归无为的状态，心体自身的秩序就能以自有、自觉、自正（正其不正以至于正）的方式呈现。正如牟宗三先生所说："此亦无绕出去的巧妙办法。此中本质的关键仍在良知本身之力量……不是把良知明觉摆在那里，而用一个外来的无根的另一个觉去觉它。这逆觉之觉只是那良知明觉随时呈露时之震动，通过此震动而反照其自己。"② 由此，阳明将朱子工夫论中被区分为二的种种工夫合而为一。

阳明弟子问如何评价朱子所说的"戒惧是己所不知时工夫，慎独是己所独知时工夫"，阳明回答称：

> 只是一个工夫，无事时固是独知，有事时亦是独知……此独知处便是诚的萌芽……于此一立立定，便是端本澄源，便是立诚……今若又分戒惧为己所不知，即工夫便支离，亦有间断。③

阳明所说的戒惧，并非朱子那里基于动静次序的区分而产生的工夫，而是以良知活泼泼的自觉为唯一内容的工夫。例如阳明称："戒惧之念是活泼泼地。此是天机不息处……一息便是死。非本体之念，即是私念。"④ 因此，若像朱子那样把戒惧看作是己所不知工夫，工夫就会间断。也就是

---

① 参牟宗三：《从陆象山到刘蕺山》，上海古籍出版社2001年，第247—254页。
② 牟宗三：《从陆象山到刘蕺山》，第162—163页。
③ 王守仁：《传习录》卷上，载《王阳明全集》，上海古籍出版社1992年版，第34—35页。
④ 王守仁：《传习录》卷下，载《王阳明全集》，第91页。

说，良知自然会觉，（戒惧）工夫只是让此心体常觉，生机从不间断。在阳明，致良知工夫无分于动静：独知就是良知，慎独即是致良知，即是致中和，即是存养省察，即是戒惧。这种浑一的工夫论，主要是为了防止心灵的分散，回到良知自然生机开展工夫，而非相反的路子。对比而言，同样是以觉论仁（心体），上蔡所说的"觉"多指同情心、恻隐心之类的情感活动，而阳明所说的"觉"已经广及认知、情感、意志等所有精神心理活动，具足"性体"涵义。① 阳明在回答罗钦顺质疑时说："凡某之所谓格物，于朱子"九条"之说，皆包罗统括其中；但为之有要，作用不同，正所谓毫厘之差耳。"② 良知具有客观的理则，能契合现实事物的轻重厚薄的各种情形。这说明，阳明的良知学说同样保有朱子学那里的将客观公共的理则意识与形而上追求融为一体的本体观。

综上，朱子和阳明同样使用"独知"诠释慎独，在两家学术中，独知的功能是以某种方式实现生命自身的觉醒和更新，把主体身心秩序与世界生机秩序融合为一的关键点。但是，两家独知说的理论内涵和哲学立场完全不同。朱子侧重于消极性的察私、防欲，阳明则以良知心体的自然开展之积极工夫为重；两家分歧的哲学意义在于：如何处理人的道德意识中直觉（知觉）与理性之间的关系？在工夫实践过程中，何者处于更优先的地位？朱子以未发已发区分戒慎恐惧与慎独，其工夫论意义是树立一个独立且先在于人心知觉的"天理本然"，让理性掌控全局；阳明将两者同一化处理，则是要打破理则意识对于生机活力的弛缓、间断、禁锢。换言之，朱子的独知说强调理则意识的先在性、先导性，这一意识是一切工夫的前提；而阳明的独知说则打破一切先在的工夫前提，理则意识不是良知工夫的前提，相反，良知是理则意识的前提。阳明主张心体具有纯粹的灵性，亦即内在绝对性，足以确保理则的公共有效性。在这一意义上，阳明所主张的"良知即是独知时"，代表着良知心体最高的主动状态，具有自我做主、自我节制、自我主宰的绝对自由。

---

① 参冯达文先生的研究《再论从"理性"到"觉性"——中国佛学与宋明儒学的一个公共话题》，《理性与觉性：佛学与儒学论丛》，第48页。
② 王守仁：《传习录》卷中，《王阳明全集》，第77页。

二　独知非良，抑或无有不良：阳明后学工夫困境

在阳明学派的思想体系中，独知说具有重要的意义，它体现了阳明学术的精微与圆融，也是理解阳明后学理论发展及其内在困境的一条重要线索。甘泉弟子洪垣（号觉山，江西婺源人）记述了一条阳明谈论独知的文字："独知之知，至静而神，无不良者。吾人顺其自然之知，知善知恶为良知，因其所知，而为善去恶为致良知。"① 阳明所说的独知之知，就是知善知恶的良知；独知概念的意义在于其能够凸显良知的两大特质：一是强调良知是切己的生命自知自觉，二是强调良知的清明监察功能。

就自知自觉特质而言，阳明解释为"人若不知于此独知之地用力，只在人所共知处用功，便是作伪，便是'见君子而后厌然'"②。良知无时不发，其发无形无声，无法以外在睹闻的方式把握，只能由每个人各各自知自觉，他人总难与力。阳明此处所提独知与共知之辨，是针对当时儒者以博文广见求知于外的治学流弊而提，指出儒者工夫应该围绕自己的身心性命开展，由"求之于外"转向"反求诸身"。单从工夫效用角度看，这一特质与朱子的戒惧工夫功能相近。就清明监察特质而言，良知是知是非的道德知觉，贯穿于人的生命全过程。良知是最真实的自我、真己，"这个真己是躯壳的主宰"③。"无事时固是独知，有事时亦是独知"，人的意识与行为无不为良知所监察。因此修养工夫的核心是发挥独知的主宰力量，以独知为监察官，察识念虑初萌之际，审其为善意则引导以扩充之，审其为恶意则驱除而遏绝之。阳明说："良知只是个是非之心，是非只是个好恶，只好恶就尽了是非，只是非就尽了万事万变。"④ 致良知是在此心感应酬酢之间，实实落落发挥独知之主宰力量，亦即发挥其自然好恶。在这一意义上，独知即是心体感应之自然好恶，这一内涵体现了致良知工

---

① 洪垣《答徐存斋》记述，详见黄宗羲《明儒学案》卷三十九，《黄宗羲全集》第八册，第217页。
② 王守仁：《传习录》卷上，《王阳明全集》，第34页。
③ 同上书，第36页。
④ 王守仁：《传习录》卷下，《王阳明全集》，第111页。

夫的实质是良知心体的自然展开,而不是外在客观规范的强制。由此可见,独知说充分展现了王阳明良知学说"即知即行,即心即物,即静即动,即体即用,即工夫即本体,即下即上,无之不一"①的特质,足以成为阳明学思想体系的核心概念之一。

从工夫论的角度看,阳明独知概念得以成立,是建立在"未发已发浑一化"的体用论基础之上。独知在朱子理论体系中属于已发时工夫,有别于未发时工夫。阳明则强调良知无时不发,不存在一个未感之前另有未发之时的阶段,其理论表述是:"未发在已发之中,而已发之中未尝别有未发者在;已发在未发之中,而未发之中未尝别有已发者存;是未尝无动静,而不可以动静分者也。"② 这种未发即已发的关系论述不是在时间序列中作出的界定,而是从时间序列中解放出来,确保已未体用的浑然一体性。其目的在于否定先验定理的措定、否定超然于心的超越之物的存在,以保证良知之绝对自由及创制事理的充分权限。换言之,阳明是通过未发已发浑一化的心体结构,保障和实现理事无碍。其理论效果之一便是,独知具有即理即事的内涵。就即理内涵而言,独知体现为通体用贯寂感的当下觉知,在独知之外、之上没有另一个终极的本体之知;这说明独知具有不受任何既定的价值观念之拘束的绝对自由含义。就即事内涵而言,独知在已发之念虑、事为中呈现自身;作为良知当体自身的独知不是一个独立于念虑、事为的抽象存在。独知的即事内涵之意义,可从阳明"因用求体"思维中看出:"本体上何处用得功?必就心之发动处才可着力也。心之发动不能无不善,故须就此处着力,便是在诚意。"③ 阳明说的诚意工夫,是以"独知"作为意念的监察官,察识到善意则依这个良知行动,察识到恶意则依这个真知而遏绝之。牟宗三的解释非常精当:"是在良知上立根,致良知以对治后天的意。而不是直在后天的意上立根。"④ 因此,独知就成了诚意之本,这也是以良知的自知自觉

---

① 刘宗周评论王阳明之文,见黄宗羲《明儒学案·师说》,《黄宗羲全集》第七册,第14页。
② 王守仁:《传习录中·答陆原静书》,《王阳明全集》,第64页。
③ 王守仁:《传习录》卷下,《王阳明全集》,第119页。
④ 牟宗三:《陆王一系之心性之学》,《牟宗三先生全集》30册,联合报系文化基金会、联经出版公司,2003年版,第54页。

作为所有工夫的本源之意。总而言之，正因为独知具有即理即事内涵，阳明工夫论中存养与省察彻底打通：慎其独知一方面有涵养本源之工夫内涵，另一方面也具备事上磨炼之工夫内涵。

作为即理即事的独知概念，其另一表述就是四句教，或者说，最后以"四句教"的定论形式出现："无善无恶心之体，有善有恶意之动；知善知恶是良知，为善去恶是格物"。阳明门下弟子钱德洪和王畿对四句教有不同的理解。钱德洪认同四句教，指出"心体是天命之性，原是无善无恶的。但人有习心，意念上见有善恶在，格、致、诚、正、修，此正是复那性体功夫"。此即"四有句"诠释。王畿认为四句教不是究竟话头，究竟之教应该是"心意知物皆为无善无恶"，此即"四无句"诠释。阳明对门下弟子钱德洪与王畿四有句、四无句之辨的调解，说明王门修养工夫分两个入路：一路是四有句所说的从工夫入手，通过在作为心之所发的意念上，切实地下为善去恶的修养工夫，以工夫复心体；另一路是四无句所说的从本体入手，以悟为工夫。而此两路工夫恰恰分别对应于独知之即事内涵与即理内涵。因此，阳明所指出的四句教"原是彻上彻下功夫"，验之于独知概念，可知决非虚言。①

阳明所说的不睹不闻工夫是在独知上用，而独知、诚意工夫均落实于"心之发动处"。在这一意义上，致良知学说与上蔡"以觉论仁"的思想立场是一致的，都是以生机勃发的活泼状态之察识（独知）为核心。朱子曾批评"以觉训仁"说的弊病："专言知觉者，使人张惶迫躁，而无沉潜之味，其弊或至于认欲为理者有之矣。"②显然，阳明的独知说也要面对朱子的担忧与批评。洪觉山对上引阳明"独知之知，至静而神，无不良者……"有一个评论：

  盖其所谓知，自夫先天而不杂于欲时言之，是矣……一时学者喜于径便，遂概以无心之知为真知，不原先天，不问顺帝之则……任性而非循性者，是过惩（引者按：疑为"逞"）意识之故也。③

---

① 此处关于四句教的引文，详见王守仁《传习录》卷下，《王阳明全集》，第117—118页。
② 朱熹：《仁说》，《朱熹集》卷六十六，第3544页。
③ 洪垣：《答徐存斋》，详见黄宗羲《明儒学案》卷三十九，《黄宗羲全集》第八册，第217页。

洪觉山能够理解阳明所说的独知首先是先天本体概念，但是他观察到的现象却是：在具体的工夫实践过程中，心学家"过逞意识"往往使得独知的绝对自由内涵流而为"无所拘束""无所忌惮"，引发大量认欲为理、任情识而悖天理的弊端。这实际上是指出独知概念的"即事内涵"有流弊。洪觉山给阳明学派提出的问题是：在实际的工夫过程中，无所拘束的主体如何在有善有恶的意念洪流中辨别良知与人欲？或者说，在意念发动时才辨别良知与人欲，如何避免落于后着？这种质疑的哲学意义在于：如何进一步排除人为（人欲）因素的影响，令本体自然发用？这是阳明"未发即已发"体用结构取消了理与事的界限之后，必须面对和解决的理论难题。

事实上，王畿的四无句是针对这一理论难题而提出的解决方案之一。在阳明去世之后，其门下弟子对四句教及"良知即是独知"命题有不同的理解，这种思想冲突并非由于阳明后学将良知教简单化、片面化处理而引起，而是阳明后学试图解决朱子式的担忧与批评而产生。从理论推进的逻辑来看，阳明后学的改进思路主要有两个：一个是改造未发即已发的体用结构，从根子上消解独知概念及其流弊；二是在未发即已发的体用论基础上，充分发挥独知概念"即理内涵"的思想意义，以解决"即事内涵"的流弊。而这两种思路的共同目标就是排除人为因素的影响，令本体自然发用；亦即建立"先天之学"。这两个思路的主要代表分别是聂豹与王畿。

提出第一种改进思路的代表是聂豹。聂豹做的是釜底抽薪的工作。聂豹从根本上质疑阳明"良知即是独知"说"以知解独"的正当性：

> 《大学》《中庸》言慎独者三，本文原无知字，知字乃传注释文也。以独为知，以知为知觉，遂使圣人洗心藏密一段反本功夫，潜引而袭之于外。纵使良知念念精明，亦只于发处会得一个善恶而去取之，其于未发之中，纯粹至善之体，更无归复之期。①

聂豹认为，《大学》《中庸》三处提及慎独的文本中并没有知字，以

---

① 聂豹：《答欧阳南野太史三首》三，《聂豹集》卷八，第246页。

知解独是后人（朱子）加上去的；阳明继承前人观点，又将独知与良知等同起来，导致良知降到"已发"层面，失去了"未发之中"的涵义。显然，聂豹批评的逻辑起点，是把阳明独知概念里的"即事内涵"等同于朱子学意义上的"已发"。质疑"以知解独"与拆解"未发即已发"体用结构是聂豹釜底抽薪工作的一体两面。聂豹认识到阳明"未发即已发"说的虚无（不受拘束）性格是"认欲为理"的理论源头，他提出的解决方案就是在良知教体系内重新确立理则意识的先导性。阳明曾以"虚灵知觉"释良知："心之虚灵明觉，即所谓本然之良知也。"① 聂豹则区分虚灵与知觉："心之虚灵知觉，均之为良知也。然虚灵言其体，知觉言其用。体用一原，体立而用自生。致知之功，亦惟立体以达其用。"② 他通过分拆未发已发以区分虚灵与知觉，以未发之中为虚灵之体，以独知（知觉）为本体的发用。因此，聂豹强烈反对"良知即是独知"说，提出"独知是良知的萌芽处，与良知似隔一尘"。③ 相对于"良知即是独知"说，聂豹致知说的最大特点就是：不在发动处着力，而是将工夫用在未发之中。然而，聂豹的改造方案违反了阳明对体用的规定，被阳明众多第一代弟子认定为是"裂心体而二之"④。黄宗羲记述其事曰：

> 当时同门之言良知者，虽有浅深详略之不同，而绪山、龙溪、东廓、洛村、明水，皆守"已发未发非有二候，致和即所以致中"。独聂双江以"归寂为宗，工夫在于致中，而和即应之"。故同门环起难端，双江往复良苦。⑤

不过，虽然聂豹的归寂之学遭到王畿等人的批评，但其实聂豹与王畿是有着共同的理论出发点和目标的。这主要表现在两人对于先天之学的追求上。

第二种改进思路的代表是王畿。王畿四无句将"心意知物"都置于

---

① 王守仁：《传习录》卷中，《王阳明全集》，第47页。
② 聂豹：《答松江吴节推》，《聂豹集》卷八，第277页。
③ 聂豹、王畿：《致知议辩》，收入《王畿集》卷六，第135页。
④ 黄宗羲：《明儒学案》卷十六《江右王门学案一》，《黄宗羲全集》第七册，第381页。
⑤ 黄宗羲：《明儒学案》卷十七《江右王门学案二》，《黄宗羲全集》第七册，第413页。

无善无恶的本体地位，认定工夫只在"无善无恶"之本体上用功，不在第二义上用力。四无句彰显出四句教面临的一个工夫困难：心体与意知物不相贯通，意知物没有本体地位，这可能会导致致知工夫致的不是"知"之体，而是知之发用。王畿用先天之学与后天之学的区分来标识这两种理解的差异：

> 正心，先天之学也；诚意，后天之学也。良知者，不学不虑，存体应用，周万物而不过其则，所谓先天而天弗违，后天而奉天时也。人心之体，本无不善，动于意始有不善，一切世情见解嗜欲，皆从意生。人之根器不同，功夫难易亦因以异。从先天立根，则动无不善，见解嗜欲自无所容，而致知之功易。从后天立根，则不免有世情之杂，生灭牵扰，未易消融，而致知之功难。①

聂豹在与王畿辩论时引用邵雍先天之学的提法为自己辩护："邵子云：'先天之学，心也；后天之学，迹也。'先天言其体，后天言其用，盖以体用分先后，而初非以美恶分也。"② 邵雍区分先天易与后天易，按朱子的解释，先天易是指伏羲所画之易，后天易是文王所演之易。③ 前者是未画之前已有的天地自然之道，假手伏羲发其秘；后者是基于人的实用目的而产生的对自然之道之认识和理解。后天之学由先天之学而来，两者有用与体之关系。聂豹意图以此来论证他分拆未发已发的正当性。王畿同样使用先天之学、后天之学的范式，目的却是用来巩固"未发即已发"的体用结构以及消解诚意工夫的流弊。王畿主张在"无善无恶心之体"上立根，则意之所发无不善；这与阳明"因用求体"思维中"必就心之发动处才可着力"观点完全不同。两者有先天之学与后天之学的区分。显然，王畿以先天之学扬弃了独知概念的"即事内涵"（诚意工夫），其本体工夫能够自然发用，从而解决前文所说朱子式的担忧与批评。但是，王畿从无处立基，以顿悟心体为工夫，虽然实现了完全排除人为因素的影

---

① 王畿：《陆五台赠言》，《王畿集》卷十六，第445页。
② 聂豹、王畿：《致知议辩》，收入《王畿集》卷六，第132页。
③ 朱熹：《答袁机仲书》，《朱子全书》第21册，第1665页。

响，却是以消解后天致知工夫为代价，难免陷入玩弄光景之弊。

晚明阳明学者管志道对于王畿进路之流弊有一个深刻的分析：

> 近自王文成公致良知之学出，世儒咸知不睹不闻为本体，戒慎恐惧为工夫，合得本体，方是工夫。于是圣学之直接虚圆，若有径之可入。而又以戒惧一着于意，仍落方所，乃复反之曰：戒慎恐惧即本体，不睹不闻即工夫。尤能鼓初学之精神，而顿助之长。然其流乃至于虚骄狂荡而不可挽，尤有甚于影响支离之病焉。然后知孔门言道，每多严切之词，其虑世至深远也。①

管志道以不睹不闻和戒慎恐惧为理论工具，分析阳明学派不同的工夫进路。以不睹不闻为本体，戒慎恐惧为工夫，是以工夫复本体之路；戒慎恐惧即本体，不睹不闻即工夫，是顿悟本体之路。王畿曾说："先师尝谓人曰：'戒慎恐惧是本体，不睹不闻是工夫。'戒慎恐惧若非本体，于本体上便生障碍；不睹不闻若非工夫，于一切处尽成支离。"② 王畿以戒慎恐惧为本体，是指良知警觉、活泼的状态；其以不睹不闻为工夫，则是以无工夫（自然无为）之工夫保证本体的发用。黄宗羲对王畿此论之评价甚为精当："一着功夫，则未免有碍虚无之体，是不得不近于禅"③。这种工夫流弊是启儒佛合流之端，虚骄狂荡，更甚于朱子学支离流弊。

综上，为了在良知学体系内解决朱子式担忧与质疑，聂豹由不睹不闻走向虚寂（未发已发有间），王畿由"未发即已发"走向无工夫之工夫（直悟本体）。两者构成针锋相对的立场，共同彰显"良知即是独知"的弊端，预示着其工夫困境。近代史家刘咸炘对此有透彻的分析：

> 阳明之所谓知不再传而说者已不一，念庵所谓阳明公门下争知字如敬师讳，不容人谈破者，是也。浙中江右诸人，或言独知，或言四端，或泛言一切知觉，或谓主宰，或谓流行，虽严荡不同，要之皆以

---

① 管志道：《中庸测义》"戒慎恐惧慎独"条，日本尊经阁文库藏本，第10—11页。
② 王畿：《冲元会纪》，《王畿集》，第3页。
③ 黄宗羲：《浙中王门学案二·郎中王龙溪先生畿》，《黄宗羲全集》第七册，第270页。

知为照察。由是遂生三病,一为文义虚悬,不知所指。一为工夫浮泛,不可为据。一为陷于无善无恶之论。以故本派之中罗念庵、聂双江起而救正,李见罗别立一宗旨。异派则罗整庵纠之。是固不足以难阳明,而阳明但举知字之弊则甚著矣。①

刘咸炘认为,阳明学的特质是以知为主,而其问题的根源也在于此。虽然从理论上来说,阳明良知教甚为圆融,各家之批评都不足以驳倒阳明。但是阳明学派以"知"为学说核心的流弊是客观存在的。若结合聂豹对阳明"以知解独"的质疑来看,聂豹与刘咸炘共同指出了阳明学派如此重视慎独工夫的根源。亦即,阳明以知解独,把"独"局限在心的领域,如此便引发终极本体的解释方向问题:良知是终极本体,抑或良知之外还有更高的存在?支持或反对"良知即是独知"的各方,就在这个问题上打转,难以调和。而阳明学派"以知解独"遭遇的问题在朱子那里并不存在,它是心学特有的问题。

聂豹与王畿共同的目标、针锋相对的思想立场,以及各自遭受的批评,说明良知教话语在建立新的工夫论范式过程中遭遇到了困境。在阳明学以知为核心的思想体系内进行的理论推进,要么以心为根本,充分发挥此心之灵明内涵,这在试图解决问题的同时把问题扩大化了;要么分裂心体走向以性为根本,这又违反了良知学的内在规定性。从逻辑上看,要在阳明学体系内成功解决朱子式的担忧与质疑,必须把聂豹与王畿两派立场融合为一。聂豹与王畿的针锋相对的立场是在"以知解独"的论域中出现的;若要达致目标,显然必须开辟一个新的思想论域。

三 以"自"(气)取代"知":刘宗周的慎独诠释转向

从工夫论的角度看,"以知解独"遇到的问题是:独知生发于个体心层面,无所拘束的个体心当下呈现的未必是良知,可能是情欲恣肆,也可能是脱离现实基础的虚幻价值。由此,阳明学派慎其独知的工夫将有可能

---

① 刘咸炘:《姚江学旨述》,《推十书增补全本》,上海科学技术文献出版社 2009 年版,第 203 页。

导致主体陷入时空当下之束缚而不自知，而事上磨练工夫也会流为在念起念灭上追逐。刘宗周广为流传的名言"今天下争言良知矣，及其弊也，猖狂者参之以情识，而一是皆良；超洁者荡之以玄虚，而夷良于贼。亦用知者之过也"，① 即此之谓。

在阳明学派发展史上，提出一个新的思想论域解决问题的思想家是刘宗周。刘宗周的创新之处在于他提出了一种全新的未发已发说。这主要是受到东林学派集大成者孙慎行的影响。② 孙慎行对中和问题的观点迥异于前人，他的"未发""已发""中""和"都是针对喜怒哀乐而言，并且他所理解的喜怒哀乐也与传统的理解全然不同。最重要的是，以此为基石建立的新思想体系明确主张"儒者之道，不从悟入"③。孙慎行指出：

> 夫人日用间，岂必皆喜怒皆哀乐？即发之时少，未发之时多。若今人物交私梏，即发之时犹少，未发而若发之时多矣。然谓人无之，则终不可。今无论日用间，即终日默坐清明，无一端之倚着、有万端之筹度，亦便不可谓之发也。但所谓未发者，从喜怒哀乐看，方有未发。夫天地寥廓，万物众多，所以感通其间而妙鼓舞之神者，惟喜怒哀乐。④

刘宗周也说：

> 天有四德，运为春夏秋冬四时，而四时之变，又有风雨露雷以效其用，谓风雨露雷即春夏秋冬，非也。人有四德，运为喜怒哀乐四气，而四气之变，又有笑啼恚詈以效其情，谓笑啼恚詈即喜怒哀乐，非也。故天有无风雨露雷之日，而决无无春夏秋冬之时；人有无笑啼恚詈之日，而决无无喜怒哀乐之时。知此可知未发已发之说矣。⑤

---

① 刘宗周：《证学杂解》解二十五，《刘宗周全集》第二册，第325页。
② 参见拙著《自然与政教——刘宗周慎独哲学研究》第二章、第三章，上海人民出版社2016年版。
③ 黄宗羲：《明儒学案》卷五十九，《黄宗羲全集》第八册，第812页。
④ 孙慎行：《困思抄·未发解》，《四库禁毁书丛刊》集部123，第353页。
⑤ 刘宗周：《学言中》，《刘宗周全集》第二册，第495页。

以往的理学家在解释中和说时大多侧重于"未发""已发""中""和"这些虚位词，忽略了"中和说"中最具内容意义的"喜怒哀乐"。就《中庸》本文来讲，未发已发都是针对"喜怒哀乐"而言，但在理学家那里，多兼及思、知觉与人之视听言动等等而言。就知觉思虑论未发已发，故以漠然无心为未发之中。孙慎行和刘宗周都认为应紧扣《中庸》原文，就"喜怒哀乐"来论"未发已发"。未发已发一旦收于喜怒哀乐上来讲，则未发时并不是"漠然无心"的状态，而是有"喜怒哀乐"潜存于其间，只不过其时"可喜怒、可哀乐者未交"，此潜存者尚未展现喜怒哀乐之态而已。在日常生活中，喜怒哀乐未发之时肯定是多于已发之时。如是，则不能在日常生活之外寻觅"无思无为"之时并以之为未发。孙慎行和刘宗周的新见解具有什么思想意义呢？在传统理学比如朱子学中，知觉思虑和喜怒哀乐都属于日常可见的"形而下之情"，然而两者之未发却是具有迥然不同的蕴涵：知觉思虑之未发指示了一种隔绝于日常生活的情境，而喜怒哀乐之未发则是一种常见的日用情境。前者可与独立于形而下之情的超越本体相呼应，后者则指向与"情"同质、同层次的存在。因而，"未发已发"究竟是围绕知觉思虑立论还是围绕喜怒哀乐立论，并不是单纯涉及概念内涵外延变换的争论，而是关乎体用论立场的整体转变。

笔者的前期研究已经对孙、刘二人的未发已发说作出充分的探讨。概言之，他们把喜怒哀乐界定为人的基本情感并赋予其一个宇宙论背景，从而成为根源性的存在。盈天地间皆气，气之运行可概括为盎然而起、油然而畅、肃然而敛、寂然而止四个阶段，分别命名为喜、乐、怒、哀四气；喜怒哀乐虽名为四气，实际上只是一气，此"一气"流行妙运故有千变万化，而其千变万化之大化流行有一定的次序、秩序，这些秩序总结起来就是喜怒哀乐四者；四端之心、仁义礼智、春夏秋冬，都是这一秩序在各个层面的展现。喜怒哀乐之未发（中），并非指"生气"运行尚未呈现出"喜怒哀乐"这一"气序"时的状态（这一状态并不存在），而是指天地之间万物生气交感、贯通不已的状态；喜怒哀乐之已发（和）则是指天地之间万物生气贯通时呈现之条理（发而皆中节、无过不及处）。因此，未发已发的结构就变成未发已发互相蕴含的关系，但必"存诸中"方能

"发于外",存发之间不是即存即发的关系,而是"存"涵盖"发"。① 概括起来,就是"中和一体,由中导和"。刘宗周这种心体结构区别于朱子学、阳明学的最大特点在于:从"存"的根源处来引导"发",把人的视野从时空当下放大到天下宇宙,避免"陷于情识"之流弊;亦保证中和互相蕴含,使"性理"内在于流动的、活泼泼的现实生命,保持对现实的快速应对能力。

值得注意的是,刘宗周基于喜怒哀乐说彻底改变了心体结构和未发已发关系的定义,并赋予阳明后学激辩不已的"先天之学""后天之学"以新的意义。其称:

> 性情之德,有即心而见者,有离心而见者。即心而言,则寂然不动,感而遂通,当喜而喜,当怒而怒,当哀而哀,当乐而乐。由中导和,有前后际,而实非判然分为二时。离心而言,则维天於穆,一气流行,自喜而乐,自乐而怒,自怒而哀,自哀而复喜。由中导和,有显微际,而亦非截然分为两在。然即心离心,总见此心之妙,而心之与性,不可以分合言也。故寂然不动之中,四气实相为循环;而感而遂通之际,四气又迭以时出。②

在刘宗周的体系中,先天与后天是离心而言与即心而言的区别。"离心而言"的性情之德是性体,"即心而言"的则是心体;性体、心体只是喜怒哀乐的不同表述,不是体用之别。作为气序的喜怒哀乐,是性体,也是心体,统称独体。换言之,先天之学以"离心而言"的喜怒哀乐之性体为内容,后天之学则以"即心而言"的喜怒哀乐之心体为内容。③ 刘宗周描述性体四气周流表现为"自喜而乐,自乐而怒,自怒而哀,自哀而复喜",自是"自然",是维天於穆一气流行之事,丝毫不假人力、不涉人为,又何须勉力作为。存此之谓中,发此之谓和。刘宗周所说的慎独,就是时时保任此性体周流,实现由中导和;亦即:打开天人之间自然而然

---

① 参见拙著《自然与政教——刘宗周慎独哲学研究》,尤其是第四章、第八章。
② 刘宗周:《学言中》,《刘宗周全集》第二册,第487页。
③ 详见刘宗周《易衍》第七章关于先天之易与后天之易的定义,《刘宗周全集》第二册,第160—161页。

的感通机制,令生机自然流行不已。因此,在刘宗周思想体系中,阳明学派的"以知解独"被转换为"以自解独"。刘宗周所说的"自"是一气之通复,自通自复,自好自恶。其称:"自之为言由也,自之为言独也。"①"传称毋自欺,自之为言独也。"②"如恶恶臭,如好好色,盖言独体之好恶也。原来只是自好自恶,故欺曰自欺,慊曰自慊。既自好自恶,则好在善,即恶在不善;恶在不善,即好在善,故好恶虽两意而一几。"③ 以气之自然运作来解释慎独之独,其思想重心在于回到非人格的、公正无私的天道(先天之学)。例如,在阳明那里,未发已发是就良知而言,而刘宗周则是把未发已发重新收于喜怒哀乐上来讲;虽然两人皆紧贴"生机"定位未发已发,把"未发已发"从时空的序列中解放出来,确保了已未体用的浑然一体性,但其间有着哲学立场上的根本差异。刘宗周的论述更加注重人的生机与天地自然生机的贯通,强调以与人同源的自然机制来贞定个体之心,从而使个体之"心"不会流于私意。

刘宗周虽然作出了性本天、心本人的区分,但是实际上天与人是一体不分的关系,"天非人不尽,性非心不体"④;他用"寂然不动,感而遂通"来描述这种一体关系。心体可划分为自觉的"感而遂通"状态与超自觉的"寂然不动"状态。当心体处于超自觉状态时,其喜怒哀乐之心气虽在未发之中却未尝因心之寂然而沦于无,而是表现为性体四气周流、相为循环;当心体处于自觉状态时,喜怒哀乐于气机之感通而发皆中节,"四气迭以时出"。所以刘宗周说"即心离心,总见此心之妙"。他用"意"来表述这种"妙"处,亦即描述心体的"中和一体,由中导和"的内在机制。其称:

> 意者,心之中气;志者,心之根气。故宅中而有主曰意,静深而有本曰志……夫志与意且不可相混,况心与意又相混乎?⑤
>
> 意者,心之所以为心也。止言心,则心只是径寸虚体耳。着个意

---

① 刘宗周:《学言下》,《刘宗周全集》第二册,第519页。
② 同上书,第514页。
③ 同上书,第522—523页。
④ 刘宗周:《易衍》第七章,《刘宗周全集》第二册,第160页。
⑤ 刘宗周:《答董生心意十问》,《刘宗周全集》第二册,第404页。

字，方见下了定盘针，有子午可指。然定盘针与盘子，终是两物。意之于心，只是虚体中一点精神，仍只是一个心，本非滞于有也，安得而云无？①

刘宗周所说的"意"源于中和说之"中"。根据刘宗周的中和说结构，这也意味着，"意"对于实践者（个体精神意义上的心）来说，就充当着先导性存在的功能（定盘针）；用存发机制言之，则是"意者，心之所存，非所发也"②。由于刘宗周对喜怒哀乐有其独特界定，因此我们不能仅仅在人的精神心理层面来理解他所说的"心之意"。其诚意说主张"意"至善无恶，这一思想的主要内容是："意"既是人心本体，也是事物之本体。在刘宗周气论视野中，人心之喜怒哀乐与万事万物之喜怒哀乐同属气之秩序，心物不再分割，而是同源一体。人通过日常活动将物带入生活之中，声气息息相通而往来周流，同一节奏、共一秩序。故而作为心之本体的"意"不会局限在"心"的领域，而是直接包涵天地宇宙。"心以物为体"③，即此之谓。需要注意的是，这种包涵并非"有物先天地"般的超越存在，而是以通达于万物、尊重事物自身秩序的方式展现其普遍性。"意有好恶而无善恶。"④ 这也说明"意"不涉及事物任何具体的内涵和规定性。唯其超越任何具体规定性的限制，方能通达于万物。在这一意义上，"意"就是使得事物各种内涵和规定得以呈现自身的整全性存在。概言之，意与心、意与物的关系就是中与和的关系；而建立在"中和一体，由中导和"基础之上的刘宗周诚意学具备两大特质：一方面，确保万物不受宰制性的先验本体压制和干涉，自然、自由地生成长养，这是尊重事物自身秩序；另一方面，通过诚意，能当下把握事物之整全性，洞彻先机。因此，刘宗周诚意学决不是今人所说的内向之学，而是顶天立地的合内外之学：主体通过调整身心（一气周流）状态通达于万事万物，既做到把握先机，又成己成物开物成务。

综上，刘宗周以自（气）解独，其慎独学说建立在一个精微的气一

---

① 刘宗周：《答董生心意十问》，《刘宗周全集》第二册，第397页。
② 刘宗周：《学言上》，《刘宗周全集》第二册，第459页。
③ 同上书，第447页。
④ 刘宗周：《答叶润山民部》，《刘宗周全集》第三册上，第387页。

元论思想基础之上。刘宗周的论述重点彰显天人之间自然而然的贯通维度，表明人必须契入更为广大的天地自然秩序中确认和证成自身。并且，"中和一体，由中导和"的义理结构使得刘宗周慎独理论展现出与阳明截然不同的面貌。在"意者，心之所以为心"的心体结构和"好善恶恶"的感应机制中，以整全性之意为"此心之体"，个体心得以贞定，能克服独知（即事内涵）之弊，不存在"认欲为理"的问题，而意的主宰性也不会出现"头上安头"（分裂本体）的尴尬。阳明后学内部的工夫困境在这一新论域中得以消解。由此，刘宗周的喜怒哀乐说成功地从"以知解独"的阳明学话语体系中逸出，展现出能同时确保"体用浑一"和作为工夫主宰的"先导性存在"的理论特质。

从刘宗周"以自（气）解独"的视角来看，朱子学与阳明学的流弊都是由于以"知觉"论未发已发导致。一方面，心的知觉活动虽然在本质上是人禀之于天的生生之气之活动现象，但知觉毕竟包含人的活动因素，在工夫实践上难免会有偏差。另一方面，心之知觉有虚灵的特质，虚灵是纯形式的能知觉者，生活中的物事、念虑是作为内容的所知觉者。形式之虚灵与内容之充实的二分在工夫上会有流弊。如东林学派高攀龙的分析甚为精到："这知字却最关系，学术之大小偏正都在这里……分两路去了。一者在人伦庶物实知实践去，一者在灵明觉知默识默成去。"[①] 孙慎行、刘宗周的喜怒哀乐新解的要点，就是以"气"取代知觉成为理学论述的核心，并且将形式之虚灵与内容之充实在"气"的层面完全融合，彻底寓"虚灵"于人伦日用之中。只有认识到这一点，才能理解刘宗周慎独学说的开创性意义。例如，在阳明后学群体中，指出意为心之主宰的学者除了刘宗周之外，还有泰州学派的王栋。王栋论慎独与诚意之关系为：

> 诚意工夫在慎独。独即意之别名，慎即诚之用力者耳。意是心之主宰，以其寂然不动之处，单单有个不虑而知的灵体，自做主张、自裁生化，故举而名之曰独。少间搀以见闻才识之能、情感利害之便，则是有所商量倚靠，不得谓之独矣。世云"独知"，此中固是离知不

---

① 高攀龙：《高子遗书》卷四"知及之章"，四库全书本。

得。然谓此个独处自然有知则可；谓独我自知而人不及知，则独字虚而知字实，恐非圣贤立言之精意也。①

王栋的观点表面上与刘宗周有许多相近之处，例如两人同样主张意为心之主宰、独即意之别名，同样主张阳明"以知解独"不合经典文本原意。但其实这只是在同一个学派内部的学者，基于对学术发展趋势和推进逻辑的共同认知而已。事实上，王栋与刘宗周两人的慎独诚意说背后的义理结构完全不同：王栋的学说缺乏元气论与"中和一体，由中导和"的有力支撑，并没有真正脱离阳明"以知解独"的思想论域。如在上引文中，王栋仍然以"不虑而知的灵体"来解释意与独，即为明证。事实上，刘宗周所实现的阳明学派慎独工夫转向，其理论意义不仅仅是在朱子学以理为主的立场以及阳明学以心为主的立场之间取个中道，实现了心与性的恰当平衡；更重要的是，"以自解独"实现了思想论域的转换，从以知觉为理论基石的理学心性论体系转向建立以元气论为基石的心性论体系。而这一转向有着独特的思想效应，是其他阳明学者思想所不具备的。

四 余论："以自解独"的思想效应

清初阳明学者彭定求《密证录》云：

> 朱子于诚意章注云："独者，人所不知而己所独知之地"，逗出知字，暗与阳明所讲格致工夫吻合。则所谓好恶之自慊，正是物之格处，即知之致处，为《大学》入手第一关也。独中明明有自然之好恶，岂不即是良知？念台先生既以致良知为宗，而又揭慎独二字为致良知实义。所以救夫袭良知之说者，沦于恍惚茫荡，以禅入儒之弊。卫道之功不浅矣。②

---

① 王栋：《会语正集》，《明儒王一庵先生遗集》卷一，收入陈祝生等校点《王心斋全集》附录，江苏教育出版社2001年版，第149页。标点有修改。
② 彭定求：《南畇文稿》附录《密证录》，哈佛燕京图书馆藏光绪刻本，第1—2页。

在清初针对阳明学派的一片讨伐声中，彭定求可谓刘宗周之知音。彭定求描述了从朱子到阳明再到刘宗周之慎独解释的内在逻辑。朱子和阳明独知说的共同之处在于，强调道德主体对于天理（良知）的活泼泼知觉状态，而这一知觉状态在人心的表现就是《大学》所说的纯粹自然之好恶。因此，刘宗周以"意之好善恶恶"来诠释独体，是符合宋明理学慎独学说的内在脉络的。而从工夫论的角度看，刘宗周"以自解独"彻底实现了朱子把戒惧工夫从神秘主义道路上拉回日常生活的目标；其慎独理论所诠释的"独中明明有自然之好恶"，既有工夫论的先导性，能够制于几先，又能解决阳明学派独知理论"未发即已发""儒佛合流"之流弊。这种工夫思想发展脉络生动的体现了宋明理学在不断纠偏中曲折前行，而又能保持其内在脉络和理论目标的特质，体现了中国古典哲学与政教之间独特的互动关系。

但是彭定求并没有看出刘宗周之诠释所开辟的新论域及其思想意义。前文提到，刘宗周的诚意说和元气论包涵尊重每一事物自身秩序的客观进路。这一进路与明清之际学风由性理之学向经史之学转型有着内在的理论关联。且以刘宗周"以自（气）解独"思路所蕴含的本体观念为例加以说明。刘宗周以喜怒哀乐四气周流描述性体、独体，意味着本体是一种动态的平衡状态，并且失衡状态（过失、恶）的可能性是永远存在的。孙慎行对中和状态有一个恰当的譬喻：

> 未发一致中和，已发一致中和。辟如天平有针为中，两头轻重钧为和。当其取钧，非不时有斟酌，到得针对来，煞一时事。①

在天平这一比喻中，天平取均是一个动态的整体过程，未发已发、中和均有机地联系在一起，致中与致和工夫浑然不可分。黄宗羲在《明儒学案·序》中提出：

> 盈天地皆心也，变化不测，不能不万殊。心无本体，工夫所至，

---

① 孙慎行：《玄晏斋困思抄三卷》，四库全书存目丛书本，经部162，第24页。

即其本体。故穷理者，穷此心之万殊，非穷万物之万殊也。①

黄宗羲的本体工夫之辨，也是在动态的平衡状态意义上言说。钱穆先生对黄宗羲这一段话有一个评论："从来言心学多著意向内，而此则变而向外。"②钱穆先生的评论注意到了黄宗羲所继承的师门学说中所开辟的新论域及其思想意义，可谓卓识。概言之，黄宗羲所阐发的刘宗周思想，改变了向内返本求理的方向，"试图向外结合人事和历史"；这同时也意味着一种"存在于历史人事之变动之中"的新理观的诞生："（这种新理）已不再受到先天本来性的规范性约束，而获得了自我延展的可能性。"③此即章学诚所总结的特质："浙东之学，言性命者必究于史，此其所以卓也。"④笔者的前期研究把刘宗周、黄宗羲师徒思想的新论域命名为"阳明学的道问学开展途径"，并对其作为明清思想转型的一条内在理路作出了详细的梳理。⑤此即刘宗周慎独学说"以自解独"的思想效应。由此效应可知，黄宗羲对其师慎独学说的盛赞绝非门户之见，而是有着深刻的思想史洞见的观点。

---

① 黄宗羲：《明儒学案·自序》，《黄宗羲全集》第七册，第3页。
② 钱穆：《中国近三百年学术史》，商务印书馆1997年版，第29页。
③ 张志强：《从"理学别派"到士人佛学——由明清思想史的主题演进试论近代唯识学的思想特质》，《朱陆·孔佛·现代思想——佛学与晚明以来中国思想的现代转换》，中国社会科学出版社2012年版，第22页。
④ 章学诚著、叶瑛校注：《文史通义校注》，中华书局1985年版，第523—524页。
⑤ 详见拙作《阳明学的道问学开展途径：论蕺山学派格物思想的哲学义蕴》，《社会科学》2017年第5期。

从"知行合一"看王阳明对孔子的继承和发展*

欧阳祯人(武汉大学中国传统文化研究中心)

  长期以来,学界公认王阳明哲学的思想的源头主要是来自孟子。这当然是不可否认的事实。但是,我们也应该看到,王阳明哲学的本质是实践。王阳明哲学的核心和基石是"知行合一"。在其哲学体系中,"知行合一"使他的"心即理"和"致良知"落到了实处。也就是说,没有"知行合一"的思想,王阳明"心即理"和"致良知"就没有了落实的基础。从这个角度上来讲,阳明心学的真正灵魂,来自工夫,也就是来自孔子。深究孔子的学说,我们都应该知道,孔子是一位真正的道德践履者,从孔子的道德践履角度,来探究阳明心学的特征,这应该是一个极为深刻,而且也是不可或缺的视点。当然,从理论的构架与形态来说,阳明心学确实是对孔子的实践哲学有了巨大的发展与创造性转化,这也是一个值得我们十分关注的重大问题。

一

  记载孔子言行及思想的主要文献,是《论语》《孟子》《礼记》《周易》《春秋》和《荀子》等。外围的资料还要涉及到《孔子家语》《说苑》《史记》《汉书》以及长沙马王堆帛书、郭店楚墓竹简、上海博物馆藏战国楚竹书等相关文献资料。如果我们把这些著作的思想整合起来,我们看到的孔子思想是一个什么样的状态呢?第一,我们看到的孔子始终具

---

  * 此文为 2016 年度教育部人文社会科学重点研究基地重大项目:《阳明心学的历史渊源及其近代转型研究》(项目编号:16JJD720014)的一个组成部分。

有神秘的天道背景。第二，孔子对学生（社会的管理人才）具有圣洁的要求。第三，孔子政治哲学的真正目标是人之所以为人的精神解放。第四，孔子极其注重进德修业和道德践履。他认为这是我们人生的目的，所以，孔子从来没有在事事物物之外谈进德修业。第五，孔子十分重视礼乐对人性的提升，以及礼乐对全社会的教化。第六，孔子十分重视他的教育事业，而且极其重视他的教学方法。第七，孔子忠恕之道的核心是实践哲学。其本质是世界大同。在政治哲学的理念上超越了宗法体制。第八，孔子十分重视社会诚信的建立。第九，孔子十分重视对他人的尊重。提倡和而不同，周而不比。第十，孔子对自己的命运得失、成败休戚，十分超然。下面，我们就上面各个方面对孔子的思想进行进一步的阐述，顺便看一看王阳明对孔子的全面继承。

第一，我们看到的孔子始终具有神秘的天道背景。孔子始终生活在一个神秘的世界里。孔子终其一生最大的贡献，就在于对这种由上古而来的神秘文化的内容进行了人文主义的改造，但是，孔子是逃脱不了当时时代的整体环境的。子曰："子罕言利，与命与仁。"（《论语·子罕》）"获罪于天，无所祷也。"（《八佾》）"君子有三畏，畏天命，畏大人，畏圣人之言。"（《季氏》）但是，孔子生活在历史的纠结之中：孔子一方面不语怪力乱神；另一方面又创造性转化，提倡"下学而上达，知我者其天乎"（《宪问》）。

我们应该看到，从北宋五子的"性即理"到王阳明的"心即理"，虽然其中有各种各样的义理分疏，但是，它们始终具有"天"的背景，这是不容否定的事实。虽然相对于孔子的"天"，北宋五子及王阳明的"天"，具有重大的发展与变化，但是，它们真正的源头，是孔子的"天"。① 这是没有任何问题的。没有孔子的人文主义转化及其内在超越的心学传统，"性即理""心即理"都是不可能的。笔者深以为，孔子的"下学而上达"，其实更注重人之所以为人的修为。它离"性即理"更远，而离"心即理"更近。从二者的比较来说，"性即理"是"敬"，而"心即理"是"诚"。"性即理"是虚灵不昧的冥想与体验，而"心即理"则是活在当下，是知体之"心"的认识面向，立足实践，在事事物物上用

---

① 参见欧阳祯人《说天》，《先秦儒家性情思想研究》，武汉大学出版社2005年版。

功夫，进而通过道德践履实现自我的价值呈现。王阳明哲学思想的根本之处，就是把高高在上的"天理"纳入到了我的心中，纳入到了我的生活实践之中。就其人学的思想实质来讲，其实这是对孔子思想的的回归。

第二，孔子对学生（社会的管理人才）具有圣洁的要求。在整个孔子的政治思想中，孔子认为一切社会的管理的根源与前提，就是干部的管理。在《论语》中，孔子的后学深得其中奥妙，第一篇为《学而》，重点在突出学习，进德修业。第二篇就是《为政》。这一篇的开头四章是这样安排的：

> 子曰："为政以德，譬如北辰，居其所而众星共之。"（《论语·为政》）
>
> 子曰："《诗》三百，一言以蔽之，曰：'思无邪'。"（《为政》）
>
> 子曰："道之以政，齐之以刑，民免而无耻；道之以德，齐之以礼，有耻且格。"（《为政》）
>
> 子曰："吾十有五而志于学，三十而立，四十而不惑，五十而知天命，六十而耳顺，七十而从心所欲、不踰矩。"（《为政》）

孔子后学这样的安排，真是耐人寻味。请看，第一章，讲的是为政以德的总纲，第二章则讲《诗》的"思无邪"。第三章讲这种德政的好处与特征。第四章则讲人之所以为人的解放过程。因为它的总题目是《为政》，所以，笔者深以为，"思无邪"一章，表面上是在谈《诗》，但其实不是在论述《诗》。他讲的是孔子对社会管理者的圣洁的要求。据此，我们可以顺理成章地断言，《论语》之"兴于诗，立于礼，成于乐"（《泰伯》）"志于道，据于德，依于仁，游于艺"（《述而》）都是对社会管理者的圣洁要求。我认为，"思无邪"，首先是说管理者必须要有正常的人类情感，其次是说管理者必须尊重广大百姓的正常情感，再次，是说管理者要有正确的审美尺度、审美伦理底线和高超的审美水平。试想，一个不懂得人类正常情感、进而不尊重他人情感，没有艺术审美能力的人，怎么能够去担任社会的管理者呢？正是从"思无邪"的角度，我们看到了王阳明"心即理"与"致良知"的终极源头。尤其是阳明学的"良知"学说，与孔子有真正的深层关系。因为王阳明的心即理、致良知，就是对人在事事物物中进德修业的圣洁的要求。

第三，孔子政治哲学的真正目标是人之所以为人的精神解放。这是核心问题。长期以来，我们对孔子一直抱有深刻的曲解。孔子要求人们视、听、言、动，务必严格要求自己，不是对人之所以为人的禁锢，而且是刚好相反。对自己没有道德约束的人，一定不是一个人性解放的人、事业成功的人。其实，从上面的四段引文，我们看得很清楚，"吾十有五而志于学"章，所展现的就是，人之所以为人，只有在一个公正的社会里，在为政以德的社会里，管理者都有审美能力的社会里，广大的老百姓都"有耻且格"的社会里，老百姓才有可能做到"吾十有五而志于学，三十而立，四十而不惑，五十而知天命，六十而耳顺，七十而从心所欲、不踰矩"。这是一个自我奋斗、自我觉醒、自我解放的过程。表面上这一章好像说的是孔子，其实是对一个理想国度的人们提出的要求。王阳明的"致良知"，就是一个穿越自己的私欲、成见、障碍，寻求天理、圣洁的过程，这当然也是人的自我解放的过程。其实，这里所谓的"穿越"，就是知行合一，就是对自己的精神锤炼。王阳明的哲学被人们誉为思想解放的哲学，人性解放的哲学，但是在我看来，没有孔子的哲学起点，没有王阳明对孔子的继承，王阳明的哲学崛起是不可能的事情。

第四，孔子极其注重进德修业和道德践履。《论语》《礼记》，尤其是《周易》，其精髓都在于道德的践履与修养。《论语》在这方面尤其突出：

子曰："居上不宽，为礼不敬，临丧不哀，吾何以观之哉？"（《八佾》）

子曰："巧言、令色、足恭，左丘明耻之，丘亦耻之。匿怨而友其人，左丘明耻之，丘亦耻之。"（《公冶长》）

子曰："默而识之，学而不厌，诲人不倦，何有于我哉？"（《述而》）

翻开《论语》，这种把道德践履落实在"视、听、言、动"，每一个人生细节的表述，真可谓俯拾即是。孔子虽然非常强调阅读书籍，他自己也非常努力，但是，对于学生，从根本上来讲，孔子尤其注重从生活实践之中来学习："弟子入则孝，出则悌，谨而信，泛爱众，而亲仁。行有余力，则以学文。"（《学而》）这是大家都耳熟能详的教导。把生命当修炼的平台，把身体当作修炼的道场，进德修业离不开事事物物的思想，并不是开始于王阳明，早在孔子的时代就已经开始了。这方面的思想资源非常丰厚。台湾的杨儒宾先生有《儒家的身体观》一书，专门讨论这个问题。鄙人也有《〈乐记〉的"践形"思想研究》一文发表在《儒家文化研究》上面①，此文立足于心性修养的角度，讨论心性、乐与身体的关系。

第五，孔子十分重视礼乐对人性的提升，以及礼乐对全社会的教化。在《论语》和《礼记》中，孔子对礼乐的精神情有独钟，在很多情况下大力提倡。从中我们可以发现，孔子提倡礼乐，并不仅仅是为了社会的管理、社群的和睦，在很大的程度上它解决了人之所以为人的性情建设问题，它保证了人之所以为人的真正幸福和高尚境界的。王阳明继承了这一重要的文化遗产，把礼乐视为人生道德践履的重要内容。王阳明讲："譬之树木，这诚孝的心便是根，许多条件便是枝叶，须先有根然后有枝叶，不是先寻了枝叶然后去种根。《礼记》言：'孝子之有深爱者，必有和气；有和气者，必有愉色；有愉色者，必有婉容。'须是有个深爱做根，便自然如此。"② 王阳明引用的话，其实就深深地植根于儒家礼乐文明之中。尤其是，王阳明整个的"乡约"内容，都是建立在孔子、孟子礼乐教化的基础之上的。没有《论语》与《礼记》的滋养，王阳明的礼乐思想，完全不可想象。而且，我们知道，王阳明不仅是伟大的思想家，军事学家，而且，在诗歌创作、古琴演奏、书法、绘画等方面也很有造诣，他尤其是一位文章圣手。在诗歌的创作、古琴的演奏等方面，尤其十分突出。这些都在在说明，王阳明在"兴于诗，立于礼，成于乐"（《泰伯》）、"游于艺"（《述而》）、"吾与点也"（《先进》）等各个方面对孔子的含英咀华，心领神会。在阳明心学中，我们确实是可以随时体会到孔颜乐处的理论追求的。

第六，孔子十分重视他的教育事业，而且极其重视他的教学方法。孔子不仅是一位伟大的哲学家，政治理论家，历史学家，音乐家，而且也是

---

① 《〈乐记〉的"践形"思想研究》，《儒家文化研究》（第四辑，心性论专辑）三联书店2012年3月版。

② 吴光、钱明、董平、姚延福编校，王守仁撰：《王阳明全集》（上），上海古籍出版社2012年版，第3页。

一位非常优秀的教育学家。在《论语》中，我们看到，孔子"默而识之，学而不厌，诲人不倦，何有于我哉？"（《述而》），"有教无类"（《卫灵公》），"不愤不启，不悱不发。举一隅不以三隅反，则不复也"（《述而》），"知之者不如好之者，好之者不如乐之者"（《雍也》），"因材施教"等各种教育思想不绝如缕，我们还要看到孔子在面对学生，与学生相处的时候，那种客观、平等、推心置腹、直切中肯而又循循善诱、诲人不倦的作风，跃然纸上。这种对话形式的教学方式，完全被王阳明所继承。他与徐爱、冀元亨、钱德洪、王畿、王艮等学生广泛而深入地讨论各种问题的场面，以及王阳明大量书信中显示出来的深厚情感、诲人不倦的作风，及其音容笑貌至今令人神往。在教育思想上来讲，孔子对王阳明的影响，毫无疑问是极其巨大的。王阳明在龙场的"何陋居""君子亭""玩易窝""德、操、时、容"等等，都无不深深植根于孔子的思想灵魂之中。

第七，孔子忠恕之道的核心是实践哲学。其理论的归宿是世界大同。在政治哲学的理念上是对宗法体制的超越。从初步的层面上来讲，"忠"，就是自己的进德修业；"恕"，就是推己及人。但是，在孔子的思想体系中，忠恕之道，一以贯之，最终是天下苍生。孔子曾经语重心长地说过："虽有周亲，不如仁人。"（《论语·尧曰》）这是对宗法血亲，尤其是对唯宗法血亲论的超越。可惜我们对孔子知之甚少。孔子的思想非常超前。所以，晚年的孔子十分寂寞，[①] 古来圣贤皆寂寞。对此我们都是有共识的。王阳明对此应该有深刻的体悟。笔者认为，王阳明知行合一的哲学体系，完全植根于孔子的忠恕之道。他的"知"，就是对孔子之"忠"的继承与发展，他的"行"，就是对孔子之"恕"的继承与发展。他的知行合一思想，最后的境界就是"天地万物一体之仁"（其实这个话题在北宋五子的思想中多有表述，尤其是张载和程颢。王阳明对此的含咏、理解与超越，当然非同寻常）。这是真正的一以贯之。他把孔子"虽有周亲，不如仁人""天下为公"的"大同"思想的境界改造成了一个富有诗意的境

[①] 子曰："谁能出不由户？何莫由斯道也？"（《论语·雍也》）子曰："莫我知也夫！"子贡曰："何为其莫知子也？"子曰："不怨天，不尤人；下学而上达。知我者其天乎！"（《论语·宪问》）

界。这在明代中后期到处是锦衣卫、文字狱十分猖獗、皇权专制十分惨毒的社会里，是有特殊作用的。

第八，孔子十分重视社会诚信的建立。一切社会管理的目标，就是整个社会"讲信修睦，选贤与能"。(《礼记·礼运》)孔子认为，百姓厚道、社会诚信，人与人之间讲信修睦的根本前提和条件就是政治公正。没有社会的公正与社群的诚信相待，我们什么都没有。所以，孔子说："举直错诸枉，则民服；举枉错诸直，则民不服。"(《论语·为政》)孔子非常有名的"庶""富""教"(《子路》)就直指全社会的道德修养。

> 或谓孔子曰："子奚不为政。"子曰："《书》云：'孝乎！惟孝，友于兄弟，施于有政。'是亦为政，奚其为为政？"(《为政》)
>
> 子曰："君子怀德，小人怀土；君子怀刑，小人怀惠。"(《里仁》)
>
> 子曰："巧言、令色、足恭，左丘明耻之，丘亦耻之。匿怨而友其人，左丘明耻之，丘亦耻之。"(《公冶长》)

仔细想来，《论语》的这些表述无一不是与社会诚信的建设有着密切的关系。此后，孟子在此基础之上，在其仁政的理论体系中，还建立了庞大的教化理论："五亩之宅，树之以桑，五十者可以衣帛矣。鸡豚狗彘之畜，无失其时；七十者可以食肉矣。百亩之田，勿夺其时，数口之家可以无饥矣。谨庠序之教，申之以孝悌之义，颁白者不负戴于道路矣。七十者衣帛食肉，黎民不饥不寒，然而不王者，未之有也。"(《孟子·梁惠王上》)但是，孟子的"仁政"思想启迪于孔子的"德政"，这是大家公认的事实。王阳明在江西剿匪之后，全面提倡"乡约"，实行全方位的乡村道德教育运动。实在是孔子教育思想的创造性转化与现代性提升，是对孔子教育思想的进一步落实。①

第九，孔子十分重视对他人的尊重。提倡和而不同，周而不比。这一条虽然属于忠恕之道，可以纳入"世界大同"的理论体系之中去，但是，君子"和而不同"的理论，"絜矩之道"的理论，是孔子对我们人类社会

---

① 当然，也包含了孟子的教化思想。另当别论。

的伟大贡献。它超越了"大同"学说,在我们当今中国,具有独特的、重大的意义。"大同"学说对我们现代的意义,其实比较遥远。但是,君子"和而不同"的理论却是给我们提供了现代社会人与人之间彼此尊重、和睦相处的根本原则。这是万古不变的真理。王阳明的"心即理"和"致良知",特别是"知行合一"学说,则是把孔子的"和而不同"理论推向了极致。阳明学的本质是把人当人,尊重每一个人的思想的独立性,它把我们每一个独特的我写到天上去了。虽然在王阳明那里是对明中后期专制集权、虚伪浮躁的矫正和反动,但是,他的思想源泉来自孔子的忠恕思想、道德践履思想和知行观。

第十,孔子对自己的命运得失、成败休戚,十分超然。《论语·学而》开篇第一章记载孔子曰:"学而时习之,不亦说乎?有朋自远方来,不亦乐乎?人不知而不愠,不亦君子乎?"其实是对孔子波澜壮阔一生的全面总结及其人生观点。孔子勤奋努力,知识丰富,如切如磋,如琢如磨,全力推广他的思想,但是最终却是有如茫茫大山之中的兰花一样,与众草为伍。虽然难免寂寞,难免孤独,难免被人耻笑,但是,孔子自有一种潇朗超然的态度:

子曰:"饭疏食、饮水,曲肱而枕之,乐亦在其中矣!不义而富且贵,于我如浮云。"(《论语·述而》)

叶公问孔子于子路,子路不对。子曰:"女奚不曰:其为人也,发愤忘食,乐以忘忧,不知老之将至云尔。"(《述而》)

子在齐闻《韶》,三月不知肉味。曰:"不图为乐之至于斯也!"(《述而》)

子曰:"兴于《诗》,立于礼,成于乐。"(《泰伯》)

子曰:"师挚之始,《关雎》之乱,洋洋乎!盈耳哉。"(《泰伯》)

孔子的可爱,非同寻常。孔子的"吾与点也"(《先进》),在笔者看来,首先可能要视为一种自救的方式。如果没有上述引文中旷达、潇朗态度,孔子在周游列国的漫漫道路上,风霜雨雪,风餐露宿,怎么才能够活下来呢?当一切的政治事功付诸流水的时候,孔子的态度十分安详自在、潇朗放达。他不仅始终深怀审美的心态,而且坚守自己独特的宗教情怀:"下学上达,知我者其天乎?"(《宪问》)上达苍穹,只求内在的超越,不求世俗的青睐,自足圆满而金声玉振。

王阳明即便是冒着巨大的风险,在与朱宸濠恶战的时候,依然想到的是回家,再三再四,申请回家养病,沉溺于他的孝道之中。这是一种什么样的心态呢?他弹琴唱歌,书法绘画,种花养草,在生命的最后关头,客死江西青龙浦一条孤寂的冬月小船上的时候,学生问他有什么遗言,他面带微笑,十分坦然地说:"此心光明,亦复何言?"顷之,瞑目而逝。其境其情,其命其性,其生其死,来去潇洒,何等的超然放达?难道这就没有孔子面对惨淡的人生,乐以忘忧,亲自作曲、弹奏《龟山操》《陬操》《猗兰操》时的心态与风采?

二

孔子是王阳明志在圣贤的对象。王阳明在人生最艰难的时候,是孔子的谆谆教诲时时刻刻在激励着王阳明。王阳明对孔子的尊重也是无以复加的。这在《王阳明全集》中有大量的证据。下面,笔者从知行合一这一理论特定的视阈,来分析王阳明对孔子的继承与发展。诚如上文笔者所言,王阳明知行合一的哲学体系,植根于孔子的忠恕之道。他的"知",就是对孔子之"忠"的继承与发展,他的"行",就是对孔子之"恕"的提升与超越。他的知行合一思想,最后的境界就是"天地万物一体之仁"。这是把孔子的"忠恕之道"真正地一以贯之。他把孔子"虽有周亲,不如仁人"(《尧曰》)的境界推向了极致。其实这也是大而化之的说法。请看笔者下面的尽可能详细的分析。

王阳明的知行合一思想,最大的贡献是把传统文化中的知行关系为主体的认识论提升转化为道德修养论。这是一种道德的工夫,人学的践履。但是究其实,理论的源头,是孔子和孟子。孔子说:"下学而上达,知我者其天乎。"(《宪问》)就是说,我的不为人知的良知之心,落实在行动之中,直接面对天的圣洁。而且通过人生的道德践履,自足圆满而内在超越,上达天的圣洁。这是一种信仰,是一种精神,更是一种挺立于天地之间的人格力量。它不仅要有一种不畏严寒、不畏打击的心,而且要有坚定不移的执行力。如果不是心灵的自足圆满，何以可能呢？所以，后来孟子就进而说："行有不慊于心，则馁矣。"（《孟子·公孙丑上》）孟子的观点，虽然讲的是养浩然之气，但是，知行合一的观点，呼之欲出。

笔者认为，在王阳明那里，知行合一是一种道德实践的必须，更是人之所以为人的必须。但是它的最终源头，是孔子的忠恕之道，一以贯之。无论如何，王阳明的"知行合一"思想始终是离不开孔子的忠恕思想的：

忠 → 恕
↓　↓
知 → 行

正由于王阳明的"心即理"的理论导向是直接指向道德修养层面的，因此，他的知行合一思想，相对于此前的相关理论来讲，就不再是一个认识论，而是地地道道的道德实践、道德修养论。这是王阳明的重大创造。知，是良知。行，是致良知。只有在行动上致良知之后，良知的认知才能成为真正的可能。这是阳明知行合一之说的根本意思。在王阳明看来，知而不行，把知与行隔开，把知与行看成彼此悬隔的两回事，主要是我们每一个人的成见、偏见、偏执、私心、利欲、障蔽在作祟，这是我们每一个人普遍存在的问题。王阳明的知行合一思想，在当时的明中后期，完全是对人性堕落的挽救。

而且，由于王阳明的知行合一思想受到了孔子"下学而上达"的直接启迪，是心即理、良知的性情体现，因此，在这里，"知"与"行"，就不再是对等的因果关系，逻辑关系，而是一个知与行同时并存的精神实体。王阳明说："知之真切笃实处，即是行；行之明觉精察处，即是知，知行工夫本不可离。只为后世学者分作两截用功，失却知行本体，故有合一并进之说。"[①] 二者之间是混沌的，不分彼此的。阳明多次讲到了："知行本体""知行之体""知行本段"。它是生命的道德、良知显发，就是生命的本体。

离开了"知"就是"冥行"，离开了"行"就是"妄想"（《答友人

---

① 《王阳明全集》（上），第37页。

丙戌》)①阳明说:"某尝说知是行的主意,行是知的功夫;知是行之始,行是知之成。若会得时,只说一个知,已自有行在;只说一个行,已自有知在。"② 在传统的知行观之中,"知"属于主观意识,"行"属于客观行动。但是,王阳明仿佛混淆了知与行的界限。其实,这正是王阳明的高妙之处。因为他的目的是为了彻底地摧毁"知"与"行"之间的壁障,彻底贯彻"致良知"的践履工夫,把事功与进德修业彻底地结合起来。③ 所以,在王阳明的思想体系中,知与行,完全合一;良知与工夫,完全合一;做人与做事,完全合一。完全不能分离,彼此融合,成为人的本体。

从知行合一思想的结构上面来讲,有"浅深难易之殊",分为三个层次。王阳明的表述是这样的:

> 问:"圣人生知安行是自然的,如何有甚功夫?"先生曰:"知行二字即是功夫,但有浅深难易之殊耳。良知原是精精明明的。如欲孝亲,生知安行的只是依此良知,实落尽孝而已;学知利行者,只是时时省觉,务要依此良知尽孝而已。至于困知勉行者,蔽锢已深,虽要依此良知去孝,又为私欲所阻,是以不能,必须加人一己百、人十己千之功,方能依此良知以尽其孝。圣人虽是生知安行,然其心不敢自是,肯做困知勉行的功夫。困知勉行的,却要思量做生知安行的事,怎生成得!"④

这段文字的核心,是王阳明在强调,面对良知,我们必须要有真真切切的道德践履。良知是一个只在人生的道德实践中才能够实现的境界。如果离开了人之所以为人的道德实践,离开了人的道德践履,良知的境界是

---

① 《王阳明全集》(上),第176页。
② 同上书,第4页。
③ 《王阳明全集》载:"许鲁斋言学者以治生为首务,先生以为误人,何也?岂士之贫,可坐守不经营耶?"先生曰:"但言学者治生上,仅有工夫则可。若以治生为首务,使学者汲汲营利,断不可也。且天下首务,孰有急于讲学耶?虽治生亦是讲学中事。但不可以之为首务,徒启营利之心。果能于此处调停得心体无累,虽终日做买卖,不害其为圣为贤。何妨于学?学何贰于治生?"(《王阳明全集·传习录拾遗》,下,第964页)把治生与进德修养结合起来,这是人之所以为人的必须,这才是知行合一的真正体现。
④ 《王阳明全集》(上),第97—98页。

不可能实现的。可是就是有一些人，明明"蔽锢已深"，各种私欲的成见、偏僻、阻碍已经很多，云遮雾挡、愁云惨淡了，但是还在梦想着不付出一点点努力，就能够达到"圣人的生知安行"。这怎么可能呢？

王阳明在这里提出了"知行合一"的三个层次。也就是：生知安行、学知利行和困知勉行。笔者以为，这段文字理所当然来自《论语》的启示：

> 孔子曰："禄之去公室，五世矣。政逮于大夫，四世矣。故夫三桓之子孙，微矣。"（《季氏》）

> 孔子曰："益者三友，损者三友。友直，友谅，友多闻，益矣。友便辟，友善柔，友便佞，损矣。"（《季氏》）

> 孔子曰："益者三乐，损者三乐。乐节礼乐，乐道人之善，乐多贤友，益矣。乐骄乐，乐佚游，乐宴乐，损矣。"（《季氏》）

> 孔子曰："侍于君子有三愆：言未及之而言谓之躁，言及之而不言谓之隐，未见颜色而言谓之瞽。"（《季氏》）

> 孔子曰："君子有三戒：少之时，血气未定，戒之在色；及其壮也，血气方刚，戒之在斗；及其老也，血气既衰，戒之在得。"（《季氏》）

> 孔子曰："君子有三畏：畏天命，畏大人，畏圣人之言。小人不知天命而不畏也，狎大人，侮圣人之言。"（《季氏》）

> 孔子曰："生而知之者，上也；学而知之者，次也；困而学之，又其次也。困而不学，民斯为下矣！"（《季氏》）

之所以有此长引，是因为在《论语》的编纂者看来，这是一个理论体系。在笔者看来，这是王阳明知行合一理论的根源。深入研究《论语》，我们会发现，《季氏》的这段文字非常老辣。经《论语·季氏》的编纂者这么一编排。意思就十分深远了。笔者当然知道，《论语》的行文都是零条。各章之间，未必有深入的内在联系。此为古训。但是，《季氏》的第一章讲的是"季氏将伐颛臾"，"谋动干戈于邦内"，是祸起萧墙之内；第二章讲的是礼乐征伐自天子出，"天下有道，则政不在大夫"，这在孔子，当然是有具体所指的。孔子的意思是，礼乐征伐自诸侯出，则会天下大乱。接下来，就是"禄之去公室"章。这一章只是没有挑明,孔子的意思是,这些鲁国的执政者由于没有按照规定的礼制行事,说的是一套,做的是另外的一套,已经是一代不如一代,快要断子绝孙了。这是非常令人恐怖的表述。这是典型的反面教材。然后就是一连串的"三":"三友""三乐""三愆""三戒""三畏"(其实这就是我们人生方方面面道德践履,在王阳明那里就是道德实践、践履的"工夫"),最后都落实在"学"字上面:"生而知之者,上也;学而知之者,次也;困而学之,又其次也。困而不学,民斯为下矣!"这才是孔子真正的意图。《论语》编纂者的灵感只能是来源于孔子。这么大的篇幅,编纂者们肯定依循了孔子的逻辑。这是七十子,以及七十子后学师承的结果,这么大的篇幅,他们断断不会自作主张。我们可以想见,王阳明置身于贵州修文县的崇山峻岭之中,每天躺在阴湿的洞穴之中,他是怎么反复含咏、深刻理解《论语》的深邃呢?

历来,在中国古代哲学家那里,人们都非常重视《论语》的上述表述。《礼记·中庸》的作者对这些文字的理解也是有深刻领悟的。否则,他就不会在《中庸》中有如此深入、细密的发挥:

> 子曰:"或生而知之,或学而知之,或困而知之,及其知之,一也;或安而行之,或利而行之,或勉强而行之,及其成功,一也。"
> 博学之,审问之,慎思之,明辨之,笃行之。有弗学,学之弗能,弗措也;有弗问,问之弗知,弗措也;有弗思,思之弗得,弗措也;有弗辨,辨之弗明,弗措也,有弗行,行之弗笃,弗措也。人一能之己百之,人十能之己千之。果能此道矣,虽愚必明,虽柔必强。(《礼记·中庸》)

在对孔子"生而知之者,上也;学而知之者,次也;困而学之,又其次也。困而不学,民斯为下矣"思想的理解上,《中庸》的作者有两个重大的发展。第一个发展是他改变了《论语·季氏》"上也""次也""又其次也"的上、中、下三级划分,提出了只要我们认真学习,最后,对我们每一个人的"知"来说,都是一样的。第二个发展是把孔子的"知",彻底地提升到了"行":"安而行之、利而行之、勉强而行。"应该说,在中国哲学之认识论史上,这是一个重大的飞跃。因为它打破了人与人之间在"知"

与"行"之外的一切人为的阻隔。提出了在"知"与"行"的面前人人平等的重要思想。更重要的是,《中庸》把"知"与"行"结合起来了,甚至开始了"博学、审问之、慎思、明辨、笃行"一以贯之,融为一体的理论导向。应该说,这就是一个知行合一的雏形体系。

这段文字被王阳明在其文集中反复地引证,绝非偶然。也就是说,王阳明对孔子的思想,对《中庸》的"博学、审问之、慎思、明辨、笃行"心领神会。"必须加人一己百、人十己千之功,方能依此良知以尽其孝"①,良知的呈现,必须是努力践履的结果。因此,这样的思路,使王阳明"知行合一"的理论结构,始终没有离开孔子的框架:

或生而知之→或安而行之。
或学而知之→或利而行之。
或困而知之→或勉强而行之。

《中庸》的"及其知之,一也。及其成功,一也",是圣人之心没有放弃任何努力的个体的体现。天道酬勤。只要我们努力,就不可能没有收获。这正是王阳明知行合一思想的归宿。

说一千道一万,孔子的道德实践工夫,修身践履工夫,在《论语》中无所不在:"弟子入则孝,出则悌,谨而信,泛爱众,而亲仁。行有余力,则以学文。"(《学而》)"君子食无求饱,居无求安,敏于事而慎于言,就有道而正焉,可谓好学也已。"(《学而》)应该说,这种表述,只放在《学而》篇显赫的位置,自有作者的深意。编纂者是在暗示,孔子学说的最大特点就是,就是实践性、践履性。其实,王阳明的哲学思想虽然博大精深,"心即理""良知""致良知""知行合一",但是究其实,它的核心和基础,与孔子完全相通。我们甚至可以说,王阳明的"知行合一"理论,事实上并没有走出孔子的阴影,因为离开了"实践性"和"践履性"之后,王阳明这个理论思想体系的基础就没有了。

当然,王阳明的"知行合一"理论对孔子的道德实践论、践履论同时也具有重大的发展。第一,王阳明的知行合一论,是对明代中后期整个

---

① 《王阳明全集》(上),第98页。

社会，特别是官场，阳奉阴违，口是心非的一次重大批判。是对明代世风日下的挽救。这就是王阳明一生大起大落，坎坷跌宕的原因。可惜有明代，终究没有真正地接纳阳明学。否则，就不会崩溃得那么惨。第二，王阳明的"知行合一"思想，在理论形态上更加精致。他对由孔子而来的三个层次的划分与细密论述，具有立足于《中庸》的巨大超拔力。在理论的形态上，理论的内容上、理论的表述上和对孔子相关思想的超越上，都有了划时代的重大突破。第三，王阳明的知行合一之最大的贡献，并不仅仅是"致良知"的"致"，长期以来，中国的阳明学研究，始终只是停留在这一个层面上。这是诚为可惜的（这是受到了中国专制体制的压制所致）。笔者的意思是，王阳明"知行合一"的最核心部分，是为"志在圣贤"而付出的行动。"知行合一"的理论指向，始终都是志在圣贤。时时刻刻知行合一，向知行合一看齐，不以孔子的是非为是非，我们每一个人都应该有自己的独立思想，并且努力成为一个顶天立地的人。这是王阳明十二岁的夙愿最后的落实。这正是王阳明心学的核心精华。如果我们当代中国人真正理解了在"心即理""致良知"整个理论体系中的"知行合一"，并且能够把这种独特的理论落实于生活实际，那么，我们每一个人都生活得有价值，有追求，有理想，中华民族的伟大复兴，就不是没有可能了。

守正以待时、不争而贞胜：
王夫之论与小人相处之道

谭明冉（山东大学易学与古代哲学中心和哲学与社会发展学院）

自从孔子时代以来，君子小人之辨一直是儒家的核心论题。到了明朝后期，由于东林党与阉党的争斗带来的社会危急，对君子小人之关系的反思已成为时代主题。据陈宝良统计，超过二十位明中后期的学者都对君子小人之辨有深刻的论述。其整体宗旨则是，一、承认了政治实践中"君子必败、小人必胜"的残酷事实，要求在与小人相处之时要包容、无兢，要避免过于"疾恶""激愤"，否则，不但于事无补，还会招致小人的祸害。二、发现君子小人是非难定，君子也会误国，也会各持己见而败事，君子小人可以互相转换。三、承认君子小人之相互依赖。君子小人若楂梨橘柚，各有其用，应当给予小人以名分和位置，防止小人"自用"。[①] 受这种思潮影响，也基于自己在永历朝廷中参与吴楚党争中的教训，王夫之像他的同辈一样继承了苏轼君子与小人相争、"争则小人必胜"[②] 的论断，因而建议对小人包容和不争，争取以礼持己、以理征服小人。但是，在划分标准上，他却秉承孔子、欧阳修等人的以内在动机——"喻义"或是"喻利"来评判君子小人，而不采取

---

① 陈宝良：《从君子小人之辨看明代士大夫的精神世界》，《明史研究论丛》（2011.9）：150—185页。

② 苏轼：《续欧阳子朋党论》，见《四部精要》（19），上海古籍出版社1993年版，第891页。

苏轼以形势或职业区分君子小人的主张。① 他首先从易学本体论上论证了"君子小人相养"和小人存在的合理性，要求在包容小人、达小人之情的基础上控制和利用小人。其次，他倡导"贞胜"。要求循礼、持正，胜小人以贞以正，而不用诡计，从而避免小人与君子的恶性竞争。最后，他提出不同层次的义，"有一人之正义，有一时之大义，有古今之通义。"② 将辨别君子小人的义利关系置于不同的时空和境地，将动机论和效果论结合起来，把君子小人之辨置于一个动态过程之中，并据此以效果论来肯定章惇。③

王夫之的上述主张可以说是他乾坤并建、理欲合一的观点在社会现实中的应用。理欲合一，则不能舍人欲而存天理。乾坤并建，则不能舍阴而求阳、不能舍弃小人而求君子。④ 既然不能舍弃或消除小人，就只能包容和疏导。而且，阴阳消长各有其时也决定了君子小人各有其兴衰，君子当小人得势之时，只能顺势而行，不能强与之争。从这个角度看，王夫之颇有点命定论的色彩。但是，他并不完全听从命运的安排，而是要求君子守正待时，不与小人争竞以恶化形势，争取"造命"。

王夫之虽然以义利之辨、以内在动机区分君子小人，但是当他以不同层次的"义"、以效果论来评价君子小人时，却不能与动机论很好地协调起来。一方面，他从动机论的角度认为君子小人有质的区别，犹若虎豹之文与犬羊之皮之异（6—778）。杨明《论王船山的君子与小人之辨》对此有充分的论述。不过，我们可以指出，这种质的差异只是"习以成性"之后的差异，而不是说君子小人有天生之差异。另一方面，他又以不同层次的"义"，特别是效果论为章惇昭雪，认为小人、君子可以互易，使其基于动机论的君子小人划分受到严重削弱。

---

① 苏轼说："且夫君子者，世无若是之多也。小人者，亦无若是之众也。凡才智之士，锐于功名而嗜于进取者，随所用耳。"[《四部精要》(19)，第891页]。意思是，君子小人因一个人所处之地位或职业而定。

② 王夫之：《船山全书》，第10册，岳麓书院1996年版，第535页。

③ 王夫之完全以孔子的是非为是非，说："除孔子是上下千万年语，自孟子以下，则莫不因时以立言。"（《船山全书》第6册，岳麓书院1996年版，第651页。）因此，他既以孔子的"喻义""喻利"的动机辨别君子小人，又以孔子对管仲的肯定来评价章惇。

④ 王夫之说：夫阴之为德，在人为小人、为女子、为夷狄；在心则为利、为欲。"（第一册），第354页。

王夫之并不采取君子小人的二分法来判别人类，而是认为还有一个中间的模糊地带——庶民和异端。但是，在具体论述中，他又时而将庶民或异端视为小人，而将君子视为有权位之人或门阀氏族。尽管如此，他的君子、小人和庶民的三分法仍然是其论述的主线，而我的讨论正是围绕这个主线展开的。

一　王夫之的小人观

王夫之沿袭了孔子"君子喻于义，小人喻于利"的观点，认为君子小人的分别在于求义还是求利。君子明晓义之可贵，而"利害非其所恤"；小人则明晓利之可求，"而名义有所不顾"。正是因为君子小人各自明晓自己的追求，所以"君子之于义，终身由之而不倦；小人之于利，癙寐以之而不忘"。① 王夫之解释"君子怀刑，小人怀惠"说："怀"是耿耿于心而不忘、是心有所依而不舍。君子小人之别不在于他们外在的行为，而在于他们的动机，即"必于其所怀者别焉"。君子常恐其所行之不正，常恐违于理、悖于法，为刑之所加，故"怀刑"。小人则唯见有利之可趋，行险侥幸，而不知有刑之随其后，故"怀惠"。②

但是，必须指出，王夫之所说的小人所喻所怀之"利"是私利、私欲。如果是为天下的兴利除弊，其所兴之利则属于义。他说："义者天理之公，利者人欲之私。"而小人就是以私欲、私利为追求对象的。③ 据此，王夫之认为评价一个人不能只看其外在的表现，而应该考察其动机和效果。例如，子产专断于改革，其初有人盼望其被杀。等到享受到改革的益处之后，又害怕失去他。（左传襄公三十年）西门豹发民凿十二渠，引河水灌民田。民众因治渠烦苦而不欲。等到享受到渠水之利，民众世代怀念他。（《史记》3213）所以，王夫之说："盖邪正之分，分於公私，公私之辨，辨於义利。不此之察，则但以专己吝物为非，而於君子、小人行仁济恶之实，未之能审，且胥天下而奔骛于小人之中矣。"④ 换言之，王夫之

---

① 王夫之：《船山全书》，第 7 册，第 381—382 页。
② 同上书，第 372 页。
③ 同上书，第 382 页。
④ 同上书，第 300 页。

要求兼顾动机和效果两方面来判别君子小人。不仅重视人之"专己吝物",还要兼顾其行仁或济恶的后果。

王夫之有时也把异端或庶民视为小人,从地位或文化上来判别君子小人。在推崇六朝门阀氏族之时,他反对后来的科举考试混君子与小人于一炉,说:"小人杂于君子,而仕与同官,学与同师,游与同方,婚姻与同种姓,天下无君子,皆小人矣,中国皆夷狄矣。"① 这里,君子指的是清流或士族;而小人则是平民或寒门。在评价佛教时,他直接以佛教徒为小人,其根据就是佛教徒"小天而自大、卑天而自高、灭天而自存……当夫子时,无此小人也"。②

但是,在大多数场合,他对小人、庶民和异端的区分还是很明确的。在《读四书大全说》中,他说:"小人固自有道,与不兴行之民漫无有道者不同。"③ 意思是,庶民不知"道",而小人有"道"。这个小人之道就是明晓于获利之道。而庶民却没有这个能力明晓。因此,庶民常常在鸡豚等小利上斤斤计较,而迷于大利的争取。因此,"民无小人陷溺之深""民亦无小人为不善之力"。④ 但是,在《俟解》中评价了庶民不知如何求利之后,王夫之却说:"使其(庶民)小有才,恶浮于桀、纣必矣。此庶民之祸所以烈于小人也。"⑤ 王夫之之所以有如此之论断,可能是他看到了庶民求利的盲目性和不计后果,不过小人之取财有"道",因而对社会和自然的破坏更大。不过,这个论断显然与前面的观点自相矛盾。

相对于小人是"陷于流俗功利而有权力者",异端则是"从天理上用力推测安排,有私意而无私欲"。从异端没有私欲这一点来看,异端就不是小人。而且,他们还厌恶小人,不像小人那样逐利忘义。王夫之认为这些人包括老子、庄子、列子、陆九渊和王阳明等等。⑥

---

① 王夫之:《船山全书》,第 10 册,第 566 页。
② 王夫之:《船山全书》,第 6 册,第 849 页。
③ 同上书,第 479 页。
④ 同上。
⑤ 王夫之:《船山全书》,第 12 册,第 480 页。
⑥ 王夫之:《船山全书》,第 6 册,第 479、849 页。

二　小人的存在合理性

在王夫之看来，小人之恶毋庸赘述。但是，他并不建议将小人灭绝，而是要求君子、小人别以其类，不相掺杂。因为他认识到，正如阴阳互补、乾坤并建以生成万物，君子、小人也是自然化生，是人类所必有。"盖太极之有两仪也，在天则有阳而必有阴，在地则有刚而必有柔，在人则有君子而必有小人。"① 他以《大过卦》揭示摒绝小人的后果。在《大过》中，虽然四阳聚于中，将二阴排斥在边缘。其象是君子得位、小人被摈弃。可是，这种摒绝只能带来莫大的忧患，导致小人的绝地反击、垂死挣扎，从而造成"大过"。② 与《大过卦》类似的是《夬卦》。《夬卦》的卦象是五阳摈斥一阴。可是王夫之却感叹道："呜呼！天下岂有五阳同力，而不能胜一阴者也！唯恃其盛而摈之以为不足治。"③ 据此，王夫之要求待小人以"道"，说："天下有待小人不以其道如此，而能免其谪于君子乎？"④ 王夫之所谓的"道"就是按照小人的能力或罪过给予应有的处置，而不应该简单地摒绝或排斥。

不但不能排斥小人，而且君子还要依赖小人。这就是王夫之的"君子小人相养者也"的观点。⑤ 他从"阴以养阳，柔以保刚"的天道推论出"小人以拥戴君子，夷狄以藩卫中国"的人道。他认为君子小人相争相斗的原因在于他们互不通气、朋党相争。如果"阴能安于其类聚，而阳自聚于其所当居之正位。交应而不杂，则阴虽盛而不为阳病。"⑥ 这里关键在于，"阴（小人）能安于其类聚"，与阳（君子）"交应而不杂"。换句话说，君子、小人各安于其位，且互相通气、交流，化猜疑争端于未兆。据此，王夫之结论说："资其力，合其用，则阳有时舍位而不吝，阴有时

---

① 王夫之：《船山全书》，第 1 册，第 368 页。
② 同上书，第 895 页。
③ 同上书，第 355 页。
④ 同上书，第 895 页。
⑤ 同上书，第 968 页。
⑥ 同上书，第 368 页。

即位而不憨。"① 它表明君子要借助小人之力来成就大业。为了达到这个目的，君子应当给予小人适合的位置，甚至是权要职位。所以，他接着说："故《泰》之道需矣，不惜五位以居阴也；享其实，不并取其名也。《既济》之道得矣，授阴以二使贞遂也；正其分，不更替其权也。故质宾文而文亦有尚，恩宾威而威亦有功，男宾女而女亦有位，君子宾小人而小人亦有居。"② 意思是，在必要的情形下，君子要给予小人以重位，让他们发挥其才能，达到阴阳相成、君子小人相谐的局面。

王夫之给予阴或小人以重位不仅是要利用小人之才能，而且还有点出于不得已。他从阴阳互有消长的本体论出发，认为其相应的君子小人也会各有其当权之时。所以他说：既然阴阳、君子小人各有其"情"和"功"。"有情则各有其愿，有功则各有其时；虽严防而力拒之，不能平其愿，而抑其得志之时矣。"③ 意思是，阴阳的"情"和"功"在阴阳互动的过程中应时而生。既然各自都是应时而生，就像日夜轮回一样，是不可能完全阻止阴（小人）轮番"为帝"的。更何况阴阳同资一气，君子小人同源于父母，他们的"性情功效"本来就相互依赖、不可分割。④

以行军为例，王夫之认为，"阴之为道，蕴毒而不泄，耽欲而不厌，投危地而不前，处成功而善姤。此四者，皆不利于师，而其害相因。"可是，"又岂能舍此而别募君子之军邪？"王夫之为此提出，对小人要"容畜于居平而致果于临敌"："以其容畜，奖其致果，则小人之勇可使也。"⑤ 容畜就是包容小人（这里，王夫之将庶民也视为小人），满足他们的欲求；致果就是尽力杀敌，献身以效死。⑥ 君子就是在平时满足小人和庶民的欲望、在临敌时激励他们的勇气，让他们杀敌以立功。班超（32—102）能"以三十六人攻匈奴之使"而威震西域，其秘诀就在于此。⑦

---

① 王夫之：《船山全书》，第 1 册，第 896 页。
② 同上书，第 968 页。
③ 同上书，第 895—896 页。
④ 同上书，第 896 页。
⑤ 同上书，第 844—845 页。
⑥ 孔颖达说：能杀敌人，是名为果……致此果敢，乃名为毅。[《春秋左传正义》见《四部精要》（2），第 1866 页]
⑦ 王夫之：《船山全书》，第 1 册，第 845 页。

王夫之又将"容畜"之道称之为"小人乐得其欲，报以奔走"。① 他警告说，如果君子不满足"小人之欲"，在危急或执行事务时，小人就不会尽力。汉高祖刘邦认识到这个道理，将衣服和食物让给韩信，获得了韩信的死力；周武王认识到这个事实，将"锯桥"仓库中的米粟分发给士兵，以之战胜了商纣王。因此，君子要做的不是强求小人和庶民像自己一样守礼居正，而是要通达人情，满足他们的适当需要。②

由此可见，王夫之的君子小人之划分常常因语境和事件不同而变化。在行军或治理上，君子小人变成了上级和下级、君主和臣民的关系。但是，尽管如此，他认为小人之"怀惠"的本质是一贯的。君主或君子要在满足小人的适当欲求下要求小人效力，而不是诉诸君臣之义的道德说教。这种观点可以说既是对传统的儒家正己以正人的纠正，也是对存天理灭人欲的否定。但是，在如何利用小人上，或者说，给予小人多大的权限，既得到其效力又避免其失控，王夫之并没有有效的方法。

三　君子当道之时应对小人之方

在君子得势之际，王夫之要求君子要保持天下之大贞，"君子进而小人退"。对小人要保持"贞胜"。③ 贞，就是正。贞胜就是以正道礼义战胜小人，而不是以诡计或阴谋倾覆之。如此，才能使小人甘受其罚，而不敢反扑。他说："小人之不容于君子，黜之、窃之、诛之，以大快于人心，而要必当于其罪。罪以正名，名以定法，法以称情。情得法伸，奸以永惩，天下咸服，而小人亦服于其罪而莫能怨。"④

如果目的虽正而手段不正，就会出现"小胜而大不胜，终以裁及其身，祸延于国"。因此他警告说："故君子与其不贞而胜也，宁不胜而必固保其贞。"⑤ 他列举了几个历史事实，揭示君子以不正之手段驱除小人的后果。汉代的萧望之初用郑朋诬告弘恭、石显、史高等宦官外戚，而遭

---

① 王夫之：《船山全书》，第1册，第845页。
② 同上书，第253页。
③ 王夫之：《船山全书》，第11册，第182页。
④ 同上书，第101页。
⑤ 同上。

到他们以同样的方式反扑，结果自己冤死于囹圄。西晋的刘琨想借助段匹磾抗击刘聪、石勒，恢复晋室，结果最终被段匹磾所害。东汉的陈蕃与窦武谋诛宦官而借助窦太后，渠道不正，终给宦官反击的机会，被他们杀害。据此，王夫之感叹说，用人之际当知道人之类型。君子要成就大事，必不可托付或依靠小人（郑朋）、夷狄（段匹磾）或女子（窦太后）。这就像"草与木并植，而芝兰之芳，不可以为梁栋；鸟与兽并育，而翟雉之美，不可以驾戎车"①。不明白这个道理，自己首先失去正位正理，不但给予小人反咬的借口，而且也不会得到神灵的保佑。因此，"不贞者之不胜，古今之通义，不可违也"②。

从王夫之对"贞胜"的推崇似乎可以看到王夫之对永历朝廷中阉党小人对其报复时的恐惧。不过，我们或许会问，如果"小人"彻底失去了其正义感或良知，"贞胜"又如何能使他们甘心受罚。其实，在看到永历大将李定国被另一将孙可望伏击身死之时，王夫之一度认识到了正义或良知在私欲面前的微弱。而且，在世事交接中，究竟何者为正、何者为不正，本身就很难确定。王夫之仿佛看到了小人、夷狄和女子的不可用，但是正如他所说"又岂能舍此而别募君子之军哉"！其实，正如王夫之前文所讲，阴类若能安于其位而协助阳，其本身又有何不正？

王夫之达到"贞胜"的手段首先不在智，而在于德。这就是他要求的君子要以礼节制欲望；以义裁制利欲。如此，就可以不被小人的声色货利所引诱，"静以处之"，持心公正，从而掌握控制小人的机会。说："静则欲止不行，而所当为之义以静极而动，沛然勇为而无非正矣。"③ 同时，与利用小人时需要满足其欲求一样，战胜或控制小人也需要满足其适当欲求。他说，要主导小人，"必先有以宅之"。这就是要接纳小人、给予小人以适当的地位，而不可摈弃之、令其生疑。接纳之后，还要与之交往，满足其一定的欲求，才能获得他们的忠心。否则，"居约而予之者俭，则意不厌而贰"。④

据此，王夫之盛赞泰卦集中体现了君子安抚小人之方。泰卦之乾下入

---

① 王夫之：《船山全书》，第11册，第183页。
② 同上。
③ 王夫之：《船山全书》，第1册，第304页。
④ 同上书，第969页。

地中，象征"君以其心下体愚贱之情，而奠其日用饮食之质，民且上体君心，而与同忧乐"。泰卦之中，阴处于外围而日消，阳处于内部而日长，"为阴阳健顺，君子小人各得其所之象，吉之道也。"乾代表君子主持于内，坤代表小人辅佐于外，"内君子而外小人，君子坐而论道，而小人器使"。虽然君子将五之尊位让与小人，但是小人也以柔顺忠心回报。①

但是，泰卦所代表的盛世并不是每个人都能遇到的。人们遇到的常常是君子小人相互混杂的局面。欲使混杂的局面归于和平宁静，王夫之建议以解卦的道理来安抚小人，说："解之之道，使阴阳各从其类以相孚，而君子小人各适其所欲，则虽杂处而不争。"② 所谓阴阳各从其类，是说六四、六五二阴爻虽然在上位，却凝结下降；九二、九四二阳爻虽然在下位，却在上升，是阴阳各遂其愿的卦象。这里的关键在于，不但阴阳各从其类，而且阴与阳还互相应和、交流，这样，就没有形成君子小人各自固守己见的争斗。所以说："然而解之往来皆吉者，阴阳虽失，而犹相为应，则上下犹和，而君子小人不相争竞。"③

人们或问，王夫之论述的君子小人多注重于君主和臣民之关系，而甚少涉及玩弄权术、谋私害公之恶人。如果小人是庶民，孟子早有"制民之产"之议，王夫之并没有什么新意。即使他所说的给予小人以位，也是君主对贤才之任命。人们所关心的是如何与作恶之阴险小人相处。从对泰卦和解卦的论述可见，王夫之一则强调通气和交流，再则要求奖励合作之小人。问题是，小人往往是老谋深算，伺机待发，君子的交流和通气是否会反而使小人之计划更为周全？而且，王夫之认为，君子小人各适其欲，就会杂处而不争。而没有意识到，《庄子·在宥》早就警告，如果君主没有控制手段，即使以天下赏给小人，也不能满足其欲求。王夫之又如何能实现自己的目的呢？

四 小人当道之时君子应对小人之方

王夫之与阴险之小人的相处之方体现在他对当道之小人的应对。他

---

① 王夫之：《船山全书》，第 1 册，第 142 页。

② 同上书，第 331 页。

③ 同上书，第 332 页。

说:"人君于民情纷起之际,君子于小人群起之日,中国当夷狄方张之时,皆唯自立矩范,不期感化,而自不敢异志。若其不然,竞与相争,亵与相昵,自失其可观之德威,未有不反为其所凌者也。"① 所谓"自立矩范,不期感化",就是自己洁身自好、循礼持正,对小人是否行善不报期望。但是,这样真地就能使小人"自不敢异志"吗?王夫之可能自己也没有把握。因为既然小人已经群起,说明小人已经异志。可见,王夫之此时保全自身之念居重,而能否使小人"不异志"是次要的。王夫之接下来要求不要与小人竞争、不要与小人亲近更说明了这个意思。王夫之害怕在与小人竞争或交往的过程中,君子会"自失其可观之德威",而被小人冒犯。

王夫之的策略可以从汉献帝与曹髦对权臣的不同反应中得到证实。汉献帝虽受到曹操之胁迫,但是一生循礼持正,曹操、曹丕也无可奈何。曹髦虽身处皇帝之尊位,但是要凭借自己的正位正名与司马昭争斗,结果被杀。据此,王夫之说:小人虽然"位尊权重,可以唯其所为,然且惮于恶而强为善者,自非上哲,亦唯其名而已"②。意思是,君子仍然可以以名节限制小人之行动,用自己的令德使小人信服、不敢冒犯,而小人也会顾惜自己的名节而不敢昭然作恶。

王夫之以遯卦来揭示君子秉身持正、远小人以避免受辱的方法。遯卦二阴方长,四阳后退。四阳虽后退,却保持了乾刚之性;虽刚却又不屑与二阴相争。这就是君子严以律己、不屑厌恶小人以保身的写照。这样,生逢乱世,才可以保全自身,为天地之仁德留下种子。否则,"若愤世疾邪,抑与之交相屈信于是非,不胜而后避之,晚矣"③。因此,王夫之要求,"君子虽当时不可为",仍然不能忘正大之矩。要时时刻刻存名教于心,像柳下惠那样,"和而不易其介",才能"无往而非道,亦何至有濡首之辱哉!"④

当然,王夫之所谓的"遯"是心遯志遯而形不遯,因为形无法遯。生逢乱世,除非一死了之,必然避免不了与小人交往。因此,只有从心志

---

① 王夫之:《船山全书》,第 1 册,第 200 页。
② 王夫之:《船山全书》,第 11 册,第 184 页。
③ 王夫之:《船山全书》,第 1 册,第 716 页。
④ 同上书,第 504 页。

上避免被小人所惑，才能持身以正，避免被小人控制。王夫之从阴阳相感的角度指出："阴之感阳也以与，阳之制于阴也以欲。"这就要求，君子要去除自己的私欲，不要轻易接受小人的施与。若小人"以利中我，而利不入清明之志；以势荡我，而势不惊彊固之躬"。名利权势皆不入于心，则小人就无从施展其伎俩。然后才能"履天位而无憨，畜神威于不试"①。为什么呢？因为在小人当权之世，君子的任何行动都会遭其歪曲，被其亵渎。这就是"敌方长者意滥，情好虽以正而或淫于邪"。因此，"功不可强立，情不可偶合"②。但是，慎于作为并不是向小人展示彻底的无为。相反，君子必须作出要有所试的样子，必须与小人相周旋，以等待时机之到来，"乃以奠濒危之鼎而俟气数之定。"③ 这就是王夫之在乱世维持朝纲的策略，也是他所谓的"艮止之道"。掌握这个"艮止之道"，就能"以阴为舆，载己以动，而己固静，则阴亦自安其壶范，则终不敢相凌。"④ 意思是，就可以以小人为工具或器使，统领之而不与其处于对待之中，而不受小人欺凌，从而"立纲正极，保其性，固其位"⑤。

总之，王夫之与得势之小人交往之方的核心是循礼持正、慎与之交，以等待时机。其目的在于防止正人君子被小人消灭殆尽，防止像东林党那样因竞争而导致更大的破坏，并为将来留下火种。特别地，其"乃以奠濒危之鼎而俟气数之定"则体现出了其天道往复、物极必反的宇宙观或命定论。但是，天道往复可以预测，而人世之治乱则无法预测。王夫之等了一辈子复明复汉，也没有等到，又如何知"气数之定"在何时？而且，他也过高地估计了这个"艮止之道"的效力了，不知他如何能在君子无权的情形下使小人安位而不冒犯。

五　君子小人之相互转化

虽然王夫之从阴阳二分的角度判别君子、小人，但是，他并不认为人

---

① 王夫之：《船山全书》，第 1 册，第 873 页。
② 同上书，第 951 页。
③ 同上书，第 873 页。
④ 同上书，第 880 页。
⑤ 同上书，第 951 页。

天生就有君子小人之分。即使他用虎与羊之不同作比喻说明君子之质大异于小人之质①，那只是他从成性之后对君子小人所做的描述性分别。意思是，一旦一个人受到小人之习的熏陶而成性，就会变成小人，而与君子有天壤之别。这就是为什么他说君子小人、贤不肖之分野，其初就在于一个人以义还是以利为心。② 王夫之视夷狄、小人为同类，其对夷狄的评价可以用来支持这个观点。他说："生于利之乡，长于利之途，父兄之所熏，肌肤筋骸之所便，心旌所指，志动气随，魂交神往，沈没于利之中，终不可移而之于华夏君子之津。故均是人也，而夷、夏分以其疆，君子、小人殊以其类，防之不可不严也。"③ 可见，决定一个人是君子还是小人的不是其生来之本性，而是其生活环境和其生活习惯。在解释了君子明晓于义的重要性而小人明晓于利之所在之后，王夫之也说："斯则君子小人义利之辨，辨于其所习而已矣，而人可不端所习哉！"④ 既然"习"在成就君子小人中起到关键的作用，则说明可以通过教育感化将小人变为君子。

而且，虽然义利之辨是区分君子小人、华夏夷狄的大防，但是王夫之并不坚持一个僵化的义利关系。他说："义利不两立，而非不可和也。"⑤ 和，就是调和和统一。既然义利可以调和，则说明君子小人也会因之而相互转化。这个转化的关键就是"天理之公"。他说："义之于利，其途相反，而推之于天理之公，则固合也。"⑥ 这就是以天理、以公心来和之。如果一个人怀有一颗为天下或公众谋福利的志向去追求利，这个利就是义。"不私利于己，而义在其中矣……不讳言利而以物为心，抑岂离所行所得者以为义哉！"⑦ 因此，义不在行为和收获之外，而在其中。不是不追求利益、无所作为就合于义，而是行为和所得合乎中节就是义。"夫所谓义者，唯推而广之，通人己、大小、常变以酌其所宜，然则于事无不安，情无不顺。"⑧ 这样，王夫之所谓的义是使天下之"事无不安、情无

---

① 王夫之：《船山全书》，第 6 册，第 777 页。
② 王夫之：《船山全书》，第 7 册，第 894 页。
③ 王夫之：《船山全书》，第 10 册，第 503 页。
④ 王夫之：《船山全书》，第 7 册，第 382 页。
⑤ 同上书，第 382 页。
⑥ 同上。
⑦ 王夫之：《船山全书》，第 13 册，第 683 页。
⑧ 王夫之：《船山全书》，第 7 册，第 382 页。

不顺";所谓的利是"合义而利物"。① 而将二者统一起来的关键就是一颗无私的心。

王夫之所谓的"通人己、大小、常变以酌其所宜"就是要兼顾不同层次或情境下的"义",从而使义利关系超越狭隘的个体道德意识。他声明:"有一人之正义,有一时之大义,有古今之通义。"他要求一人之义当让位于一时之大义;一时之义应当让位于古今之通义。特别是在三者不能皆全的时候,"则不可以一时废千古,不可以一人废天下。"② 相对于不同层面的"义",其对应的"利"也不一样。对一人为"义"的,对家国则或许是私利。尾生抱柱是个人之义,但是从其家庭层面则是私利。舜不告而娶,相对于其父则是不义,相对于家庭则是义。个人或家庭之间的恩怨,相对于民族大义则成为私利。因此,评价君子小人不应仅仅从其个人品德之单方面着眼,还应该置之于民族大义或天下公利的层面通观之。据此,王夫之效法了孔子评价管仲的方法,认为章惇有功于华夏,将之从奸邪小人之中昭雪。说:虽然"章惇之邪,灼然无待辨者……然而澧、沅、辰、靖之间,蛮不内扰,而安化、靖州等州县,迄今为文治之邑,与湖、湘诸郡县齿,则其功又岂可没乎?""则惇之为功为罪,昭然不昧,胡为乐称人之恶,而曾不反思邪?""惟然,而取蛮夷之土,分立郡县,其功溥,其德正,其仁大矣。"③ 这说明,不仅小人可以修德循礼变为君子,小人也可以通过立功,为天下兴利除害洗去自身的污点。很显然,王夫之受到了明末从各人的"末路"(晚节)加以论定君子小人的思维方式。君子"末路"失足,其实不过小人而已;反之,小人末路自立,尚能挽救声名,为君子所称。④ 但是,这样王夫之的论述就堕入了其动机论和效果论之间的冲突。

在具体操作上,王夫之虽然重视对儿童的初始教育,但是他却更重视行政教化。他提出,君子要效法《小畜》之道,包容天下,践行仁义礼乐来感化庶民和小人。⑤ 在评价以利还是以义劝说秦楚罢兵的不同后果

---

① 王夫之:《船山全书》,第 1 册,第 156 页。
② 王夫之:《船山全书》,第 10 册,第 535 页。
③ 王夫之:《船山全书》,第 11 册,第 174—175 页。
④ 陈宝良,从君子小人之辨看明代士大夫的精神世界,《明史研究论丛》(2011.9):167。
⑤ 王夫之:《船山全书》,第 1 册,第 703 页。

时，他指出，如果秦楚之王以嗜利之心而罢三军之师，臣之事君、子之事父、弟之事兄，都会以算计利益为心。① 这就是国王引领天下人做小人，这样的国家能不乱不亡吗？相反，若说秦楚之王以义罢兵，人们就会生其慈爱之心，节其贪忿之情。由是而动其天性之良，以反其和平驯谨之素。② 这是引领天下人做君子，上下和谐，国家自然昌盛。但是，王夫之也看到了无为感化的不足，要求将《小畜》的无为与《观卦》的有为结合起来，要求君子神道设教，教化民众。所谓设教，就是根据"民俗的刚柔机巧而顺导之"，"敷五教，防淫辟，必随俗施正，俾民咸喻而不迷"③。换句话说，就是顺应民俗民性，加以引导教化，而不是任其自由发展。

既然是设教，肯定是有所匡正、有一定的准则。王夫之据《观卦》卦象说："天以刚健为道，垂法象於上，而神存乎其中；四时之运行，寒暑风雷霜雪，皆阴气所感之化，自顺行而不忒。"圣人因此为民众设定一定的准则，使其不可逾越。④ 在评论《履卦》象传时，王夫之指明这个准则就是名分等级，说："君子之于民……唯正名定分，礼法森立，使民知泽之必不可至于天，上刚严而下柔悦，无有异志，斯久安长治之道也。"⑤ 这就是制定明确的礼仪名分，使民众不敢冒犯而自觉服从。如此，小人和庶民就不会犯上作乱。

王夫之虽然对法治颇有贬损，但是不得不承认法治的必要性，用它弥补恩惠和礼法的不足。他说："以《临》为道，故阴可得而治也。""《临》，治也；……治之用威。"⑥ 具体言之，就是以咸为临，在一定恩惠感化的基础上，对小人采取原则性的管制和惩罚，而不是无原则的包容和姑息。所以他说："故悬刚于上，以节而举之，道以裁恩，刑以佐礼，而后辅五而授以贞。授五以贞，则可调气之偏，而计民治于久远。"⑦ 五

---

① 王夫之：《船山全书》，第 8 册，第 771 页。
② 同上书，第 772 页。
③ 王夫之：《船山全书》，第 1 册，第 709 页。
④ 同上书，第 201 页。
⑤ 同上书，第 137 页。
⑥ 同上书，第 869—870 页。
⑦ 同上书，第 945 页。

指《鼎卦》之六五。上指《鼎卦》之上九。要以上九之阳刚,辅佐六五之柔惠,从而达到调整民气之偏狭的长治久远之道。接着,他对比了汉朝的以刚节柔、以法礼裁恩惠的治理方式与宋朝的以柔惠怀柔天下的不同后果。汉朝"嘉劳父老,约法三章……萧、曹定法于上,画一而不可干,而又众建诸侯以强其辅。故刚以节柔,其后一篡再篡而不可猝亡"。而宋朝呢?"赵普之徒,早作夜思以进擎固之术,解刑网,释兵权,率欲媚天下而弱其骨。故以柔济柔而无节,沦散尫仆,一夺于女直,再夺于靼鞑,而亡亦熸矣。"①

结　　论

王夫之认为君子小人之辨关系到个人之安危和天下之治乱,但是他并不倡导对小人的绝对排斥,而是要求给予小人应得的位置和需求,并与之保持畅通的交流。他以《大过卦》和《夬卦》揭示不可过分排斥小人,使其绝地反扑,造成大乱。他强调君子当政之时,要以"容畜"之道对待小人,从而使小人"报以奔走"。通过修德和教化,逐渐去除小人的怠惰和贪婪。但是,在小人得势之时,君子首先应自洁其身,不要急于感化或教化,不给小人留下攻击的机会,以等待时机的到来。在处置小人之时,他要求"胜之以贞",以正道而不是阴谋来惩罚小人,使小人之罪罚相当,心悦诚服。

王夫之并不认为人们生来就有君子小人之分。君子小人皆是"习之所成"。居仁由义,小人可以变为君子;贪婪好利,君子可以堕落为小人。因此,一个人成为君子还是小人完全决定于自己的立心志向。但是,王夫之又从效果或事功的角度来判定君子小人。他从"一己之义""一时之义"和"天下之通义"的互易角度指出,如果一个人以为天下或民族追求福利,那么他追求的利本身就是义。换言之,如果一个人虽有私心,但是其所追求之私利却造福了天下,则其自然跃入君子之列。一个人品德上虽有污点,但是他却为天下后代造福了,那么就应该取其大而略其小。正是从这个角度,他为宋朝奸臣章惇平反,升之于君子之列。这样,王夫

---

① 王夫之:《船山全书》,第1册,第945—946页。

之就造成了其动机论和效果论两个判断标准的矛盾。

可以说，王夫之与小人相处之道既是儒家中庸观的体现，也是其对明末党争的后果的反思。慑于永历朝廷中吴楚党争的死亡威胁，他极力倡导守身持正，不走极端，不要给小人留下攻击的机会。如果攻击小人，也要胜之以贞。但是，至于如何胜之以贞，他却说不出个所以然。虽然他以义利之辨分辨君子和小人，并指出其与庶民和异端的区别，但是，在具体论述中，他往往不能保持小人与庶民的区分，而常常将庶民视作小人，更说明他并没有一套与小人相处之方。而且，当他以不同层次的"义"来界定小人时，虽然他试图效法孔子以功绩评价管仲，却不能调和效果论与动机论之间的矛盾，从而使人们无法把握其真正的小人观。王夫之的这种游移既是他思想不成熟的表现，也是他欲整合其前人和时代思想而不太成功的证明。不过，我们仍然可以借鉴他的处世原则和化民之道，以避免不必要的损失。

李泽厚之"情本体论"与儒家哲学

郑炳硕（韩国岭南大学）

一　引言

对现代儒学的理解和研究已经出现了种种不同趋向。现代新儒家学者，如冯友兰和牟宗三，可被看作在这些对立方向上探索的代表。牟宗三的著作及其对儒家的独特阐释，对香港、台湾以及大中华文化圈其余地区研究儒家的学者有着特别重要的影响。但是，牟氏观点被以李泽厚为首的反对派所批驳。

李泽厚公开抨击视牟宗三及现代新儒家哲学为"儒学第三期"的看法，认为他们实际代表了"儒学四期说"，现代新儒家应归入宋明以来的现代儒家。[①] 在他看来，虽然牟宗三的主要着作《心体与性体》代表了一种以理性或道德为根本的哲学体系，它仍然超不出内在于宋明理学中的心性论。李泽厚对于现代新儒家批评最严厉，原因在于他是认为后者背离了孔子和孟子所宣扬的古典儒学基本精神。李泽厚是从哪个制高点上批评现代新儒家的局限与困难所在？就此而言，情本体可被看作是他对该领域的主要贡献。但是，批评新儒家并非"情本体"唯一、首要目的；将其视为一种在后现代时期从普遍或者世界哲学的立场上创造新哲学的尝试，可能更为恰当。李泽厚说得很清楚：

> 我现在提出的情本体，或者说人类学历史本体论，这是一种世界的视角，人类的视角，不是一个民族的视角，不只是中国视角。但又

[①] 李泽厚：《世纪新梦》，安徽文艺出版社1998年版，第109页。

是以中国的传统来看世界的。所以我说过，是"人类视角，中国眼光"。①

将李泽厚的"情本体"仅仅看作对新儒家的批评或者是对中国哲学核心要素的现代阐释，可能会不可避免地有低估李泽厚著作哲学价值的风险。李泽厚的"情本体"可以被看作一种创造性的方法，不但可以对儒学，也对世界哲学这一急需的领域有所贡献。

情很少成为中国或者西方哲学的中心命题。而且，情也未被当作本体来理解。通过其"情本体"说，李泽厚试图将日常生活的情感引入哲学。这与其基本信念，即哲学应该是"人的哲学"具有逻辑一致性。随着由理性构造的绝对意识形态及其权威被解构，随着"上帝已死"（尼采 Friedrich Nietzsche）和"人类已死"（福柯 Michel Foucault），个体甚至连自我也迷失、消失了。人在此意义消失和不确定的时代里如何生活？李泽厚提出了"情本体"来应对这一严重的问题。

本文首先介绍李泽厚哲学的基本观点，作为其哲学体系的"历史本体论"，以及作为其历史本体论轴线的"情本体"。随后，我尝试分析情本体的概念和核心内容，以及以情本体和儒学哲学为特征的乐感文化和"一个世界"观。最后我讨论李泽厚的观点，藉以从情本体的立场出发重新理解儒学哲学的历史。

二　李泽厚的哲学观和历史本体论

什么是哲学？李泽厚在其《哲学探寻录》中强调哲学并非只属于伟人，"常人皆可思想"；哲学的本质是"思考"，而思考是任何一个普通人的天赋权力。因此，哲学之领域不仅包括深刻的思想，也包括家常生活，甚至白日梦呓。从这方面来说，哲学的任务应该被视为捍卫和保护"思考"的权力。这种"思考的权力"来自何处？答案是只有满足"人活着"这一条件时才有可能，因为只要人活着就可以思考。②

---

① 李泽厚：《该中国哲学登场了?》，上海译文出版社 2011 年版，第 80 页。
② 李泽厚：《实用理性与乐感文化》，生活·读书·新知三联书店 2005 年版，第 163 页。

李泽厚将"人活着"视为哲学的起点。"人活着"是什么意思?李泽厚坚持"人活着"是首要事实,"活着"比"活着的原因"更为根本,因为"活着"是已经成立之事实。它并非由人做出的选择或决定,而是事实。"人活着"这一事实包含活在这个世上并与其他人共存之意,或者如海德格尔所说:"活在世上,与他人同在"。这并非由人自己做出的选择或者决定。"与他人同在",也即"与其他人一起活在这个世界上",简单说就是参与每天的日常生活。"人活着"这一事实与过日子,如吃饭、穿衣相关。① 李泽厚试图将"人活着"这一概念当作哲学的起点,意味着哲学不应该也不能够从个人生活中脱离出来。如此,哲学必须跟人及其生活相关。

李泽厚所说的"人活着"有两层含义,它们反过来跟哲学应该面对的主题或者方向(内容)有关。第一层含义是"人的哲学"②,以人为中心进行哲学主题的讨论;另一层含义则强调"人活着"的历史意义,或者人是历史性存在。另外,李泽厚也认为,"人活着"中的人以及由人类所形成的历史之全部过程,正是所有现象的最终实体(final reality)。

"人的哲学"是什么?李泽厚认为脱离人的哲学是毫无意义的,像宇宙论这样的问题应该由科学而非哲学来处理③。结果,他的哲学总体来说不包含自然本体论的任何因素。他以譬喻的方式提到了现代西方哲学的重要流派,认为现代西方哲学由如下流派主导:"动物的哲学",其中所有价值都被解构,眼前所见一切被认为是真实的;"机器的哲学",泥足深陷于对语言的精准分析技术;"士兵的哲学"(海德格尔意义上的),裹挟着巨大悲伤盲目地朝着死亡奔去④。但是,即使这些哲学流派各自提供了新视角,它们都属于"反哲学的哲学"⑤,无法解决生命中的迫切问题。李泽厚于此提出,哲学应该"为人类",拥抱人性、情感、偶然,或更具

---

① 李泽厚:《实用理性与乐感文化》,第 243 页。
② 李泽厚:《美学四讲》,生活·读书·新知三联书店 1989 年版,第 266 页。
③ 李泽厚:《世纪新梦》,安徽文艺出版社 1998 年版,第 242—243 页。
④ 李泽厚:《实用理性与乐感文化》,生活·读书·新知三联书店 2005 年版,第 165—166 页。
⑤ 同上书,第 166 页。

体地说，人类的命运①。

李泽厚相信哲学面对的是人类的命运。②"命运"是什么？李泽厚的解释是：

> 命不应被解释为"必然性"或者"命定性"……应释为"偶然性"，即每一个体要努力去了解和掌握专属自己的偶然性的生存和命运，从而建立自己，这就是"知命"和"立命"。③

如果哲学要解决的主要命题就是人类命运，那么就不能用科学的方法来研究；这是因为命运无法被规定，也不能被明确观察，更无法找到其法则。相反，命运充满了偶然和主观意志，个体的欲望和情感也起着重要的作用。由此，无法在科学推理的基础上去把握命运的必然性及法则。李泽厚说："哲学是研究人的命运的。所以它才是'人生之诗'，从而具有那永恒的魅力。"④ 他将哲学定义为科学与诗结合的学问，而非简单地是语言学分析或者科学方法论的研究：

> 哲学始终是科学加诗。这个"加"当然不是两种事物的拼凑，而是指具有这两个方面的内容、因素或成分。它有科学的方面和内容，即有对客观现实（自然、社会）的根本倾向作概括领悟的方面，但并非某种科学的经验论证；同时它也有特定时代、社会的人们的主观意向、欲求、情致表现的方面，其中总包含有某些朦胧的、暂时还不能为科学所把握所规定的东西，这东西又总与人的存在或本质、人生的价值和意义、人的命运和诗情纠缠在一起。⑤

---

① 李泽厚：《实用理性与乐感文化》，生活·读书·新知三联书店 2005 年版，第 248 页。
② Zehou Li & Jane Cauvel, Four Essays on Aesthetics: Toward a Global View (Lanham, MD: Lexington Books, 2006), p. 28.
③ 李泽厚：《论语今读》，安徽文艺出版社 1998 年版，第 20 页。
④ Zehou Li & Jane Cauvel, Four Essays on Aesthetics: Toward a Global View (Lanham, MD: Lexington Books, 2006), p. 28.
⑤ 同上。

李泽厚将哲学定义为科学与诗的结合，似乎暗示了哲学同时具有立足于理性的科学特征与扎根于情感的诗歌特征。关键在于这两种特征如何和谐地融合。李泽厚认为过分强调理性会带来"机器的哲学"，而过度强调情感则产生了"动物的哲学"。

"人活着"的另一层重要意义在于人是一种"历史性存在"，而非活着的生理性存在。他的"人的哲学"，立足于一种对抗客观性质（objective nature）、以人或"人类的主体性"为中心及基础的方法。在这里，李泽厚热切地介绍了他独特的哲学体系，也即"人类学历史本体论""历史本体论"，或者"人类学本体论"；在这一体系里，人、历史和本体有内在的相互关联。

本书所讲的"人类的""人类学""人类学本体论"，就完全不是西方的哲学人类学之类的那种离开具体的历史社会的或生物学的含义，恰恰相反，这里强调的正是作为社会实践的历史主体的人类发展的具体行程。它是超生物族类的社会存在。所谓"主体性"，也是这个意思。①

"人类学历史本体论"或者"人类学本体论"中所用的"人类学"一词，并不指人类学或者哲学人类学的一个分支。在这里，李泽厚实际上强调的是作为历史整体的人类发展的具体过程。人的主体性超越了生物学局限。通过这一概念，他提出"人本体"，而非"上帝本体"或者"自然本体"，并称其为"人类学本体论"或者"人类学历史本体论"。李泽厚意识到了"人类学历史本体论"中明显的潜在含义，所以后来将其重新命名为"历史本体论"，以避免与"人类学"一词有关的一些误解。这里提到的历史指人类的历史，而非自然的历史：

> "历史本体论"便只是为了强调以人与自然（外在自然与内在自然）的历史总体行程来作为一切现象包括"我活着"这一体己现象的最后实在。它丝毫不意味脱离开每个"我活着"。如果离开每个"我活着"，又还有什么人类学历史"本体"之可言。所以，所谓"历史本体"或"人类学历史本体"并不是某种抽象物体，不是理式、观念、绝对精神、意识形态等等，它只是每个活生生的人（个

---

① 李泽厚：《批判哲学的批判：康德述评》，人民出版社1979年版，第94页。

体)的日常生活本身。但这活生生的个体的人总是出生、生活、生存在一定时空条件的群体之中,总是"活在世上""与他人同在"。①

哲学的主题是研究人的命运,以及提出诸如"人为什么活着"以及"他/她活得好吗?"这样的哲学问题。但是活着的意义与价值必须以"人活着"这一事实为基础。历史本体论必须以一个活生生的人(个体)的日常生活、而非特定的范式、概念、绝对精神或者意识形态为中心。由此,立足于历史本体论的研究对象被扩展至包括来自全部人类或历史的有血有肉的个体的心理与情感。"人类学历史本体论则从理性开始(人类、历史、必然),以感性(个体、偶然、心理)终。"② 这代表了对始于感性终于理性的传统哲学的颠覆。在此处,历史本体论将心理本体和情感视为作为个体的人的本体。

三 情本体和回归个人

李泽厚认为,人类的命运构成了哲学应该阐释的主要命题。他坚持自己的哲学代表了一种历史本体论,并认为哲学应该回归到"人活着"这样的基本问题上来。他将康德提出的"认识如何可能"这样的问题转化为"人类如何可能",并发展出自己的哲学观。

人类学本体论的哲学基本命题既是人的命运,于是,"人类如何可能"便成为第一课题……它认为认识如何可能、道德如何可能、审美如何可能,都来源和从属于人类如何可能。人类以其使用、制造、更新工具的物质实践构成了社会存在的本体(简称之曰工具本体),同时也形成超生物族类的人的认识(符号)、人的意志(伦理)、人的享受(审美),简称之曰心理本体。理性融在感性中、社会融在个体中、历史融在心理中……有时虽表现为某种无意识的感性状态,却仍然是千百万年的人类历史的成果。③

---

① 李泽厚:《历史本体论》,生活·读书·新知三联书店 2002 年版,第 32 页。
② 李泽厚:《实用理性与乐感文化》,生活·读书·新知三联书店 2005 年版,第 190 页。
③ Zehou Li & Jane Cauvel, Four Essays on Aesthetics: Toward a Global View.

历史本体论是一种尝试，试图以人类数百万年来通过使用工具存活下来的方式，以及通过理性、秩序或者美学而从这些具体活动中形成的经验，来呈现"人类如何可能"的答案。由此出现了工具本体和心理本体的问题。历史本体论由"工具本体"和"心理本体"组成，十分强调工具和个体心理对人类存活的重要性。这两种本体分别沿着人文主义及人性（humanism and human nature）这两个方向发展，代表双本体。

基于以上观点，李泽厚强调心理结构的重要性，清楚地解释了研究它的首要任务："深层历史学（即在表面历史现象底下的多元因素结构体），如何积淀为深层心理学（人性的多元心理结构），就是探究这一本体的基本课题。"① 深层历史学，存在于历史现象之下的多种不同因素，沉淀于心理结构之中。这与文化是如何通过历史沉淀于心理中的文化—心理结构问题有关。

通过历史的融合和积淀而成的文化心理结构，作为只有人类才有的存在形式，是通过文化积淀于自然的生理—心理基础上而形成的一种人性。积淀于这种心理结构之内的有真、善、美的多种因素。② 更确切地说，它们包括了由理性内化而来的认知，由理性凝聚而来的善，以及理性融化而来的美。它们代表一种情理结构，理智和情感以一种复杂的方式交汇其中。这种复杂的情理结构所代表的正是人性或人类心理。从这种人性结构里出现了情本体，与心性本体相对立。

李泽厚并非一开始就使用了"情本体"这一概念。它与别的一些术语，如"心理本体"和"新感性"有关。事实上，这些术语按照时间顺序先后出现。"心理本体"一词最先用到，接着是"情本体"与"新感性"。李泽厚在《美学四讲》中谈到美的概念时说："美感这讲中主要谈的就是'建立新感性'，亦即关系建立情感本体的哲学问题。"③ 从中可见他认为新感性与情本体内容相同。上世纪 90 年代之后，李泽厚开始热切地谈论"情本体"。"情感本体"与"情本体"区别何在？"情感本体"以人及其情感结构为中心，而"情本体"主要关注个体及其日常生活。

---

① Zehou Li &Jane Cauvel, Four Essays on Aesthetics: Toward a Global View, 40. 译注：中文版同上。

② 李泽厚：《实用理性与乐感文化》，生活·读书·新知三联书店 2005 年版，第 19 页。

③ 李泽厚：《美学四讲》，生活·读书·新知三联书店 2008 年版，第 304 页。

李泽厚的哲学方向由此修正为围绕着个体的日常生活世界打转，暗示个体人的日常情感被当作哲学的核心。

但是，情感如何被视为本体？不少人质疑"情本体"这一概念。首先，"情本体"是对"本体"或者"本体论"的批评吗？这可以看作"本体""本体论"的一般性概念与李泽厚观点的不同。李泽厚提到过一系列与本体有关的概念，如历史本体、工具本体、心理本体和情感本体。那么，他是在何种意义上使用"本体"一词的呢？

李泽厚谈了自己关于本体的几点意见，以此回应其他学者的反对。首先，他说："所谓本体即是不能问其存在意义的最后实在，它是对经验因果的超越。离开了心理的本体是上帝，是神；离开了本体的心理是科学，是机器。所以最后的本体实在就在人的感性结构中。"① 他补充说，超越经验因果的本体并非是与现象世界冲突或者背离的超越性物质。那么，本体究竟是什么？"所谓'本体'不是 Kant 所说与现象界相区别的 noumenon，而只是'本根''根本''最后实在'的意思。"② 也就是说，本体存在于现象之中，本体与现象属于同一个世界。从该角度来说，"所谓'情本体'，是以'情'为人生的最终实在、根本。"③ 更准确地说：

> 这个"情本体"即无本体，它已不再是传统意义上的"本体"。这个形而上学即没有形而上学，它的"形而上"即在"形而下"之中……"情本体"之所以仍名之为"本体"，不过是指它即人生的真谛、存在的真实、最后的意义，如此而已。④

对本体和本体论的这种定义，跟中国儒家哲学紧密相关。

在传统哲学中，情（情—感）被认为是纯粹主观的显现或者因应外来刺激而产生的不可控制的激烈感情，因此并未被当作重要的哲学主题来对待。也因此，许多哲学家避而不谈"情"。相较于这种观点，李泽厚提到的"情"是理性化的情，其中理性积淀于情—感之中，跟情或者情—

---

① 李泽厚：《实用理性与乐感文化》，生活·读书·新知三联书店 2005 年版，第 237 页。
② 同上书，第 55 页。
③ 同上。
④ 李泽厚：《该中国哲学登场了？》，上海译文出版社 2011 年版，第 75 页。

感有关的问题跟心理本体有关联。在这里，心理本体不在经验性的、科学的心理之疆域，而是属于哲学领域。另外，心理本体是一个有历史积淀的感性结构。这种感性结构之所以是本体，正因为它已不是生物性的自然存在，而是对有限经验的超越。①

理性积淀到情感之中，意味着来自动物本能的感受被人化了，自然的心理结构变成了人的。因此，情感中有善和理性。这种情与出自盲目冲动或者本能暴露的情不同，因为其中包含着真理和理性。李泽厚又说，这种心理本体沿着三个方向发展：认知或逻辑能力，伦理和道德良知，情感和感性。② 李泽厚在讨论心理本体时强调了"情"的问题。"情"最初属于心理本体范畴。但是，如上所述，"情"最初属于心理本体，而李泽厚将其提升至本体层面。

李泽厚积极肯定真实生活以及个体生活状态的的重要性，出于这一根本意愿，他将"情"提升到了本体的高度。李泽厚在一次访问中被问到："你相信什么？"他回答道："我认为是情感。人生的意义在于情感。包括人与上帝的关系，最后还是一种情感的问题，不是认识的关系。"③ 他批评过度强调社会的客观法则的唯物史观，认为应该对普通的人类个体的生存给予更多注意，与此同时也专注于真实个体如何根据自己的力量承担及决定自己的命运。真实生活中的个人一直是具体的、敏感的、多种多样的。他补充道：

> 这"心理主体"不也就是"本体"所在么？传统哲学经常是从感性到理性，人类学历史本体论则从理性（人类、历史、必然）始，以感性（个体、偶然、心理）终……因为已经没有在此情感之外的"道体""心体"，Being 或上帝了。④

---

① 李泽厚：《实用理性与乐感文化》，生活·读书·新知三联书店 2005 年版，第 236 页。
② "这个人性建构是积淀的产物，也是内在自然的人化，也是文化心理结构，也是心理本体，有诸异名而同实。它又可分为三大领域：一是认识的领域，即人的逻辑能力、思维模式；一是伦理领域，即人的道德品质、意志能力；一是情感领域，即人的美感趣味、审美能力。"李泽厚：《美学四讲》，生活·读书·新知三联书店 2004 年版，第 97 页。
③ 李泽厚：《世纪新梦》，安徽文艺出版社 1998 年版，第 243 页。
④ 李泽厚：《实用理性与乐感文化》，生活·读书·新知三联书店 2005 年版，第 190 页。

李泽厚将情本体从心理本体（文化——心理结构）中剥离出来，逐渐将焦点转移到个体的心理情感上。从20世纪90年代以来，他以情本体为中心，关注个体的生存状况。因此，我们可以看到，他又一次开始对社会群体的情或两德论（即宗教性和现代社会性道德）发生了兴趣。从这个立场来说，情本体的问题并不局限于人类个体，而是扩大和发展到包括整个社会的存在状态。由此看来，情本体的形成，经过了从人类到个体，然后再回到人类的历程。但无论其视角从人类到个体或从个体到人类如何改变，李泽厚哲学中保持不变的是情等同于本体。我们可以据此推测，其哲学的起点及核心在于个体当下活生生的存在。

四 情本体和儒家的"一世界说"

李泽厚说情本体是乐感文化的核心，明确指出它实际上代表了中国儒家哲学的关键点。① 他接着说道："乐感文化以情为体，是强调人的感性生命、生活、生存，从而人的自然情欲不可毁弃、不应贬低。"② 李泽厚说，以儒学为中心的中国文化之特质构成了乐感文化。他在这种乐感文化里发掘了情感哲学，并发展出情本体的新观点：

> 因为西方文化被称为"罪感文化"于是有人以"耻感文化"③（"行己有耻"④）或"忧患意识"⑤（"作易者，其有忧患乎"⑥）来相对照以概括中国文化。我以为这仍不免模拟"罪感"之意，不如用"乐感文化"更为恰当。⑦

与西方罪感文化及日本耻感文化——露丝·本尼迪克特（Ruth Bene-

---

① 李泽厚：《实用理性与乐感文化》，生活·读书·新知三联书店2005年版，第55页。
② 同上书，第79页。
③ [美]赫伯特·芬格瑞特（Herbert Fingarette）是这个思想派别的绝佳例子。
④ 《论语·子路》："行己有耻。"
⑤ 请参考徐复观的著作。
⑥ 《易经·系辞》："作易者，其有忧患乎？"
⑦ 李泽厚：《中国古代思想史论》，安徽文艺出版社1985年版，第309页。

dict）和日本学者提出了这一观点——相比，李泽厚在以儒学为基础确立中国文化特征或精神时寻找乐感文化。《论语》中说："学而时习之，不亦说乎？有朋自远方来，不亦乐乎？"① "夫子发愤忘食，乐以忘忧，不知老之将至。"② 以及"一箪食，一瓢饮，居陋室，回也不改其乐。"③ 这种精神不只是一种观察儒家的方式，更重要的是它已经成为中国人的普遍意识或潜意识，成为一种文化——心理结构或民族性格。因此，"乐"在中国哲学中具有本体的实际意义。④

上述《论语》引文里的"乐"是此世的欢乐，而绝非其他宗教里所追求的死后世界的狂喜。中国儒家哲学家努力去获取的最高目标，即天道、天命和人性，本质上是美学的。它不是科学的、推理的和哲学的，但完全是实践的、情感的和心理的。因此，该目标的最后实现或体认，也即天人合一的过程或者程度，比那些推理的或者哲学的东西更接近宗教实践或经验。李泽厚于此认为，即使儒学并非宗教，它也属于超道德的、等同于宗教经验的最高领域，属于审美领域。儒家的美学意识并不只是简单的感官快乐，它也是心灵的满足或者救度，意味着即人向天的精神回归（spiritual recurrence）。因此，儒家的审美领域可以说不仅是感官的快乐，也是心灵的满足或者救度。⑤

李泽厚有时将情分为不同阶段，并分析每一阶段的宗教层次或经验。他也将审美分为三个层次，即悦耳悦目、悦心悦意和悦志悦神。⑥ "悦志悦神"的审美阶段可以说属于宗教阶段或经验。"这种文化精神以'即世间又超世间'的情感为根源、为基础、为实在、为本体。"⑦ 这就是为什么"乐在中国哲学中实际具有本体的意义"⑧，也是"宗教性的情感"。⑨

构成中国文化特质之一的乐感文化的哲学背景，是"一个世界（也

---

① 《论语·学而》："学而时习之不亦说乎，有朋自远方来不亦乐乎。"
② 《论语·述而》："发愤忘食，乐以忘忧，不知老之将至云耳。"
③ 《论语·述而》："饭蔬食饮水，曲肱而枕之，乐亦在其中矣。"
④ 李泽厚：《中国古代思想史论》，第309页。
⑤ 李泽厚：《实用理性与乐感文化》，第330页。
⑥ Zehou Li & Jane Cauvel, Four Essays on Aesthetics: Toward a Global View, 116—122。
⑦ 李泽厚：《论语今读》，第29页。
⑧ 李泽厚：《中国古代思想史论》，第309页。
⑨ 李泽厚：《实用理性与乐感文化》，生活·读书·新知三联书店2005年版，第185页。

即此世)"的确立。换句话说,既不需要超越此世的形而上学世界或者拥有人格神的宗教,也无必要去获得一个分离的天堂,由此出现了"一个世界"观。李泽厚清楚地表明,代表其哲学核心观点之一的"本体理论",也立足于"一世界说":

  我想澄清一下我如何使用"本体论"(ontology)与"本体"(noumenon)。在西方哲学中这两个词均意义重大,但从中国"一世界说"角度看来,它们便都具有了不同的意义。我们没有"存在"(being)这样的哲学问题,或者现象与本体的不同领域,因为对我们来说不存在两个世界。noumenon 被译为"本体",由"本"(根,起源)加"体"(茎干,身体)构成。"本体论"的字面意义是一种讨论,理论,研究,或者观点,这个合成词在汉语中被用来翻译 ontology。因此,"本体论"并非研究"存在"(being),而是关于事物之本(起源,根源)和体(茎干,身体)的学问。很显然,此种方法从生物的或者历史的,而非形而上学的视角看待物体起源。我认为,人类实践的本和体是"本体",更进一步说,人类情感(主体)和工具(客体)是本体。我称之为"本体论",本体研究,或者历史本体论,强调本体论是关于事物的根源与本质的研究。另外,根据中国的"一个世界说",一切存在跟人类存在相关:因此存在不能跟人类的存在分割开。[①]

李泽厚清楚地表明,本体的概念和法则源自中国儒学所提及的"一世界说"。在此方面,其哲学的核心与"一个世界"说并不违背。他支持建立在"一个世界"基础上的历史本体论和情本体,在那里现象世界与本体世界并不截然两分,也不存在世俗世界与超验世界的分离。在此世界里形成的万千事物都跟人相关,不可分割。很自然地,李泽厚哲学的核心是人类及其历史。哲学毕竟应该回归人的命运和生活、也即"人活着"的基本立场。这点在传统儒家对生活的提升和人性化中,可以清楚地看出来。

---

① Zehou Li & Jane Cauvel, Four Essays on Aesthetics: Toward a Global View, 40.

李泽厚哲学提供的获得情本体的方法之一,就是对真实生命和生活的积极肯定。积极肯定包括摒弃以天堂为中心的宗教。为了寻求灵魂的解脱而否定、抛弃生活、家庭和婚姻,对中国人远非易事。从衣食住行到性、健康、长寿和娱乐,所有的一切都展示出中国文化的情本体特征,人们在通过提升和肯定生命在日常生活中去追求幸福。① 对此李泽厚说:

> 从原始时代起,对死亡、葬礼的活动和悲歌便是将动物性的死亡恐惧予以人化,它用一定的节奏、韵律、活动等形态,将这种本能情绪转化为、塑造为人的深沉的悲哀情感,实际丰富了生命,提高了生命……动物性的本能情欲、冲突、力量转化为、塑造为人的强大的生命力量。这生命力量并非理性的抽象、逻辑的语言,而正是出现在展开在个体血肉之躯及其活动之中的心理情感本体。也正因为此,艺术和审美才不属于认识论和伦理学,它不是理知所能替代、理解和说明,它有其非观念所能限定界说、非道德所能规范约束的自由天地。这个自由天地恰好源于生命深处,是与人的生命力量紧密相联系着的。②

升华和转化本能情感使其人性化,并非是听从超验的神灵的命令。"这种生命力量便区别于动物恋生本能,尽管在生物学上仍以它为基础,但毕竟是彻底地'人化'了。它正是我所说的'情本体'。"③ 在这里理智不能控制感情,但是渗透和沉淀其中。动物的本能,通过理性的渗透和反思,融为一体而不再有理性与欲望的分野。情感本体在所有个体的情感生活都有一席之地,其自身即是最为真诚和基础的存在状态。因此,它不再制造或要求另外一个在真实世界里控制个体的"超验存在"或者一个更为完美的"思想世界"(ideological world)。

五 从"情本体"看儒学哲学传统

李泽厚在建立"情本体"时尽管受到了一些观念的影响,但他的主

---

① 李泽厚:《实用理性与乐感文化》,生活·读书·新知三联书店2005年版,第104页。
② Zehou Li & Jane Cauvel, Four Essays on Aesthetics: Toward a Global View, 151。
③ 李泽厚:《实用理性和乐感文化》,生活·读书·新知三联书店2005年版,第104页。

要观点来自中国哲学尤其是儒家学说。以情本体为基础,李泽厚有效地重新梳理了儒家哲学史。他强调古典儒学的核心是"情";儒家哲学是"珍惜感情的学说",以情为重。李泽厚还试图进一步在巫史传统里发现情本体的根源。

孟子倡导的原典儒家和郭店竹简里有许多关于情的讨论。《论语》中孔子和宰我讨论三年之丧时出现的"于汝安乎?"这句话,① 孟子的"恻隐之心",以及郭店竹简《性自命出》章出现的"道始于情,情生于性"②,都将"情"作为根本和出发点。儒家学者将情看作是人性、甚而是天道生发的基础。即使儒学之"仁"具有理性的、客观的普遍性,它也不是纯粹形式的,不是脱离了感性经验的超越的纯粹形式的思想,而是存在于情感中,通过情感活动表现出来。

孔子或儒学以存在于亲子之间的"孝"来指"仁"。李泽厚认为,宗族血缘关系构成了儒家人道主义确实的社会起源,而孝、悌则是这一起源直接、不经中介的表现。"孝弟也者,其为仁之本与?"(《论语》1.2)"君子笃于亲,而民兴于仁"(《论语》8.2),孝的可能性及必要性植根于人类心理情感之中。③ 这意味着仁爱并非玄奥难及之物,而是开始于我们自身和周围环境。也即是说,完美德行根源于"顺从父母,尊敬长者",而为了向整个社会和国家传播这种德行,君子应该真诚地对待自己的亲族,然后人们会自然地向此德行靠拢。孝悌是父母、子女、兄弟之间的自然情感流露,是人们普遍共有之情。孔子赋予近亲之间的共同情感以普遍的社会意义和功能。其哲学观并非由一套理论组成,而是直接立足于或者诉诸于情感或心理因素,这可被称为"情理合一"的方法:

> 而孝的可能性和必要性却在于心理情感。(子曰:"予之不仁也!子生三年,然后免于父母之怀……予也有三年之有于其父母乎。"《论语》17.21)不诉诸神而诉于人,不诉诸外在规约而诉之于内在情感,这是一种虽朴素却重要的发现。因为,从根本上说,它是对根

---

① 《论语·阳货》。
② 《性自命出》:道始于情,情生于性。
③ Li Zehou & Maija Bell Samei, The Chinese Aesthetic Tradition (Honolulu: University of Hawaii Press, 2010)。

基于动物（亲子）而又区别于动物（孝）的人性的自觉。它是把这种人性情感本身当作最后的实在和人道的本性。这正是孔子仁学以及整个儒家的人道主义和人性论的始源基地。①

孔子以亲子之情（孝）来指称仁。他将亲子之间的自然关系，转化为通过情感的方式达成的所谓"孝"的人性觉醒。这绝非他律的外在约束。三年之丧是礼制，但是孔子认为内在情感比礼制本身更重要，认为后者只对真正孝顺的人才有意义。由此，孔子将礼的外在约束——这种约束排除了人的自然性（spontaneity）和独立决定，反过来导致了无意识的盲目顺从——转化成了内在心理即情感。

秦汉之后，极为孔子所看重的情感被分裂为情和性，后又变为"性善情恶"。宋明以降，"存天理灭人欲"的说法更以道德律令的绝对形态贬斥情欲。到了康有为、谭嗣同以及五四运动时期，也即从明代中期一直到清代末期，又开始积极地肯定情欲，却仍然缺乏哲学论证。李泽厚因而认为情感被掩埋在现代新儒家的道德形而上学之中，②反对以牟宗三为首的现代新儒家是儒学第三期发展，批评他们至多不过是"现代宋明理学"而已。

李泽厚认为"儒家三期说"的失误有两个方面。一是以心性的道德论来概括儒学，失之片面。就此而言，孔子几乎没有谈过"心"和"性"。孟子虽曾谈及，但认为社会和政治问题更为重要。郭店竹简里提到的"心""性"，则并非显著区别于"情"的抽象哲学概念。李泽厚认为，"儒学三期说"以抽象的心性道德作为儒学根本，不仅显著偏离，甚至违背了原典儒家：

> 牟的代表著作《心体与性体》，如同冯友兰的《新理学》一样，都是运用西方哲学的理性框架和逻辑范畴，以理性或者道德为人生根本，构建哲学体系，基本上没有"情"的位置。③

---

① Li Zehou & Maija Bell Samei, The Chinese Aesthetic Tradition, 40。
② 李泽厚：《实用理性与乐感文化》，生活·读书·新知三联书店 2005 年版，第 56 页。
③ 同上。

"儒学三期说"的第二个错误,是抹杀了荀子和以董仲舒为首的汉代儒学。李泽厚认为,汉代儒学的重要性并不在宋明理学之下。而且,他认为汉代儒学影响中国社会和人民的时间更长,至今我们还能感受到其影响。对于李泽厚来说,任何企图抹杀汉代儒学的努力都代表着一种狂妄。① 他反对"儒学三期说",认为儒学有四期。更确切地说,孔子、孟子和荀子所代表的原典儒学是第一期,汉代儒学是第二期,宋明理学是第三期,现在或未来的儒学则是第四期。

李泽厚批评牟宗三的"内圣开出新外王"并未超出宋明理学的范围。② 他认为牟宗三的"内在超越说"充满致命冲突。"内在超越说"一方面遵循儒学传统,否认外在超验的上帝神明,把道德律令建立在"人心即天心"和"人性即神性",即将内在心性作为本体的基础之上:

> (牟宗三)另方面又模拟西方"两个世界"(天堂与人世、理念世界与现实世界、本体与现象界)的架构,将此人"心"、人"性"说成是"超越"的。③

天命、道和天意均与人的情感态度有关,自然的同情和悲悯之心,既是情感的又是心理的。将本不能脱离感性以及感情的"仁""恻隐之心""良知",说成是内在的"超越"(transcendent)或"先验"(transcendental)。因此,这一逻辑无法避免一个巨大矛盾:既要是超验的(与感性无关,超越)又要是经验的(与感性有关,内在),或者说既要是神圣的(上帝)又是世俗的(人间)。④ 甚至从历史的立场来看,牟宗三哲学也跟中国原典儒学永远无法协调。

李泽厚提出了一个创造性观点,即儒家极端重视情感的源头,可被回溯至孔子之前的巫师时代:

> 这有历史和现实两方面的根源。前者我以为与上古巫术仪典有

---

① 李泽厚:《己卯五说》,中国电影出版社1999年版,第2—3页。
② 同上书,第5页。
③ 同上。
④ 同上书,第6页。

关。在原始群体性的巫术仪典中,人心的忠诚敬畏被认作关乎神秘力量的出现与存在,至为重要,否则即渎神致灾……历经久长岁月的理性化,与原始巫术仪典的外在方面演化为繁复的礼制系统(《礼仪》《周官》)的同时,其内在方面对心灵忠诚敬畏的讲求,便演化为原典儒学如竹简这种对"心""性""情"的分析研讨和理性阐释……周公"制礼作乐",完成了外在巫术仪典理性化的最终过程,孔子释"礼"归"仁",则完成了内在巫术情感理性化的最终过程……巫术仪典的直接理性化……产生的是情理交融。①

李泽厚强调,巫史传统是中国哲学的历史起源之一。虽然儒学理性化了巫术,但是它仍然保持了巫术的传统。例如,围绕着祖先崇拜,儒家要求在祭祖时要真诚和热诚。巫史传统形成了儒学的深层心理结构,而且,它将理性与情感或欲望混合一处,而不过多强调任何一方。李泽厚认为情的起源可溯回巫史传统,看起来进一步强化其哲学体系。

上述观点有助于我们更为深刻地理解《论语》中提及的"敬"和"庄"的意思。"敬"和"庄"的概念最初来自于对鬼神、天地、祖先的巫术礼仪,其中有内涵浓厚而强烈的情感成分。《论语》和儒学虽然把它们世俗化和理性化了,却又仍然保存着宗教性传统的情感特征。②"敬"是一种内在态度,是在礼乐仪式过程中,必然和必需培育的某种恭谨畏惧的心理状态和感情。孔子将内在心理情感和状态放在首要位置,认为它才是本体的人性,即人道的自觉意识。他指出,如果没有这种人性的自觉,即使神圣的"礼乐"传统也只是一堆毫无价值的外壳、死物和枷锁。③

李泽厚明确以"情本体"为儒学核心,关注巫史文化和"情本体"之间的关系。远古巫史文化使宗教和政治在中国未能独立发展,而是形成了以具有神圣巫术——宗教品格性能的礼制(亦即氏族父家长制下的伦理血缘关系和秩序)为基础的伦理、宗教、政治三合一的上层建筑和意识形态。李泽厚认为,这导致了儒家的道德原则和政治完全渗透神圣的宗

---

① 李泽厚:《世纪新梦》,第 205—206 页。
② 李泽厚:《论语今读》,第 18 页。
③ Li Zehou & Maija Bell Samei, The Chinese Aesthetic Tradition, 41。

教感情却也同时被笼罩其下。理性化的情感，始于殷商的"畏"，经过周代的"敬"，发展为孔子的"仁"，成为儒学的主要特征。此后，它不断发展并被普遍化为汉儒的宇宙规律和宋儒的道德律令。情感（仁、爱）成了"天心""天理"的本体所在。情感本体或者特征始终是儒学的内在魂灵。因此，儒学的核心观点是"情本体"，不是天本体、气本体、理本体、心本体或性本体。① 这似乎是李泽厚最后得出的结论。

另外，把巫史传统中的宗教感情当作情本体的起源，由此可以更为清晰地理解与两种道德的宗教伦理、以及儒学的半宗教、半哲学特征相关的问题。

六 结语："命运的哲学"和"哲学的命运"

说"命运的哲学"会让不少人想起算命，而实际上一些人也确实把哲学和算命看作一回事。但此处所说的"命运的哲学"，来源于李泽厚认为哲学处理的是人类命运这一说法，内含"研究人类的命运是哲学的功能"之意。后者，即"哲学的命运"与当前哲学所处的位置与状况密切相关，也即"哲学将走向何方"。这两个问题有什么联系？它们之间存在着什么样的互相联系呢？

李泽厚一直主张，如果脱离人类而存在，哲学将毫无意义。他相信哲学应该探索人类及其命运。他认为哲学的主题应该是"人的哲学"，包括对人性、情感、偶然，以及更为具体的"人类命运"的研究。他后来将"人的哲学"以外的哲学称为"动物的哲学""机器的哲学"和"士兵的哲学"。李泽厚也曾这样批评牟宗三："大都是纯学院式的深玄妙理、高头讲章，至今未能跨出狭小学院门墙，与大众社会几乎毫无干系。"② 这一批评，清楚地表现了哲学的当前状况。

哲学走向何方？换句话说，哲学有立足之地吗，或者其未来很难去预测？简单地说，这可说是哲学正在面临的危机。当街头巷尾哲学（street philosophy）变为讲坛哲学，哲学家建立起高耸的围墙不跟普罗大众沟通

---

① 李泽厚：《论语今读》，第 79 页。
② 李泽厚：《己卯五说》，第 11 页。

时，哲学的危机就到来了。当陷身于象牙塔里的哲学充满了理论辩论时，它也同时被其邻人抛弃，因为它沉思邻人幸福及世界的智慧之眼，已经渐趋衰颓了。

李泽厚认为，哲学的功能，只在启悟。所以哲学强调的是智慧。[①] 他说："哲学主要是提供某种对世界和人生的看法、角度、眼界或思路，从而可能给人提供某种生活和心灵的境界。"[②] 这意味着哲学首先应该回到其基本前提，即"人活着"。

李泽厚的"情本体"显然意义重大，不仅在于它寻求将哲学的焦点从对未有生命之先和死后的问题的讨论转换到活着的人身上，也在于他努力将之作为哲学的主题。这种哲学不应被视为一种从反理论到理论（counter-theory to theory）的发展，而应认为它改变了哲学的焦点，将"人活着"作为本体。在此意义上，他的"情本体"应被看作是回归到哲学自身，而不是反哲学。尤其是，他将哲学定义为诗加科学，吸引人们注意超越哲学之无情这一主题，而这又反过来激发了"命运的哲学"和"哲学的命运"这样的话题。

---

① 李泽厚：《实用理性和乐感文化》，生活·读书·新知三联书店 2005 年版，第 148 页。
② 同上书，第 149 页。

崔致远《〈天符经〉解》与鞠曦《〈天符经〉解要》之比较
——兼论《崔致远思想和作品研究》一书的治学问题

孙铁骑（白城师范学院政法学院）

《天符经》是韩国古代经典文献，内含韩国先民对天地自然与生命之道的深刻理解，其思想与中国传统儒道哲学的生命之道具有本质相通之处，可证中韩文化之间的互相交流与紧密联系。崔致远是晚唐时期进入中国学习的新罗诗人，在深入学习中国儒释道文化的基础之上对《天符经》进行了注解，即崔致远的《〈天符经〉解》[①]，其注解运用中国传统的儒释道思想对《天符经》进行再解释，并没有属于崔致远自己的超出于中国传统儒释道思想之上或之外的理论创制。鞠曦则是当代中国著名民间学者、长白山书院山长，其以"时空统一论"贯通中西哲学，以易学贯通儒道哲学，从《易经》文本义理中外化出"形而中论"哲学体系。正是在"时空统一论"与"形而中论"的基础之上，鞠曦对《天符经》进行了点校与注解，形成了《〈天符经〉解要》[②]一文，其"解要"是以正本清源的儒道哲学为基础，以自己的"时空统一论"与"形而中论"为直接理论根据给出《天符经》注解，所以这一"解要"是一种当代化的理论解读，虽其话语方式是文言，但其学理展开却是鞠曦哲学的理论表达。故鞠曦的《〈天符经〉解要》与崔致远的《〈天符

---

① 见后文附录一：崔致远：《〈天符经〉解》。
② 见后文附录二：鞠曦：《〈天符经〉解要》。

经〉解》无论在学理依据还是在话语表达形式上都具有明显不同,但方晓伟的《崔致远思想和作品研究》①(以下简称"方书")一书却张冠李戴,将鞠曦的《〈天符经〉解要》这一中国人的研究成果移花接木于崔致远名下,替韩国古人崔致远剽窃中国当代学者鞠曦之学术成果,既让崔致远蒙羞,又让鞠曦受到非法侵权,性质恶劣,不可不辨。故本文先对崔致远的《〈天符经〉解》与鞠曦的《〈天符经〉解要》进行对比研究,以揭示其理论不同与学理差异,再论"方书"的治学问题。

一 崔致远《〈天符经〉解》与鞠曦《〈天符经〉解要》的学理差异

崔致远的生存年代是中国唐代晚期,其文化身份是诗人,虽饱读诗书而对中国传统的儒释道思想都有所理解和把握,但要说其是有多大造诣的思想家又似乎缺少有力证据,故其对《天符经》的注解并没有一定宗旨,而是随文赋义,儒释道思想杂揉兼用又不统一,从而其《天符经》注解存在义理不通与宗旨不一就是自然之事。而鞠曦是当代学者,其学术身份是哲学家,且对中西哲学具有正本清源与一以贯之的研究,从而其对《天符经》的注解是一种系统性的哲学阐释,其注解出来的《〈天符经〉解要》具有与中国传统儒道哲学一致的生命哲学体系。所以崔致远《〈天符经〉解》与鞠曦《〈天符经〉解要》具有重大的学理差异,具体体现在如下几个方面:

(一)对《天符经》原文的点校差异

崔致远《〈天符经〉解》对《天符经》的点校版本如下:

一始无始。一析三。极无尽本。天一一,地一二,人一三。一积十矩。无匮化三。天二三,地二三,人二三。大乾合坤,生七八九。运三四,成环五,七一妙衍。万往万来,用变不动本,本心本太阳,

---

① 方晓伟:《崔致远思想和作品研究》,广陵书社2007年版。

昂明。人中天地一一终，无终一。①

鞠曦《〈天符经〉解要》对《天符经》的点校版本如下：

> 一始无始。一析三。极无尽本。天一一，地一二，人一三。一积十矩。无匮化三。天二三，地二三，人二三，大三合六，生七八九。运三四，成环五，七一妙衍。万往万来，用变不动。本本心，本太阳，昂明人中。天地一一，终无终一。②

从两个点校版本的比较可知，其差别有两处：一处是文本差异，崔注的"大乾合坤"在鞠注中为"大三合六"，此为二人文本引用的差异，并不能说明二者注解中的根本学理差异；另一处则是点校断句的差异，即崔注中的"用变不动本，本心本太阳，昂明。人中天地一一终，无终一。"在鞠注点校中断句为"用变不动。本本心，本太阳，昂明人中。天地一一，终无终一。"这一点校断句的差异就彻底改变了二人对《天符经》理解的基本思路，说明二人是基于不同的学术背景与思想理路对《天符经》文本进行了不同的学理解读，从而会产生不同的义理解读，也就说明崔致远的《〈天符经〉解》与鞠曦的《〈天符经〉解要》是两个完全不同的《天符经》注解本，根本不可混为一谈。

（二）对《天符经》注解的逻辑起点差异

《天符经》第一句"一始无始"是整部《天符经》思想展开的逻辑起点，怎样理解"一始无始"决定着对整部《天符经》思想解读的脉络基础，而崔致远与鞠曦对此"一始无始"的解读具有完全不同的思维视角与理论背景，从而也给出完全不同的理论解读。崔致远注解"一始无始"为：

---

① 鞠曦：《〈天符经〉〈天符经解〉点校》，长白山书院网站：http://www.cbsrudao.com/html/thought/philosophy/51.html

② 鞠曦：《〈天符经〉解要》，长白山书院网站：http://www.cbsrudao.com/html/thought/philosophy/52.html

一者，太极也；无始者，无极也。太极始于无极，故曰："一始无始"。①

崔致远将"一"解释为"太极"，而将"无始"解释为"无极"，"太极始于无极"，似乎已有了后世周敦颐与朱熹"无极而太极"的思想雏形。既然"太极始于无极"，那就是"无极"比"太极"更本源，从而"无极"也就应当是其思维的逻辑起点，也就是"无"比"一"更根本。但在《天符经》的文本展开中，明显以"一"为逻辑起点，"一析三""一积十矩""天一一，地一二，人一三""七一妙衍""天地一一，终无终一"等，无不以"一"为逻辑起点。故崔致远在事实上也是以"太极"为逻辑起点，而不是以"无极"为逻辑起点来解读《天符经》。故"无极"概念在崔致远整个《天符经》解读之中并没有实质意义，从而其以"太极始于无极"解释"一始无始"存在着义理不通。

而崔致远在注解"一积十矩"时，又对"无极"与"太极"给出了另一种佛学解释，产生了更大的学理问题。他注解说："无极，则金刚般若真如之先天也。太极，则阿赖耶识。天地人物，皆因此识而落于后天。"在此解读之中，"无极"既然为先天真如，那自当为万事万法生发、存在之前提与基础，但崔致远并没有用此"无极"之先天真如作为逻辑起点展开后面的解释，而是仍然以作为"阿赖耶识"的"太极"为逻辑起点展开自己的解释。而"阿赖耶识"作为佛学唯识论中的"八识"之一，只能属于哲学认识论概念，而不是存在论概念。而"天地人物，皆因此识落于后天"则是存在论表达，无论"阿赖耶识"如何清净高明，也只能认识世界而已，其如何能使"天地人物，皆因此识而落于后天"呢？更不要说如何以此认识论之"阿赖耶识"而达于存在论之"一析三""一积十矩""七一妙衍"等问题，都是崔致远以此"太极"为逻辑起点的《天符经》注解所无法合理解释的问题。

鞠曦的《〈天符经〉解要》具有与崔致远完全不同的思想理路与致思起点，其注解《天符经》的逻辑起点是作为中国儒道哲学本体论的生生之道，而不是崔致远的"太极"与"无极"。鞠曦注解"一始无始"为：

---

① 见本文附录一。

> 一始者，道之生也。无始者，生于无也。一始无始者，道生于无也。故：一始无始。①

"道生于无"，道为一而生万物，从而为后文的"一析三""一积十矩""七一妙衍"等打开哲学理路，都能得到合理的解释，使整个《天符经》八十一字贯通于"道生于无"的逻辑起点之中，一以贯之，完整统一。不只如此，在"道生于无"的逻辑起点中，"无"只是万物与现实生命存在的理论与思维背景，生命的现实操作与天地万物的生发长育皆由"道"开始，故而中国哲学之道不是一个抽象的解释学的概念表达，而是具有可操作的现实路径的存在论概念。只有以"道"为始点，才能揭示《天符经》不只具有言说天地万物如何化生的解释力，而且具有指导现实生命如何"运三四，成环五，七一妙衍"以修炼生命的实践指导力。而鞠曦给出此逻辑起点的理论根据则是以《易经》为核心的儒道会通研究，儒道哲学共同承诺着"穷理尽性以至于命"的终极价值追求，并具有本质一致的生命修炼之道，以之为据才揭示出《天符经》所具有的深刻哲理。

（三）对《天符经》注解的学理依据差异

崔致远的《〈天符经〉解》以道家思想为主轴，同时也运用了儒家与佛家思想，但其对三家思想的运用并没有一以贯之，只是随文赋义，对《天符经》各句文本进行或为道，或为儒，或为佛的解释。如上文引用的其以"无极"为"金刚般若真如之先天"，以"太极"为"阿赖耶识"，就是对"无极"与"太极"两个概念给出的佛学解释。他将"万往万来，用变不动本"注解为"诚意、正心、修身等事也"②，将"本心本太阳，昂明"注解为"济［齐］家、治国、平天下等事也"③，则是以儒家思想给出的解释。这种兼用儒释道的注解方式在解释学上没有问题，但问题是这种不同的解释方式之间能否一以贯之，其所运用的儒释道之义理是否有

---

① 见本文附录二。
② 见本文附录一。
③ 同上。

统一宗旨，是否能够形成对《天符经》义理的一以贯之的整体解读。而崔致远显然没有做到这一点，前文已经指明其对"无极""太极"的道学与佛学解读之间具有不可通约的矛盾，其对儒家思想的运用也是如此，只是将"万往万来，用变不动本"解释为"诚意、正心、修身"之事，将"本心本太阳，昂明"解释"济［齐］家、治国、平天下"之事，这种儒家思想的解读与前文的道学与佛学解释之间又是一种什么关系呢？在这种解释中，三家思想是明显分裂的，并没有形成一以贯之的义理解释。故如此注解的《天符经》就缺少一种内在思想逻辑的统一性，各句文本的义理解读都在跳跃之中，不能说明《天符经》是一套义理完备的韩国经典。

鞠曦《〈天符经〉解要》的学理依据也是以传统的儒道哲学为据，但其对儒道哲学的理解却不是对传统儒道经典文本的直接运用，而是从以《易经》为宗的传统儒道经典中外化出"形而中论"的现代哲学体系，"形而中论"又与其贯通中西哲学的"时空统一论"相贯通，从而以之为据展开对《天符经》一以贯之的思想解读。

"形而中者谓之人"是"形而中论"的核心命题，而形而中之人由"生生之道"给出，其终极价值追求就是"穷理尽性以至于命"，故"生生之道"与"理、性、命"等范畴都是"形而中论"的核心范畴。在一以贯之把握"形而中论"这一儒道哲学的整体脉络与核心宗旨的基础之上，可以发现《天符经》同样内含着"形而中论"的思想体系，同样承诺着"穷理尽性以至于命"的价值追求与具体可操作的哲学路径，故可以根据"形而中论"对《天符经》进行一以贯之的思想解读。从而鞠曦的《〈天符经〉解要》以生生之道为逻辑起点，将"理、性、命"等概念一以贯之于《天符经》的全部解读之中，无论从概念范畴的运用、学理系统的展开，还是思维逻辑的统一，都能一以贯之，系统完备，揭示出《天符经》具有完整的哲学体系与深刻的生命哲学内涵。故鞠曦自言："余根据'时空统一论'与'形而中论'，对西方'哲学的终结'的原因进行推定，把'自以为是'归结为哲学的根本问题，把'时空'归结为哲学的基本问题，把'穷理尽性以至于命'归结为哲学的核心问题，以上三个问题的中和贯通，以'和中为是'解决了西方哲学的思维与存在的关系问题，步出了西方'哲学的终结'。余之研究表明，《天符经》自在地解决了哲学根本问题、基本问题与核心问题,完全符合"和中为是"的思想原理。《天符经》以本体论与主体论的中和统一实现了"穷理尽性以至于命"的理论承诺。①

二 两个《天符经》注解版本的不同时代意义

《天符经》只有 81 个字,言简意赅,古奥难懂。虽然韩国思想史与学术界将之视为韩国文化的核心经典之一,但此八十一字内含怎样的哲学理路与思想内涵却非清晰准确。对《天符经》的思想高度与学理地位的重视与认知也是经历了一个长期的发展过程,"在韩国历史上,以文字形式记载《天符经》的记录最早出现在高丽僧一然的《三国逸事》里。其后,因为高丽和朝鲜的事大主义的影响,民族精神被当作是低贱的,所以《天符经》也开始逐渐被人们遗忘。直到1911年桂延寿把《三圣记》《檀君史记》《北夫余记》和《太白逸事》合起来,以《桓檀古记》的书名出版了之后,《天符经》重新受到人们重视。"② 而在这一对《天符经》的发现与认知过程中,生活在中国晚唐时期的崔致远做出了不可磨灭的文化贡献。因为"上古史载,《天符经》由檀君王俭以鹿图文字传世。三千年之后的新罗时代,由孤云崔致远刻于妙香山石壁。之后,至朝鲜王朝时代,道人桂延寿发现了由八十一字组成的《天符经》。"③ 崔致远作为少年入唐,长而进士及第,在唐朝居官多年,饱读诗书,经历丰富,对儒释道思想皆有研究的韩国学者,以自己的丰富学识认识到《天符经》内含高深的学理思想,故将之刻在妙香山石壁之上,并为之注解,留下《〈天符经〉解》一文,使《天符经》的经典地位与学理价值得以被后人所重视,直至当代。

站在今天的时代坐标上,我们可以发现崔致远注解《天符经》的意义不在于其如何深刻地把握了《天符经》的思想要旨,也不在于其对

---

① 《〈天符经〉的思想与现代意义——以哲学和生命科学为论域》,长白山书院网站:http://www.cbsrudao.com/html/thought/philosophy/54.html
② 李景浩:《韩国大徐教的哲学思想初探——以〈天符经〉和〈三一神浩〉为中心》,延边大学硕士学位论文,2007年,第15页。
③ [韩]姜孝信:《经益檀典》,韩国一中社,1998年第2版,第3页。

《天符经》的注解是否合于其所运用的儒释道之学理，而在于其以自己的注解向世人证明了《天符经》具有高深的学理，应当作为韩国文化的精华而传承下去。也许，没有崔致远将《天符经》刻于石壁之上，《天符经》经文就可能失传，起码不会有崔致远这个版本的传承；没有崔致远对《天符经》的注解，可能其后的韩国思想史就不会有人重视这仅仅81个字的《天符经》而深入研究它。故崔致远的《〈天符经〉解》具有极高的思想史意义，可以作为《天符经》思想发展史中承先启后的一位代表人物与著作，其历史文化地位必须得到重视。但站在当代《天符经》思想研究的理论地平之上，崔致远的《天符经》注解显然具有诸多义理不通之处，其话语表达与理论阐释更与现代人的哲学理性思维无法相通，故而以崔致远的《〈天符经〉解》为据，很难理解和把握到《天符经》的本真义理与思想精义，这也是韩国的《天符经》研究始终没有重大突破的重要原因。

而鞠曦的《〈天符经〉解要》则完全是现代人的哲学解读，其话语方式虽然是文言，但其思想理路却完全是符合现代哲学理性的逻辑表达，其思维方式完全是现代哲学的理性思维，其运用的概念范畴与论证逻辑完全遵从理性的逻辑规范与要求，可以为现代人理解和把握。而且鞠曦的注解以自己贯通中西哲学的"时空统一论"与从《易经》哲学中外化出来的"形而中论"为据，对《天符经》81字进行一以贯之的哲学解读，使《天符经》内含的哲学体系与思想逻辑外化出来，形成一套完备的《天符经》生命哲学体系，而此体系与中国传统的儒道哲学一体贯通，可以认为《天符经》是中国传统儒道生命哲学的韩国化表达。如此，鞠曦《〈天符经〉解要》的文化意义就在于其为当代中韩两国的《天符经》研究打开了通往现代理性之门，《天符经》古奥难解的81字可以用现代哲学的理性范畴进行一以贯之的现代哲学阐释，使现代人可以真正理解和把握《天符经》的深刻义理。

但理解鞠曦注解的《〈天符经〉解要》也存在另一种理论困难，那就是鞠曦的注解是以自己的"时空统一论"与"形而中论"哲学体系为据，受众面较小，从而造成传播障碍。虽然这两套哲学体系并不是鞠曦个人的私意独创，而是其在贯通中西哲学史的基础上总结出"时空统一论"的哲学本质，又从以《易经》为宗的儒道哲学中外化出"形而中论"的中国哲学特质,但没有深入研究过这两套哲学体系的思想者还是很难将之与中西哲学史完美贯通起来。因为呈现在世人面前的中西哲学史都是充满斗争和分歧的思想矛盾史,而"时空统一论"与"形而中论"则对中西哲学史进行了正本清源,既可贯通中西哲学史,解释哲学史中各种分争与矛盾,又独立自足,圆融自恰,其理论高度远在通行哲学系统之上,故不进行一番深入研究,很难深入理解和把握。而不能深入理解和把握鞠曦的两套哲学体系,就不能深入理解和把握鞠曦的《〈天符经〉解要》,这是横亘在当代学人面前的一座高山,也是理解《〈天符经〉解要》的最大障碍。

总而言之,崔致远《〈天符经〉解》的文化意义属于历史,是思想史研究不能遗忘或绕过的重要环节,我们应当给予极高的尊重;而鞠曦《〈天符经〉解要》的文化意义则属于现代,是当代研究《天符经》义理的突破口,我们应当给予极大的重视。在当代中韩学术界,在既有的《天符经》研究层次上,欲突破《天符经》研究的文化瓶颈,深入挖掘《天符经》的现代意义与时代价值,只能从鞠曦的《〈天符经〉解要》入手,此为当代《天符经》研究的大道坦途,中韩学术界当正视之、重视之!

三 方晓伟《崔致远思想和作品研究》一书的治学问题

上文对崔致远《〈天符经〉解》与鞠曦《〈天符经〉解要》的比较分析意在澄清一个事实,那就是崔致远的《〈天符经〉解》与鞠曦的《〈天符经〉解要》完全是两个不同的注解版本,具有完全不同的学术理路与学术价值,在当代的《天符经》研究中,鞠曦的《〈天符经〉解要》具有更加重要的现实价值。而在当代中国的崔致远研究中却存在将二者混淆,将鞠曦的《〈天符经〉解要》标注为崔致远的《〈天符经〉解》进行出版发行的严重问题。犯下如此错误的就是方晓伟著述的《崔致远思想和作品研究》,该书自言"是一部目前国内不多见的对晚唐时代的新罗入唐诗人崔致远进行系统研究的著作。作者从大量中韩文献史料的重新整理、排列和组合入手,用自己的眼睛和心灵去感受、去解读崔致远的人生轨迹,解读其作品的文本意蕴,从而达到与崔致远进行平等对话和交流的目的。"① 但正是这样一本对"崔致远进行系统研究的著作",却将鞠曦的《〈天符经〉解要》全文标注为"后裔孤云崔致远识",以"《天符经》解"为题目,附录于其书的第六章第二节文末②。

"方书"第六章标题为"崔致远与晚唐'三教调和'的宗教时尚",此标题下的第二节标题为"崔致远和中韩道教文化"。"方书"认为"崔致远对于韩国道教文化的重大贡献,首先在于他对《天符经》的发现和重新阐释"③,而其行文中引用的《天符经》原文:"一始无始。一析三。极无尽本。天一一,地一二,人一三。一积十矩。无匮化三。天二三,地二三,人二三,大三合六,生七八九。运三四,成环五,七一妙衍。万往万来,用变不动。本本心,本太阳,昂明人中。天地一一,终无终一。"④却完全是鞠曦《〈天符经〉解要》的点校本,而前文已经论述,崔致远《〈天符经〉解》的点校本与鞠曦《〈天符经〉解要》的点校本有很大不同。也就是说,"方书"是首先将鞠曦点校的《天符经》原文当作崔致远点校的《天符经》原文,然后又依据此鞠曦点校的《天符经》原文来展开对崔致远《天符经》思想的论述。⑤ 而其文末的附录又将鞠曦的《〈天符经〉解要》全部当作崔致远的《〈天符经〉解》附录于后,可见其对崔致远《天符经》思想的全部解读都是以鞠曦的《〈天符经〉解要》为据展开的。也就是说,此书中对崔致远《天符经》思想的评述实质是对鞠曦《天符经》思想的评述,尽管其评述的理论高度与深度,甚至准确度都有待商榷,仅在学术道德与规范的标准上,其已经对鞠曦的学术成果构成了严重侵权。在另一方面,如此作品也是对其研究对象崔致远的不负责任,经过张冠李戴后的崔致远研究著作又有什么实质意义与价值呢?研究的文本不是崔致远的文本,研究的思想也不是崔致远的思想,又怎么能称得上"崔致远思想和作品研究"呢?当真是滑天下之大稽,如此严重的学术错误实乃当代中国学术腐败与堕落的一个典型案例。

反思"方书"发生如此错误的原因可能有二,无论哪种原因都证明

---

① 方晓伟:《崔致远思想和作品研究》"内容简介",广陵书社2007年版,封二。
② 方晓伟:《崔致远思想和作品研究》,广陵书社2007年版,第175—176页。
③ 同上书,第171页。
④ 同上。
⑤ 方晓伟:《崔致远思想和作品研究》(内容简介),广陵书社2007年版,第171—176页。

其存在严重的治学问题：

一种可能是"方书"在资料收集中存在信息误读，将鞠曦的《〈天符经〉解要》误认为崔致远的《〈天符经〉解》而加以引用。如果是如此情况，则说明该书作者治学态度不严谨，随意运用文献资料，缺乏有效考证。尤其在完全引用鞠曦的《〈天符经〉解要》的文末，又加注一个"后裔孤云崔致远识"①，给人更加重了一种有意剽窃的感觉。同时这也说明作者学术水平低下，思想理论素养不高，将现代人的古文注解错认为古人所注，既使古人崔致远蒙羞，又使现代人鞠曦权益受侵。

另一种可能的性质将更加严重，那就是方晓伟有意将鞠曦的《〈天符经〉解要》篡改为崔致远的《〈天符经〉解》，以利于自己的理论评述，因为鞠曦的《〈天符经〉解要》相对于崔致远的《〈天符经〉解》显然更加系统完备，易于理解，与现代人的哲学理性思维相符。如果是如此情况，那就意味着这不只是作者的学术态度与学术水平问题，更是其学术道德与学术法制的问题。

但无论哪种情况，《崔致远思想和作品研究》一书的治学问题都已形成，其不良影响都已产生，其作者方晓伟都应当承担起应负的责任，减小和消除此书的不良影响。而中国学术界也应当引以为戒，不要小视民间的学术力量与学术成果，应当尊重和推动民间学术的发展。

附录一：《天符经解》 新罗 崔致远 经解

《天符经》八十一字神诀，神诀字虽八十一，万法具备。

一始无始：

　　一者，太极也；无始者，无极也。太极始于无极，故曰："一始无始。"

一析三：

---

① 方晓伟：《崔致远思想和作品研究》，广陵书社2007年版，第176页。

太极分而为天、为地、为人也。故曰："一析三。"

极无尽本：

虽分三才，太极依旧自在也。故曰："极无尽本。"

天一一，地一二，人一三：

天得一而为第一，地得一而为第二，人得一而为第三也。故曰："天一一，地一二，人一三。"

一积十矩：

无极，则金刚般若真如之先天也。太极，则阿赖耶识。天地人物，皆因此识而落於后天。生生死死，四生之途，轮转不息。天一生水，地六成之，居北。地二生火，天七成之，居南。天三生木，地八成之，居东。地四生金，天九成之，居西。天五生土，地十成之，居中也。故曰："一积十矩。"

无匮化三：

已落后［天］，三才万物，生成不息，变化无穷也。故曰："无匮化三。""匮"，乏也。

天二三，地二三，人二三。大乾合坤⑤，生七八九：

二，阴数［也］；三，阳数［也］；天地人，皆有阴阳也。故曰："天二三，地二三，人二三"。

后天乾坤配合，［化］生一白水、二黑土、三碧木、四绿木、五黄土、六白金、七赤金、八白土、九紫火；排铺九宫，运化无穷也。故曰：

"大乾合坤,生七八九。"

  气具大略,以上。(上述之道,要略言之,气具一统,运化所成也。)三才万物,分裂之像也。(三才万物,分裂之像,气化成形也。)

运三四,成环五,七一妙衍:

  归根复命,真一之大道[也]。运三木之日,四金之月,入中结丹;五土七火一水,妙合[而]凝。无量广劫,得大自在也。千千万万世,长生不死之大道,成仙成佛之真诀。惟此一法,更无它术也。故曰:"运三四,成环五,七一妙衍"。

万往万来,用变不动本,本心本太阳,昂明:

  诀中秘旨,口口相传,不记于文;故,不遇真师,莫能知之。欲闻秘旨者,正心修戒,至诚发愿,心有真师,下教矣。以上(上述之道),诚意、正心、修身等事也。故曰:"万往万来,用变不动本"。

"本心本太阳,昂明"以上(之道),济[齐]家、治国、平天下等事也。

人中天地一一终,无终一:

  至戌亥之会,天地人物,莫不坏灭。无终者,惟此真一也。故曰:"人中天地一一终,无终一"。道家之守中抱一者,此也;佛家之万法归一者,此也,犹未乃也。至於三年乳哺,九年面壁,至於无极以后,了当也。

    后裔 孤云 崔致远 识

附录二：《天符经》解要　长白山书院山长　鞠曦

1. 《天符经》点校：

　　一始无始。一析三。极无尽本。天一一，地一二，人一三。一积十矩。无匮化三。天二三，地二三，人二三，大三合六，生七八九。运三四，成环五，七一妙衍。万往万来，用变不动。本本心，本太阳，昂明人中。天地一一，终无终一。

2. 《天符经》解要：

一始无始：

　　一始者，道之生也。无始者，生于无也。一始无始者，道生于无也。故：一始无始。

一析三：

　　一始为道，道生三才，天地人也。故曰"一析三"。

极无尽本：

　　无尽为极。三才之极，道也，道之所尽，无也。本体无尽，有尽于无。故曰"极无尽本"。

天一一，地一二，人一三：

　　一者，道之生也。道生一为天，是谓"天一一"；道生二为地，是谓地一二；道生三为人，是谓人一三。道生一，一生二，二生三，三生万物。故曰："天一一，地一二，人一三"。

一积十矩：

　　无中生有，由一而积。上下四方，居中者一，合而为九，积而为十。先天后天，流转不已。故曰："一积十矩。"

无匮化三：

　　匮，柜也。柜之所匮，中也。中也者，天下之大本也。中无所无，道化三才。故曰："无匮化三。"

天二三，地二三，人二三。大三合六，生七八九：

　　道化三才，两仪阴阳。天之三才，日月星也；地之三才，水火风也；人之三才，神气精也。"大三合六"，运化之道也。道化三才而有五运六气，运五脏化六腑，神与气精中和。"大三合六"，卦之数理也。天之二爻谓天，地之二爻谓地，人之二爻谓人，六爻中和而成卦也。"生七八九"，三才数理也。天道四方七宿，地道七政八方，人道七损八益，三才中和，而成八卦九宫。故曰："天二三，地二三，人二三。大三合六，生七八九。"

运三四，成环五，七一妙衍：

　　穷理尽性，人道形中，三才四象，五行相生。任三督四，冲任环中，道法自然，尽性知命。承泣、膻中、气海谓之任三；尾闾、命门、夹脊、玉枕谓之督四；三四所运，子午之用，练精化气，任督逆行。冲带化中，卯酉自行，练气化神，环五所成，运三四和而为七，成环五化而为一。七一妙衍而五气朝元，三花聚顶而练神还虚。故曰："运三四，成环五，七一妙衍。"

万往万来，用变不动。本本心，本太阳，昂明人中：

时空流逝，大化流行。勤而修之，不离其中。道行所本，心主神明，阳明藏神，空时化人。形而中者谓之人，形而中主体之谓神，神而明之存乎其人。黄中通理，美在其中，练虚合道，昂明人中。故曰："万往万来，用变不动。本本心，本太阳，昂明人中。"

天地一一，终无终一：

道化天地，中和统一。神形中和，终无终一。所为无为，中和无终。道尽一本，始一无一。故曰："天地一一，终无终一。"

儒教共同体与积极的被动性

——以茶山（丁若镛）二律背反的儒教共同体论为中心

全圣健

（韩国国立安东大学东方哲学系）

一 绪论

纵观朝鲜儒学史，茶山（丁若镛 1762—1836）可以说是能够代表所谓"经世致用、利用厚生、实事求是"的人物。这是因为茶山不仅提出了国家改革的蓝图，还为恢复民生引进各种先进技术，同时又以实证性为基础追求合理的事实。① 所以，称茶山为"朝鲜后期实学的集大成者"也不为过。

茶山生活的朝鲜后期是在清朝的考证学与西方的天主学、自然科学的影响下性理学的秩序渐渐地崩溃的时期。当时，由于帝国主义的出现，不止朝鲜国内的政治，国外的政治形势也十分的不安。在这样的时代下，茶山为了使国家安定而重新建立国家体系；为了聚集叛离的民心而提出了强有力的君主论。以此为基础，茶山构想以礼治使国家焕然一新——立足于家礼、乡礼、邦礼等仪礼再造朝鲜王朝。②

---

① 通过茶山所著的一表二书可以确认这一点，特别是"齐礼监"和"利用监"等监察机关的新建，可以更好地说明这一点。

② 参照与茶山的"家礼"相关联的全圣健，《《四礼家式》研究》，《茶山学》19，2011；与"乡礼"相关联的白敏祯，《丁若镛经世书的乡礼规定和共同体运营的特征：以《经世遗表》和《牧民心书》的乡礼问题为中心》，《东方哲学》41，2014；与"方礼"相关联的金仁圭，《朝鲜后期〈周礼〉的接受和国家礼——茶山（丁若镛）的〈周礼〉理解和国家礼》，《退溪学论丛》27，2016。

但是茶山计划的国家再造理念和现实之间是存在着很大间隙的。这个间隙正是本论文要探讨的"君权和民权的二律背反"。在茶山的《原牧》和《汤论》等著作立足于民本主义立场，认为天子和诸侯的地位应该随着百姓的意愿而提升或降低（即推举和罢免）。但是，在茶山的《经世遗表》和《牧民心书》等当中，却又存在着与前者相反的见解，即"辨等"的视角。茶山主张必须通过对辨等的讨论，严格地区别身份和地位的差异。同时，这种视角暗含了强调作为皇极（帝王统治天下的准则，即所谓大中至正之道）的君主权限这一"君权逻辑"，并将百姓们设定为"愚民"。

积极援用茶山"推戴论"的民本主义立场的研究，主张以茶山"下而上"的逻辑作为存在论或者价值论，将"民权的优先"摆在首位，并称之为"茶山思想暗含的民主主义属性"。但是与此同时，将君权的逻辑摆在首位的研究，立足于茶山"辨等论"，只站在"过时与保守"的立场看待茶山的思想，而忽视了茶山思想的"近代与进步"的一面。茶山政治论和或社会改革论从根本上来看可以称为"君主制的为民论，或重民论"，但是却不能用"民主主义的民主论"来评价。① 通过以上论述，可以看出茶山的文章当中是存在着很多逻辑上的"矛盾"和"两难"的。②

但是，茶山并非没有过试图去解决这种逻辑上的矛盾。在茶山的君主论中同时存在着"下而上的政治观"和"强有力的君主论"这两面，但是，这二者之间并不是完全割裂的，反而在逻辑上有高度一贯性。即，将政治权利集中在国王手中，使"强有力的君主论"得到"力量"，之后，再重新将这个力量用在"下而上的政治观"的发挥上。③

本文在分享上述问题意识的同时，也试图简略整理茶山带有二律背反性的君权与民权逻辑。以带入的方式来研究分析二者之间的差异，即把从这种逻辑中派生的问题，带入到茶山构想的儒教共同体论中，来研究分析

---

① 李容周：《"经世实学"的知识实践——以茶山与明末清初经世论的近代性问题为线索》，《茶山学》2013 年第 22 期，第 189 页。
② 安外顺：《茶山（丁若镛）的政治权利论的性格》，《东方学》2001 年第 7 期，第 92—93 页。
③ 朴贤谟：《丁若镛的君主论：以与正祖的关系为中心》，《政治思想研究》2003 年第 8 期，第 7 页。

民权主义"下而上"的政治观与君权主义"上而下"的政治观所描述的儒教共同体的模样之间有怎样的差异。

另外,在研究这种儒教共同体论时,还有一种可以参考的逻辑。即性理学国家秩序所具有的乡村中心的上向式方式和国家中心的下向式方式。如果说前者适用于"下而上"的方式,那么就可以说后者适用于"上而下"的方式。朝鲜王朝是以宰相为中心建国的,在士祸以后,发展为以士林为中心的政治秩序。宰相中心的政治论或士林中心的政治论,从限制君主的权力这一点来看,都可以说是下而上的政治论。但茶山在现实世界的政治论却是与此不同的,反而强化了老论中心的宰相权力。因此,可以说是对权力的专横问题起到了反作用。

二 君权和民权的二律背反

为具体了解茶山对君权和民权的观点,这里首先以茶山相对较早的著作《原牧》和《汤论》为中心来分析。这些著作是被公认的能够很好的展现茶山学术中"近代性"或者"进步性"的作品。

> 邃古之初,民而已,岂有牧哉?民于于然聚居,有一夫与邻哄莫之决,有叟焉善为公言,就而正之,四邻咸服,推而共尊之,名曰里正。于是数里之民,以其里哄莫之绝,有叟焉俊而多识,就而正之,数里咸服,推而共尊之,名曰党正。数党之民,以其党哄莫之绝,有叟焉贤而有德,就而正之,数党咸服,名之曰州长。于是数州之长,推一人以为长,名之曰国君,数国之君,推一人以为长,名之曰方伯。四方之伯,推一人以为宗,名之曰皇王。皇王之本,起于里正。①

茶山认为,人类的问题是从纷争开始的。最初人们是在自然的状态下聚居在一起的,因为发生了纷争,需要寻找能调解纷争的人,而这个人需要有很强的判断能力,让问题的当事人都认可。当找到这个能够公正的对

---

① 《茶山诗文集》卷10,《原牧》。

待问题的人之后，这个人应该寻找方法给出公正的判决。接下来，因为他可以公正地解决纷争，人们便赋予这个人可以统治自己的权利，作为村子的一把手"里正"。用以上的逻辑，延伸到整体社会，"里正→党正→州长→国君→皇王"等最高权力者便被人们认证了。

那么，对于茶山而言，政治权力的初始目的就是通过调整纠纷来维持秩序。而调整纠纷的主体的基本资格是"善为公言"。同时，这个人又要随着共同体范围的扩张追加必要的能力——俊而多识，贤而有德。简言之，推举和下而上的逻辑是反映民意并且选出权力者的方式。然而，这个掌权人自身有问题的情况该如何处理？通过民意真的能够降低权力者的权限和地位吗？

> 其云侯戴者何？民聚而求其长，长列而求其帅，各立一帅，名之曰侯。侯之中有翘楚，相与会议以戴之，名之曰天子。【柳宗元之意】天子之子若孙不肖，诸侯莫之宗也，亦安而受之，有旧发以中与者，诸侯复往朝之，亦安而受之，不问其往事也。有暴虐淫荒，以残害万民者，则相与会议以去之，又戴一翘楚者，以为天子，其去之者，亦未尝殄其宗祀，灭其遗胤。不过退而复其原初之侯位而已。①

上文是茶山的后期著作《梅氏书平》中的一段，可以说完整保存了《原牧》和《汤论》中看到的儒教共同体的理想——通过推举来选举诸侯和天子。问题在于，被选出的人当中会有荒淫残暴危害百姓的人，这时该怎么办？结论是：要反映民意，去掉那个人，再重新推举优秀的人物作为诸侯和天子。而被去掉的人，也只是被降级，他的宗祀和遗族不会灭绝。

只有以强有力的民权为前提，才能依靠民意来做出决定。但是，在茶山的其他著作中，存在着与这个结论完全相反的主张。即，强有力的君权意识。

> 故天下之田，皆王田也。天下之财，皆王财也。天下之山林、川泽，皆王之山林、川泽也。夫然后王以其田，敷锡厥庶民，王以其财，

---

① 《梅氏书平》，《逸周书克殷篇辨》。

敷锡厥庶民,王以其山林、川泽之所出,敷锡厥庶民,古之义也。王与民之间,有物梗之,窃其敛时之权,阻其敷锡之恩,则皇不能建极,民不能均受,若贪官、污吏之横敛,豪商、猾贾之权利者,是也。①

天下的田地和财物,甚至山林和川泽都是王的所有物。王只要扮演好将这些东西分给百姓的角色即可。茶山将"人主"描绘成在他的国家当中最富有的存在,是具有让百姓们均等生存的绝对权力的人。如《洪范》中所说,"君主是在皇极的位置,正确的处理政事,均等的给予百姓多样的实惠的人。"茶山举了很多这样的例子。②

但是这种君主形象与性理学的君主形象是有所不同的。主张"无为之治"的性理学的君主形象,君主权力是包括在圣学论的体系中的,这是为了限制君主过度的独断。③ 而茶山认为,君主是拥有绝对的权限的,他反而把百姓当作愚昧的人,降低了他们的价值。这其实是暴露出了一种愚民意识。④

茶山的短文《原牧》和《汤论》等宣扬了"推举"或者说"下而上"的逻辑,提出了"民意的同意",即政治权力合理性的根据。但是,他的后期所写的包含了具体现实各种政治制度改革论的"一表二书"当中,却看不到对这种"民意的同意"的论述,反而是探讨了强硬的君主权力的恢复和为了愚民的改革逻辑。那么,该怎么理解这种在茶山的著作中看到的二律背反呢?

茶山的国家规划蓝图是以确立预置系统和再造朝鲜王朝为焦点,用与国政的规划相关联的《经世遗表》、乡政的运营相关联的《牧民心书》、家政的执行相关联的《四礼家式》等整理出来的。他的著作具有"行王的问题意识"——为了从中央政府到民间社会整体确立自己规划的以王

---

① 《经世遗表》卷11,《地官修制赋贡制五》。
② 同上书。天下之物,诚有此数,然天地定理,人主宜富,下民宜均,故古之圣王,立经陈纪,凡天下富贵之权,总览在上,降德于兆民。《洪范》曰皇建其有极,敛时五福,用敷锡厥庶民,此之谓也。
③ 李敏祯:《朴世采的皇极认识和君主形象》,《韩国史论》2011年第57期,第162页。
④ 《经世遗表》卷一,《地馆户曹》。愚民可与享成,不可与虑始,一国其骚骚矣。然人主一心,为万化之本,诚使圣断,赫然如英考之于均役,则何患不成?

道政治为理念的邦国体制改革。①

将此带入茶山整理自己一生的《自撰墓志铭》所提到的"六经四书与一表二书的本末论"当中,可以做出如下解释:茶山通过六经四书复原古制的原型,斟酌和变通今制即朝鲜王朝的政治体制和运营制度,提出考虑预置系统的新制。②将此重新带回我们的讨论中来看,《原牧》和《汤论》等提出的儒教共同体的理想面貌,是茶山发现的古制的原型;一表二书中提出的儒教共同体的现实面貌,是斟酌和变通了古制和今制的新制。

事实上,不仅在对这一问题的解决上,入学这门在应对儒教共同体各种问题时,通常都是具有前面言及的两种方向性的。儒教共同体的两条路稍加现实化则是如下两种形式:用"下而上"的方式扩张的乡村中心的儒教共同体;用"上而下"的方式整理的国家中心的儒教共同体。前者可以说是士林(民权)中心,后者则可以称为君主(君权)中心。下一章通过对比晦庵(朱熹,1130—1200)和茶山(丁若镛)各自认为的儒教共同体,分析二者之间异同,并从现实的意义当中探究儒教共同体的前进方向。

三 儒教共同体的二重面貌

《论语·卫灵公》当中,记载了孔子对舜"无为而治"的评价。"子曰,无为而治者,其舜也与?夫何为哉!恭己正南面而已矣。"朱熹对此有如下的解释:"无为而治者,圣人德盛而民化,不待其有所作为也。"同时,在谈到无为而治的时候,朱熹鲜明地提出了以下的观点:"独称舜者,绍尧之后,而又得人以任众职,故尤不见其有为之迹也。"③

这里所提到的"贤人",用孟子所谓的"大人"来称之也无妨。因为朱熹曾说:"惟有大人之德,则能格君心之不正,以归于正,而国无不治

---

① 李俸珪:《通过与明、清的比较考察朝鲜时代《家礼》研究的特色和方向》,《韩国思想史学》2013年第44期,第247—248页。
② 全圣健,《茶山(丁若镛)的经世学构造与其课题》,《民族文化研究》2016年第72期,第20页。
③ 《论语集注·卫灵公》,朱子注。

矣。大人者，大德之人，正己而物正者也。"①

总而言之，对于朱熹来说，君主就是要积累自己的"明德"来教化百姓的角色。朱熹认为，选拔人才的核心方法，是选择能称之为"大人"的"贤人"，让他接受并处理多种职务，使君主看起来无事可做。即，君主克服自身的私欲，正心修德，掌握好贤人的位置，赋予他责任，这就是关于朱熹的儒教政治论的要点。

朝鲜性理学学者们无一例外的，都以朱熹的立论为根据，将"无为"作为"德的政治论"引入君主的理想形象，并希望以此将君主形象化，即"为政以德，譬如北辰，居其所，而众星共之"（《论语集注·为政》），同时做到"为政以德，则不动而化，不言而信，无为而成。所守者，至简而能御烦，所处者，至静而能制动，所务者，至寡而能服众"②。

但是从茶山的立场来看时，这是一种特别危险的想法，让"圣君"的真实形象被严重地歪曲的同时，又让儒学者们陷入异端邪说。如同《尚书·洪范篇》所说："皇极"占据了"极的秩序"的中心位置，是给予所有权限、为百姓提供"福"的主体。茶山直接目睹了"极"被破坏的时代，对他而言，这种对于君主的思考，不单是思想层面的问题，更与其自身在朝鲜现实世界中看到的、感受到的经验一样，是一个严重错误的问题。

朝鲜社会的惨淡现实正是由这种思想上的弊端所引起的结果。茶山对此有如下慨叹："今之论治道者，率皆导人主，端拱玄默，无所猷为。百度颓堕而莫之整理，万机业脞而莫之搜拔，不十年而天下腐矣。祸难相承，凋敝不振，而卒莫之开悟，皆无为之说有以误之也。"（《古语今注·卫灵公》）

茶山认为孔子所说的"无为"只是在得到优秀人才之后，舜对他自己的兴奋的赞叹而已，并不是说舜在得到这种人物之后，实际上就"什么都不做（无为）"了。③ 以朱熹为代表的朝鲜王朝性理学者们，没有理解孔子的本心，错误的解释了经典。因此，茶山极力批判④道："对'无为之治'的讨论，是从汉代的'黄老学'和晋代的'清虚之谈'中出现

---

① 《孟子集注·离娄上》，朱子注。
② 《论语集注·为政》，朱子注。
③ 《古语今注·卫灵公》补曰：舜虽得人，未尝无为。此云：无为者，极言得人而逸，赞欢揄扬也。
④ 李俸珪：《茶山的政治论：与朱子的距离》，《茶山学》2007 年第 11 期。

的'异端邪术',这是一种最惑世诬民的学说。"①

"君主行'无为之治'",从性理学的立场来看,应解释为发现自己"明德"的"修德",牵制君主的礼治。然而,茶山用"有为而治"对此进行批判,茶山认为,应该解释为提高君主地位的礼治。从这些解释中可以看出,茶山提出的"有为君主"是执行"牡民者"的角色,是符合对国家改革再造焦点的角色。

总而言之,作为运转朝鲜王朝建国理念的性理学政治论,在启用贤人的同时,为阻止王权的专横,尝试积极的活用谏官。士祸以后,随着时间的流逝,士林的权限大幅强化,在野的士林政治家,以乡村社会为中心,实现了"下而上"的政治。但是,又随着时间的流逝,朝鲜王朝的政治家在将"老论"二元化的同时,性理学政治论发展成了势道政治。生活在这种时代的茶山认为打破它的方法就是大幅强化君主的权限。所以,茶山规划了君权中心的"上而下"政治体制。

通过上述内容,我们可以确定一点,乡村主导型礼治秩序或者君主主导型礼治秩序成为固定的制度之后,与占有时空间的历史所展现的一样,不管什么时候,都会经历硬化和变质的过程。所以,他们构想和规划的学问体系、礼治秩序,不是完整的理念,而是反映他们各自经历的时代精神结果。我们为了完成他们规划的儒教共同体,需要分别理解他们各自的提案。

四 公共性和积极的被动性

上文所提及的儒教共同体的两个方向,离不开"立贤共治"和"君臣共治"两个脉络。另外,上文说到的民主,与从现代意义来说的"民主主义"完全不同。因为上文的"民主"这一概念,本身就是在君主制的范围内被提出的。乡村中心的儒教共同体和国家中心的儒教共同体虽有共同点,但是并不相同。

如同绪论所说,上而下和下而上两种方式,是随着时代形势而变化的,是具有一定随意性的。就算说是为了进入到理想世界,现实世界切磋

---

① 《论语集注·为政》,清净无为,即汉儒黄老之学,晋代清虚之谈,乱天下坏万物,异端邪术之尤甚者也。

琢磨的样子，在现在进行的层面中，儒教共同体的这两条路，互相冲突的可能性是很充分的。只是，尽管有这种不同，在同时具有两种共同体的有意味性的"公共性"的层面，也还是有共同性的，即以所谓的共同合理性为基础构成国家。

众所周知，性理学通过对从天子到庶人的所有百姓道德性本性的觉醒，赋予分担维持共同体的责任。期待发现内心的虚灵不昧的道德性。仁义礼智四端便是这个道德性本性。① 但是，茶山认为仁义礼智等道德性是行事以后才获得的东西。综合他们的想法，用现代的思维来理解，管理个人礼义廉耻的修身，正是发现了虚灵不昧的明德，难道不是带着它通过道德性的行为来实现正确的社会的吗？

另一方面，茶山希望通过严格的官阶秩序和身份等级的区分，纠正正在崩塌的朝鲜王朝的秩序。茶山认为，"辨等"是圣人统治国家、安抚百姓的极大权限，各自掌握分寸能使元气被激励、使血脉相通，因此要把它作为当务之急。② 并且，这种辨等的原理是通过礼治而具体进行的。茶山为了强化百姓们的孝悌者教育，通过强调"意识上的行礼"和"行动上的有为政治"这一点，可以看出茶山重视统治者和被统治者之间的社会性身份和序列。不仅如此，他的有为政治中还蕴含着公共的合理性。

作为儒学者，茶山认为，儒教共同体的最佳的理念是王政和仁政。王政和仁政的理念当中，蕴含着被称为"荡荡平平"的公共性意义。把《书经·洪范》的"无偏无常，王道荡荡，无常无偏，王道平平"等内容，作为"荡荡平平"基准的王道，即，把确立皇极的政治理解为王政。《洪范》中"五皇极"是象征着存在论上的九州内天与地的运营原理媒介的角色，现实政治中，看作协调私心和私党的纷争通过公议组成公论的政

---

① 这一点通过《大学章句》和《孟子集注》可以确认，尤其是《大学章句·序言》。
② 《牧民心书》卷8，《礼典六条》。服章有等，旗旞有等，车乘有等，屋溜有等，祭祀有等，饮食有等，秩然森列，上下以明，此圣人驭世安民之大权也。吾东之俗，辨等颇严，上下相维持，各守其分，近世以來，爵禄偏枯，贵族衰替，而豪吏？豪甿，乘时使气，其屋宇？鞍马之侈，衣服？饮食之奢，咸踰轨度，下陵上替，无復等级，将何以维持聊络以之扶元气而通血脉乎？辨等者，今日之急务也。

治运营基础。①

茶山在《原政》中写道："政也者，正也，均吾民也。"包括各种物产，财物，人才，权限等社会资源的平均分配便是茶山认为的"平均"。但是，在《尚书诂训》中，茶山又说道："政也者，正也，上以政正民，故谓之正。"最终，把政治看作了少数为政者们让下面百姓变端正的行为。

从性理学的立场来看时，为阻止君主的专横，以通过强调臣权使国家运营更顺利的方式在政治上的立论。茶山的立场，是为了阻止权臣们欺压君主，把君主变成傀儡，并且垄断国家运营的现象，主张通过强有力的君权来确保儒教共同体的公共性。尤其对于茶山作为王政的目标提出的孝悌者观念的省察，我们与他人的相互关系中，新的公共政治，重组公共性的意义的时候，可以提供有意义的思维模式。②

如上述分析，儒教共同体的两条路的面貌和形象虽然不同，但是还是存在共同原型的。就是所谓随着公议的公论的发挥。用现在语言来说便是公共的合理性。茶山将儒教的核心——"仁"，解释为两个人之间的关系。将父子、兄弟、君臣、牧民官与百姓等，互相尽本分的关系看作"仁"。③

天下的所有存在，难免要经历生老病死。性理学的乡村中心，或者说"下而上"的政治体制，和像茶山提出的国家中心，或者说"上而下"的政治体制，不是没有它的时代性职责，但是它的持续性，使它难免要经历自身硬化和腐蚀的过程。修身为主的朝鲜性理学在发展的同时陷入了空虚的逻辑，茶山把君主变成了无事可做的人，虽然也有一定的说服力，但是茶山提出的君权中心的逻辑也不是没有问题的。因为君主虽然有地位，但

---

① 《尚书古训》卷4，《洪范》。民之乡会于皇极，如三十辐，共向于一毂，如百川万滦，共向于大海。私相乡会者，皇则恶之，淫朋相聚，或推一人以为长。比德相赞，或戴一人以为贤，党同伐异，负私灭公，则其国必乱，岂所谓建极乎？大抵皇之所以为皇，以五福之权在皇也，此权下移，皇极乃亡，淫朋比德，权之所以下移也，兹所以首戒之也。

② 白敏祯，《〈经世遗表〉的政治哲学：公共的权利和王政的理念》，《茶山与现代》6，2013，119页。

③ 《论语古今注》卷1，《学而第一》。仁者，二人相与也。事亲孝为仁，父与子二人也，事兄悌为仁，兄与弟二人也，事君忠为仁，君与臣二人也，牧民慈为仁，牧与民二人也。以至夫妇朋友，凡二人之间，尽其道者皆仁也，然孝悌为之根。

是有圣德的君主在历史上并不多见。

现在为止对于儒教共同体的讨论，是查找其现代性意义工作的一个环节。儒教共同体的基本构思是"如何组织国家体系"和"怎么才可以直接、间接地关联起来"。可以看出，在基本上儒教共同体的方向是从性理学提出的方向发展的。因为儒学所说的君主形象，是说君主的力量当中，相比才能，道德的力量更重要。在防止权力和财力的垄断化方面，也不例外。

虽说如此，本文中提出的儒教共同体的现在性，是在"积极的被动性"的脉络中被读取的。这里所说的积极的被动性，是在对民主主义和资本主义两手抓的现代人指明儒教共同体有意味性时，多少花些时间，也要渐进的进步（消极性），这种努力虽然难以坚持，也要为了表示要通过毅力来做到（积极性）。

与朝鲜王朝的历史展现的一样，君权的弱化，暴露出了势道家族的政治独断。另一方面，君权的强化，暴露出了君主制的独裁权力。现代的脉络中，所有共同体都是尽管需要花费时间也要通过公议来建立公论的，并以此为基础构筑合适的系统，在牵制公权力滥用的同时，通过强调权力者们道德性的方向而前进。这就是儒教共同体和积极的被动性的关系。

五　结论

儒教共同体是确立孝悌者的人论秩序的时候需要"贡献"的，它是通过从家庭扩大到社会，再从社会扩大到国家的方式来进展的。它不但对性理学适用，对批判性理学政治论的茶山来说也适用。不仅如此，茶山的经世学规划，可以评价为：是通过非上向式的下向式方向展开的。

这种依靠茶山的强有力的君权的政治体制，是和荀子《礼论》中所说的逻辑相似的。因为有无限欲望的人类对有限财货的所有欲，而产生了纷争，为了解决这种纷争，需要坚定地执行身份秩序和位阶秩序的礼学秩序，即礼治是必须的这种逻辑是没区别的。即茶山经世学讨论的整体发展方式，不是梳理荀子的礼学秩序，只是通过这种礼治秩序的确立主张富国强兵。茶山的根本立场，是继续国家财富的积累和国防的强化，有脱离儒教共同体的经国济民的脉络的危险性。

儒教共同体"经国济民"的脉络，是经营国家和救济百姓。救济百姓是说，努力让百姓的日常生活更加安定，通过赋税减免以达到维持家计的目标。如果说在维持家计和管理家庭的家政层面中可以理解的话，儒教共同体的正确面貌应该是包含士大夫和士庶人的百姓们的日常生活，即提供给他们可以储备维持婚丧嫁娶的程度的家计的生活。总而言之，儒教共同体的面貌，不是积累资本而发展的，是实现人论秩序的婚丧嫁娶的毫无疑问的实践。

如大家所知，19世纪是朝鲜王朝的解体时期。史三政的紊乱，两班（官宦）的过剩，帝国的出现等，来自国内外的朝鲜王朝难以承受的磨难的时期。朝鲜王朝的政治和经济，长时间的失去自身动力，国外势力持续性的掠夺，一直处于无法找到克服内忧外患条件的状态。

从这点来看，茶山的国防规划是有一定的成果的。但是，这种他的经世济民的努力无法适应当时的时代，这也是事实。他的规划在当代没有被灵活运用，在半个世纪以后，发展为朝鲜学运动，又半个世纪之后，发展为祖国近代化运动，但如何看待这个事实仍旧存在疑问。

为了东北亚市民社会的确立的朱子学性公论探索
——从哈贝马斯"公共领域"的角度

权相佑

（韩国启明大学）

一 符合东北亚地区思想的市民社会的必要性和建立方法

如果说在东北亚传统社会里比起个人的自由更重视对于他人的义务的话，近代以后的东北亚社会就是接受了西方的民主主义并向着重视个人的利益和权利的方向转变。但是最近东北亚地区的民主主义把效率性作为最重要的价值尺度，专家集团发挥极大的影响力的同时市民的影响力却并无提高。并且，东北亚国家看上去似乎是接受了西方资本主义而过上了比以往丰富的物质生活，但是在另一面却是西方近代的工具理性侵入了东北亚地区的生活世界，连原来人与人之间互爱互敬的传统人际关系也被破坏了。所以东北亚社会为了恢复既尊重个人的权利又有人情味的生活世界，是迫切需要培养能够健全地监督国家权力和资本的市民社会力量。

现在虽然可以说东北亚在一定程度上呈现了西方市民社会的雏形，但是离成熟阶段还相去甚远。以韩国的市民社会为例，不是像西方的市民社会那样通过程序性、协商和对话来进行，而是以集团利己主义思想为基础，仅仅强调个人的权利和利益，认为只要整个集体团结一致为了共同的目的不断贯彻行动，任何目的都可以达成。日本的市民社会也是无法从企业和国家政府的影响中摆脱出来，所以不能说是成熟的和健全的。所以东北亚地区的市民社会现在需要超越形成阶段而向着成熟阶段发展。

东北亚市民社会要想达到成熟阶段,比起个人的利益和权利首先要确立所有市民都要追求的公共善。这种公共善必须不是由于外部的压迫而是市民们自发地接受并遵守的。为此从根本上说,关心市民们实际的生活世界是必须的。因为生活世界不仅赋予每个人自身的角色还提供了形成一个共同体所必须的思想和价值观。

东北亚的生活世界可以在朱子学的传统中找到。朱子学不仅在东北亚传统社会的各个领域中发挥了支配性的影响力,对于今天东北亚市民的思想和价值观仍然产生着重要的影响。这种朱子学的价值观不仅在韩国很普遍而且从中国最近正在儒家的"关系文化"中探索市民社会的发展方向这一点上也可以清晰地看到。就像这样,现代东北亚地区的生活世界中虽然西方文化大量流入,朱子学的影响力仍然不容忽视。但是一部分学者却认为为了市民社会的成熟,朱子学一类的东北亚传统价值观需要被废除。他们认为因为朱子学比起个人的权利和利益更重视社会成员之间的义务,所以不但不会对东北亚地区成熟的市民社会的确立提供帮助,反而会成为它的阻碍。实际上,朱子学自从被东北亚社会采纳为"官学"而作为国家的意识形态发挥作用以来,一直被批评为是压抑一般民众的自主性的思想体制。虽然朱子学在东北亚传统社会中有着这样的历史是不容否定的,但这是"被官学化了的朱子学"而不是朱子学本身。观察朱子学本身的话,会发现朱子学是以和国家权力以及皇帝保持一定的距离并对他们进行批判而展开的。朱子学学者们虽然一部分参与了中央政治,大部分却是拒绝仕途,排斥封建的公共性而标榜依据乡民的自发性和自主性的公共善的。朱子学的这种性质和西方的市民社会很相似。但是朱子学的理论体系中明明缺乏了和西方市民社会一样的理论框架。所以有必要借鉴西方市民社会的认识论性的框架并在朱子学的范畴内部来探明东北亚市民社会应有的特征。

西方的市民社会根据学者和学派的不同被进行了多种多样的解读。自由主义学者把市民社会解读为市民们为了对抗掌握绝对权力的宫廷而争取自由和权力的动机;黑格尔则把市民社会解读为经济性的动机和对欲望的追求。如此,如果从自由主义或黑格尔的观点上解读市民社会的话,就无从查找朱子学内部和市民社会的关联性。因为朱子学中个人的利益和权力被看做是非道德性的行为而一直不被肯定。但是，最近哈贝马斯从社会文化性的角度对市民社会的概念进行了体系化，并把市民社会规定为了社会成员们的公共领域。他认为由于讨论社会的公共问题并寻求解决方案的读书人集团的出现市民社会得以形成，民主主义也出现了。如果我们接受把市民社会解读为社会成员的公共领域的哈贝马斯的观点的话，也可以在朱子学内部找到和这类似的社会实践性行为。

哈贝马斯提到的公共领域在中国和韩国是在十五至十七世纪以士大夫阶层为中心展开的。士大夫们有着深厚的朱子学涵养，不仅为了对民众进行道德教化而把他们培养成公人（不是服从国家权力的公人而是作为对公共问题进行协商和对话的主体的公人）而努力，而且在乡村共同体的组织和活动中也主导着乡村社会生活方式的制度和规范而形成了公共领域。

朱子学中为了建立乡村社会而提出的典型模型可以以"乡约"为例。它是乡民之间的自发性约定。这一点体现了朱子学比起根据国家权力的外部统治更加重视乡村社会的自治，并为了建立公共社会而努力。从朱子的话——"帝是理为王"① 中也可以看出，他用作为公论的天理限制了皇室的统治权的绝对神圣的地位，认为不应该仅由皇帝和朝廷参与政治而应该由社会大众依据公论来运营社会。所以，朱子学学者们试图通过天理来提出超越王权的更高层次的正当性。这种士大夫阶层的"公论"可以理解为哈贝马斯提出的公共领域的朱子学性表现形态。

所以，本文从哈贝马斯的公共领域的角度探讨朱子学的市民社会。虽然根据西方的公共领域来对儒家性的市民社会进行讨论的话，就会不可避免地受到西方式框架的限制，但是却可以探明儒家性的市民社会的特点，并且对于确立符合东北亚地区思想特征的儒家性市民社会仍是一个有用的方法。所以，本文将以朱子学性的公论为中心，对于朱子学中国家体制和公共领域的关系性、意见沟通的特征和公论中的个体性进行

---

① 《朱子语类》卷1。

论述。①

二　朱子学中的国家和公共领域

　　国家和社会的关系性是理解市民社会的重要的认识论框架。如果说西方近代以前国家和社会之间的界限并不分明的话,近代以后两者分离开来各自确立了自身独特的机能和模式。黑格尔和马克思曾根据西方的市民社会和国家的二元论的框架提出了认为由于亚洲的传统社会是由专制主义政府完全支配的,社会无法从国家被分离出来,所以历史的发展是不可能的的"东方主义(orientalism)"。正如他们所主张的一样,在东北亚传统社会中的专制主义体制之下绝不容许和国家分离开来的市民社会。

　　但是哈贝马斯反对把市民社会解读成追求欲望的体系或经济体系,而在公共领域中发掘近代市民社会的出现。他把公共领域解释为近代社会中市民为了对抗国家的公共权力,自身作为舆论的担当者形成组织的过程中出现的,在国家和社会之间把两者联系起来的领域。所以他认为市民社会的有无不是根据持有政治权利的个人的有无或根据经济上的资产阶级来判断的,而是根据有着透彻的社会意识的人是否有对公共问题进行讨论而决定的。如果像哈贝马斯一样把市民社会解释为公共领域的话,在东北亚传

---

① 本文的作者正在计划论文——《东北亚公共领域的形成、殖民地化以及复活》,将会记述东北亚的公共领域怎样被西方的工具理性变为殖民地化,并且详细论述朱子学性的公论可以为了克服这一问题而发挥什么作用。为此,在本文中先对朱子学性的公共领域进行探索。以后的研究将会大体上以两部分展开。一是以中国和韩国为中心论述朱子学性的公共领域在近代以后由于西方的工具理性的侵入,怎样变为殖民地化。中国接受了西方的社会主义,韩国接受了西方的自由民主主义和资本主义。看起来两国均是把传统社会中的专制主义思想和西方的工具理性巧妙结合,成功地实现了西方的近代性,实际上却是东北亚传统社会的生活世界被西方思想殖民地化了。就像这样,在这篇论文里将会探讨虽然两国有着相异的政治体制,但是生活领域被西方思想殖民地化的方式和过程却十分相似这一点。二是论述朱子学性的市民社会在东北亚社会的被殖民地化了的生活世界的恢复过程中可以发挥什么作用。作者绝不是把朱子学看成是在东北亚建立可取的生活世界的唯一理论体系。只是受到作者的研究方向是朱子学这一点的限制而在朱子学性的观点范畴内探讨而已。东北亚市民社会若想达到成熟阶段,就需要各个学者根据自身研究领域的不同采取多种多样的观点并提出各种立场,从而进行相互间的对话。作者认为必须经过这个过程才能找到具有正当性的有用对策。

统社会中也可以找到和它类似的形态。

西方的社会学者兰金说:"被认为是17世纪左右从西方开始的封建性绝对主义的公共性的衰退其实在基于乡村社会的士大夫阶层大量出现的中国宋代可以找到先例。"[1] 众所周知,中国宋代标榜仁政并试图把儒教作为国家的统治理念来改革国家体制。为了这种国家改革,王安石主张应该建立强力的君主中心制的国家。他认为国家具有使得构成社会的各个部分顺畅地运转并为了确立社会成员间的公共秩序而进行整体性调整和规定的义务。所以他认为应确立君主的权利并增强官僚机构的权限,强化法制,国家应通过改革政治、经济、军事、刑罚等来直接指导百姓生活世界的各个方面。但是王安石的国家中心主义改革受到了属于当时道学者的司马光、张横渠、二程、朱子等士大夫的反驳。他们批评王安石的君权中心的改革政策是一味强调效率性的法家方式的改革,绝对不符合儒家理想。士大夫们认为依据百姓和臣下的自主性的公论政治符合儒家政治理念,有时也通过进入仕途为在现实政治中实现这一点而努力。在这样的政治环境下士大夫阶层在中国传统社会中作为公共领域的主导力量出现了。

朝鲜时代士大夫的起源可以在高丽末期接受了儒教而提供了批判现实的根据和探索新制度的基准的朝鲜建国的主要势力,即新任士大夫身上找到。朝鲜的朱子学主要可以分为"官学派"和"士林派",这两个派别的关系也和中国宋代的国家中心和公共领域的对立相似。朝鲜初期的官学派认为当时确立国家中心的体制是比什么都更加急迫的。他们试图通过追从官学获得学问上的进步并在中央担任要职而担当国家经营的实务,从而确立国家体制。所以他们认识到了官僚机构的重要性,为了增大权限而强化了法制。官学派依据这种中央集权式的政治体制获得了能强有力地控制包括地方在内的行政体系,并试图通过监视和刑罚来统治百姓。在这样的朝鲜时代初的国家体制下可以说是社会完全没有从国家控制中分离出去的余地。所以国家使得百姓把半强制性的社会规范作为公共性而接受,并把个人的利益和权利视为私人领域,把个人的自主性和自发性进行了缩小。作为结果国家权力得到了增大,朝鲜时代的社会发展成了管理和统治性质的

---

[1] Mary B Rankin, "The Origins of a Chinese Public Sphere: Local Elites and Community Affairs in the Late Imperial Period", Etudes Chinoises, vol IX, No. 2, p. 16

社会结构。

官学派的权力集中政策虽然有能够更有效率地处理政治事务的优点,但也存在权力被滥用的隐患。官学派之后的勋旧派在朝鲜初期的改革问题在一定程度上得到解决以后通过掌控政权频繁滥用权力,结果导致了严重的社会性问题,并把造成的负面结果转嫁给了乡村社会。并且当时十五世纪的社会环境是随着农业生产力的发展和地方市场的活性化以及商业的发达,社会成员们对于个人权利和自主性的要求持续增大。如此,当时的政治环境和社会环境之间的矛盾和冲突显现出来,为了解决这一问题士林派出现了。

士林派虽然和官学派一样支持根据儒教式价值体系的改革,但是他们由于对高丽王朝的支持,没有进入朝鲜建国一线,而可以说是在乡村社会中专念于学问研究和培养弟子的读书人阶层。他们和被朝廷录用而作为中央官吏活动的官学派不同,采取在乡村社会中隐居的方式对应当时的社会现实。他们认为中央权力和勋旧派的腐败是国家体制为主的政治造成的必然结果。所以他们以对朱子学的理解为基础为确立依据乡村社会的自治性秩序并能使公民进行自发性和自主性参与的公共性而努力。

士林派试图在乡村社会中实现自主性的公共领域。他们之所以想在乡村社会中实现朱子学的理想固然有支持他们的基础是乡村社会的原因,更主要的是因为他们认为乡村社会是实现强调自律性和道德性的朱子学理想的合适空间。他们认为自己所追求的理想社会,即"大同社会"虽然可以在像尧舜禹三代的氏族社会一样的小规模社会中实现,但是在当时的巨大规模的国家中却无法轻易实现。原因是社会渐渐变得庞大又复杂的话,儒家性的理想社会就会难以运营,而必须要有强力的国家体制出现。①

士林派同时也认为理想社会不可能仅仅局限于家族式的血缘关系社会

---

① 朱子基本上是把吕氏弟兄的《吕氏乡约》当做范本,在内容上没有大的差异。只是乡约中提到的四种美德(德业相劝、过失相规、礼俗相交、患难相恤)中礼俗相交部分有细小的修正。因为朱子的乡约不是"家仪"而是作为乡村社会的规定的"乡仪",所以原来吕大均的乡仪中属于家仪的"吉仪""嘉仪""凶仪"被去掉,主要用"宾仪"部分反映了礼俗相交。从这里可以知道,朱子比吕氏更脱离家庭中心,而全力建设乡村社会。所以朱子在修订《吕氏乡约》时为了儒家性的地方自治贬低了《周礼》而特别强调《仪礼》。《周礼》中心的"礼乐"是阐明了以君王为顶点的六卿制度的法典,有重视王室或国家并倾向于君主中心的法律和行政制度的倾

来实现。所以朱子学为了克服儒家的家族主义、宗法主义的局限而把乡村社会看作是实现他们理想的合适场所。实际上，中国明代流行的乡村社会运动主要以宗族结合的形态——"聚和堂"为中心进行，这就是为了克服家族利己主义。和这一样，虽然当时东北亚传统社会中人们相当于是在自己家族血缘关系的围墙里面生活所以有强烈的家族共同体意识，但是同时通过和其他的血缘共同体（即其他家族）相互接触而得以成为社会中的"个人"。通过和属于其它集团的人们接触，人们感到了彼此间的个体性差异，当时"个人"的意识开始萌芽。这种个人意识使他们超越了家族和乡村而成为整个社会的一个成员——"公人"。

所以，朱子学学者们是在比亲族关系或个别性的人伦关系范围广但是比国家范围窄的范围内为了实现他们所追求的理想社会而对乡村社会产生了关心。如此，东北亚的公共领域以局限在地方行政领域范围内的形态出现了。如果说西方的公共领域是以城市和资本家为中心形成的的话，城市社会的变化相对停滞的东北亚的情况就是在既不完全属于国家也不完全属于社会的中间媒介性领域通过地区行政领域出现了。[①]所以士林派和西方不同，以乡村社会为中心制定了基于乡民的自主性的"乡论"[②]，从而以此对应以国家和官僚为中心的国家体制，试图实行以士林和百姓为中心的公论政治。

士林派为了在乡村社会中确保公共领域，设立了所需的机构并为机构的运行做出了努力。这样的公共领域机构的设立和运行虽然遭到了勋旧派

（接上页）向。和这相反，《仪礼》不是为了建立国家体制而人为编制的文献，而是在民间生活中自然地发源并通过长期的反复施行固定下来的规范。王安石为了国家中心的制度改革把《周礼》视为"经礼"，把《仪礼》视为"曲礼"，十分重视《周礼》。但是对于王安石为了国家中心的改革作为理念性的根据借用了《周礼》的权威性这一点，朱子说："采纳了符合自身意图的内容之后，只一味想借用经典的权威性来统治百姓的口耳。"朱子批判了君主中心的《周礼》而把《仪礼》作为礼的中心。所以《仪礼》基本上是以士林为主，记录了家庭内外的仪礼性活动。所以朱子具有比起君主和国家的规范来更重视乡礼规范的倾向。朱子为了通过对于乡民进行关于乡村社会的仪礼规范的教化而使他们成为"公人"做了不懈努力。

① Rankin, op. cit., p.116.
② 儒者皆有公论（《世祖实录》，卷39，世祖12年8月 戊辰），
  士林之公论（《世宗实录》，卷123，世宗31年3月丙申），
  一乡之人宜有公论（《世宗实录》，卷45，世宗11年9月）

的反对，但是由于士林派执着的努力，结果在成宗年间恢复了留乡所，建立了司马所，中宗年间实施了乡约，书院也被认可为公式机关。由于这样的机构的设立，参与公论的阶层也自然地扩大了。和只有地区的主导力量才能参与乡论的形成的留乡所相比，在司马所里书生和进士也可以参与，到了中宗初期甚至乡校的学生也可以参与了。由于当时乡校的学生中也有百姓，所以可以说公论的参与对象扩大到了一般百姓的范围，公论的重要性也增加了。

士林派不把公论止于乡村社会的公共领域，还试图把它逐渐扩大到中央政治。朝鲜时代中期存在假称是儒学者来干预地方行政的人，但是地区当权者却无法制止他们，原因就是因为他们标榜着公论。虽然上面的资料中体现了朱子学性公论的问题面，但是通过这里也可以知道在朝鲜时代的社会中公论已经非常活跃，甚至反映到了中央政治之中。当时乡论已经不是个人或小规模集团能够左右的了，甚至可以牵制地方当权者，所以中央政府对此持有否定性的立场。这样的乡村社会作为区别于国家的独立机构不但可以对抗官僚的腐败，还成为了朝廷实行公论政治的基础。这一点通过栗谷先生下面的话也可以了解。

> 公论者有国之元气也，公论在于朝廷，则其国治；公论在于闾巷，则其国乱。若上下俱无公论，则其国亡。①

栗谷先生在公论是决定一个国家兴亡的根本原因的意义上，把它表达为"国之元气"。栗谷先生认为在政策的决定过程中反应百姓意见的公论政治是国家兴衰的关键。如果像中央集权体制一样依据强硬的制度或法律来施行政治的话，在朝廷上和百姓之间公论都会消失，作为结果会使得没有提出忠告的臣下，取而代之的是奸邪阿谀的声音，这样国家就不可能不灭亡了。从这里可以知道栗谷先生十分重视官僚和百姓的积极的政治参与。

如上所述，朝鲜时代的士林派强调国家必须要根据公共领域来运营，并认为国家和社会是不能分离的关系。士林们不仅通过参与中央政治来为

---

① 《栗谷全书》，卷7，第14页，〈代白参赞疏〉。

确保地方的公共领域而努力,并且也发挥了把地方的乡论反映到中央政治的机能,试图把国家和地方社会有机地结合在一起。朱子学支持把个人的意见搜集起来形成乡论,并把乡论反映到国论上的和下意上达式的民主政治类似的政治体制。

3. 朱子学性意见沟通行为的程序性和正当性

在朱子学性的公共领域中,通过社会成员之间自由开放的讨论和商议之后确定的意见叫做"公论"。栗谷先生在《坡州乡约书》中指出:"乡村的所有事务应由督导者(士大夫)和居民一起商议并且光明正大地处理,从而使得乡村的公共生活得以健全。"① 退溪先生也在《礼安乡约》中指出:"一个村子的居民如果遇到困难就应该一同商议,收集各种意见并形成共识性的意见,并把这个意见当做公论。"如此,在朱子学性的公共领域里,乡民之间的意见沟通是最重要的。朱子学中的"公论"是降低了先秦儒学中的"天命"和"民心"的地位的概念。必须对天命和民心中缺乏"论"的概念,但是公论中包含了"论"这一点进行瞩目。天命和民心是属于自身的,但是公论是通过公开的批判性的讨论而形成的。总而言之,可以认为公论中蕴含有通过公开的批判性的讨论可以找到"公"的前提。

朱子学性的公论继承了先秦儒家的王道政治。先秦儒家的王道政治中认为"天心"反映"民心",所以强调君主应该代替上天来统治百姓。即由于天命反映了百姓的舆论,所以君主如果想通过天命来确保自身权力的正当性的话就不能按自己的意志来统治,而应该听取百姓的要求。如此,先秦时期的"天命"在没有像民主主义一样通过制度保障市民的权利的政治体制下担当着对君主的独断和蛮行进行牵制的重要政治机能。

朱子学把先秦时期的天命概念解释为"天理"。和天命是超越性的概念,象征意义很强相反,天理意指世间万物的普遍法则,所以含有君主也须要依照这种普遍性来施行政治的含义。即君主不能单纯按照自身的意志来进行统治,而必须和臣下以及百姓进行意见沟通并且获得公论,并根据

---

① 《栗谷全书》,"坡州乡约书":议于众而复于公。

这个公论来施行政治。所以朱子学一边继承了先秦儒学的王道政治，一边又把"讨论政治"作为收集百姓意见的方式努力发展。朱子学的讨论政治从儒学史上看是在之前的政治哲学中无法找到的特征。①

朱子学的公共领域中虽然所有乡民都可以自发性地参与对公共问题的讨论，但是公论的主导力量还是士林。他们制定乡村社会中的讨论规定，主持会议，并担当了为使乡民能以公平无私的态度参与公论而对他们进行道德教育的角色。所以栗谷先生把这种仍以士大夫为中心的讨论和一般人的舆论，即"众论"区分开，称为"士论"。

> 此论者非士类之意尽然也，其间非无深识远虑之士而迫于众议，不能自主张焉，士论之横溃，何时可定乎？②

栗谷先生认为如果说"士论"是士大夫们作为公论的主体进行自由讨论而达成的共识的话，"众议（即众论）"就是意识水平比较低的阶层或特定的集团为了自身的利益进行讨论而达成的共识。栗谷先生在"士论"的概念中提到的士大夫和哈贝马斯把公众视为"第三阶层"或"市民阶层"有一脉相通的部分。如果说作为西方市民社会中的"第三阶层"的市民阶级是和一般民众不同，受过一定的教育并具有可以通过对公共问题的合理性判断来提出正确意见的理性集团的话，朱子学中的士大夫也可以看做是有着很好的朱子学涵养的读书人阶层，是以自身的人格修养为基础怀有"平天下"的理想的集团。

---

① 美国的论证理论家亨利·基辛格说："儒教思想的真理寻求过程和民主主义理论的方式不同，不认为相互冲突的几种意见具有相等的价值……受儒教思想影响的社会中没有任何一个社会能够使得多元性体系运行起来。"（亨利·基辛格，1994，Diplpmacy, p.638）但是，朱子学传统中的士林派非常重视和他人的公开性的意见沟通，并且在朝鲜时代的中央政治和乡村社会中非常盛行。朝鲜时代的中央政治中以"议政府"和"备边司"等政策决定机构和统称为舆论三司的"司宪府""司谏院""弘文馆"等制度和机构为基础实现了活跃的讨论政治。并且，在一部分士大夫之间对于国家主要政策或君主和官吏之间的不正当行为的论证是非的讨论、成均馆儒生们的团体性活动、全国各地儒生们的频繁上诉以及朝鲜时期朱子学是通过对"四端七情，人心道心"的讨论而逐渐发展起来的事实都可以证明朝鲜时期讨论文化非常盛行。从朝鲜时期重视通过讨论达成公论这一点着眼的话亨利基辛格的观点存在批判的余地。

② 《栗谷集》，"疎"。

所以栗谷先生说的"众议"和属于西方的"第四阶层"的一般民众或利益集团中形成的言论相似。和这相反,"士论"和西方的第三阶层通过公开性的程序形成的公论相似。朱子学中"士论"和"众论"的差异也在于程序和公正性的有无上。首先对朱子学中的讨论的程序性进行探讨。朱子学主张为了公开而客观的讨论需要自主性和平等性以及设立意见沟通机构并制定规范。

朱子学,特别是朝鲜时代的士林们强调不仅在公共领域中以乡约为基础,而且所有事情上都是全体成员共同参与,提出自身的意见,并由道场寺来收集并协调他们的意见;在朝廷上也是如果出现什么事件的话,不能由君主单独决定,而必须经过讨论的过程才能决定。

所以朱子学的公共领域中把所有人都看做意见沟通的主体。虽然根据参与阶层的不同分为"士族乡约""首领乡约""上下乡约",但是从根本上是认为所有成员应该共同参与来确立整个集体的意见。从徐思远在制定"洞约(朝鲜时代的行政单位)"的时候说:"世上所有的人都是兄弟,在同一个洞同一个里(朝鲜的行政单位)里面居住的人不是更应该这样吗?"这一点上也可以看出当时明确规定了乡民们不管地位高低都要一起参与公论。这说明儒教绝对没有仅仅局限于亲族中心,而是提到了"四海一家",反映了"天地间所有人都是我的兄弟同胞"的儒教式思想。同样,在朝鲜时代乡村社会中,乡民或一般人也都被认可为意见沟通的主体。

并且士林们主张在意见交换的场合中,必须消除任何权力关系。这样的事实也可以从支持君臣之间的权力关系的勋旧派批判士林派是"树立国是而安定朝廷之后马上就搅乱是非造成朝廷的纷乱的群体"[①] 中了解到。勋旧派认为如果像士林派那样不分各自的职分而允许所有人都平等地提出意见的话,最终会彻底败坏国家的纲纪。勋旧派也并非从根本上反对公论政治,只是认为应在各自的职分范围内提出意见,强调了公共领域中的身份限制性。这样的勋旧派的公论是以权力关系为前提条件的,各个意见沟通主体之间无法形成平等的对话。和这相反,士林派强调所有成员都要平等地提出自己的意见。他们认为勋旧派主张的在公共领域中根据身份的限制性所导出的公论绝对不能保障超越国家体制的"天理",只有所有

---

① 《明宗实录》卷9,明宗4年3月21日,甲午。

的公论主体都超越身份上的限制而在对等的立场上参与讨论并协议出的公论才是实现天理的正当方法。就像这样,士林派认为意见沟通的主体们应该在相互平等的条件下自由地参与公论。

并且,他们认为仅仅依靠上面的几个条件的话还无法形成公正的意见沟通,所以对会议的人员构成、会议方式、入会条件、教育等关于意见沟通机构的规定从制度上进行了明确。属于"士族乡约"的《海州乡约》中,明确规定人员由都约正一人,部约正两人,直月和司货组成,并且他们的意见必须通过意见沟通机构才能最终决定。作为一个事例我们查看一下入会的程序,想要入会的人填好单子在集会时派人呈给约正,由约正向其他成员们询问可否之后进行决定。并且对于参与意见沟通的人们的态度,乡约中也以条文进行了规定。退溪先生在《礼安乡约》中记录了对于"在公共集会时迟到的人""在多人聚集的场合争吵的人""缺席的人""没有理由地早退的人"等要作出严格的处罚。这样的意见交换规范和组织是士大夫们直接制定并得到了乡民的同意而记录在乡约上的。

所以,朱子学性的意见沟通把平等性、自主性、意见沟通机构的设立、规范水平等形式上的程序理解为公论的必要条件。这样的朱子学性的公论和哈贝马斯的"理想对话情况",即通过"平等而又自由的讨论"的程序来确保公论非常相似。但是,和哈贝马斯根据语言行为的结构来确保公论的真理性不同,朱子学提出的是根据道德心的公论。

哈贝马斯以"相互理解"的观点解释公论的含义,他的理论基础主要是语言行为理论。他把尽可能多的对话情况中出现的语言的一般性结构进行重组,并提出了"普遍语用论"。普遍语用论认为在语言行为中导向对话双方的共识的规则内在于普遍的语言结构本身之中。哈贝马斯认为对话双方应该利用这种普遍语用论对于双方提出的问题自由地相互论证,并为了达成相互之间的共识而努力。即意见沟通主体要在所处的情况之中自由地进行举证和论证,并保障所有对话参与者有公平的讨论和参与的机会。

所以可以说哈贝马斯是试图让参与意见沟通的主体之间的信任来充当语言结构中的根据。但是他提出的这种普遍语用论不断地受到着"仅仅是形式性和理想性的规范"的批判。只强调语言的形式上的结构的话意见沟通仅仅会偏向一个空虚的理想性的谈论,而会在具体情况下带来很多问题。例如:即使实现了理想性的谈话情况,如果没有参与者们的自主性判断能力为前提的话，讨论过程很可能会沦为把特定个人或阶层的利益正当化的机制。像这样特殊集团的利益试图把自己包装得好像整个集体的普遍利益一样或试图贯彻自己时，在对话理论的框架中似乎无法寻找到能够制止这一问题的合理性手段。

和这相反，朱子学中不像哈贝马斯一样在语言或论证结构中寻找意见沟通的公正性，而是根据个人的道德心。朱子学虽然也在意见沟通中重视语言，但是强调了这种语言不过仅仅是体现道德心的一个表现形式而已。这一点在朱子和孟子、告子关于"不动心"的问题的理解中也得到体现。下面是告子和孟子在辩论中说的话：

> 告子曰："不得于言，不求于心。不得于心，勿求于气。"不得于心，勿求于气，可。不得于言，勿求于心，不可。①

告子把讲说和思辨的事都看做是外在的事情，所以认为内心不需要受到语言的束缚。这是源于语言是在内心之外的，所以不能在心里寻找它的条理的想法。对此，孟子则在相互关联性中理解语言、气以及内心。对于孟子的这种见解，告子说内心和语言是"根本"和"末端"的关系与内和外的关系。内心是根本，语言是末端。② 所以认为即使无法理解对方的语言，也不能放弃理解对方的内心。

虽然这样，朱子学并非是否定语言。朱子认为语言是把内心如实表达的媒介，所以非常重视，并且认为只有通过语言才能了解内心。所以朱子非常重视孟子下面的话。孟子说："何谓知言，曰诐辞知其所蔽，淫辞知其所陷，邪辞知其所离，遁辞知其所穷，生于其心。"③ 朱子继承了孟子的语言观，认为语言是体现内心的表现形式，比语言更根本东西在于内心。所以朱子说："知言者，尽心知性，于凡天下之言，无不有以究极其理而识其理而识其是非得失之所以然也。"④

朱子学认为语言是道德心的表现，道德心只有通过语言才能表现出

---

① 《孟子·公孙丑上》。
② 《孟子集注·公孙丑上》："急于本而其末……盖其内外本末。交相培养。"
③ 《孟子·公孙丑上》。
④ 《孟子集注·公孙丑上》。

来，这二者之中并不轻视任何一者。但是由于语言又必须要以道德心作为前提才能拥有正当性，所以朱子学认为仅仅通过语言的伦理结构自身并不能确保意见沟通的正当性。

朱子学中在"公正"中寻找语言的伦理结构的正当性。这是说不是为了特定的个人或集团的利益，而是站在集体的公共立场上参与意见沟通。实际上这样的公正性为士大夫成为公共领域的主导力量提供了条件。因为士大夫怀有不偏向任何一方的公正性。所以，乡村社会中个人有"德"，即公正性的话可以被尊为君子，获得"公人"的地位。所以如果说朱子学中把"公正"作为君子的美德的话，小人就是基于个人的私利而行动的群体。如果说君子在公共领域中的意见沟通方式是"周而不比群而不党"的话，小人的意见沟通方式就是"比而不周党而不群"。结果，"公正（周）"和"偏向（比）"就成了公共领域中进行意见沟通的两种方式。朱子认为君子行的"周"是以公正的标准来决定好恶，而小人行的"比"是仅仅根据是否是自己一党来决定的。① 这种差异是由于君子的内心大而公平，小人的内心暗藏自私。所以朱子学中公论绝不是像现代民主主义政治一样指多数意见，而仅仅把含有道德上的正当性的舆论认可为公论。

栗谷先生认为公共领域中的意见沟通的公正性在于天理和人心。他作了以下评论：

> 与陈侍郎书：所谓国是者，岂不谓夫顺天理合人心，而天下之所同是者也。则虽无尺土一民之柄，而天下莫得以为非。况有天下之利势者哉。惟其不合乎天下之所同是，而疆欲天下之是之也。故必悬赏以诱之，严刑以督之。然后仅足以怯制士夫不齐之口，而天下之真是非，则有终不可诬者矣。（省略）欲主其偏见，济其私心，疆为之名，号曰国是，假人主之威，而战天下万口一辞之公论，吾恐古人所谓德惟一者，似不如是。②

---

① 《朱子语类》卷 24："君子之于人，无一人使之不得其所，这便是周，小人之于人，但见同于己者与之，不同于己者恶之，这便是比。"

② 《朱子集》卷 24。

朱子学中把公论定义为"基于客观性的天理和人的本性的，所以人们都必须认可的"。并强调这样的公论应该比君主或国家政府的公共权力更加优先。君主不能运用自己的公共权力通过奖励符合政治体制的意见，惩罚不符合政治体制的意见来强制性地控制公论。而且把自己的意见进行绝对化而使其被正当化的行为也不能产生公论。所以，朱子学中公论必须依据天理，而且只有符合人心的意见沟通才被视为是正当的。如果说朱子学中的天理指"作为自然理法的客观性"的话，和这相反，人心就是指"有这样的天理作内在的道德心"。

朱子学中天理就是"阴阳相生的原理"。阴阳一方面不同于对方，另一方面又追求感应（沟通）而生成万物。即阴和阳拥有各自的机能的同时，阴以阳为它的存在根据，阳以阴为它的存在根据，追求相互感应。所以阴阳的感应是基于阴阳的差异的，阴阳的差异又追求阴阳的感应，所以阴与阳是既是两者又是一个整体的状态。① 这样的阴阳的关系原理可以说是相异的个体既具有相互之间的差别性又需要进行沟通来导出公论的客观根据。

朱子学中把阴阳的差异和沟通的原理解释为"性命之理"。人也作为宇宙的构成部分从上天获得了阴阳的沟通理念，所以人的内心中存在"仁义"。"仁"字从结构上说是两个人的形态，意为通过两者之间的爱进行沟通。② 但是，这种爱绝对不是对任何人都平等的，而是根据对象的不同进行差别性实现的"差别性的爱"。儒家性质的爱的"差别性"不是指偏向于某个特定的个体或集团，而是被解读为"必须尊重意见沟通主体之间的差异"。所以意见沟通的参与者之间的"爱（仁）"和"尊重（义）"是最重要的道德规范。但是，朱子学中认为内心具备天理并不意味着能够通过意见沟通导出具有正当性的公论。朱子学中本性和内心是拥有不同机能的。如果说内心是装天理的碗，本性就是装在那个碗里的事物。所以可以认为人心就是意见沟通的主体。但是这样的内心中也有人普遍具有的私心和欲望。所以朱子学性的理念体系中为了成为君子的道德涵养非常重要。这种道德涵养也是确保公共领域的健全性的关键。所以士大

---

① 宋儒张载把两者的关系说明是"一物两体"（《张载集》，"大易"）
② 朝鲜时代的实学家丁若镛也在《论语古今注》中指出："仁者人也，二人为仁，父子而尽其分则仁也，君臣而尽其分则仁也，夫妇而尽其分则仁也，仁之名，必生于二人之间。"

夫们不仅宣讲作为君主的修身材料的《大学衍义》，期待君主能够成为公人，并且为了乡村社会民众的教化制定了乡约并通过书院为乡村成员培养道德性并获得健全的人格进行了不懈努力。通过这样的教育过程，在具备了道德性以后可以成为道德性的人，并进行道德性的意见沟通。

四　朱子学性的公共领域中的个体性和公共性

哈贝马斯作为基于个人利益的近代市民社会中的公共性的成立根据提出了公共领域的概念。这是说具有个体性的意见沟通主体（个人）通过意见沟通可以达到和他人相互理解的阶段（公共性）。但这并不是说哈贝马斯否定个人的权利。他认为个体并非必须遵照由公共协商而得出的意见，社会成员们任何时候都可以对于公论的内容提出异议，并有持批判性立场的权利。他认为如果不认可个人的个体性的话，公共性具有变成一个压抑个人的体制的危险。这样，我们可以知道在哈贝马斯的哲学中其实个体性被强调的程度并不次于公共性。

那么，朱子学性的公共领域中个体性和公共性的关系是被怎样设定的呢？为了理解这个问题，有必要首先查考一下朱子学中的"气"和"理"的关系。因为朱子学中如果说个体性是用"气"来表达的话，公共性就是用"理"来表达的。所以个体性和公共性的关系可以通过气和理的关系来讨论。对于气和理朱熹说了如下的话：

　　同者理也，不同者气也。[①]　固有是气则有是理。[②]

朱子学中气指个体事物的固有机能，理指所有事物所共有的普遍性和公共性。朱子认为气和理的关系虽然在价值论中具有相异的意义，但是在存在论的维度上二者不可分离。即，个体性（气）正是由于理才具有了存在意义，理也是由于个体性才得以存在和实现的。所以理不是指个体能以自身存在的，即不需要和他人沟通而能够独立存在的本性，而是指必须

[①]　《朱子语类》卷1。
[②]　《朱子集》卷5。

通过和他人的沟通而存在的本性。所以，对于理的含义，朱子依照了李崴的"所以之一阴一阳"的解释。朱子认为"如天之生物，不能独阴，必有阳；不能独阳，必有阴。"① 就像这样，"二气交感，化生万物"。朱子认为阴气和阳气的差异虽然指个体的内在价值和自主性，但是这种差异性绝对不是使个人和对方形成对立和纠纷的前提，而是能拓宽两者之间的相互理解，创造共生关系的前提。这两者的共生就意味着整体性，在意见沟通中就是参与意见沟通的各个主体之间达成共识的公论。所以，朱子学中的整体性和公共性必须以个体性为前提。就像这样，朱子学中虽然强调个体性，但是认为这个个体性不能独立存在，总是必须通过和他人的沟通才能存在的。

所以朱子学中需要对和对方进行讨论时的具体情况，即参与意见沟通的各个主体之间的差异性和关系性的充分理解。如果不考虑相互沟通的具体情况仅仅强调沟通的话，参与沟通的主体就会沦为"被抽象化了的意见沟通主体"。由于朱子学中又认为必须充分反映意见沟通主体之间的差异性，所以朱子学中的意见沟通主体之间又是互为客体的关系。即，"我"既是意见沟通的主体（I），同时也是对方的客体（Me）。

首先，对于作为意见沟通中的客体的我（Me）的理解，可以在儒家的社会关系（礼）中查考。儒家社会中的"我"对于父母是"作为子女的我（父子有亲）"，对于妻子是"作为丈夫的我（夫妇有别）"，对于前辈是"作为后辈的我（长幼有序）"，对于朋友是"作为朋友的我（朋友有信）"，就像这样"我"根据具体情况的不同而以不同的形式出现。所以个体被理解为"被一般化的对象（Me）"。但如果个体仅仅是这样的被一般化了的对象的话，个体就会变得在意见沟通中被参与意见沟通的其它个体所决定，就无法确保个体性和自主性。

但是朱子学是在认可"被一般化了的对象"的同时又更加重视能和其它个体进行自主性的意见沟通的主体性（I）。朱子认为和别人实现沟通的主体能力在于"心"。对于这一点，朱子说了如下的话：

> 人与万物都一般者，理也。所以不同者，心也。人心虚灵，包得

---

① 《朱子语类》卷95。

许多道理过，无有不通。①

朱子认为人和其它生物得以区别的特征在于人持有能够体现理的内心。朱子说："心者，人之所以主于身者也；一而不二者也；为主而不为客者也；合物而不命于物者也。"② 这说明朱子认为心具有从人自身的固有特性的干涉或外界条件的压迫中脱离出来，自发地参与和外界对象的沟通的主宰能力③。所以拥有这种主宰能力的心通过和所有外界对象进行沟通④而使得人有能力进行正确而合适的沟通。

意见沟通主体为了和周边的所有对象进行持续性的沟通需要隐藏自身的一部分个体性。因为朱子学中认为个体仅仅强调自身的个体性时会成为孤立的存在。而个体无法成为完全孤立的存在，必须以别的个体作为自身的存在根据。这样，个体就可以和所有对象进行沟通。所以孔子说："君子不器。"⑤ 这是在说君子不是只能对于特定的对象进行限制性的意见沟通。像前文中提到的一样，在朱子学中，仅仅和特定的个人或阶层进行限制性的沟通而得到的意见只能说是"众论"，而绝对不能成为"公论"。所以意见沟通主体必须通过修身去除自身固有的偏向性，以后才能通过和他人进行沟通达成多种形式的共识。这一点在《中庸》⑥ 中被用以下的语言表达：

> 致中和，天地位焉，万物育焉。⑦
> 中者也，天下之大本也。和者也，天下之达道也。⑧

---

① 《朱子语类》卷57。
② 《朱子集》卷67。
③ 《朱子语类》卷5，主宰是心。
④ 《朱子语类》卷98，统是主宰，如统万军。
⑤ 《论语·为政》。
⑥ 《中庸》原来是《礼记》的一篇，但是南宋时代的朱熹把它分离出来而单独成了一册。所以《中庸》的本质性含义不能局限于朱熹的《中庸章句》去理解，而必须在它和整个《礼记》的内容关联性中去把握。
⑦ 《中庸》。
⑧ 同上。

这里"中"根据朱子的注释是"不偏向于任何一个形态"的意思，朱子把这称为"无定体"。"和"是指个体通过和他人的恰当的沟通来协调个体间的差异性。就像这样，朱子学中的意见沟通主体绝对不是封闭的，而是通过和世界的沟通不断创造自我的"沟通的中心"和"世界的中心"。在意见沟通主体通过和外界的所有对象进行沟通，根据对象的差异可以以多种形态表现出来的层面上可以理解到孟子的"万物皆备于我"① 和程明道的"万物一体为仁"② 的真正含义。要注意这时社会（世界）必须根据这个主体的道德心才能实现。

所以，意见沟通的主体能和所有事物进行意见沟通的时候，"我"就必然会根据沟通的对象是谁以不同形态展现出来。这可以通过"我的爸爸""我的儿子""我的妻子""我的学生"等词语表现出来。通过这里可以知道"我"可以确立和所有人进行意见沟通的主体性和世界的普遍性。就像这样，从朱子学中的主体在必须通过和他人的沟通才能确保自身的存在根据这一点上，和西方近代的"唯我论"性的主体有着明显的差异。

所以朱子说："如众人，只是一个道理，有张三，有李四，李四不可为张三，张三不可为李四。"③ 这是说所有人都在具有各自的个体性的同时又具有作为公共性的存在根据的"理"。所以朱子认为个体有和他人进行沟通的必须性。就像这样，朱子学中的意见沟通强调意见沟通必须根据各个意见沟通主体间的差异性（即个体性）。和朱子学的个体性相比较的话，哈贝马斯的意见沟通理论有轻视个体之间的差异性的倾向。如前文，虽然哈贝马斯强调了个人可以对于现有的公论提出反对意见，但是这里的个体仅仅是对于现有的公论提出反对而开始新的讨论，并且可以导向新的共识的主体。这样他虽然认可了个体作为通过"共识—反对—共识"的方式促进社会进化的主体的个体性，却相对忽视了这样的个体之间的具体情况和差异性。所以虽然哈贝马斯试图用沟通理性去代替近代的"唯我性"的理性主体，他对于理性的这种企划却受到了福柯等解构主义者的

---

① 《孟子·尽心上》。
② 《二程集》。
③ 《朱子语类》卷6。

"仍然在排斥个体的差异性"的批判。和这相反,朱子学性的公共领域中明确地认可了个人的个体性和差异性,并通过意见沟通追求多个个体之间的共识。

朱子学性的公共领域中同时承认个人的个人性基础和根据共同体的共识达成的公共性。所以,儒家思想不只是和个人主义不同,而且和单纯的共同体也是不同的。在这样的意义上,朱子学性的公共领域可以说是市民共同体。即和民主主义体系中的既认可个人的利益和权利,又接受共同体的公共性的市民共同体相似。所以朱子学中"公共"的含义就是市民们一起努力,不但市民们可以成为主体,而且可以建立为了市民的公共世界。朱子学中的"公共"和"共同"的差异可以通过孔子说的"和而不同"和"同而不和"的观点来理解。

　　　　君子和而不同,小人同而不和。①

上面的句子中"和"指认可个体之间的差异性(个体性)并形成协调和睦的方式,"同"指个体间的人种、语言、文化上的同质性。所以"同"含有"共同"的含义。"共同"指必须根据这种同质性才能实现共生和共存。所以把派生出来的各种政治、社会、经济等问题都归结于共同体。但是,这样的话就无法解决怎样和多数的相异的个人进行沟通的问题。而且在共同体的划一化过程中各个人之间的相异的个体性必然被排斥和否定。和这相反,"和"含有"公共"的含义。"公共"要求多数的相异个体通过意见沟通达成共识。"公共"和阴阳相生的原理一样不是固定不变的真理而是对于具体问题通过意见沟通达成新的共识。个体并不必强求自己和他人一样,而可以在尊重各自的差异性的基础上实现公共性。所以朱子学中的共识必须根据个体的差异性,而个体的差异性又可以通过和他人的意见沟通达成共识。

所以朱子学中绝对不把个人的道德心和公共性分开看待,而是在同一个意见沟通情况中讨论。这样的事实和哈贝马斯试图把康德的道德自律性和黑格尔的人伦结合起来非常相似。如果说个人的道德心(仁)是意见

---

① 《论语·子路》。

沟通的主体自主地构成和他人的关系的话，公共性就是社会化，限制着社会中的个体。这样的社会性限制（礼）限制着个人的利己心，并增进道德自律性。道德心又能给社会限制提供依据。所以朱子学性的意见沟通主体在不但不会沦为根据自己固有的道德自律性单方面地从属于社会规范的"被对象化了的个体"，而且也使前文提到的"被一般化了的对象"不会变质为唯我性的主体这一点上，个人的自主性和被一般化了的对象具有有机性的相互关系。实际上这两者不是像硬币的两面一样相互对立而又绝对不可分离的，而是既对立有统一于一体，即"被社会化又被个别化了的主体"。但是如果和朝鲜时代的勋旧派一样把人的自主性和差异性排除仅仅强调社会统治的实践的话，社会统治就会直接和国家体制联系在一起。所以不能说朱子学中的社会统治本身是压迫性的，而应该说是根据社会统治有没有伴随着个人的自主性而分为国家体制和社会统合。就像这样，朱子学性的公共领域对个人的自主性和社会统合全都非常重视。

五 结语

本文中为了东北亚市民社会的确立以哈贝马斯的公共领域的角度探索了朱子学性的公论，以国家和市民社会的关系、意见沟通的程序性和正当性、个体性和公共性的关系为中心论述了朱子学性的公共领域，查看了朱子学性的公共领域具有的如下特征。

哈贝马斯认为的17世纪左右在西方出现的公共领域事实上可以在东北亚地区性理学的产生和发展过程中找到线索。当时的士大夫为了抵制封建性绝对主义的公共性，提出了使公民们可以自主自发地遵从公论。士大夫们之所以想在乡村社会中实现他们的朱子学性的理想，不仅有支持他们的基础在乡村社会的原因，更主要的是因为他们认为乡村社会是实现朱子学性理念的合适空间。所以我们可以知道东北亚的公共领域是以不完全属于国家和社会中任何一者，并在这两者之间担任中间媒介性领域的乡村社会为中心出现的。

朱子学性的公共领域中特别强调意见沟通中的自主性、平等性、意见沟通机构、教育等。但是士大夫们认为仅仅依靠意见沟通的这种程序性的话还无法完全保障公论的正当性。所以他们同时也在关怀并尊重他人的道德中心发掘公论的正当性。

本文中又对朱子学性的公共领域中个体性和公共性的关系进行了探索。个体性和公共性的相关关系是判断指向哪种市民社会类型的核心内容。所以朱子学性的公共领域可以认为是同时承认个体的个人性基础（气）和公共善（天理）的形态。对于这一点，朱子学在"和而不同"和"同而不和"的观点上讨论。朱子学中意见沟通达成的共识就是指和共同性、划一性、整体性相反的，由多种多样的个体融合在一起的形态。公共性必须以这样的相异的许多个体为前提才变得可能，并且公共性也被作为个体性必须追求的价值而提出。这样，朱子学性的市民社会不但不一味要求个人自身和他人之间的一致，而且在尊重各个人的差异点的基础上一起追求共存。

本文中在哈贝马斯的公共领域的框架下解读朱子学性的公论的同时也认为有必要点明朱子学性的公论和哈贝马斯的公共领域的差异性。朱子学性的公论不但符合东北亚地区的思想特点，也和西方的市民社会有相似的一面。所以为了使东北亚市民社会向着成熟的阶段发展，朱子学性的市民社会是非常有参考价值的。

但是本文并非是主张朱子学性的公论比西方的市民社会更优越或者东北亚市民社会仅仅需要朱子学性的公论。如前文所述，作者并不是怀着证明朱子学性的公论比哈贝马斯的公共领域更加优越的意图进行研究的，只是在本文中指出了朱子学性公论的特征和它的优点是什么。当然我们也必须承认朱子学性的公论的局限性。即使我们在朱子学性的公论强调道德性这一点上认可它具有优越性，现实中它也是无法在政治上实现制度化，结果不但无法有效地对应专制主义政治，而且在近代以后被西方的工具理性逐渐抢占了地位。在这样的现实认识中我们有必要为了恢复东北亚的公共领域而对朱子学性的公论进行重组。

中西文化共铸天下大同

石永之

(山东社会科学院国际儒学研究与交流中心)

引言

推动构建人类命运共同体已经成为中国的基本国家方略,党的十九大报告将它纳入新时代中国特色社会主义思想体系。在外交部分专门论述"坚持和平发展道路,推动构建人类命运共同体"。当今的多极化世界正处于大发展、大变革、大调整时期,国际秩序的变革正在加速推进。人类面临着气候变化、人居环境持续恶化、重大传染性疾病持续蔓延等一些共同的严峻挑战,恐怖主义和网络安全等问题也需要人类共同携手才能得到有效遏制,这些问题没有哪个国家能够独自应对。人们对全人类"同呼吸、共命运"的感受越来越真切,这需要人们以全世界的视野,以全人类的利益为出发点来思考国际关系的问题,中国倡导构建人类命运共同体可谓正当其时。

和平与发展仍然是当今世界的两大时代主题。构建人类命运共同体是为了全人类的和平与发展,也需要当下和平的国际环境和稳定的国际秩序。经济全球化、信息全球化的深入发展,使得世界各国相互联系和依存日益加深,和平发展的世界大势不可逆转。这需要坚决摒弃建立在国家主义基础上的冷战思维和强权政治,需要推动经济全球化朝着更加开放、包容的方向发展。

党的十九大报告指出,推动构建人类命运共同体必须统筹国内国际两个大局,和平发展,合作共赢,这意味着对民族国家主义的超越。构建人类命运共同体,需要各国人民同心协力。因此,促进和而不同、兼收并蓄的文明交流势在必行，尊重世界文明多样性，以文明交流超越文明隔阂与文明冲突。推动人类命运共同体建设，在文化方面，需要激活中国传统的天下主义思想，吸收各个文明特别是西方文明中世界主义的精华。考察中国传统天下主义的近现代转型，以及西方的国家主义和世界主义的理论内核，并对传统的天下大同思想做出新的阐释，可以推进东西方世界主义的交流互鉴，促进人类命运共同的文化建设。

一 天下主义的近现代转型

今日之世界有类于中国历史上的春秋战国时期，在那个诸侯国混战不已的时节，百家争鸣只为治理天下。道家有以天下观天下的方法论和无事取天下主张，墨家兼爱、非攻的思想和"止楚攻宋"的实践，儒家从普遍内在的恻隐仁爱之心出发，心怀天下，倡导四海一家，形成了内涵丰富、生命力强大的天下大同思想。《礼记·礼运》说："大道之行也，天下为公，选贤与能，讲信修睦。故人不独亲其亲，不独子其子。使老有所终，壮有所用，幼有所长，矜、寡、孤、独、废、疾者皆有所养，男有分，女有归。货恶其弃于地也，不必藏于己；力恶其不出于身也，不必为己。是故谋闭而不兴，盗窃乱贼而不作，故外户而不闭。是谓大同。"① 天下大同思想是先秦天下主义的结晶，可说是诸子百家的共同追求。

先秦诸子皆称颂尧舜，天下大同是对尧舜时期"协和万邦"思想的继承，三代之后，天下大同思想逐步退隐，在夏商周时期逐步演变成了分封制的朝贡体系，秦汉大一统之后，杂王霸而行之，朝贡体系用以处理藩属以及邦国关系。

在东亚延续了几千年的朝贡体系在清末解体，因为满清末期政府腐败无能，与列强签订一系列不平等条约，中国被迫进入了一个弱肉强食的国家主义主导的殖民体系之中，这是威斯特伐利亚条约体系的变种。面对这样的国际关系，国人也重新开始思考天下国家问题。康有为读《礼记·礼运》而初步形成其大同思想，他说："读至《礼运》，乃浩然而叹曰：孔子三世之变，大道之真，在是矣，大同小康之道，发之明而别之精，古

---

① （清）孙希旦著：《礼记集解》，沈啸寰、王星贤点校，中华书局1989年版，第582页。

今进化之故，神圣悯世之深，在是矣……二千五百年至予小子而鸿宝发见，辟新地以殖人民，揭日月以照修夜，以仁济天下，将纳大地生人于大同之域，令孔子之道大放光明，岂不异哉。"① 康有为认为大同思想可以仁济天下，继而撰《大同书》。

康有为认为只有大同之道可以救苦救难，他说："而思有以救之，昧昧我思，其惟行大同太平之道哉！遍观世法，舍大同之道而欲救人生之苦，求其大乐，殆无由也。大同之道，至平也，至公也，至仁也，治之至也，虽有善道，无以加此矣。"② 这就是说，康有为的大同思想基于去苦求乐的宗教关怀。他的办法就是建立以孔子为教主的孔教。康有为说："汉自王仲任（王充）前，并举儒、墨，皆知孔子为儒教之主，皆知儒为孔子所创……今发明儒为孔子教号，以著孔子为万世教主。"③ 康有为深知其宗教色彩浓厚的大同思想可以保存中国文化的种子，但不能救国，所以他将《大同书》秘而不宣，据梁启超记叙："有为虽著此书，然秘不以示人，亦从不以此义教学者，谓今方为'据乱'之世，只能言小康，不能言大同，言则陷天下于洪水猛兽。"④ 康有为心里很清楚，在丛林法则盛行的殖民体系中大同思想显然寸步难行，昙花一现的中国近代天下大同思想很快就被蜂拥而起的民族国家主义思潮所取代。原因至少有两点：一是因为不合时宜，二是天下大同所要解决的国际关系是个政治而非宗教问题。

在1990年前后，传统的天下主义再次重新被激活，并逐步成为了学术热点。有盛洪从研究经济理论的实践中发现古人的天下主义可以为当今世界提供帮助；许纪霖从政治学角度提出了新天下主义；赵汀阳从哲学层面建构了一个天下体系；干春松则以儒家思想为根基，提出重回王道的主张。他们从各自不同的专业角度都不约而同地发现了天下主义的重要性，天下主义现代转型的脉络也很清晰，从经济学到政治学再到哲学层面，最后回归儒家。

---

① 康有为：《礼运注·叙》，姜义华、张荣华编：《康有为全集》第5集，中国人民大学出版社2007年版，第553页。
② 康有为：《大同书》，周振甫、方渊点校，中华书局2012年版，第8页。
③ 康有为：《孔子改制考》，姜义华、张荣华编：《康有为全集》第5集，第85—86页。
④ 梁启超著、朱维铮校注：《清代学术概论》，中华书局2010年版，第123页。

天下主义的要点在于超越国家主义,这是天下主义倡导者的共同点。在如何理解传统的天下主义?又怎样建构适应新形势的天下主义?学者们从不同专业的角度提出了自己的建议。经济是人类社会最活跃的部分,但国家之间的贸易壁垒总是在制约经济要素的流动,研究经济的盛洪通过亚当·斯密发现了天下主义的价值,他认为:"整部《国富论》实际上可以用一句话来概括,即,合作比不合作好……'兼相爱,交相利'可以看做是'合作比不合作好'的另一种阐述。"① 他认为天下主义的关键是超越民族主义,要超越民族主义成就天下主义,通过救世界以救中国。他说:"如果西方国家不肯改变弱肉强食的丛林规则,我们的义务又是什么?如果我们只是和西方知识分子之间恶言相向?世界上的战国规则不变,中国能独享和平吗?因此中国的现代化不能不包含着一个伟大的道德目标:'为万世开太平'"。② 信心满满的盛洪相信,天下主义文化将会重新兴起,成为未来全球文化的主导力量。下文会论及,休谟和亚当·斯密的经济自由主义本来就被西方人视为世俗化普世主义。

　　天下主义所关心的主要问题是国际关系,这本来是政治学研究的范围,所以政治学的研究者当然不会缺席对天下主义的讨论。近几年比较活跃的是,以许纪霖为首,华东师范大学研究政治学的学者们如刘擎、李永晶等,比较集中地讨论天下主义的过去、现在和未来。许纪霖认为,传统天下主义是以中原中华帝国为中心的同心圆结构的差序格局,这需要予以突破。他主张,"新天下主义,是传统天下主义与民族国家的双重超克。一方面,超克传统天下主义的中心观,保持其普遍主义属性,另一方面,吸取民族国家的主权平等原则,但克服其民族国家利益至上的狭隘立场,以普世主义平衡特殊主义。"③ 其内部秩序是一体多元,一体是指,以宪法为核心的国家认同,多元是指保障各民族宗教、语言和文化的独特性。就外部秩序而言,新天下主义要超越传统天下观念的同心圆式样的差序格局,扬弃政治中心论。新的天下主义要超越帝国中心和差序格局的主张是能够说得通的,这需要接纳西方主权国家平等的思想和实践。

---

　　① 盛洪:《为万世开太平》,北京大学出版社1999年版,第124页。
　　② 同上书,第3页。
　　③ 许纪霖:《新天下主义与中国的内外秩序》,载许纪霖、刘擎主编:《新天下主义》,上海人民出版社2015年版,第8页。

刘擎认为天下主义是开放包容的、并不是唯我独尊的文明中心论。可以由天下主义发展出新世界主义，这需要重新阐释"求同存异"及"和而不同"的观念，"求同"意味着追求和创造新的可能的普遍性，而这一普遍性可以由不同的文化传统证成，这是一种"不同而和"的思路，就是不同的文化传统寻求重叠共识，以此建设一个和谐世界。他认为，转向新世界主义这样一种跨文化的普遍主义，或许正是天下主义在当代复兴的一种可能的希望。这就是说，建构新天下主义的基础在于，在不同的文化传统之间寻求共识。共识应该建立在共同利益、共同的道德还是人类未来共同命运的基础上则是需要讨论的问题。

李永晶认为，人们今天之所以重提天下主义的原因，"首先是因为它在原理上具有开放、自治、多元、平等的价值，而这些价值又被视为能建构内外秩序时的普遍原理"①。这就是说，天下主义所具有的开放、自治、多元、平等的普遍原理是需要继承和发扬的。

天下主义绝不仅仅是一个政治学问题，更是一个哲学问题，是需要最终上升到哲学层面的。从事哲学研究的赵汀阳认为，西方的国际理论只是国家理论所附属的对外策略研究，是国际政治理论的一个特殊附庸。因此他抛弃西方的主权国家概念，依据中国传统的天下主义，给出天下体系的原则，他说："天下是天下人的天下，天下人最需要天下大治，所以得民心者得天下，这是天下理论的基本价值原则。"②

威廉·柯岚安（W. A. Callahan）认为："《天下体系》成为中国的畅销书是因为它赶上了一波有意以中国方式来解决世界问题的兴趣浪潮，特别是如何用传统的天下概念将看似矛盾的国家主义（nationalism）和普世主义（consmopolitanism）话语结合起来的兴趣。"③ 这意思是说，赵汀阳的书之所以受到欢迎，一是因为中国人希望用中国方式来解决世界问

---

① 李永晶：《从"天下"到"世界"——东亚儒学秩序的过去与未来》，载许纪霖、刘擎主编：《新天下主义》，上海人民出版社 2015 年版，第 27 页。
② 赵汀阳：《天下体系——世界制度哲学导论》，中国人民大学出版社 2011 年版，第 23 页。
③ 柯岚安：《中国视野下的世界秩序：天下、帝国和世界》，载赵汀阳：《天下体系——世界制度哲学导论》，中国人民大学出版社，2011 年版，第 130 页。这里的国家主义原译为民族主义。

题,二是传统的天下主义将国家主义和普世主义之间看似矛盾的话语统合在一起。

赵汀阳也自认其天下体系只是个乌托邦。他说:"天下体系试图推荐一种世界制度,以便克服世界无政府状态所导致的各种灾难,是旨在发展世界公利的世界集体理性行动成为可能……康德和平的有效条件是'同质国家'之间的国际联盟……天下体系就是试图实现兼容普遍主义的世界制度。因此,天下体系被设想为一个能够解决康德理论所不能解决的亨廷顿问题的永久和平理论。"① 问题很可能就在于他以国家政治观念来看待天下观念。他说:"一个有效的政治制度必须具有充满整个可能的政治空间的普遍有效性和通达每个可能的政治层次的完全传递性。"② 这实际上是将天下秩序当作权力主导的国家秩序来看待,有违天下观念的开放性。

先秦儒家主张王道政治。干春松提出"重回王道"的主张,他认为,伦理政治层面的天下观念,可称之为"王道天下",它所要超越的正是国家利益本位,从而确立起一种普遍性的价值原则。他说:"'天下一家'意味着我们要寻找一个超越现有从民族国家为基点的理解世界的基础,而这个基础并不是霍布斯式的仇恨,而是被现代性所忽视和否定的'人类良知'和'道德律'。只有确定了人类之间的亲近感和根本利益的一致性,新的世界格局才能真正建立起来。"③ 这就是说,要建立新的世界格局,一是要超越民族国家;二是确立人类良知成为新世界格局的道德基础。

从天下主义的近现代转型历程来看,传统天下主义"天下为公"的价值立场、"和而不同"的基本观念,以及开放包容、多元并存的普遍原理等皆可继承弘扬。在经济层面,扬弃了朝贡贸易,寄望于自由贸易,促进人类的共同利益。在文化层面,摒弃了中心论立场,求同存异、和而不同。在政治哲学层面,对康德式的世界主义进行了批判性反思。对西方世界主义的认识和研究还需要深入,对西方居于主导地位的国家主义的研究

---

① 赵汀阳:《天下体系——世界制度哲学导论》,中国人民大学出版社2011年版,第1—2页。

② 同上书,第13页。

③ 干春松:《重回王道——儒家与世界秩序》,华东师范大学出版社2012年版,第144页。

还很不够。

二　西方的国家主义和世界主义

自马基雅维利以来，国家主义就成为西方政治哲学主流，在国际关系方面，国家主义以国家的现实生存为目的，国际关系的现实主义传统一直在欧洲传承。国家主义有三个核心观念：国家利益、均势、贸易保护主义。

第一个核心观念，就是国家利益。这一观念在四百多年前的德国威斯特伐利亚的系列和约中得到充分体现。在政教分离的日趋深入欧洲政治文化的背景下，宗教势力开始逐步退出西方政治舞台，取而代之的是世俗化的主权国家之间的谈判，西方"国际关系"的条约体系得以建立，这是1618—1648 年的 30 年宗教战争的结果。

英国剑桥大学研究国际关系的学者乔纳森·哈斯拉姆（Jonathan Haslam）说："国家利益观的出现，使一种新的社会结构即国家合法化，它反对普世主义替代物：起初是神圣罗马帝国和普世教会。"[①] 因为宗教分裂，建立在宗教神学基础上的普世主义式微，于是现实主义的国家利益就开始逐步称为国际关系的核心，也就是在这一时期西方社会，国家主义取代了普世主义。汤因比说："罗马帝国解体后，西方的政治传统是民族主义的，而不是世界主义的。"[②] 可以说，威斯特伐利亚体系的建立是彼时欧洲的政治哲学抛弃有道德色彩的普世主义，而直面世俗化的现实主义的结果，威斯特伐利亚体系的关键词就是：国家利益、世俗化、现实主义。威斯特伐利亚体系随着欧洲列强殖民全球而逐步具有了世界性，在随后的反殖民浪潮中也得到延续。

第二个核心观念就是均势。正如哈斯拉姆所说："文艺复兴时代意大利公认的实践导致国家利益的观念化，国家利益的观念化则反映了这种公

[①]（英）乔纳森·哈斯拉姆：《马基雅维利以来的现实主义国际关系思想》，张振江、卢明华译，中央编译出版社 2009 年版。第 24 页。

[②] 汤因比：《展望二十一世纪》，国际文化出版社 1985 年版，第 288 页。

认的实践，逻辑上的下一步就是均势的观念化。"① 这就是说，在国家利益主导国际关系的体系之下，如何才能维持世界的和平与安宁就成为接下来要解决的问题，和平与安宁主要出现在欧洲列强势均力敌之时，因此均势原则就成了国际关系的当然选择，体现均势原则的第一个国际协议就是1713年的乌德勒支和约，该和约的主要目的之一就是要"通过平衡的均势（这是所有各方持久保持的相互友好和协调一致的最佳最牢固的基础）安排和确立基督教世界的和平与安宁"。② 弱国总想维持均势，而强国则致力于打破它，于是，西方世界战争与和平的悲喜剧就轮番上演。"只有在18—19世纪，均势这个理念才遇到立基于道德的严重挑战，接着又遭到来自新的世俗普世主义即自由主义者的严重挑战。"③

第三个核心观念是贸易保护主义。自由主义者之所以要挑战均势理念，就是因为国之根本在于经济，国家利益至上必然会形成贸易保护主义。这就涉及到近现代国际关系理论的第三个核心观念：我们这里所说的贸易保护主义。哈斯拉姆说："国家利益观的早期对应方是贸易平衡轮。换个说法，叫重商主义；后来，叫做贸易保护主义。"④ 而在率先发展现代工业的英国，如休谟和亚当·斯密则主张自由贸易。哈斯拉姆这样说："休谟接受了贸易平衡论，但不是用它来为保护主义政策辩护，相反他争辩说，同水一样，这种平衡若任其无障碍运行则必将自然而然地找到它自身的水平面。同他的朋友和后继者亚当·斯密一样，他无意识地说出了英国的国家利益，即能在自己的市场里抢走所有国家生意的这个唯一真正工业国的利益就是赞成自由贸易的普遍利益。"⑤ 按照这种描述，好像因为自由贸易有利于英国的国家利益，所以在英国才发展出了经济自由主义这一世俗化的普世主义。哈斯拉姆确实也不否认亚当·斯密的经济学具有普世主义的意义。不可否认的是，自由贸易能够促进人类的进步和福祉，具有道德主义的色彩。这似乎是个在理论和实践两方面的双重悖论，但是稍

---

① （英）乔纳森·哈斯拉姆：《马基雅维利以来的现实主义国际关系思想》，张振江、卢明华译，中央编译出版社2009年版。第129页。
② 同上书，第143页。
③ 同上书，第132页。
④ 同上书，第179页。
⑤ 同上书，第196页。

加推演就可以看出，既能促进全人类的普遍利益又能确保本国利益应该是更深层次的智慧。

现行国际关系理论的思想基础，也就是欧洲世俗化的现实主义政治哲学肇始于马基雅维利。《马基雅维里主义》的作者弗里德里希·迈内克说："这么一个事实就是马基雅维里的独特处，同时也构成其作品的历史力量；他——发现'国家理由'真实性质的第一人，确实成功地度量了它导向的所有巅峰和深渊。"① 这就是说，马基雅维利是国家主义的始作俑者，而其后的国际关系理论都是围绕着国家利益展开的，但仅仅是国家主义还是不够的，"要让国家利益原则为人们普遍接受的基本必要条件是驱除那种认为统治者的权宜行为也应是道德行为的理念；不然的话，某种崇高的价值观就会凌驾于国家的需要之上"②。正是马基雅维利摧毁了欧洲政治脆弱的道德基础，他说："由于周围都是不善良的人，一个要在所有的事情上都立誓行善的人只会遭到毁灭。所以，一个君主如果想保持自己的地位，就必须学会怎样能够做不善之事。"③

关于国际关系理论方面，西方除了国家主义之外，还有一个与中国的天下主义相当的世界主义或者说普世主义传统。正如上文所提及的那样，这一传统渊源于神圣罗马帝国及其普世教会。但丁试图继承罗马帝国的传统，他说："整个人类注定只有一个目的，因而人类就应该实行独一无二的统治和建立独一无二的政府，而且这种权力应称为君主或帝王，由此可见，为了给尘世带来幸福，一统的政体或帝国是必要的。"④ 但丁认为，建立世界帝国需要回答三个问题，第一，是否有必要建立天下一统的世界帝国？第二，罗马人是否有资格统治这个世界帝国？第三，世界帝国的权威是否直接来自上帝？从但丁这里可以看出，西方人的帝国思维及其渊源。这样只能由罗马人统治且由上帝保障其权威的世界帝国显然是难以建立的，现实中的西方人也扬弃了这种思维。

---

① ［德］弗里德里希·迈内克：《马基雅维里主义》，时殷弘译，商务印书馆2009年版，第103页。
② ［英］乔纳森·哈斯拉姆：《马基雅维利以来的现实主义国际关系思想》，张振江、卢明华译，中央编译出版社2009年版。第36页。
③ ［意］马基雅维里：《君主论》，张志伟等译，陕西人民出版社2001年版，第92页。
④ ［意］但丁：《论世界帝国》，朱虹译，商务印书馆2010年版，第9页。

在扬弃了帝国思维之后，西方人转而依据人类的理性追求国家联盟。如康德给出的永久和平的三条确定条款是："1、每个国家中的公民宪政应当是共和制的；2、国际法权应当建立在自由国家的一种联盟之上；3、世界公民法权应当被限制在普遍友善的条件上。"① 不可否认，康德的永久和平理论有很积极的意义，被人视为现行联合国制度的理论来源之一，在国际法方面发挥了推动作用。但是其国家联盟是有条件的，必须是共和制的自由国家，那么如何对待非同质的国家就成了一个问题。

继承康德理性主义衣钵的罗尔斯也希望发展有一定世界主义色彩的国际正义理论，也确实在发挥积极作用。但就像康德相信共和制的自由国家之间不会发生战争一样，罗尔斯也认为，宪政民主社会之间相互不开战，其理由是："民主国家之间和平的关键事实在于民主社会的内部结构，它们是不容易被诱导去参加战争的，除非为了自卫或干预不正义社会的严重情况以保护人权。"② 这就是说，自由民主国家除了自卫之外，还可以用保护人权的名义而发动对他国的战争。这就给那些国家利益至上的人武力干涉他国留下了理论缺口，所以罗尔斯富有世界主义色彩的国际正义理论并没有彻底摆脱国家主义的阴影。

从西方国际关系理论的两条主要线索来看，国家主义在其国际关系理论中居于主导地位，这主要是因为欧洲各国虽然此消彼长，但是各国一直都在维持一种均势以求自保。而世界主义（普世主义）的理论也一直作为隐性力量在与国家主义抗争，而其世界主义的历史资源只有罗马帝国及其普世教会，时间相对较短，尤其是普世教会的分裂导致教会纷争乃至战争不断，这是西方政治的隐痛，防止宗教战争就成为了西方政治思想家首先要考虑的问题，在倡导宗教信仰自由之后，建立在宗教基础上的世界主义就难以立足。反倒是，从英国发展起来的世俗化的世界主义即经济自由主义成了西方国际关系理论中的一抹亮色，只不过，经济自由主义一直都受到国家主义的压制。

---

① ［德］康德：《论永久和平》，李秋零译，载李秋零主编《康德全集》第 8 卷，中国人民大学出版社 2010 年版，第 353—363 页。

② John Rawls: The law of peoples, Harvard University Press Cambridge, MA, 1999. p8. 参见陈肖生译本第 50 页。

三 天下大同的当代解释

十九大倡导人类命运共同体，构建新的世界秩序，需要吸取中国传统天下主义的智慧并与现代西方的国际正义理论互动。而西方人不太了解中国文化的智慧，就连见多识广的基辛格也承认："中国人的思维部分地受到了共产主义理论的影响，但越来越趋向传统的中国思维方式。美国人对两者都缺乏直观的和深入的理解。"[①] 而基辛格本人对毛泽东思想的理解也有这样的问题，他认为："毛泽东的秩序概念反映了中国的古老思想，他称其为'天下大同'。按照这一概念，强调和谐的传统儒家文化必须摧毁，在这个废墟上将出现一个全新的中国[②]。"基辛格的这一观点显系误解，天下大同的思想渊源于儒家，摧毁了强调和谐的传统儒家文化，又该如何实现天下大同呢？因此，需要当下的中国学者依据现在国际关系的现实做艰苦的努力，需要深入了解西方国际关系的理论来源，也需要重新解释传统的天下大同思想。

对"天下"这个概念有必要做出新的解释。在中文语境中，天下是个合成词，由"天"和表示方位的"下"构成，中国人往往会说，苍天在上；溥天之下，莫非王土；天下乃天下人的天下等等。这就是说，从"天"来理解天下应该更好。天是一个包含所有存在者的全体大有，阳明说："无往而非天：三光之上，天也；九地之下，亦天也。"[③] 既然天是一个存在者的全体大有，那么，从天而论，可以分出天上和天下两个层面。

天上指超越的价值层面，只不过中文通常直接用"天"来表达这一层意味。孟子说："乐天者保天下，畏天者保其国。"（《孟子·梁惠王下》）这句话正说明，天在中国文化中有超越者的意义和地位，中国人有乐天、畏天、敬天的传统，天承载着天道、天德等价值属性，只有充分理解天之超越意义的人才能够乐天，乐天的人才能保天下，子曰："天何言哉？四时行焉，百物生焉，天何言哉？"（《论语·阳货》）虽然天无言，

---

① ［美］亨利·基辛格著：《世界秩序》，胡利平等译，中信出版社2015年版，第294页。
② 同上书，第288页。
③ 王阳明：《传习录上》，载《王阳明全集》，上海古籍出版社1992年版，第22页。

然而《易传》有言"天地之大德曰生",传承天下主义,倡导人类命运共同体意在依天德行事、护佑天下苍生。

天是存在者全体,则天下实际上是一个无限延伸可能的哲学概念,目前可以扩展至整个地球人类,未来还可延伸至宇宙间的一切理性生物。作为天下主义的主体而言,天下具体指天下之人类全体,及其物质环境,进而言之,天下主义要关注的问题是,人类如何相互对待?又如何与自然相处?

"大同"概念也需要做出新的解释。《礼记·礼运》对大同的解释是"是故谋闭而不兴,盗窃乱贼而不作,故外户而不闭。是谓大同。"这是对天下大同之效果的描述,而今天更需要观念的大同,阳明有一段话可资借鉴。"问:'良知,一而已;文王作《彖》,周公系《爻》,孔子赞《易》,何以各自看理不同?'先生曰:'圣人何能拘得死格?大要出于良知同,便各为说何害?且如一园竹,只要同此枝节,便是大同;若拘定枝枝节节,都要高下大小一样,便非造化妙手矣。汝辈只要去培养良知。良知同,更不妨有异处。'"(《传习录下》)阳明所说的良知大同何尝不是在讲仁爱之大同,天下大同的根本处就在于爱的大同。各个文化传统都在强调爱,但各自的解释又千差万别,这就需要以"和而不同"以求观念之大同。大同是求其大致相同,而不是求其绝对的同一。

当然最困难的就是如何处理天下主义和国家主义看似矛盾的两种主张。上文所提到的世俗化的普世主义即由休谟和亚当·斯密倡导的经济自由主义的思维方式可资借鉴,人类的普遍利益和国家利益是可以协同的,只要一个国家能够保持思想与物质方面的先进性就可以做到这一点。但关键是将人类的普遍利益放在首位,也就是世界(天下)主义要优先于国家主义,这就需要以普遍的恻隐仁爱之心为天下主义的逻辑起点,以全人类为关怀对象,无分性别、种族、教派与国家。古代中国之天下有统一的政治观念和政治秩序,而今日之世界是一个无序的世界,既没有统一的政治秩序,在思想观念方面也少有共识。中国倡导人类命运共同体的建设,是希望重新激活"天下为公"的天下大同思想,使之发出新声。

天下主义并不必然排斥国家主义,全人类的利益在逻辑上必然包含特定的国家利益。孟子曰:"人有恒言,皆曰'天下国家',天下之本在国,国之本在家,家之本在身。"(《孟子·离娄上》)这就是说,需要各个国家首先要建设好自己的国家，国家富强，人民安居乐业才能促进总体的天下利益。

应该说国家主义注重为本国之公民谋福利而追求国家利益本身并没有错。但如果是为了自己的国家利益而实现贸易保护主义，或者穷兵黩武损害甚至侵略他国，则是天下主义所要反对的，若非自卫绝不主动挑起战争是天下主义的基本原则。孟子说："威天下不以兵革之利。得道者多助，失道者寡助。寡助之至，亲戚畔之；多助之至，天下顺之。"（《孟子·公孙丑下》）这是说，武力不是解决问题的办法，得道者多助才是最佳选择。

孟子还给出了国与国之间交往的基本道理。就是唯仁者为能以大事小，唯智者为能以小事大，孟子曰："惟仁者为能以大事小，……惟智者为能以小事大……以大事小者，乐天者也；以小事大者，畏天者也。乐天者保天下，畏天者保其国。"（《孟子·梁惠王下》）

"惟仁者为能以大事小"，中国历史上就曾经有这样的情形，利玛窦有过记载，他写道：

虽然他们有装备精良的陆军和海军，很容易征服邻近的国家，但他们的皇上和人民却从未想过要发动侵略战争。他们很满足于自己的东西，没有征服的野心。在这方面，他们和欧洲人很不相同，欧洲人常常不满意自己的政府，并贪求别人所享有的东西。西方国家似乎被最高统治权的念头消耗到筋疲力尽，但他们连老祖宗传给他们的东西都保持不住，而中国人却已经保持数千年之久。①

今日之中国借鉴历史智慧，推动构建人类命运共同体，正是要以仁爱之心对待他国，以善服人。孟子说："以善服人者，未有能服人者也。以善养人，然后能服天下。"（《孟子·离娄下》）这就是说，天下主义要超越国家主义，一是国际关系应该是每一个人为终极关怀对象，而不是以国家这一层级为鹄的。二是人类需要有大致相同的爱的共识。

天下主义以全人类的每一个人为关怀对象，这一点与西方的世界主义并无二致，但具体的解释却又是千差万别。墨子主张非攻、康德期望永久

---

① ［意］利玛窦、（法）金尼阁：《利玛窦中国札记》，何高济等译，中华书局 1983 年版，第 58—59 页。

和平、代表着中西方文化都意识到天下大同的愿景，应该是没有战争和杀戮。进一步，既然天下主义以每一个人为终极关怀对象，就必然要求人与人之间平等相待，每一个人都有生存的权利，没有饥饿和平穷。当然，在当今时代想要描绘天下大同的具体情境无疑是不太现实的，但是首先需要在天下大同的起点处达成一定共识，因此，天下大同的当代解释就是，天下乃天下人的天下，大同乃是爱的大同。很显然，这只是对天下大同之起点的重新阐释，在当今世界，中国倡导的人类命运共同体首先需要在此起点处凝聚中西文化的共识。真切理解了爱的大同乃在于对爱的理解的大致相同，就会更有利于各个文明之间求同存异。然后真能以天下人为终极关怀对象，就可以既促进国家利益也促进全人类之福祉。如此，则天下大同的美好愿景有望。

综上所述，党的十九大倡导构建人类命运共同体，将会促进全球国际关系理论和实践的创新和变革，人类只有一个地球，人类面临着气候变化、网络安全、重大传染性疾病等许多共同的挑战，全球化的浪潮将人类的命运越来越紧密地捆绑在一起，人类实际上已经被纳入一个命运共同体。中国顺应时势，倡导建构人类命运共同体，有利于推动建设相互尊重、公平正义、合作共赢的新型国际关系。在文化方面，中国的天下主义、西方的世界主义正在加紧交流和融通。在经济方面，中国支持多边贸易体制，促进自由贸易区建设，推动建设开放型世界经济，这正是在对西方理论消化吸收基础上的创新与发展。

罗尔斯与孟子正义观之理论价值探析

王美玲[①]

20世纪中叶，以美国为例的西方社会面临着很多的社会问题，国际关系的紧张，国内学生运动，传统价值的颠覆，贫富差距的拉大，使美国深陷危机，处在一个亟须调整的关口。西方的许多学者针对这些问题作出了深刻的反思，特别是罗尔斯的正义理论可以被视为受这个运动的激荡所作出的一种哲学性的反省，他的理论可以被视为是对于这些运动所引起问题的一个回应。他的思想引起了学术界对正义问题的探讨，他的正义理论成为西方正义理论的重要流派。从罗尔斯正义论的视野观照孟子的正义思想，可以发掘出传统文化的现代价值，使其焕发新的生命，弥补罗尔斯正义论的不足。站在建立社会主义和谐社会的背景中，应当会通中西方的正义思想，为构建和谐公正的社会探讨理论基础。

一 罗尔斯正义论的主要特点

罗尔斯的正义观，正如他自己强调的那样是一种作为公平的正义，社会正义是他的正义论的中心问题。他认为社会正义的主题是社会的基本结构，即主要政治制度和社会制度融合成为一种社会合作体系的方式，以及它们分派基本权利和义务，调节由持续的社会合作产生出来的利益分配的方式。[②] 社会正义明确地被设定在社会的政治和经济结构或制度中。因为

[①] 王美玲，北京首都农业集团，中国哲学硕士。
[②] 罗尔斯，《作为公平的正义——正义新论》（姚大志译），生活·读书·新知三联书店2002年版，第17页。

社会基本结构影响人们的追求和目标,他们对机遇的把握和能力的发挥,影响到他们的生活前途,人从其出生始就无时无刻不处在这样的社会结构中,人们无法逃避社会的基本结构,所以在罗尔斯看来,人的生活前途受到社会的政治体制、经济状况和社会条件的影响,更何况人一出生就具有不平等的社会地位和自然禀赋。罗尔斯正是基于对社会中存在的不平等现象的反思,提出了一种秩序良好的社会设想,"秩序良好的社会是一个由公共的正义观念加以有效调节的社会……在这样的社会里,不仅存在着一种公共的观点,所有公民从这种公共的观点出发能够调整他们的要求,而且由于这种观点得到了所有处于充分反思平衡中的公民确认,所以他也是得到相互承认的"①。因此,罗尔斯致力于寻求公民的普遍道德共识,制定符合正义的普遍规则。

为使社会中人的自由和平等得以实现,罗尔斯提出两个正义原则,来保证社会基本结构的功能的发挥。这两个基本原则是:其一,"每个人对与其他人所拥有的最广泛的基本自由体系相容的类似自由体系都应有一种平等的权利"②;其二,"社会的和经济的不平等应满足两个条件:它们所从属的公职和职位应该在公平的机会平等条件下对所有人开放;它们应该有利于社会之最不利成员的最大利益。"③ 概括起来说,第一个原则是自由平等原则;第二个原则包含两个部分,第一部分即机会平等原则;第二部分称为差别原则。罗尔斯不仅设定了"社会正义"的两个原则,而且还设定了这两个原则的次序或等级关系。即第一原则优先于第二正义原则(即自由的优先权)。第二个正义原则中的机会平等原则优先于差别原则。他们处于一种"词典式次序排列"的先后关系。自由的优先性,指每一个人的自由平等基本权利必须优先考虑受到正义保护,而不能受制于第二正义原则,自由只能因为自身的缘故才能被限制。正如罗尔斯本人所说:"这一秩序意味着:对第一个原则所要求的平等自由制度的违反不可能因较大的社会经济利益而得到辩护或补偿。财富和收入的分配及权力的等级

---

① 罗尔斯,《作为公平的正义——正义新论》(姚大志译),生活·读书·新知三联书店2002年版,第52—53页。

② 同上书,第457页。

③ 同上。

制，必须同时符合平等公民的自由和机会的自由。"①

罗尔斯的正义原则，一方面要优先保护自由权利和形式上的机会平等；另一方面通过对经济利益进行再分配以达到一种更实质性的平等。罗尔斯的两个正义原则，表达了一种现代西方新自由主义基本原则和政治价值，两大原则贯穿于社会的基本结构，并保证社会基本结构的功能的发挥。在基本结构的两大功能中，第一正义原则规定和确保公民之平等的基本自由；第二正义原则提供了对自由和平等的公民而言最合适的社会正义和经济正义之背景制度。总之，罗尔斯主要关注的是政治制度领域的正义问题，他的正义理想是在正义的基本社会结构中，实现个人自由权利的前提下保证人的平等。他试图制定基本的正义原则，确保社会制度的正义，在正义的制度中，才能有正义的社会。在他那里，制度的正义是优先于个人道德的。

从古希腊到现代，理性精神一直在西方文化中占据十分重要的地位。罗尔斯的正义论，也是对现实理性反思的产物。他对人性、社会的认识，始终贯穿着理性的印记。罗尔斯的两个正义原则就是理性选择的结果。他在论证两个正义原则的时候，提出了"原初状态"和"社会契约"，它不同于传统的契约论，而是一种理想的假设状态。在原初状态中，物质条件是中等匮乏的，即，资源不能够满足每个人的欲望，但足以构成人们之间的合作。理性的人总是希望个人利益能够最大化，但是原处状态的人却被"无知之幕"遮蔽着，人们无法知道什么是对自己有利或者不利的，他们只知道一些"基本好"（自由、机会、财富、自尊等），这些"基本好"与理性结合起来，就会尽可能地采取最有效的手段来实现他们的"好"的观念。在有关主体的理性和动机的假设中，罗尔斯还有两个特殊的假定：第一，假定一个理性的人并不受嫉妒之累，假定原初状态中的各方是免除嫉妒的。他们既不受仁爱心或虚荣心的推动，也不受恶意、宿愿和嫉妒心的推动。他们既不想牺牲自己的利益，也不想损害他人，不寻求相互亲密，也不会相互为敌。第二，假定各方都互相知道所有各方都具有一种建立正义感的能力，这是为了保证严格的服从。他们在选择原则之前，能够对原则的理解方面互相信赖；在选择原则之后，能够在对原则的遵循方

---

① 罗尔斯，《正义论》（何怀宏等译），中国社会科学出版社1988年版，第57页。

面互相信任。通过罗尔斯对原初状态的假设，我们可以看出，罗尔斯认为正义是建立在理性基础上对基本道德的共识，是具有理性的人作出的选择，同时也是合乎理性的。

此外，罗尔斯在《正义论》中提出的两个正义原则及其优先性关系，目的在于在自由、平等之间寻求某种张力，以调和社会各阶级的矛盾，建立秩序良好的和谐社会，实际上也体现了一种理性精神。他在多元的社会文化背景中不断地进行理性权衡，表现了康德式的调和与折中，罗尔斯的理想原则与虚拟方法表现了对现实的关怀，这可以称为"现实主义的理性主义"，体现他对待现实的理性态度。

一种成熟的哲学往往与政治主张是难以分开的，这在罗尔斯身上表现得尤为明显。罗尔斯两个正义原则的设计及其论证就是要在代表各自不同利益的彼此竞争的主张之间寻求一种裁决的方式，要为社会基本结构和制度的安排及其变革提供一种评价的标准。所谓社会基本结构和制度，就是指用来分配公民的基本权利和义务，划分由社会合作产生的利益和负担的主要制度之安排与调整。

罗尔斯为论证其正义原则所设置的原初状态虽然带有一定的理想色彩，但是毕竟基于一种现实的背景制度——民主立宪制。他认识到政治体制和一般社会、经济条件对人们不同的生活状态包括生活前景的深刻限制与影响，同时也意识到人们出生伊始所具有的不平等社会地位和自然禀赋对人们现实生活的影响，因而正义原则正是要通过对社会主要制度安排及其变革的广泛调节来平衡、协调、处理这种不合理影响所带来的非正义后果。在罗尔斯看来，将正义原则运用于社会制度的过程也就是处于原初状态进行原则选择、签订协议的道德个体逐渐从"幕后"（无知之幕）走向"幕前"的过程。这一过程主要包括四个序列的阶段：（1）在原初状态中选择正义原则；（2）共同制定宪法；（3）协商制定法律；（4）进行规范应用。在此，我们不去具体考察这四个序列阶段的详细步骤和内容，而是切实感受到，正义原则运用于制度的过程完全是在一种公众共同参与，平等协商，公开而透明的环境中按程序而逐步进行的。这一过程不仅要受到公众之间的相互监督，而且完全是在一种法治程序的框架中经过充分协商和全面反思而得以推进的。明显体现出对现代性精神的契合，以及对现实伦理实践和政治实践的关切。从而为现实社会的相对公正和稳定提供价值支持和伦理辩护。

罗尔斯关于正义的理论,从来都没有脱离民主制度来谈,尽管他看到了现代民主制度有许多问题,但是他的制度诉求还是民主制,他的一系列原则,也是在民主制度的前提下,调和自由与平等的矛盾。他的理论可以说是民主制度的改良主义。

二 孟子正义思想的价值

孟子的正义思想与罗尔斯有很大的不同,作为绵延至今的中国儒家传统文化的主流,他的正义思想既有中国文化的特有精神魅力,也有几千年封建社会的历史局限。孟子正义从人性善出发,以良心为道德的内在判准,强调个人的美德在建立正义社会中的作用;他从家庭伦理出发,推广到整个社会,将礼义作为行为的准则;他要求君主发现自己具足的仁爱之心,施行王道仁政,将王道主义作为政治上的理想追求。深入分析孟子正义的这些特点,可以发现传统道德的优秀资源,并客观认识传统道德的缺陷。

首先,孟子正义强调作为美德的正义。孟子正义的理论基础是人性善,认为每个人都天生具有仁义礼智的道德善端,正义也是每个人生而就有的美德,因此,人人都有实践正义的可能性。另一方面,正义又是发乎于人心的,某种行为或制度产生的结果是合乎内在良心的,就是正义的;倘若引起良心的不安,那就是不正义的。而人人具有的这种良心都是相似的,孟子用圣人与普通人的相似来证明这一观点,他说:"圣人,与我同类者。"(《孟子·告子上》)也就是说,对于以良心为基础的正义,大家有基本相似的共识。因此,每个人从内心自觉的遵守正义,以此作为行动的准则时,社会的正义就能充分有效地实现。就个人价值的实现来说,孟子突出地强调了正义对个人精神价值的重要性,在孟子那里,个人正义的实现往往是与国家社会的正义联系在一起的。当鱼(生命)与熊掌(正义)不可兼得时,舍生取义成为了人的自觉选择,如此的"正气"塑造出了坚韧不拔的民族精神,维系着绵延不绝的中国文化传统。

以罗尔斯为代表的现代正义理论,非常注重正义规则的价值,个人的正义美德往往被淹没在正义制度的构建中,但是程序的正义并不能取代个人美德的作用。有正义的规则和遵守正义的知识，人们可能会遵守正义的规则，但不一定能成为正义的人，人们只是惧怕惩罚而遵守正义。人不仅具有关于正义的规则、知识，而且有遵守正义的能力和品德，人们才会遵守正义的规则，成为一个真正的具有正义美德的人。美国著名伦理学家麦金太尔就曾经出版《谁之正义？何种合理性？》[1]一书，有针对性地提出了当代社会究竟是"谁之正义？"，关注正义的德性问题，来批评以罗尔斯为代表的新自由主义正义观。孟子重视道德，特别是以人性良心为基础的正义理论，正是对罗尔斯以来的规范伦理学的补充。但是，孟子将正义的实现依系于良心的存养，而无论在何种意义上，知性、存心养气都是一种不受监督的私人活动，而且这种努力本身也只是作为一种可能性存在，具有很大的任意性。因此，尽管孟子正义具有深刻的说服力，却失之于模糊、不确定。

其次，孟子正义的内容包括礼义等伦理规则。在中国传统社会，个人总是处在以家庭为主导的各种伦理关系中，正义的首要任务就是合理地处理这些关系。因此，发自于内心的孝悌忠信等道德情感的礼义原则，便成为了正义的内容。礼义通过外在的方式约束人的行为，因而是正义的外在规则。孟子从家庭伦理出发，制定正义的规则，体现了中国传统文化对家庭关系的重视，无论是对社会还是个人，家庭仍然是非常重要的元素，和睦融洽的家庭关系，也是社会正义的目标之一。

罗尔斯的正义论是现代社会的缩影，从他对原初状态的设定中可以看出，人与人之间的关系是冷淡的，互相中立的，为了实现个人利益的最大化而相互合作的关系，这种关系尽管有利于社会和个人的发展，但难免失之于亲切。

当然，我们也该认识到，现代社会与传统社会的人伦关系的重心已经不同。现代社会与传统社会相比，已经发生了巨大的变化。传统社会是以自给自足的自然经济为基础的小农社会，人们的生产与生活基本在家庭、家族的狭小圈子中完成，与之相适应的道德体系便以家庭道德为主体，这种人际关系是相当固定的长期厮守或相处的关系。而现代社会是工业经

---

[1] [美]阿拉斯代尔·麦金太尔：《谁之正义？何种合理性？》，万俊人等译，当代中国出版社1996年版。

济、信息经济、知识经济交错的社会,每个人都有他的社会位置和工作,社会生产是在广泛的协作下完成的,人们的生活也突破了家庭的狭小空间,而在社会大家庭中同呼吸、共命运。在这种社会生活的模式下,人与人的平常交往,更多的是"五伦"之外的"第六伦"——社会公众。因此,现代人可以说是社会人、职业人。传统的伦理道德显然是不能完全满足现代社会的需求的。

最后,孟子的正义体现着仁爱精神。孟子正义具有强烈的理想主义色彩,但无处不体现着他对现实的深切关怀,他在描述理想的王道社会时,充满着仁爱的情怀。他竭力反对滥杀无辜的不义之战,主张给百姓基本生活保障,关心鳏寡孤独的弱势群体,无一不是发自仁爱之心的正义举措。他还认为每个人都有这样的仁爱之心,于是奔走游说,希望遇到明君圣主,采纳他的政治主张,施行"不忍人之心"(《孟子·公孙丑上》)的仁政。孟子将正义诉求于开明的君主专制,在他生活的时代来看,是具有一定前瞻性的。但是他将社会制度的评价关键集中于国君一人的道德取向上。把整个社会秩序是否公正、稳定、协调的筹码完全压在一个道德能力、道德取向尚未确定的"君王"身上,与其说是一种危险的浪漫主义,毋宁说是一种过于简单的空想主义。所以,他的政治主张无法适应当时的形势,终究因为"迂远而阔于事情"(《史记·孟子荀卿列传》)而屡遭挫败。但他为了实现正义,不辞劳苦、放弃功利、孜孜以求的精神,至今仍可为实现现代化提供精神动力。

三 两种正义思想对我国构建和谐社会的启示

孟子和罗尔斯的正义理论,是产生于不同的文化和历史背景的,他们在主要内容和论述方式上都有很大的不同。但是他们的正义都是从现实出发,他们的正义理论充满了对现实的人文关怀,都是基于现实对和谐与正义的理想追寻。当前我国正处在社会变革的时期,不仅要积极寻求各方面的发展,还要保证社会的正义与稳定,构建和谐的社会和文化环境。孟子与罗尔斯的两种正义观从制度和道德两个方面为构建和谐社会提供了启示。

社会和谐的核心是利益和谐,利益均衡是构建和谐社会的本质要求。

我国的体制改革打破了传统的利益结构，推动了中国社会利益结构多元化的进程。但是市场经济带来的利益分化引出了一系列的社会负面问题，特别是社会公正问题，受到了很大的挑战。20多年来，中国从一个收入差距很小的国家跨入收入很不等的国家行列，速度之快是全球少有的。导致这种现状最重要的原因是利益分配制度的失衡和社会保障制度的缺失。如果我们忽视这两个方面的制度建设，就可能使弱势群体在无可奈何的情况下，从体制外寻找获得自己利益甚至是谋求生路的途径。这种局面的形成，不仅会使社会的和谐程度大幅度下降，甚至还有可能造成社会的混乱和动荡。

而社会正义是实现利益均衡与社会和谐的伦理基础，从一定意义上讲，我国当前利益格局的失衡主要源于社会资源和权力分配的不公正，由此形成的强势群体与弱势群体在追求自身利益方面的能力差异，是导致我国当前社会贫富差距的根本原因。正如十九大报告中指出的，我国社会主要矛盾已经转化为人民日益增长的美好生活需要和不平衡不充分的发展之间的矛盾。为了正视和缓解这一新时期的社会矛盾，在我国利益分化和利益结构调整的过程中，要实现不同社会群体的利益均衡，构建和谐社会，关键是要通过有效的制度安排来容纳和规范不同的利益主体的利益表达和利益博弈，实现社会资源和权利的公正分配。在一个健全的社会中，制度与正义常常是紧密联系、融洽一致的。一个制度若不能满足正义的要求，那么从长远的角度看，它就无力为政治实体提供秩序和稳定。合理地划分利益是社会正义的深层本质，在我国现代化进程中，实现和维护社会正义，就是要通过制度安排，在社会成员或群体成员之间对权利、权力、义务和责任进行合理配置，使人们对自己的分配所得与他人的差距感到均衡，从而维护社会的和谐与稳定。

罗尔斯的正义理论告诉我们，一个秩序良好的社会，首先要建立正义的社会基本结构。社会基本结构主要分配基本的权利和义务，决定由社会合作产生的利益之划分的方式。他特别强调制度正义的重要性。在他看来，以社会主要政治制度和社会经济制度为主的社会基本结构是正义的主题。他制定的两个正义原则，主要是从起点和过程两个方面对正义的实现进行了规定，而差别原则也试图兼顾结果的公正。从我国现阶段面临的社会正义问题来看，解决起点与规则的公正比结果公正更迫切。因此，罗尔斯的正义理论对我们当前的制度建设具有积极的借鉴意义。

构建和谐社会，要加强道德建设。通过孟子的正义思想，我们可以看到，道德对正义的实现有着十分重要的意义。单有正义的法律和规则不能保证正义的充分实现，社会是由个人组成的，只有社会中的人具有自觉遵守正义规则的能力，从内心自觉地尊重正义时，社会的正义才能充分有效地实现。没有人的正义美德，正义的秩序和规则只能是一纸空文。

我国当前的道德现状令人堪忧，社会在呼吁道德重建的同时，又对应该树立何种道德感到迷惘。传统的道德思想重视个人道德修养，将个人价值的实现与国家集体的发展联系起来，具有积极的意义。孟子以人性善为理论基础，强调通过自觉的道德实践达到正义和谐，为当前建设和谐社会提供深厚文化传统。但是，我们也该清楚地认识到，孟子的正义观念是以集体本位为特征的，带有深深的封建烙印，并不完全适应现代市场经济社会，甚至会与现代观念冲突，比如孟子的民本思想，包含着对人民的关怀和同情，但是民本只是实现君道的方式，百姓没有参政和监督的权力，缺乏公民意识。西方的正义理论是建立在工业文明基础上的个人本位，重视个人的权利和价值，因而着力探寻个人自由和平等的实现。我国现在正处于社会转型时期，从传统模式转向现代模式，必然要抛弃很多旧的观念，但传统之所以流传久远，就在于它有历久弥新的能力，当代学者更应当结合现状，积极地转化传统中的核心观念，使其适合时代的发展要求。

总之，构建和谐社会是一个长期的过程和一项系统性的工程，即需要制度的不断改革和完善，还需要社会道德的整体提升。无论是制度建设还是道德建设，正义始终是一个重要的主题。探讨正义理论，也是探讨如何实现社会和谐的必要环节。孟子正义思想是中国传统文化的缩影，在当今社会仍有深远的影响，我们应当将它当作一种文化积累，发掘其中的优秀资源，并积极吸收现代西方政治文明的成果，从中国当前的实际出发，积极探寻实现正义之路。

心学与国人的信仰哲学

彭彦华

（中国孔子基金会）

一 "为天地立心"：心学的旨归

人作为有自我意识的理性存在，不仅要在人伦道德关系及实践活动中反思自我实现的方式，而且还要把自我本身当作一个精神性的存在而加以反思，以寻求精神出路或灵魂的安顿之所。这个问题即通常所说的精神超越或精神境界问题。精神超越或精神境界，说到底，不过是主体对宇宙人生真谛的体悟以及觉解后所获得的一种精神状态。但这一过程不是逻辑的知识的，而主要是情感上的体验和经验上的印证；这一过程的结果也不是侧重于获得关于对象的具体知识，而是觉解宇宙人生真谛后的一种心理性的精神感受。主体对天道的体验过程，同时也就是体验人道的过程；主体对宇宙本质的认识过程，同时也就是证悟人的自我本质的过程。这一过程，是主体不断地超越自我而接近、趋向及至宇宙本体合一的过程。从结果上说，主体对宇宙人生真谛有了完全的觉解，在思想上就会发生飞跃，产生一种超越有限而达到无限的解放感，获得一种至高无上的幸福和快乐。这是一种精神境界。在此境界中，天道与人道、感性与理性、此岸与彼岸、思想与现实获得了统一，主体的自我价值得以实现。

中国传统哲学的根本精神是要确立和解决人的价值和人生的意义。这就发生一个问题，其根据何在？任何一种主张，如果缺乏足够的形而上的理论作为根据，它就必然失去令人信服的精神力量。中国先哲寻索的结果，把这一根据归之为天道。这一以人观天、以天证人的思维模式，用中国传统哲学的自己术语表述，可以称为"为天地立心"和"人为天地之心"。"为天地立心",就是以人心作为天地之心,以人道的意义规范并作为天道的意义。"人为天地之心",说明人为宇宙的心,天地的灵魂,也同时说明天道的意义就是人道的意义。

张岱年先生在谈到中国传统哲学的特点时,认为中国哲学是"重了悟而不重论证"①。这一"了悟"的对象当然是形而上的"道",只有经验的"了悟"才能达到对道的把握。只有对形上之道的觉悟才可以说是形而上之学,也才可以达到形而上的境界,这正是中国传统形而上学的特点。《易传·系辞上》言:"形而上者谓之道,形而下者谓之器。"这里的"形而上",不仅仅是某种观念或原理,而且是一种本体存在;不仅仅是一种外在的对象世界本体,而且是内在于人性的本体;不仅仅是一种理性存在,而且也是一种不离感性或现象的存在。中国古代哲学家习惯于从人的存在的角度或立场,理解和规范天的存在,或说以人道理解和规范天道,反过来又以天道来解释证明人道,以天的存在作为人的存在的根据。这里,天与人、天道与人道不是二元的。天道始终统一于人道,服务于人道,目的是确证人道。其思维倾向不是指向天道,而是指向人道本身。在中国传统哲学中,人或人道始终是逻辑和问题的出发点,又始终是逻辑和问题的终点和归宿。天道在严格的意义上并没有独立的地位与意义。这种理论思维的特点,不仅决定了中国传统哲学思维是一种内向性的自反思维,而且决定了它是一种以精神境界为目标的价值思维,必然是立足于现实追求精神超越,以及主张内在的自我超越,而不是脱离现实到彼岸天国去追求外在精神超越。

进一步讲,中国传统哲学不是从认识论的角度理解天道,而是从价值论、主体论的角度理解天道。中国古代哲学家往往采取以人观天的思维方式,把天道看作内在于人的存在。中国传统哲学并不否认天道的实在性,但强调天道与人道本质上是一个东西。它站在人道的立场上观察天道,又立足于人的自身需要和人的自身属性来规定天道,赋予天道以人道的意义。按照中国传统哲学这一观点,不是在人道之外另有一个天道,天道只不过是人道的体现,离开人道,即无天道;或者更为确切地说,离开了人道,天道也就失去了它应有的意义。在中国传统哲学中,天道完全被人化

---

① 张岱年:《中国哲学大纲》,中国社会科学出版社 1982 年版,第 8 页。

了，自然变成了人化的自然。可见，中国传统哲学虽然提出了天道问题，但其真正的、根本的目的不是在于把握自然界的本质和规律性，而是以天道的必然性来证明人道的必然性，以天道的合理性来确定人道的合理性。

中国传统哲学视天道为人道，形而上与形而下是一个东西，因此，就对"精神境界"的追求而言，中国传统哲学根本无需求助于上帝对灵魂的拯救，也无需到彼岸的茫茫天国去寻找幸福乐土。"上帝"就是主体自我，天国就在主体自我的心中。中国先哲所常说的"人皆可以为尧舜""满街都是圣人"和"佛在心中"，就含盖了这层意思。

在中国传统哲学中，不论是儒家、道家、还是佛家，都属于这一思维类型。

先说儒家。早期儒家的天人合一论，以精神境界作为主体的价值目标，具有内在超越的思维特点。《论语·学而》中记载，曾子曾提出"吾日三省吾身"。这里的"省"可理解为省察，当然省察可以是理性的，也可以是悟性的，就是要在"三省"中觉悟到自己的为人处世。曾子这一思考问题的方式在孟子那里得到了发展，即发展成为"尽心、知性、知天"，以及"思诚"。孟子所讲的不是认识论的问题，而是价值论的问题，在内容上是精神境界的问题。性如朗月，心若澄水。性是天赋予人心者，它与天是一个东西，本质上是纯善的。所谓"尽心"就是一种悟性的直觉思维，无须概念，不涉言路，觉悟本心。由"尽心"而"知性"，"知性"就是对自我的反省和认识，了解自我存在的价值和意义。"知天"乃是一种境界，是境界的形而上学。南宋陆九渊不仅"发明"出"本心"，更重要的是他对此体作了大致轮廓的描述："心之体甚大。若能尽我之心，便与天同"①，"此理塞宇宙"②，"此道之明，如太阳当空，群阴毕伏"③。进而言之，对天道的觉解也就是对人之本性的觉解，属于超越感性自我而达到理性自我或道德自我的精神升华过程。后期儒家基本上持同样的看法：人不仅是血肉之躯，更是形而上的理性存在和本体存在。

再说道家。老子提出"复归于无极"（《老子》二十八章）的哲学命

---

① 陆九渊：《象山语录》，上海古籍出版社1992年版，第33页。
② 同上书，第16页。
③ 同上书，第4页。

题。"无极"之道不仅是宇宙的本体，同时也是人的本性或人的形而上的存在。因此，万物"复归于无极"的过程，即是主体向宇宙本体的靠拢过程，即主体复归于自我本性的过程。这一过程的结果，是主体与客体的合一，自我进入一种本体境界，获得了一种理想的精神状态。庄子把"道"解释为"无为无形"的存在。"无为无形"指事物未经开化的混沌未分的状态，它是事物的"真性"，即事物的本性、本质。庄子与老子一样，以自然为尚，因此，他也主张把事物的自然之性同时视为人的"真性"。他说："古之真人，以天得人，不以人入于天。"（《庄子·徐无鬼》）这是说，应该从"天"，即自然方面看待人性，而不能相反。在这一观念支配下，庄子反对"以心捐道，以人助天"（《庄子·大宗师》），把天与人对立起来，而主张超越物我、天人的对立。其间界限的消失，便是"真人""至人""神人"独有的精神境界。这种境界乃是心理上或主观精神上的混沌，无差别状态。这是自我与自我价值的真正实现，但不是向外追求，而必须复归天人的"真性"轨道上来。

佛家也不例外。佛教哲学很重视"心"，认为宇宙万物都是"心"的外现，所谓"一切唯心所现"。佛教哲学又很重视"实相""真如"，把"实相""真如"看作宇宙形而上的本体。按照佛学的看法，"实相""真如"并不是外于"心"的存在，"心"即是"实相""真如"，心体就是形而上的宇宙之心。佛学都主张解除"法缚""我缚"，使自我获得超越和解脱。但这种超越和解脱，仍然是内在的超越和解脱，而不是来生来世，也不是超越现实的彼岸世界，因为心体即是佛性，即是宇宙本体，它就在众生心里，不在众生之外。中国化的佛教哲学——禅宗的这一思维倾向就特别典型。禅宗很重视"本心"，认为本心既是自我之心、众生之心，同时也是宇宙本体。他们直接把佛性本体称之为"自性""自心"。正因为如此，禅宗主张："菩提只向心觅，何劳向外求玄！"（《坛经·疑问品》）把自识本心和自识自性看成是证成佛境的根本方法。这种观念，内在超越的倾向特别鲜明。

可见，儒、道、释三家无不主张通过内在精神超越的方式克服主体自身的局限，在天人合一的理想境界中寻找人生的意义和归宿。这是中国传统哲学有异于西方哲学而特有的一种价值观念模式。

二 "圆而神"的人生智慧：心学的宗教精神

从根本上讲，中国文化是一种追求人生"内在超越"的生命文化。在中国文化看来，"心"蕴含了所有的生命潜能和宇宙奥秘，"内求于心""反求诸己"式的修行，乃是实现人生价值的根本途径，即通过个体的内在修行，实现精神与人格的彻底转换，在古人那里称为变化气质、超凡入圣或明心见性。无论是从目的、内容还是方法上看，中国文化都可以说是一种心学或"心文化"。下面以儒家心性学为例加以说明。

心学的源头就是古代治国的十六字诀，"人心惟危，道心惟微，惟精惟一，允执厥中"，相传是由尧、舜、禹历代相授。正如王阳明在《象山文集序》中写道，"圣人之学，心学也。学以求尽其心而已。尧、舜、禹之相授受曰：'人心惟危，道心惟微，惟精惟一，允执厥中。'此心学之源也。"儒家心性论的最初建构者是思孟学派，传承谱系是：由孔子到曾参，由曾子到子思，由子思到孟子。其学术传承孔子有《论语》，曾参有《大学》，子思有《中庸》，孟子有《孟子》。

孔子率先发现了人的自我，创立了以"仁学""礼学"为核心的原始儒学，提出了"心安"与不安的心性问题。曾子每日坚持反省，毫无疑问，亦是在诚恳、积极地与他人的日常交往中考察、评价、检讨自己的观念、行为，希望在道德上求得完善。《论语·里仁》中有这样一段记载：子曰："参乎！吾道一以贯之。"曾子曰："惟。"子出。门人问："何谓也？"曾子曰："夫子之道，忠恕而已矣。"《论语·卫灵公》中亦有类似的子贡与孔子的对话：子贡问曰："有一言而可以终身行之者乎？"子曰："其恕乎！己所不欲，勿施于人。"那么，若是一个"恕"字可以贯穿整个儒学之教义，可见其意义之非凡。汉字"恕"的构成，乃包含了"如心"之寓意；如同一心，如同本心的意蕴，在此可从这个"恕"字领略孔子儒学之心的传统。正所谓"惟精惟一""天人合一"。孔子所表达的"恕"，实乃十六字心传的精义。如此我们便能理解孔子为什么强调"吾道一以贯之"，"恕"之一言可以终身而行之。因为其中包含着文化的精髓，传递着文明的精神。

《大学》之精义，"格""致""诚""修"，要在一心；《中庸》之关键在于戒慎恐惧,在于"率性""尽性",皆需用心。孟子继承发展了孔子学说,比孔子更为突出地把心性之体表露出来,最先注意到心的作用。认为孔子所谓"仁",归根结底是人之心:"仁,人心也"(《孟子·告子上》)。"性"根源于"心","君子所性,仁义礼智根于心"(《孟子·尽心上》)。根源于人心的性,只要尽心便能知性:"尽其心者,知其性也;知其性,则知天矣"(《孟子·告子上》)。由此确立了儒家心性之学的基本理念。

心性之学到了宋代,由北宋程颐开其端,南宋陆九渊大启其门径,不仅"发明"出"本心",更重要的是他对此体作了大致轮廓的描述:"心之体甚大。若能尽我之心,便与天同"①。"此理塞宇宙"②,"此道之明,如太阳当空,群阴毕伏"③。于是,仍是一个"心",传递着儒家的精神,维系着儒学的根基。心学集大成者王阳明,精通儒家、道家、佛家,首度提出"心学"二字,"至先生始拈'致良知'三字,以泄千载不传之秘。一言之下,令人洞彻本面,愚夫愚妇,咸可循之以入道,此万世功也"④。阳明心学的经典表述,即是著名的四句教——"无善无恶心之体,有善有恶意之动,知善知恶是良知,为善去恶是格物"⑤。至此心学开始有了清晰而独立的学术脉络。

心学或心文化不是一种典型的宗教,却处处闪耀着神圣的光辉和终极关怀的宗教精神,流露出一种极高明而道中庸,即入世而出世的超越气质。这种寓神性于人性的内向品格和还彼岸于此岸的自觉意识,正是中国文化绵延千古而不绝的重要原因。

在中国文化的视野中,人就是一个具体而微的宇宙,人的内在心性是一个无尽的宝藏。通过反求诸己、内求于心的修养,人可以觉悟到这一点并臻于"天地与我为一,万物与我并生"的境界,这就是传统文化的一个基本理念:天人合一。所以孟子说:"万物皆备于我。反身而诚,乐莫大焉。"(《孟子·尽心上》)孟子将"心"作为人性之根源:"君子所性,仁义礼智根于心",因为仁义礼智都可以在"心"中找到其萌芽形式即

---

① 陆九渊:《象山语录》,上海古籍出版社1992年版,第33页。
② 同上书,第16页。
③ 同上书,第4页。
④ 李颙:《二曲集》,中华书局1996年版,第49页。
⑤ 王守仁:《传习录·下》,《王阳明全集》卷3,上海古籍出版社1992年版,第117页。

"四端"。所以，在孟子看来，仁义礼智作为人性的主要内涵是"心"所固有的，人的使命就在于保持、扩充和竭尽本心、通达本性，进而上合天道："尽其心者，知其性也。知其性，则知天矣。存其心，养其性，所以事天也。"（《孟子·尽心上》）这就实现了心、性、天的贯通合一。但在现实生活中，一般人却往往受外界引诱而迷失了本心，这就需要把它重新找回来，孟子称之为"求其放心"："学问之道无他，求其放心而已矣。"（《孟子·告子上》）这个"求其放心"的过程事实上也就是一个"内求于心"的修养过程。阳明心学的经典表述，即著名的四句教："无善无恶心之体，有善有恶意之动，知善知恶是良知，为善去恶是格物"① 良知是心之本体，无善无恶就是没有私心物欲的心，是天理，是无善无恶的，也是我们追求的。当人们产生意念活动的时候，把这种意念加在事物上，这种意念就有了好恶，符合天理者善，不符合天理者恶；良知虽然无善无恶，但却自在地知善知恶，这是知的本体；一切学问，修养归结到一点，就是要为善去恶，即以良知为标准，按照自己的良知去行动。发动良知是为了发现良心，确立本体；发现良心，是为了发挥良能；发挥良能，是为了重建世界。所以，中国文化讲"人最为贵"，但其真正看重的并不是人之"身"或"形"，更不是那些"生不带来，死不带去"的身外之物，而是作为人内在本性和生命真宰的"心"及其内在超越的潜能。事实上，这也是儒道佛和整个中国文化所共同具有的心学特质。中国文化主张修己安人、内圣外王、自觉化他，但不管是什么样的外在事功，其前提都是首先通过"内求于心"式的修心养性工夫来成就自己。

我们知道，宗教的意义在于终极关怀，给人提供精神家园与心灵慰藉，以满足人的归属与超越需要，进而解决人生当中的有限与无限、当下与永恒以及此岸与彼岸的矛盾问题。人是一种矛盾性的存在，在其有限的此生当中总会去追问和追求永生与不朽。与哲学、艺术、道德、科学相比，宗教在实现生命安顿方面可以说是别具一格。宗教一般是以信仰的方式，也就是通过对至高无上的神或救世主的崇拜皈依，祈求其护佑与恩典，以获得现世幸福或死后的拯救。人是无助或注定有罪的，只能向神顶礼膜拜，等待他的救赎。在人与神之间永远有着一道不可跨越

---

① 王守仁：《传习录·下》，《王阳明全集》卷3，上海古籍出版社1992年版，第117页。

的鸿沟，神处于彼岸，无所不知、无所不能、宰制一切，也主导着我们的命运。

然而在中国文化中，无论是儒家、道家还是佛教，都不存在一个全知全能的救世主，人与神、此岸与彼岸之间也没有一条不可逾越的界线。所以，中国文化之中并不存在一种典型或传统意义上宗教。但这并不意味着中国文化没有对于神圣与终极关怀的追求，恰恰相反，中国文化蕴含着深厚的宗教精神和圆融的超越智慧。因为在中国文化的视野中，神性就寓于人性之中，彼岸就存在于此岸世界。人若迷失了自己的真心本性，就是一个凡夫俗子，而一旦返归此真心本性，他就是神圣。在中国文化的语境中，无论是圣人、真人、神人，还是佛菩萨，就其本义而言，乃是人性所能达到的一种至高圆满境界，而不是什么神秘莫测、高不可攀的救世主。正如孟子所描述的："可欲之谓善，有诸己之谓信，充实之谓美，充实而有光辉之谓大，大而化之之谓圣，圣而不可知之之谓神。"（《孟子·尽心下》）所谓的善、信（真）、美、大、圣、神，不过是修行的不同阶段或境界而已，而且每个人都可以经由自己的修行而达到。每一个凡人，都怀有圣胎道种，都怀揣无尽宝藏。这正是人之可贵的根源。人在本性上不必崇拜任何偶像，那些古圣先贤只是给我们树立了一个榜样，指明了一个方向，而最终的成就还是要靠自己的努力。

这样，中国文化就打破了凡圣之间、人神之间的绝对界限，也抹平了世俗与宗教、此岸与彼岸、出世与入世之间的裂隙。人可以也应该去追求神圣和不朽，却不一定要去出家或隐居，因为对于真正的修行人来讲，处处是道场，时时在修行，饮食起居、接人待物，都可以成为修道成道的契机。这就是《中庸》所说的"道不可须臾离"，老子讲的"和光同尘"（《老子·道德经·五十六章》）"被褐怀玉"（《老子·道德经·七十章》），也是禅宗所谓的"不离世间觉""平常心是禅"。这就赋予了日常生活以神圣的意义与诗意的光辉。每一个人，无论他多么卑微和贫贱，都可以过一种有尊严有意义的生活，都可以生活在庄严、安详与平和之中。处于什么样的位置做什么样的事并不重要，重要的是以什么样的"心"去做人做事。这就是中国哲学所讲的本体、工夫与境界的圆融或"惟精惟一"。王阳明回答其学生关于"惟精惟一"的提问时，曾回答"博学、审问、慎思、明辨、笃行者，皆所以为惟精而求惟一也。"① 这就是阳明说的领悟道心要精益求精、专一其心。中国文化非常看重"一"的境界，"一"就是一体、完整性，就是《周易》所说的"一致而百虑，殊途而同归"。无论是天人合一、体用不二，还是此岸与彼岸的圆融，其实都折射出中国文化的一个基本理念：这个世界在其最深刻的根源处是完整一体的。这既是可以亲证的宇宙人生真相，也是所有价值、道德和人生幸福的源头，真善美圣在这里相遇。这是智慧的领域，是一条内在超越的道路，而且注定要自己走完，没有任何神明、权威可以依赖。这样，中国文化因其对偶像崇拜和"一神教"意识的淡化，就避免了封闭与僵化，也完全可以超越宗教与文化之间的对立。体现在现实中，就是要人过一种完整、自在、逍遥的生活，做到无入而不自得，而不应把修行与日常生活割裂看来。

所以，中国文化推崇神圣却不盲目崇拜鬼神，包含宗教精神却不执着于信仰的形式。所谓的鬼神，即使有也是不究竟的，人可以通过修行而达到与其相通甚至超越其上的境界。《易》云："夫大人者，与天地合其德，与日月合其明，与四时合其序，与鬼神合其吉凶。先天而天弗违，后天而奉天时。天且弗违，而况于人乎？况于鬼神乎？"（《易·文言》）《中庸》也期许人可以达到"赞天地之化育，与天地参"的境界。这既超越了各种宗教与意识形态之间的冲突，也超越了人与神之间的隔膜，化解了宗教教条可能给信众带来的恐惧与压抑。

三 "人心"返"道心"：心学修行的本质

在中国文化中，"心"指的是人独有的灵明觉性和生命主体，具有哲学、心理学、伦理学、宗教学等多方面的含义，其内涵比现代心理学所讲的"心理"要深广得多。而且，"心"在中国文化中还有浅深、表里之分，所以就有深心、真心、道心、妄心、虚心、机心等非常多的表述。现代心理学的研究也证明，"心"包括了意识、潜意识、集体潜意识、心灵等不同的层面。《尚书·大禹谟》中有这样的一段论述："人心惟危，道

---

① 王守仁：《王阳明全集》，上海古籍出版社1992年版，第13页。

心惟微，惟精惟一，允执厥中。"这就是后来儒家所说的"十六字心传"，认为其中包含着儒学的真谛。《易经·复卦》，亦有"惟精惟一"之意象，李光地对此有案语："'天地之心'，在人则为道心也，道心甚微，故曰'《复》，小而辩于物。'惟精以察之，惟一以守之，则道心流行，而微者著矣。"他断言："尧舜相传之心学，皆于《复》卦见之。"（《周易折中·卷九·象上传》）王阳明在《重修山阴县学记》中阐述道，"夫圣人之学，心学也。学以求尽其心而已。尧、舜、禹之相授受曰："人心惟危，道心惟微，惟精惟一，允执厥中"。道心者，率性之谓，而未杂于人。无声无臭，至微而显，诚之源也。人心，则杂于人而危矣，伪之端矣。见孺子之入井而恻隐，率性之道也；从而内交于其父母焉，要誉于乡党焉，则人心矣。饥而食，渴而饮，率性之道也；从而极滋味之美焉，恣口腹之饕焉，则人心矣。惟一者，一于道心也。惟精者，虑道心之不一，而或二之以人心也。道无不中，一于道心而不息，是谓'允执厥中'矣"。一般人看王阳明《心学》，只知道"人心"而忽略了"道心"。因此，光从"人心"去看待事物，肯定无法圆满。而王阳明真正关心的是"道心"。以"道心"反观"人心"，以教化"人心"入手，但始终以"道心"一以贯之。

简单地讲，"道心"是指得道、体道、合道之心，系与天地万物相通相合之心，也就是"道"在人"心"中的落实与贯通。"人心"是指人受后天环境熏习而形成的浅层意识之心，它在现实中表现为人的感知、思虑、情欲、拣择等心理活动。儒家讲"性相近，习相远"，"性"相当于人与生俱来的本性或"道心"，人人相同且本善；而"习"却是后天形成的习性或"人心"，其善恶智愚交杂且人各有别。其实，关于"道心"与"人心"，传统文化还有许多类似的说法，比如道家道教以及中医所讲的"元神"与"识神"，佛教所讲的"真心"与"妄心"、自性与禀性等。

道为万物之源，相应的，"道心"就意味着人所能达到的最高境界，证得"道心"，就意味着领悟宇宙人生的真相，获得人生的自由与解放。相对于内隐、完整和纯洁的"道心"而言，"人心"是肤浅、割裂和有染的，是要减损和超越的对象。一般人之所以是凡夫俗子，就是因为其"道心"被"人心"所覆，本性被习性所染，因此修行的主要目的就是要减损这种覆染，最终使得道心成为生命的真宰并回到生命的自由、自然和自发，这就是老子所谓的"为学日益，为道日损，损之又损，以至于无为。无为而无不为"，也是孔子所谓的"从心所欲而不逾矩"，佛家的"理事无碍""解脱自在"。总之，人的所作所为皆从"道心"或真心本性中自然流露，没有丝毫的勉强与造作，无不体现出人道与天道的圆融。所以成圣成道绝不是外求的结果，而是"内在超越"，回归人性本来面目。这就是儒家所讲的"复性""明明德"或"穷理尽性以至于命"；道家所讲的"归根复命""返璞归真"，佛教所谓的"明心见性""妄尽还源"，也是十六字心传所谓的"惟精惟一，允执厥中"，因为天与人、道与心、体与用本来就是一体的。

由此，中国文化则立足于"心"或"道心"，体现出内圣外王的心学特质。《易》云："易无思也，无为也，寂然不动，感而遂通天下之故。"（《易·系辞上》）老子讲"心善渊"，庄子主张"心斋""坐忘"，孟子强调"尽心知性"，慧能在传统佛教"戒定慧"三学基础上进一步提出"但用此心，直了成佛"，中国的圣贤们正是藉由某种心灵修炼方法，潜入精神世界的深处，突破心与道、人与天、此岸与彼岸的界限，实现个体生命与宇宙终极本源的融通冥合。从这个意义上讲，中国文化乃是一种注重"心"的功能与意义的心学或"心文化"，也是一种将"心"的本体论、工夫论和境界论融为一体的体验式形而上学思想体系。

人内在的生命价值必须通过个体的修行才能得以实现，这就是中国文化的一个重要特点，即强调实践，强调知行合一或本体、工夫与境界的融合。它是一种带有东方"神秘"色彩的修证实践，试图通过某种身心体验活动实现生命的转化和对宇宙真理的领悟。中国文化注重的不是逻辑推演或理论体系的建构，而是对天地大道的直觉与亲证。作为东方独特的实践方式，修行的本质是通过一系列内心证验的方式达到以心契道、天人合一和超凡入圣的境界。大道玄微，隐于形上，无相无迹、无声无臭，超越感官经验和言语名相，非"人心"所能及，唯有冥心内求、回光返照，才能对其进行直接地心证。儒、道、佛等各家的修证方法尽管多样，但有一个共同的要领，那就是由"人心"返归"道心"，用古人的话讲就是"人心死道心活"或"心死神活"。以下略举几例加以说明。

《大学》经文中提出的"三纲八目"，被看成是儒家思想体系和个人进德修业的指导纲领。其中的三纲"明明德""亲（新）民""止于至善"将本体、功夫和境界融为一体。"明德"是指人人本具的光明德性即"道心",但其受到后天习气的蒙蔽,所以要经过修养功夫恢复其本有的光明,这就是"明"明德。在此基础上,还要推己及人,引导更多的人日新其德,革新其心,彰显其固有的明德,是为"新民"。这其实也就是儒家推崇的修己安人、内圣外王,"明明德"是由"修己"的功夫而达到"内圣"的境界,"新民"则是由"安人"的德行而达到"外王"的功业,如果这两者都做到了圆满并实现统一,就是最高的"止于至善"境界。在"三纲"之后,《大学》接着说:"知止而后有定,定而后能静,静而后能安,安而后能虑,虑而后能得。物有本末,事有终始,知所先后,则近道矣。"这个知止、定、静、安、虑的修养过程,其实就是一个返观内照、由"人心"返"道心"的过程。然后《大学》又阐述了"格物、致知、诚意、正心、修身、齐家、治国、平天下"的"八条目",明确提出了儒家的修行次第与目的。最后总结说:"自天子以至于庶人,壹是皆以修身为本。"这里的"修身",从上下文的阐述来看,其实质是"修心",是一种精神涵咏与人格养成的过程。"修身为本"理念的提出,既强调了儒家修学的重点和基础,也显示出其对于实践精神的重视。所有的理论知识、学问,最后都必须落实在行动中加以运用和体验,都要沉淀为学者的人格。与此相应,《中庸》也将为学的阶段与层次概括为:"博学之,审问之,慎思之,明辨之,笃行之",同样把"笃行"作为修学的最后阶段,就是在学有所得之后还要努力践履之。其实,后来孟子的养"浩然正气"和王阳明的"知行合一",都可以看做是这一理念的继承与发展。阳明说:"君子之学,惟求得其心"①,王阳明深受到道家、佛家的影响,但其终究不离儒学本质,他继承陆九渊强调"心即是理"之思想,提倡"致良知",从自己内心中去寻找"理","理"全在人"心","理"化生宇宙天地万物,人秉其秀气,故人心自秉其精要。在知与行的关系上,强调要知,更要行,知中有行,行中有知,所谓"知行合一",二者互为表里,不可分离。知必然要表现为行,不行则不能算真知。对四句教的解释也是一样。"无善无恶心之体"中的"心"指的是"道心"而非

---

① 王守仁:《紫阳书院集序》,载《王阳明全集》卷7,上海古籍出版社1992年版,第239页。

"人心"。而所谓"道心"就是天理,所以王阳明先生说"心即理"。"有善有恶意之动"指是"人心"而非"道心",是指人心对于天理的感知和判断,"心之所发便是意"(《传习录》);"知善知恶是良知"中的良知,实质是通过"人心"的修为而达到对于"道心"的感知,即为"致良知"的本意。"为善去恶是格物"讲的是"知行合一",既有认知,必然有与认知相一致的行为。

道家把"道"看做是天地万物的本源与归宿,人生的最终目的与意义就是证道返道。这就需要体认大道并勤而行之。为此,老子为我们指出了两种途径,一种是以致虚守静、营魄抱一、专气致柔、涤除玄鉴等为心要的修证工夫,另一种则是将修行融入日常生活之中,以无知无欲、释智忘言、柔弱不争、无私无执、俭啬含藏、为道日损等为主要内容。而这两种途径从根本上讲都是要效法道的自然无为精神,做到无私无为,"人心死,道心活",最终达到无为而无不为的境界。在老子的基础上,庄子进一步丰富了"心"的内涵与修"心"的实践方法,其中"心斋"、"坐忘"、"吾丧我"等最为后人津津乐道。

佛教向来以善于言心、治心著称,作为"心宗"的禅宗继承了这一传统并体现出明显的中国特色。以六祖慧能为代表的禅宗所开创的"担水砍柴无非妙道"的生活化修行实践为佛法在中国的传播开辟了广阔空间。在慧能所著述的被称为禅宗之宗经的《坛经》中,"心"是一个使用最多的范畴,有本心、自性、直心、心悟、心迷、净心、染心等多种说法。在慧能看来,本心或自性是人固有的佛性,它"本自清净""本不生灭""本自具足""本不动摇""能生万法"。因此,禅宗提出"即心即佛"的理念。在其看来,学佛成佛的目的就在于开悟或见性明心:"前念迷即凡夫,后念悟即佛。"这样,禅宗就为中国佛教徒开辟了一条"不离世间觉"的方便法门,慧能将其概括为"三无"修行工夫:"无念为宗,无相为体,无住为本。"根据《坛经》的解释,此"三无"就是行住坐卧都可以安住的禅定,由此则可恢复本心固有的清净而不被任何外境所扰。由此方法,人人可以自修自证、自成佛道。这就将佛法实践融入到日常生活之中,将原本深奥难懂的佛教转化成人间佛教、人生佛教,提出"人成即佛成",其不但直接启发了宋明理学,对现代社会也产生了深远影响。

现代新儒家唐君毅、牟宗三、徐复观、张君劢四人就于 1958 年，联名发表《为中国文化敬告世界人士宣言》，《宣言》突出的内容，便是关于心性之学在中国文化中的价值，认为心性之学是中国学术思想之核心。指出心性之学是道德形上学，这种道德形上学，向内追究人的道德行为在心性上的根据，而不是向外追究客观宇宙的终极本体。在这种形上学看来，人的道德实践不仅仅是在行为上遵从应有的伦理规范，而且是人的内在本性的要求。"天人合一"思想的精义是"内在超越"；而心性之学是"天人合一""天人合德"思想的根据，是道德实践的基础。《宣言》以全人类文化发展进步为出发点，指出西方文化要解决在其发展过程中所面临的种种问题，需向东方文化学习，学习东方"当下即是，一切放下"的精神，学习东方圆而神的智慧，即不执于抽象，注重对特殊性的关注与理解；要学习在热情与爱之上融入东方的温润、悲悯之情，还要学习东方强调文化悠久的智慧，即注重积蓄从容，保存延续；此外，西方人还要学习东方人天下一家之情怀。现代新儒家肯定了中国文化、尤其是心性之学的积极意义，体现出他们弘扬传统，关注现实的古道热肠和深远识见。

心学或心文化一向是中国传统文化的核心理念，内涵关于世道人心的深邃洞见，体现着崇高生命境界的实践智慧，是祖先留给我们的最重要的精神遗产之一。它促使中国人对客观世界和人类自身表现出全面的关注和旺盛的热情；使人们的视域从人类社会虑及天道自然，又从天道自然回顾人类社会，最后把思维的重心落实在人身上，他相信人和天道自然本来存在着一致性，主张人遵循天道自然努力发展自己，创造自己，自强不息；与时俱进，求变求新，革故鼎新。可以说，这种优良传统如黄河长江一直流淌在中华民族的血液里，成为一种中国人的基因，一种促进民族生存图强的内在力量。

多元社会与"恕"的精神

郑相峯

(韩国建国大学哲学系)

21 世纪与多元社会

近年以来在各学术领域纷纷谈到所谓多元主义（Pluralism）与多文化主义（Multi‐culturalism）。这是与全球化（globalization）的进程有关。自从人类进入了现代社会之后，科学技术的发展带来了生活经济水准的提高，并各种交通手段拉近了世界各地人们的来往。尤其是 20 世纪后半期数码技术改变了全球的信息结构，以便于磨掉全世界人与人之间的时间和空间的距离。整个世界已经变成为一个地球村，世界各地的人们非常容易接触到其他地区的文化习俗、伦理规范、宗教信仰等等。全球世界各地的人们都发现到了彼此之间有文化上的差异？规范上的差异？宗教上的差异。这里所说的"差异"（difference）是指两者之间有所不同，然不加任何主观性的评价给它，所以"差异"纯粹是属于客观事实层次的。反而"差等"或"差别"是指将某种标准用以衡量而给它评价，再则判定为上下优劣的等级区别。在 21 世纪之前世界人民一向追求科学技术的先进？经济贸易的先进？文化宗教的先进。这一切先进与否的评价背后有特定的衡量标准，并其衡量标准是站在优势的一方主观特定的。他们自己以为那些标准代表本质、普遍、理性或真理。然而近来人们的观点也逐渐改变。就是说，虽然在程度上稍有不同，但一般人们开始肯定他者（others）的存在并认可他者的存在价值与意义。这表示人们的观点则是从"差等"或"差别"的立场转到"差异"的方向去了。

实际上西欧的一些学者先后提到后现代哲学或解构哲学。后现代哲学或解构哲学已经成为时代思想潮流，所以把它一般称之为后现代主义（post-modernism）或解构主义（de-constructionism）。德里达（J. Derrida）是一位代表性的学者，他直接批判西欧传统文化的"逻各斯中心主义（logocentrism）"。在古代希腊的思维传统里"逻各斯（logos）"是核心枢要概念，大部分哲学家追求现象背后的逻各斯。逻各斯包涵实体、本质、理性、实在、语言、真理、结构等含意。从柏拉图的"理念"、笛卡尔的"我思"、黑格尔的"绝对精神"、胡塞尔的"先验自我"、分析哲学的"语言"、索绪尔的"结构"。① 现在不只西方人反观传统历史与文化而看破其深层意识中不妥当的思想之所在，东方人也开始反问自己到底何者为真善美？真善美的标准是什么？然后意识到了以往的偏见和固定观念之真相而随之慢慢地改变其主意。

在此时际我们需要探索东方先哲的智慧当中应该继承且发扬哪一种思想。本篇文章旨在探讨儒家哲学，"恕"的精神之现代意义以寻求这个问题的答案。

德性与德行

自从孔子说出仁之后，孟子讲到仁义礼智四个德性而奠定了儒家哲学的理论前提。儒家认为人们生来具备着纯善的道德本性。人之先天所具备的道德本性就是人之所以为人的存在本质，孟子所谓人之所以异于禽兽者。然人是具有两方面的存在意义的，既是个体性的存在又属于社会共同体的存在。身为社会共同体的一个成员，应该如何为人处事是一向让人深思的问题。

对待他人的实践伦理是重要的，不过这一切事先以"修己"的道德涵养作为其基础。是以孔子说出"修己以敬""修己以安人""修己以安百姓"。孟子所讲的"存心""养性"与"尽心""知性"都是代表道德自觉与道德涵养之事。《大学》也有载八条目（格物、致知、诚意、正心、修身、齐家、治国、平天下）。"格物、致知"是通过自觉到人之所以为人理解应当所作的道理，而最后达至"止于至善"。"诚意、正心"

---

① 赵光武、黄书进主编，《后现代哲学概论》，首都师范大学出版社2013年版，第178页。

是将道德意念使之诚实且将道德心志使之公正，而有助于呈现其道德本性。如此道德自觉与道德涵养工夫就成为"修身"工夫的实质内涵。从而人们须是要以修身作为人生当中做人处事的出发点，推而广之为齐家、治国、平天下。这些都终归于"修己治人"。"修己治人"是依据道德自觉与道德涵养而履行由内而外的道德实践。由内而外的道德实践，就指"为仁由己""居仁由义""老吾老以及人之老，幼吾幼以及人之幼"。人生是善恶？是是非？义不义挣扎不已的道德情境连续之过程。人们每次遭遇到各种道德情境，而随着人际关系中自己所处的地位之不同发出合乎其道德情境与人际关系上之道德心性。由感于道德情境而发出其道德心性，此道德心性，可一言以蔽之谓仁爱之心。据此仁爱之心扩而充之为安人与安百姓之道，这样的道德实践涉及到人际关系上的伦理规范。在传统社会里基本人际关系则有父子、君臣、夫妇、长幼、朋友的关系。所谓"五常"（父子有亲、君臣有义、夫妇有别、长幼有序、朋友有信）是此五种人际关系中人们应当遵循的伦理规范。五常就是依据于孔子所说"君君、臣臣、父父、子子"的正名思想，指出种种人际关系中合乎自己所处的地位而作出应然所行的的道理。五常反映了人们互相努力去对待他人的义务实践的精神。

不过后来汉代董仲舒与班固将"三纲"纳入到儒家伦理规范的体系里，甚至把三纲摆在五常之前。三纲五常就成为东亚一带的行为标准。三纲本来是从《韩非子》"三事"借引过来的。① 因为从统治者或统治阶层的立场看，三纲是相当有助于建立垂直性的社会伦理秩序。从此以后在东亚历史进程之中三纲的压迫性带来了臣向君的忠、子向父的孝、妇向夫的烈三方面上盲目且无条件的实践，而留下了不少弊病。这是非常遗憾的历史事实。然儒家的伦理体系就被遣责为专制主义、家长中心主义、男性中心主义，并受到后人的极烈批判或甚至予以否定之。② 这也是当然不可避免之事。

---

① 《韩非子·忠孝》："臣事君、子事父、妻事夫，三者顺则天下治；三者逆则天下乱。此天下之常道也，明王贤臣而弗易也。"

② 杜维明：《东亚价值与多元现代性》，中国社会科学出版社2001年版，第180—182页。

德行之关键：忠恕

《论语·里仁》篇有载："子曰：参乎，吾道一以贯之。曾子曰：唯。子出。门人问曰：何谓也？曾子曰：夫子之道，忠恕而已矣。"所谓一者，毫无疑问地是指"仁"，而"一以贯之"的道是仁道。① 就孔子而言，"仁"是做人处事的起点，也是终点。② 换句话说，"仁"是贯穿于其整个人生之中的终极关怀与道德原理。后世儒学家莫不承认曾子发明孔子的仁道哲学思想。然而曾子所言"忠恕"到底有何意义，则学者之间各有说法。

对于"忠恕"这一概念，在《论语》《孟子》《大学》和《中庸》之中，都没有明确地规定其涵义。不过从文字的字形来看，可窥见其本来含义。"忠"是从中从心的合成字；"恕"是从如从心的合成字，二者皆是会意文字。③ 可说是："忠"代表发自自己内心而尽之者；"恕"则代表以自己的内心而忖度他人之心者。"忠"是"成己"的一面，"恕"是"成物"的一面。④

关于"忠"在《论语》中多次出现："为人谋而不忠乎？"（〈学而〉）"主忠信"（〈学而〉）"孝慈则忠"（〈为政〉）"臣事君以忠"（〈八佾〉）"忠告而善道之"（〈颜渊〉）"与人忠"（〈子路〉）"言忠信"（〈卫灵公〉）等等。从此可知，"忠"一方面表示对他人的言行举止上尽其心，就是说在道德情境中尽其心以实践道德伦理，另一方面表示在担任其职之际尽其心以执行之。

至于"恕"，孔子分解而说："仲弓问仁。子曰：'出门如见大宾，使

---

① 《论语·里仁》又有说："君子无终食之间违仁，造次必于是，颠沛必于是。"据朱熹所释，造次是指急遽苟且之时；颠沛则是指倾覆流离之际。

② 参见徐复观《中国思想史论集》（学生书局1983年版）第232—233页。他说："在孔子，仁是工夫，是一切学问行为的总动力。又是本体，是一切学问行为的总归宿。"

③ 《周礼·大司徒》（十三经注疏本）有说："如心曰恕，如下从心；中心曰忠，中下从心。"朱熹也有提到而说："中心为忠，如心为恕，此语见《周礼疏》。"（《朱子语类》卷二十七，第689页）丁若镛也说到："《周礼疏》云「中心为忠，如心为恕」。"（《论语古今注》卷二——《与犹堂全书》，第148页）

④ 徐复观：《中国人性论史·先秦篇》，台湾商务印书馆1984年版，第93页。

民如承大祭。己所不欲，勿施于人。在邦无怨，在家无怨。'"（〈颜渊〉）
"子贡问曰：有一言可以终身行之者乎？"子曰："其恕乎。己所不欲，勿施于人。"（〈卫灵公〉）"己所不欲，勿施于人"，其意思代表：有所自己不想要做，就不要使他人来做。从此可说，"恕"包含着在种种的道德情境之中换位思考的意思。通过易地而思之的方式，自己所不想要的，推度他人也不想要，而将自己所不想要的使之不加给他人。这种"换位思考"的方式，也可适用于积极的一面。就是说，有所自己想要做，推度他人也想要做，而将自己所想要做的就让给他人来做。这就是孔子所云："夫仁者，己欲立而立人，己欲达而达人。能近取譬，可谓仁之方也已。"① "己所不欲，勿施于人"与"己欲立而立人，己欲达而达人"两者则为推己及人的二面。于是可说，"己所不欲，勿施于人"，就是消极之恕；"己欲立而立人，己欲达而达人"，则是积极之恕。②。孟子则有说："万物皆备于我矣。反身而诚，乐莫大焉。强恕而行，求仁莫近焉。"③ 此表示：求仁之方不外乎不懈勉力于"恕"而履践之。"与民偕乐"（〈梁惠王上〉），"老吾老以及人之老，幼吾幼以及人之幼"（同篇），皆是强恕而行的实践模式。

再看《大学》，则有曰："所恶于上，毋以使下；所恶于下，毋以事上；所恶于前，毋以先后；所恶于后，毋以从前；所恶于右，毋以交于左；所恶于左，毋以交于右，此之谓絜矩之道。《诗》云：'乐只君子，民之父母。'民之所好好之，民之所恶恶之，此之谓民之父母。"④ 在此引文中前两句，其意思是说：如不欲上之无礼于我，则以此度下之心，而不该以此无礼待下；不欲下之不忠于我，则而此度上之心，而不该以此不忠事上。此道应用于周边的人，莫不皆然。这是推己及人的恕道，即是所谓

---

① 《论语·雍也》。
② 参见唐君毅《中国哲学原论》〈原道篇〉卷一（学生书局1986校订版），第87页。不过冯友兰先生的说法与此不同。他说："'因己之欲，推以知人之欲'，即'己欲立而立人，己欲达而达人'，即所谓忠也。'因己之不欲，推以知人之不欲'，即'己所不欲，勿施于人'，即所谓恕也。"参见冯友兰，《中国哲学史》（中华书局1983年版），第99页。杨伯峻也采取冯先生的观点，而说"忠则是恕的积极一面，用孔子自己的话，便应该是：己欲立而立人，己欲达而达人。"此可见于《论语译注》（中华书局1984年版），第39页。
③ 《孟子·尽心上》。
④ 《大学章句》传十章。

"絜矩之道"。

《中庸》也有载:"忠恕违道不远,施诸己而不愿,亦勿施于人。君子之道四,丘未能一焉:所求乎子以事父,未能也;所求乎臣以事君,未能也;所求乎弟以事兄,未能也;所求乎朋友先施之,未能也。"① 此四个君子之道,即"所求乎子以事父",意思是说:所责求于其子以奉事其父,要求自己对父先做到:"所求乎臣以事君"就指:所责求于其臣以奉事其君;"所求乎弟以事兄"则代表:所责求于其弟以奉事其兄;"所求乎朋友先施之"就表示:所责求于朋友以先施给于朋友。此四种道理则合乎推己及人之恕道,即是《大学》所言的"絜矩之道"。②

"恕"的现代意义

我们处于已脱离传统封建社会的现代,不断反问自己如何做人处事?社会结构也变得相当复杂,人际关系也扩大了颇多,但是不可否认的事实是基本的人际关系即父子、夫妇、兄弟、长幼的关系仍然存在。即使是君臣关系已不存在,然而在社会上的上下职分之别还是有的。孔子讲仁,我们针对他的哲学思想可以给它予以否定性批判,而说:它只是为了维持封建秩序的理论工具,现今它已不具有现实价值。孔子的仁爱思想的确是春秋时代的产物,然就东亚文化圈而言,其哲学思想依然具有超乎时空的普遍价值。就是说,孔子指出:人们固有天所赋予的道德心性,因此人们要努力涵养自己,并且在种种的人际关系中探索对待他人的道理。他所讲的"一以贯之"之道,不管后儒之间的诠释不同,总是给我们提示人生当中做人处事的道理。尤其是推度他心像如我心的"恕"表示:我们在种种的道德情境中接触他人的时候,要换位思考。"恕"原先包涵对他人的尊重、关怀与体贴。"恕"则从其消极性意义看,我所不愿意的,不要推给他人来做;从其积极性意义看,我所愿意的,让他人来做。当然前者我们有时能做得到,至少我们会努力。反而后者是在利害关系复杂的现代社会

---

① 《中庸章句》第十三章。朱熹作注而说:"如不欲上之无礼于我,则必以此度下之心,而亦不敢以此无礼使之。不欲下之不忠于我,则必以此度上之心,而亦不敢以此不忠事之。至于前后左右,无不皆然,则身之所处,上下? 四旁? 长短? 广狭,彼此如一,而无不方矣。"
② 《大学章句》。

里难以做到。不过我们至少要怀着要求自己"成己成物"之念,即在做人处事上怀有对"诚中形外"的向往,就会努力去使得絜矩之道的"恕"成就出来。我们处在这个世界中,虽然身为一个存在者,但是自然会扮演种种不同的角色。如果大家都互相关怀,互相体贴,互相忖度他心像如我心,就会互爱对方,也会共同建设充满爱心的社会。如此虽然你我之间有所不同,但是我们互相尊重对方而相为达成和合和谐,则将来我们会打开"和而不同"的全球世界。

开放发展理念的中国优秀传统文化基因

刘永凌

(山东社会科学院国际儒学研究与交流中心)

以习近平总书记为核心的党中央提出创新、协调、绿色、开放、共享"五大发展理念",为我国当前及未来一个时期的发展指明了方向。开放发展作为"五大发展理念"之一,是推进我国全方位高水平对外开放的行动指南,并将持续为世界带来巨大的正面外溢效应。开放发展理念,是我党关于开放理论和实践的重大升华,也是我国传统文化中开放包容智慧的时代彰显。中华民族历来注重经贸往来和文化交流,在中国传统文化中,很早就有了开放理念的文化基础、特征、指向和走势。

一 和而不同,求同存异是开放发展理念的文化基础

早在先秦时代,先贤们就深刻认识到,万事万物都是由不同方面、不同要素构成的统一整体,在这个统一体中,不同方面、不同要素相互依存、相互影响,相异相合、相反相成。晏子说:"若以水济水,谁能食之?若琴瑟之专壹,谁能听之?"意思是说,如果用清水来给清水增加味道,谁能喝得下去?如果只是一琴或一瑟,谁能听得下去?万物因有差别才成其为万物,而在承认差别的基础上,以开放性的胸怀寻求差异中的统一,如此则事物可以共处,思想可以共进。

古人以烹调而喻,善于调合酸、甜、苦、辣、咸,才能达到五味俱全、味在咸酸之外的境界,才算得上是上等佳肴。反之,如果好咸者一味放盐,好酸者拼命倒醋,其味便不难设想、也不堪设想了。

孔子说:"君子和而不同,小人同而不和。"这既可用以处理不同学

术思想派别、不同文化流派之间的关系，也可当做为人处世的重要原则。这一思想影响深远，如果推及人与自然、人与人、人与自身乃至国与国，都见地不俗，立意高远。和而不同，求同存异，可谓开放这一发展理念的思想基础和文化前提。

和而不同，求同存异，这一思想和精神延续到当代，就是开放包容。开放是一种姿态、一种思维，包容是一种气度、一种胸襟。任何一种封闭保守排外的机制，都不会具有生命力，都将被历史潮流所淹没。面对世界经济在深度调整中曲折复苏，面对当前世界经济的复杂形势和风险挑战，2016年9月，习近平在二十国集团工商峰会开幕式上的主旨演讲中坦言：中方希望同各方一道，推动杭州峰会开出一剂标本兼治、综合施策的药方，推动世界经济走上强劲、可持续、平衡、包容增长之路。他开出的第一个药方就是：建设创新、开放、联动、包容型世界经济。这个药方是改革开放实践智慧的凝结，是引领新的全球化健康发展的中国方案，同时也意味着中国人的高度文化自信。

二　相互激荡，深度融合是开放发展理念的文化特征

司马迁在《史记·礼书》中指出："至秦有天下，悉内六国礼仪，采择其善。"这就肯定了秦朝对六国文化是加以吸收而能予以兼容的。应该说，统一之前的兼收并蓄，对各国文化的开放吸纳融合，是秦能够实现统一的重要因素。

这种开放的文化特质不止于秦。有浓厚浪漫主义情调和神话色彩的楚文化，虽然遇到将它视为蛮夷的北方强国——晋、齐的有力遏制，但东进与南拓势头很猛，以至于"楚汉之间，民间多乐楚声"。楚文化深刻影响了刘邦和大汉，汉文化既不是秦文化，也不是楚文化，而是全新的综合性的新文化。它更为开放，更具兼融性，内容更为丰富，气魄更为宏大。在政治上，汉朝同样"霸王道杂"，也就是杂取不同学派的政治文化治国理天下。"杂"，即对具有不同政治文化色彩的统治思想广为吸纳，分别主次优劣，取其精华，兼容并包。

其实，中国文化一开始就是由齐鲁、荆楚、吴越、秦晋、燕赵等地域文化交汇而成的综合体，是诸子百家的总汇。春秋战国时期，道、儒、

墨、名、法、阴阳等诸家思想百花齐放，异彩纷呈。最富生命力的智慧、极其灿烂的文化都在这个时期繁荣昌盛，争奇斗妍；各种思想、各种学术相互碰撞、相互冲突、相互交流、相互融合。思想的碰撞、交流和融合，是文化生生不息、与时俱进的命脉所在。所以文化学者王绍璠先生认为，中华文明经孔子集当时各种思想文化之大成，渊渊如海，先有诸子百家争鸣而内部交融，中有本土文化与外来佛学内外交融，后又经儒释道合成之禅文化、与理学及心学等内部相互交融，一直到现代东渐之西学与马列主义、毛泽东思想交相辉映，并与新经济时代西方科学文明及商业文明内外融和，最终促成今天以及将促成未来百年间的中国文化新的复兴和光大。

以儒释道在相互激荡中深度融合为例。佛教传入中国不久，便与道家思想合流，而与儒学思想发生冲突。儒佛这两个世界上巨大的学派一经相遇，由于在思想理论方面佛与儒学互有异同及交叉点，所以既产生了碰撞、冲突与斗争，同时又相互调和、融汇与合一。南北朝时期佛教兴盛的重要原因，就在于其将儒家思想引入佛教义理，促进了佛学的中国化和儒教化，使佛教从此在中国扎了根，成为中国社会上层建筑和民族文化的一个组成部分。这在思想上、经济上都为隋唐时期佛教的鼎盛以及创立具有中国特色的佛教宗派准备了条件。同理，将佛教的一些思想引入儒学，使传统儒学也发生了一些本质性的变化，但儒家经学的主导地位不仅没有被削弱，反而得到了加强。由此可见，儒佛双方在冲突中融合，在融合中发展，使各自独特的价值得以进一步加强，并共同成为继往开来的有生力量。

中华民族的开放性、包容性不仅体现在内部，在与其他国家的相处中也同样如此。丝绸之路就堪称对外开放、互学互鉴的典范。丝绸之路把中国的造纸术、火药、印刷术、指南针经阿拉伯地区传播到欧洲，又把阿拉伯的天文、历法、医药介绍到中国。作为横跨中西、连接欧亚的贸易交通线，丝绸之路不仅实现了货物商品的贸易往来，更实现了文化的交流融合。沿线各国尊重彼此的文化和宗教信仰，尊重文明的多样性、道路的多样化和发展水平的不平衡等差异，并在此基础上相互学习、相互借鉴，取长补短、共同提高，有力促进了人类文明进步。

历史发展到今天，以习近平总书记为核心的党中央高瞻远瞩，把开放、包容、互通有无、共同繁荣的丝绸之路精神进一步发扬光大，提出了由"丝绸之路经济带"和"海上丝绸之路"共同构成的"一带一路"重大倡议。十八届三中全会通过的《中共中央关于全面深化改革若干重大问题的决定》明确指出:"加快同周边国家和区域基础设施互联互通建设,推进丝绸之路经济带、海上丝绸之路建设,形成全方位开放新格局。"目前,已有100多个国家和国际组织参与到"一带一路"建设中来。在博鳌亚洲论坛2015年年会上,习近平的话铿锵有力:"'一带一路'建设秉持的是共商、共建、共享原则,不是封闭的,而是开放包容的;不是中国一家的独奏,而是沿线国家的合唱。"这是何等开放而广阔的胸襟。

三 义利兼顾,义利共赢是开放发展理念的文化指向

孔子说:"君子喻于义,小人喻于利。""君子义以为质,礼以行之。"孟子认为,生与义不可得兼时,舍生而取义者也。隋朝王通则说,以势交者,势倾则绝;以利交者,利穷则散。应该说,重义轻利、先义后利、取利有道,是中华民族数千年来一以贯之的道德准则和行为规范。

当今时代,和平发展是世界大义,合作共赢是世界大利。正如习近平所深刻指出的:"义,反映的是我们的一个理念,共产党人、社会主义国家的理念。这个世界上一部分人过得很好,一部分人过得很不好,不是个好现象。真正的快乐幸福是大家共同快乐、共同幸福。我们希望全世界共同发展,特别是希望广大发展中国家加快发展。利,就是要恪守互利共赢原则,不搞我赢你输,要实现双赢。我们有义务对贫穷的国家给予力所能及的帮助,有时甚至要重义轻利、舍利取义,绝不能惟利是图、斤斤计较。"这一阐述,既继承了我国传统文化关于义和利的核心理念,又创造性地丰富了传统义利观的内涵,使之更具时代意义。为此,中国在开放中强调以"亲、诚、惠、容"处理国与国之间的关系,兼顾了义利。

习近平在多种场合中提出"倡导合作发展理念,在国际关系中践行正确义利观",他说,"国不以利为利,以义为利也"。在国际合作中,我们要注重利,更要注重义,只有义利兼顾才能义利兼得,只有义利平衡才能义利共赢。他在谈到"一带一路"建设时也多次要求要树立正确的义利观,通俗地说,"既要让自己过得好,也要让别人过得好"。

在 2013 年 4 月博鳌亚洲论坛年会上的主旨演讲中他提出，着力推进合作，为促进共同发展提供有效途径。世界各国联系紧密、利益交融，要互通有无、优势互补，在追求本国利益时兼顾他国合理关切，在谋求自身发展中促进各国共同发展，不断扩大共同利益汇合点。要积极创造更多合作机遇，提高合作水平，让发展成果更好惠及各国人民，为促进世界经济增长多作贡献。

四 因时而变，随事而制是开放发展理念的文化走势

《三国演义》开篇就说："话说天下大势，分久必合，合久必分。"汉代桓宽在《盐铁论》中提出：明者因时而变，知者随事而制。聪明的人（往往会）根据时期的不同而改变（自己的策略和方法），有大智慧的人（会）伴随着事物（发展方向）的不同而制定（相应）的管理方法。他接下来还说："故圣人上贤不离古，顺俗而不偏宜。"顺时、顺事、顺俗，说到底都是一个顺势问题，就是能不能把握大势。

开放理念中把握大势，既有把握开放时机的意思，更多的则是说在开放中把握主动权。习近平总书记多次引用孙中山先生的话：世界潮流，浩浩荡荡，顺之则昌，逆之则亡。他认为，世界繁荣稳定是中国的机遇，中国发展也是世界的机遇。和平发展道路能不能走得通，很大程度上要看我们能不能把世界的机遇转变为中国的机遇，把中国的机遇转变为世界的机遇，在中国与世界各国良性互动中开拓前进。在阐述开放发展理念时，习近平总书记指出，我国 30 多年来的发展成就得益于对外开放。一个国家能不能富强，一个民族能不能振兴，最重要的就是看这个国家、这个民族能不能顺应时代潮流，掌握历史前进的主动权。经济全球化是我们谋划发展所要面对的时代潮流。他还指出，20 年前甚至 15 年前，经济全球化的主要推手是美国等西方国家，而今天我们被认为是世界上推动贸易和投资自由化便利化的最大旗手，积极主动同西方国家形形色色的保护主义作斗争。这说明，只要主动顺应世界发展潮流，不但能发展壮大自己，而且可以引领世界发展潮流。

在今年"两会"上，习近平总书记参加上海代表团审议时更是深刻指出："中国开放的大门不会关上，要坚持全方位对外开放"，"大胆试、

大胆闯、自主改,进一步彰显全面深化改革和扩大开放试验田的作用,亮明我国向世界全方位开放的鲜明态度。"习近平总书记的话进一步表明了中国对外开放的决心和积极倡导全球化的坚定立场,为未来中国的发展指明了方向。

论儒家思想在现代社会中的价值体现

张春茂

（山东社会科学院国际儒学研究与交流中心）

儒家思想是中国古代文化乃至东方哲学最重要的组成部分之一，是中华民族古代社会秩序、经济秩序、文化秩序及政治秩序构成的理论基础，也是中国民族国民个体恪守的修身养性、入世立身之道。要了解中国悠久的历史文化并使之与当今社会现实相结合，构建具有中国特色的现代社会新思维、新文化，就应该对儒家思想的基本内容及其核心价值的现代传承与体现有一个客观的认识和把握。

儒家思想产生于2500多年前的春秋时代。当时的中国社会正处于由奴隶制社会向封建制社会过渡时期。在这个社会变革的时期，儒家思想便应运而生了。儒家思想中的和谐意识、人本意识、忧患意识、道德意识和力行意识对历史上中国社会的民族性格和民族精神的形成与发展有着深远的影响。

"仁"，作为孔子思想体系的理论核心之一，是孔子社会政治、伦理道德的最高理想和标准，对后世有着深远的影响。对于"仁"的含义，孔子有他自己的独特诠释，子贡问："如有博施于民而能济众，何如？可谓仁乎？"孔子答曰："何事于仁；必也圣乎！尧舜其犹病诸！夫仁者，己欲立而立人，己欲达而达人。"

后来，孟子为儒家思想中的"仁"的理念提供了人性本善的形而上学根据。即"恻隐之心，人皆有之；……恻隐之心，仁之端也；……非由外铄我也，我固有之，弗思而已。（告子上）"。儒家思想在"仁"的概念下，衍生出了"人贵物贱"以及"民为邦本"、"民贵君轻"的人的社会价值论。子曰"为仁由己"，即"仁"的崇高境界的实现要依靠自己的努力去争取；又曰"己欲立立人，己欲达达人"，认为"立人""达人"要以"己立""己达"为前提。孟子说"道惟在自得"，意思是说，求道没有别的途径可走，只有依靠自身的修行和领悟。同时，儒家思想认为人类有着不同于其他事物的高贵之处，具有其他事物无可比拟的价值；并强调人民是构成国家政治的基础，只有基础牢固，国家的安宁才有保障，国家的发展才能成为可能；同时认为人民与其国家、君主的重要性相比较，人民是第一位的，天下之得失取决于广大民心的向背。

综观历史，"仁"的观念起源于周初统治者"重德""敬德"的思想。经过长期的演变与发展，在《左传》、《国语》中，"仁"的内涵逐步发展成为一种敬谨的道德责任意识。至孔子时期，儒学有了飞跃性的进步和发展。孔子在继承传统"仁"之观念的基础上，提出了系统的"仁"学思想。由此可见，儒家思想中的"仁"，是对人这一主体的深层本质的一种规定与揭示，就是"人之为人"的本质。"仁者，人也"，仁是关于如何"做人"的学说。仁是"仁者爱人"，还必须按照人的本性的要求，热爱生命，努力奋斗，不断完善和成就自我。因此，儒家思想突出了道德的内在性，认为人能够求仁而得仁。

儒家思想中的"仁"体现在教育思想上就是有教无类，春秋时期，学校均由官府承办，孔子首开私学，弟子一律不问出身贵贱敏钝，均可来受教。儒家思想中的"仁"体现在政治上是强调"德治"，德治的基本精神实质是泛爱众和博施济众，孔子把"仁"引入礼中，变传统礼治为德治，他并没有否定礼治，他的德治无疑是对礼治的继承和改造。

由此可见，儒家思想中的"仁"，在我们现代社会生活中也具有很强的生命力和存在价值的体现。在当下这个高度商品化的经济社会中，人们往往会在追求金钱、物质的角逐中迷失自我。社会道德水平时刻承受着纸醉金迷的冲击。在这个经济基础与上层建筑发展步调严重失衡的社会结构中，儒家思想中的"仁学"概念会为处于现代社会迷茫当中的人们点亮一盏"心灯"，复苏人们那颗"本善"之初心，为这个社会增添些许"仁"与"善"的色彩，以期达到儒家思想的精髓在现代社会中的价值体现。

在长期的历史发展中，"礼"作为中国封建社会的道德规范和生活准则，对中华民族精神素质的培养起了重要作用。随着先秦儒家创始人孔子对"仁"的诠释和推广，随之而来的便是"礼"的推出和履行。孔子认为"礼"是"仁"这种内在品质修养要求的外化表现。孔子的"礼"的概念传承于周礼，周礼中的"礼"提出的是一种保持社会各种人的"层次与等级"从而使社会有序的思想。"礼"即是一种外在他律性的规范和规章制度，人们对礼的遵守主要是作为外在的规章制度来遵守和执行。由此可见，先秦儒家所推崇的社会组织化方式，可理解为"内仁外礼"，即以内化的"仁"的道德修养和外化的"礼"的规范典章来协调人们的行为，以达成社会的和谐状态。

儒家思想推崇的"内仁外礼"学说可诠释为：仁是主观道德修养，礼是客观制度规范；仁是内心自觉，礼是外在控制。它们之间互为因果、相伴相生，形成了"内仁外礼"的整合关系，贯穿于社会秩序的和谐追求之中。

长期以来，学术界就儒家思想的价值核心是"仁"还是"礼"的问题，一直处于争论之中。有的学者认为，"仁"是"礼"的灵魂，没有"仁"，"礼"就不存在了。其根据即是孔子所云："人而不仁，如礼何！"在笔者看来"仁"与"礼"是一对相辅相成、相互依存的矛盾共同体，不能把二者分割开来讨论儒家思想的价值核心问题。我认为，封建礼数中的"礼"有着作为政治的等级制度和伦理道德两个方面的属性，作为等级制度的"礼"，强调的是"名位"。也就是孔子所谓的"君君、臣臣、父父、子子"，而作为伦理道德的"礼"的具体内容，包括孝、慈、恭、顺、敬、和、仁、义。在"礼"两个方面的属性中，等级制度为"礼"的本质。因此"修内"而"达外"一直作为儒家思想中所崇尚的君子高贵的品质。由此可见，儒家思想中"礼"的作用就是要密切人们的伦理关系，改善人们的社会关系。从狭义的方面来看，它的确具有维系社会正常秩序和伦理道德的作用，即使是在建设精神文明的今天仍然值得提倡，依礼行事可以杜绝许多社会弊病。

在人际关系的和谐方面，儒家提倡中庸。中庸也可称为中和、中行、中道，即和而不同。所谓和而不同，是指对某件事情的看法有否有可，该肯定的肯定，该否定的否定，这是合乎辩证法的和同观的。"和而不同"的意义在于强调矛盾的统一与均衡，强调通过对事物把握的程度来达到人际关系的和谐，避免和克服人与人、人与社会乃至国家、民族之间的对立和冲突。子曰："君子和而不同,小人同而不和"出自《论语》子路篇第十三。此言揭示了我们在社会交往中为人处事的一个基本态度和原则,即应该求"和"而不求"同"。也可以把这两种态度诠释为"和而不同"与"同而不和",同时把它看作区分君子与小人的重要标准,这一原则也就成为人们处理一切事务应遵守的基本原则。

所谓"和而不同",就是对上不盲目附和,敢于提出自己的不同意见,使决策更加完善;对下能容纳和听取不同意见,并能够与持不同意见的人和睦相处,相互切磋。所谓"同而不和",则是有些人在某件事情上对上曲意迎合,不表示不同意见;对下搞一言堂,自己的意见只能赞成,不能反对,极力排斥不同意见和有不同意见的人。显然,"同而不和"不可能导致真正的和谐,只有"和而不同"才是正确的致和之道。能不能做到这一点,是衡量一个人道德修养高低的一个重要标准。

另外,孔子"己所不欲,勿施于人"的恕道是体现儒家沟通礼敬的一个基本原则,也属于"和而不同"的基本原则。不把自己的观点强加于人,承认并尊重他人的自主性。正因为没有把自己的成见或信念当作真理,才有对话的空间,才能为互相学习,共同进步创造条件。

在处于和平与发展的当今时代,和平与发展既离不开人与自然的和谐,也离不开人际关系的和谐。在家庭这个最基本的社会单位中,儒家思想中的"中庸"之道起着极其重要的作用。在我国古老的传统文化中就一直尊崇着"家和万事兴"的祖训。在当前社会状况下,人们每天承受着来自工作、学习、社会以及经济和家庭等方面带来的诸多压力,家庭应该作为人们承受压力后身心都能够得到充分休息的港湾,而不是把各种压力及副能量转嫁与发泄的地方。因此身处现代社会的人们更应该从儒家的中庸思想及文化中学习和掌握"和而不同"的智慧。

同时,在这个时世纷扰,风云变幻的国际经济和政治秩序中,把儒家的中庸思想及"和而不同"的智慧有机的运用到处理复杂的国际关系中,也是一种明智之举。

当前,处于全球化时代的国际关系上升到一个更加复杂化与多元化阶段,上个世纪各国之间出现的霸权主义与强权思想已不适应当前国际关系与国际形式的时代要求,面对近年来频繁出现的穆斯林极端主义、国际恐怖主义以及中东战争遗留下的宗教和文明冲突,越来越多的西方学术界的有识之士越来越清醒的意识到了自身文明的缺陷，认为通过加强民族及国家间的文化交流和对话来促进世界和平是当前唯一可行的方法和途径了。因此，把儒家思想中"和而不同"的智慧运用到促进世界和平中去，乃是我们"古为今用"的一种传统儒学思想的价值体现。

儒家的最高社会理想是世界大同。这个大同世界不是纯理念化的，而是具体化了的，儒家的重要经典《礼记》中的《礼运》篇描述大同世界的社会景象："大道之行也，天下为公。选贤与能，讲信修睦，故人不独亲其亲，不独子其子，使老有所终，壮有所用，幼有所长，矜寡孤独废疾者，皆有所养。男有分，女有归。货恶其弃于地也，不必藏于己；力恶其不出于身也，不必为己。是故谋闭而不兴，盗窃乱贼而不作，故外户而不闭，是谓大同。"

2013年，中国领导人提出共建丝绸之路经济带和21世纪海上丝绸之路两大倡议，被合称为"一带一路"。作为中国深化改革开放和推进周边外交的大手笔，"一带一路"建设受到国际社会广泛关注，反响积极。今天，亚洲成为世界经济增长重要引擎，但同时也面临新老挑战和不进则退的压力。如何巩固亚洲和平发展局面，进一步凝聚亚洲国家共识和力量，实现整体振兴，是亚洲国家的共同课题。"一带一路"倡议在此背景下提出恰逢其时。

亚洲区域合作方兴未艾，有力促进了亚洲的和平发展。但需要看到的是，亚洲区域合作与欧洲和北美相比还有不小差距，特别是亚洲各个次区域之间发展不平衡、联系不紧密，对深化区域合作构成不小的阻碍。"一带一路"建设将中亚、南亚、东南亚、西亚等各次区域连接起来，有利于各区域间互通有无、优势互补，建立和健全亚洲供应链、产业链和价值链，使泛亚和亚欧区域合作迈上一个新台阶。

当前，全球贸易、投资格局和资金流向正酝酿深刻变化，亚欧国家都处于经济转型升级的关键阶段，需要进一步挖掘域内和本国的内需潜力，创造新的经济增长点，增强经济的内生动力和抗风险能力。"一带一路"建设包含基础设施建设和体制机制创新，有利于改善区域内和各国的营商环境，有利于区域内要素有序自由流动和优化配置，有利于内陆国家和各国边远地区的开发，有利于各国之间削减贸易投资成本与壁垒。

亚欧大陆各国历史文化宗教不同，发展水平各异，未来发展需要发挥多样化优势，走多样化道路，因此人员沟通、文化交流和文明对话至关重要。历史上，丝绸之路是国与国、人与人交流的结晶，建设"一带一路"将发掘古代丝绸之路深厚的文明和文化底蕴，加强各国、各领域、各阶层、各宗教信仰的人际交往，发挥人文交流的潜力，进一步扩大各国民间友好的基础。

"一带一路"建设涵盖中国中西部和沿海省区市，紧扣中国的区域发展战略、新型城镇化战略和对外开放战略，将助推中国形成全方位开放新格局——实现中国与周边、与亚欧国家发展战略的对接，编织更加紧密的共同利益网络，将各方利益融合提升到更高水平，让周边国家得益于中国的发展，也使中国从周边国家的共同发展中获得裨益和助力。"一带一路"建设是新时期中国外交特别是周边外交的亮点。繁荣共进的美好未来，值得本地区乃至世界人民共同期待。

综上所述，儒家思想中的精髓在一代代后人的传承中可谓经久历新，其思想精华支撑着中华民族的思想与道德体系。在国人为实现中华民族伟大复兴中国梦而不懈奋斗的今天，我们的社会进步中无处不体现着儒家思想的核心价值理论的智慧光芒。我们更应该从批判和继承的角度来审视这些代代相传的传统文明，本着"古为今用"的原则，努力实现儒家思想在现代社会中的价值回归。

东方绘画的审美象征性和象形性

宋奂儿（韩国国立安东大学孔子学院）

李浩（山东师范大学韩语系）译

一 绘画的审美概念

艺术是生活的呈现，同时亦是可能性的表现。可能性作为潜在力量，它在与现实建立一种动态关系时，就被赋予了意义。通过造形艺术语言使这种可能性成为现实，并使对生活的深层次诠释可视化的，正是绘画艺术。画家以其审美意识为基础将审美体验内在化，绘画艺术作品历经这一过程，以一种可视的成果呈现出来，从而引发美的享受。美的享受基于美的体验，意为观照和共感，是通过美的想象力将过去、现在、未来在这一瞬间再现的"想象的现在"。关于过去的现在是记忆，关于现在的现在是直观，关于未来的现在是预期。绘画艺术即想象的现在，是画家通过审美的造形表现，具体呈现出的关于审美对象的记忆、直观、预期。就绘画的创作而言，这一"想象的现在"，可通过形似和神似来体会并表现出来。绘画艺术作品是将人的审美意识进行物化的视觉形态，其本身也成为促进审美意识发展的重要因素。审美意识和美的创造相互浸透，共同发展。随着人的审美视野的扩大，美感的内容变得丰富多样且更有深度，审美体验的能力也变得更为敏锐、细致，通过这个过程，审美意识的发展和高度的审美创造才得以实现。

察看汉字中对于"美"字的语源分析可知，它具有象征性和装饰性的含义。关于"美"的语源最早解释是"羊人为美"，用象形文字 ⚊、⚊ 记录。这个字仿照了将带有羽毛的装饰戴在头顶上的舞人的模样，而下肢用 ⚊ 来表示，则是 ⚊ 模样的简略。在石器时代的洞窟壁画里发现了将羊头的外皮戴在头上跳舞或举行巫术仪式的图画，在商代的青铜器装饰上也可以看到人们将带有羊的形象的冠戴在头上的画面。将装饰物戴在头上蕴含着"美观"这一意义，即看上去更美的意思。① "羊人为美"后来则演变成"羊大则美"，甲骨文里"大"字从"人"，象人的正面形，有手有脚（模仿了人张开双臂，朝向正面而站的模样）。② 另外，"美"也可解释为味觉的美感。《说文解字》中将"美"解释为"羊大则美"："'美'，甘也，从羊从大。羊在六畜主给膳也，美与善同意。"③ 即意为食物的味道因为舌头感受到的诸如"香甜""可口"等的快感，引发心情的愉悦和感动等肉体官能的快感。④ 形成原始美意识的"肥羊味美"这一特殊关系的味觉快感，其意义逐渐扩大，增添了享受美的对象和判定价值的能力的意义。

因"美"与变化相违，故可限制地域和时代来观察。美确乎为一种价值标准。它是拥有不断变化的差别相的一种事相，同时亦是具有亘古不变的普遍相的一种价值。前者为美之实，后者是美之理；前者为美之相，后者是美之质。离开"理"无以判断"实"，离开"质"不可判断"相"。原本依照概念，我们称"知"为"理知"；依照规范，我们称"行"为"善"，依照观照，我们称"表现"为"美"。即美是根据观照而表现出的情感上的理解作用。因其为一种理解作用，故而成为普遍的价值标准和判断的准则。⑤

另外，韩语中的'맛'（风度）和'맛'（味道）这两个词，在其用法上，被当做类似的意义来使用。在表达"美好"［맛］时，有表现味觉的情况，这也是其相通之处。据推测，'맛'这个词是在朝鲜时代末期从'맛'这个词中派生出来的。⑥ '맛'意为调味·旨，'맛'意为与超味·

---

① 《文字源流浅释》，康殷释辑，荣宝斋1979年版。
② 《中国美学史》，"先秦两汉编"，李泽厚，刘纲纪，安徽文艺出版社1999年版，第75页。
③ 《说文解字注》，段玉裁注，上海古籍出版社1981年版。
④ 《中国人の自然観と美意識》，笠原仲仁，创文社1982年版。参考第3篇"中国人の美意识"。
⑤ 《韩国美术文化史论丛》，高裕燮，通文馆1966年版，第50页。
⑥ 赵芝薰，"멋의"研究——韩国美意识의构造"를위하여"，《韩国人과文学思想》，1968年，第394页。

格式相融合的形态美。① 即'맛'主要指味觉,而'멋'则指某种特殊的精神取向乃至特质。然而在 19 世纪之前,'멋'还指示意为精神取向乃至特质的'맛'。② 现如今仍保留着它的比喻用法,指超乎感觉的某种倾向性,比如'뒷맛'(余味)、'감칠맛'(美味)等。之所以将'맛'视为精神层面的问题,是根据审美性的判断来认知的。即经历了对视觉或听觉等感官的知觉进行审美判断这一过程来实现的。'맛'让具有其特征的客体,以及感受它的主体之间的距离或区别变得模糊,形成了所谓主客浑然一体的状态。

如上所述,"美"从其字意可推导出象征和装饰的概念,它作为包含味觉上的意义和与善相关的意义的价值标准,也可从感情的理解作用上来理解。原始的美意识指巫术歌舞或感官满足,以具有这种原始美意识的语义为基础,如同当今的美学范畴,它已不单纯地止步于感性,而是发展成蕴含观念性的一种概念。尤其就绘画而言,美通过象征性和装饰性的结合而被具体呈现出来,通过观念性和象形性的相互交融形成了特殊的美感。根据它蕴藏在象征和装饰中的观念性和象形性的内容,从审美表现、审美态度、审美体验、审美观照之中形成了特殊的审美构造契机。

在东方,作为艺术样式的图画,有两种叫法即"绘"和"画"。考察绘和画的语源可知,它们各自指称不同样式的图画。这里没有涉及到"图",是因为"图"具有不能作为纯粹艺术样式来分类的性质。所谓"图",是为了符合特定目的而绘出的图式,它具有说明的要素,能一目了然地形容事物。即"图"是为了说明难解的事物而存在的,具有图面或图表的功能③。分析"绘"和"画"的字意可知,"绘"重视通过五色来实现的装饰性;"画"则更重视轮廓线而非色彩,它蕴含着象形的意味。④ "画"是手拿一根棍子,画出田的界线来加以区分而形成的象形文字,⑤

---

① 李崇宁,《音韻论研究》,民众书馆 1955 年版,第 149—150 页。
② 김종길,"멋이란 무엇인가",《艺术论文集》第 36 辑,大韩民国艺术院 1997 年版,第 31—39 页参考。
③ 徐坰遙,"韩国经学의图说的辨说",《东洋哲学研究》1999 年第 21 辑,第 71 页。
④ 《康熙字典》。
⑤ 段玉裁注编《说文解字注》,上海古籍出版社 1981 年版。

中国人将舜帝之妹嫘视为画的始祖。① "绘"是表示众多丝线汇聚的会意文字,是指丝的集合刺绣或为刺绣而做的画本。② 因为刺绣呈现出各自颜色不同的色面,所以"绘"衍变成了意为"涂上颜色呈现画面"的词语。即"绘"是指以"色彩"为主要造型要素来表现图画的样式的文字。

按照现在的东方绘画样式来分类的话,"绘"相当于"彩色画","画"相当于"水墨画"。另外,从西方的绘画样式来看,"绘"相当于"painting",而"画"则当属"drawing"。我们可从古籍中证实,绘和画是区分开来用的,流传到后世,"画"便常用作为图画的泛称。然而,现在在中国和日本,绘和画的区分在一定程度上仍然存续。在东方,指称图画的词汇"绘"和"画",其字意本身已经各自内含了色彩美和象形美。

绘画艺术依据观念性和象形性,即象征性和装饰性相互交融的审美表现而具有空间感。所谓"审美",作为识别美和丑的概念,包含着探明美的本质的意义。绘画自古以来就能体现独特的精神产物,绘画审美学要通过对这一切精神产物的洞察,来提高其内部的特殊性;以及通过对美学思想系统的深层分析,对传统审美意识的批判性继承,来促进审美意识的发展。因此,绘画审美学的主要意义在于提出一种有价值的研究方向,即把握传统绘画的风格及其气质的特殊性,在实际的绘画创作中,从传统的审美特殊性中推导出具有未来指向性的美的价值。

二 色彩审美的象形性

人们认为花的模样或颜色美丽,是因其形态或色彩刺激了人们的感受能力,从而表现出了感知到象形美和色彩美的审美效果。从感官的层面看象形美和色彩美,其为视觉性美感的产物,根据因感官作用而引发的美感的效率而言,'色彩'比"形态"能更加敏感地刺激人们的感官,从而引发美的反应。色彩所蕴含的感官的感染力不仅是依据色彩的物理特性而产生的生理反应的侧面,而且是依据直·间接性的"审美体验"形成的。依照审美体验而形成的色彩审美的象征性反映了个人或集团的观念特征,

---

① 段玉裁注编《说文解字注》,上海古籍出版社 1981 年版。

② 同上。

这与文化·思想的特殊性是紧密相连的。自古以来，西方就侧重色彩的感官的一面，并将焦点放在光学·心理学的普遍化研究上；与之相反，东方则更侧重色彩观念的象征性具有的特殊性。

纯粹用物理作用来接纳色彩的话，它只不过是表面的感受，在内心处于闭锁状态时，任何印象都不会得到持久保留。纵观色彩观念性的推导过程，根据对色彩的感官审美体验可以形成色彩的象征性，也可以将与物象的感官色彩完全无关的观念性色彩象征化，从而形成色名，这便是其过程具有的个体特殊性。通过立足于光学原理的色彩学研究，西方的色彩研究将色彩普遍化、科学化。这反映在绘画思潮的流传过程中，更注重发展画面内部的色彩的感官现象。与之相比，东方则更重视以色彩的观念性特征为基础而形成的审美意识所反应的色彩的象征性意味。

色彩单凭其纯粹的物理作用，也能让我们感受到满足和喜悦，如同品尝到美食的美食家，从而影响人们的情绪。虽然这是色彩给予人类的最表面最原始的刺激，却引起了众多反应。这种对色彩的表面印象，也会发展成审美体验。对稍富有感受性的人来说，色彩的这种基本效果会浸透地更深，从而引发心绪的动摇。色彩的物理影响力引起心理上的反应，触发灵魂的动摇。心理上的动摇通过联想作用，产生与之相应的反应。另外，色彩的物理效果不仅影响视觉，还影响其它感官。某种颜色通过联想作用还可引发与味觉、听觉、触觉、嗅觉相关的刺激。[①] 这证明了色彩的力量作为物理有机体，可以影响人类的整个肉身。然而，如果将特定的色彩单纯地当做引发感官·生理反应效果的非物质的、观念性的事物来看的话，这一色彩就会触发内在的表象。正是依据这种与文化、思想的特殊性基础相结合的审美意识，来构建色彩的象征性。

分析'色'和'彩'的语义可知，其分别蕴含着观念性和象形性。'色'是由'人'和'巴'组成的合体字，由人们的印象表现在颜色上而得来。据《说文解字》曰"色"："颜气也。颜者两眉之间也。心达于气，气达于眉间是之谓色。"意为人的颜色，因能显露感情和体质，观其

---

① ber das Geistige in der Kunst, W. Kandinsky, （权宁弼译，悦话堂1979年版，第57—62页参考）。

气色，便能把握其心意，根据其心意的取向，也便能显其气色。① 通过察言观色可知，颜色中有和气者，其心中有愉色。② 诸如此类通过颜色而感知的感情，无比微妙且多样。

解析《说文解字》中对"彩"的语源可知，'彩'是由'采'和'彡'组成的合体字，意为'文章'或'光彩'。"采，取也。"，从"彡"，表示与图画、文饰相关。③ 另外，'彩'有文章，文饰，文彩，文色，光彩，风采，风度，彩色等意思，即'彩'可定义为以画代字的装饰美术，可辨别事物，即更加鲜明地使呈现出的自然的理致可视化，进而差别化。④

文献中有关色彩的记录中，最久远的当属《尚书》"益稷篇"中的记载，即"我欲观示君臣上下以古人衣服之法象，其日、月、星辰、山、龙、华虫作会，合五采而画之。其藻、火、粉、米、黼、黻於絺葛而刺绣，以五种之彩明施於五色，制作衣服"。色彩的使用始于人类社会装饰文化的产生，在图腾（totem）文化里，通过色的形象化将动植物的样貌物态化。人类的美感始于石器文化时期单纯地对生活工具进行各种装饰，而在陶器上添加纹样和色彩，想把它们装饰地更加精美，则使这种美感更上一层。其思想背景缘于图腾（totem）思想，根据动物崇拜观念，从具体表现某种形象的阶段进入更抽象的阶段。这种抽象的表象是将人们认知和感受的事物与创造能力相结合而形成的。

与此相同，审美意识的萌芽产生于原始部族的断发文身和图腾崇拜。通过考古学的发掘可考察到，原始部族存在绘身、文身、折痕等多种人体装饰。⑤ 原始社会长期以来普遍盛行巫术仪式和图腾崇拜活动，艺术活动便也与之相随。这连同人类的审美意识及原始艺术的发生，共同作为具有发展性的开端，发挥了很大作用。这里值得注意的是，原始人的审美意识源于装饰性的美感，它连同同样可看作人类最早艺术行为产物的陶器、文身，以及可称作绘画的原始样式的古墓壁画等，都是以色彩为主调的。色

---

① 段玉裁注《说文解字注》，上海古籍出版社1981年版。
② 《礼记·祭义》
③ 段玉裁注编《说文解字注》，上海古籍出版社1981年版。
④ 朴容淑：《韩国美术의起源》，艺耕1990年版，第28页参考。
⑤ 《美学概论》，李戎主编，齐鲁书社1992年版，第3页。

彩是通过视觉传达的人类的共同语言，它在通过视觉语言将人类感知和认识的事物传达给他人的造形艺术里，常作为主体要素来行使作用。

色彩带有各种感情，能引起人们的喜悦和忧伤，可以左右我们的生活感情。色彩具有的象征性衍生出神韵，它通过色彩的装饰性更加具体化，于绘画而言是形成生动的空间的主要因素，从而使审美感受成为可能。另外，就视觉的审美感受而言，没有提及"形状"，而是提到了"色彩"，是因为色彩与形象相比具有更直接、更积极的审美特征。与形象相比较时，色彩本身所具有的物理属性和象征性，对刺激人们的感受能力来说更具感染力。

三　素色和五色的象征性

色彩作用于人类的感情和思考，形成美的感情乃至审美意识，引发审美享受。如上所述，"绘"是以色彩为主调的彩色画样式的名称。因此就"绘"而言，色彩审美价值的发现与否成为决定创作成败的十分重要的构造契机。在"绘"的创作过程中，色彩的象征性和装饰性在"素色"的形质的美感基础上被构建时，更能显现其审美价值。分析"素"的语源，作为由'垂'和'糸'组成的合体字，① 展现了蚕吐出的生丝下垂的样子，具有'原本样貌'的意义。素色具有的形质性是为了区分而存在的，用彩色表现出的象征性和装饰性是以素色为基底才具可能性的。

通过《论语》"八佾篇"中孔子所说的"绘事后素"的意义，可以更明确地考察素的形质性。子夏问孔子曰："巧笑倩兮，美目盼兮，素以为绚兮。何谓也？"子曰："绘事后素"。对于子夏的提问，朱熹的注释为："倩，好口辅也。盼，目黑白分也。素，粉地，画之质也。绚，采色，画之饰也。言人有此倩盼之美质，而又加以华采之饰，如有素地而加采色也。"另外，对于孔子所说的"绘事后素"，朱熹引用了《周礼》"冬官考工记"中的"绘画之事后素功"这一句，并注释为"先以粉地为质，而后施五采，犹人有美质，然后可加文饰"。此外，对于子夏所说的"礼后乎？礼在忠信之后"，朱熹注释为"礼必须以忠信为基础，这就如

---

① 段玉裁注编：《说文解字注》，上海古籍出版社1981年版。

同绘画必须首先做粉素一样"。

以上内容可以从伦理的角度解析礼是以忠信为基础而形成的,但从色彩观的层面来分析,则可理解成讲述"素色"和"彩色"的关系的内容。这里"绘"是指称彩色画样式的图画,"素"、"素地""粉地""粉素"意为上彩色之前涂抹胡粉或石灰粉做成的素底色。《孔子家语》中孔子看到画在明堂墙上的壁画说了"明镜察形"① 这句话,从中可知,当时流行隶属彩色画样式的壁画,壁画是先涂上石灰做成白底之后再上色,或在纸上涂上胡粉做成白粉底之后再涂彩色。

另外,"绘事后素"可以理解为关于文和质的内容。素即质,绘即文,以素为底,来表现文。"质胜文则野;文胜质则史。文质彬彬;然后君子。"② 彩色的底色即素色,有关素色的意义在《礼记》"礼器篇"中也有所提及。在关于"甘受和,白受采"的注释中,"'甘'能和众味,'白'容易染上色彩。此'绘事后素'之说也"。③ 因绘画完成后,虽不能从表面直接看到素色,但在彩色的上色过程中,只有素色处理得恰到好处,五彩才能稳固,也才有可能呈现出高质量的色彩。

色彩的根源性美感始于素色的形质性,"彩色"将实物与实物区分开来,用以区别的各自的色彩又相互促进融合,达到和谐统一,使物色更能得以充分体现。因彩色以素色为底色,故画家想要呈现的固有色调的美感才更具辨识度。彩色用于表现自然的物色,它以事物的类型和形质为基础,并在此基础上更进一步,需表现创造性的色感方可。

就"绘"的上色过程而言,因五色以素色的形质性为基础,故显色更清晰,能体现更生动的色感。"绘"的创作过程中,在墙或韩纸等基础材质上不涂素色直接涂彩色的话,基础材质中的色料粒子就会被吸收,从而导致低劣的显色效果。用素色(石灰粉或胡粉)涂底色的话,不仅能堵住绘壁或纸内部的气孔层,而且因其以高明度的素色打底,故上面彩色层的明度和彩度更高清,显色效果也更好。五色的感官性色彩以素色的形质性为基础,与五色所具有的观念上的象征性相融合,从而体现其高色

---

① 《孔子家语》卷3,"观周第11"。
② 《论语》,"雍也篇"。
③ 《礼记》,"礼器篇"。

价。通过协调运用素色和五色的象征性及装饰性,来提高"绘"的美的价值,其意义正在于此。"绘"通过色彩所具有的外视觉的物理现状和内视觉的观念表象相互交融,呈现出空间性。空间性进而形成多种美感,譬如形成造形美,赋予生动感等等。尤其是东方的传统绘画,以这种"素色"形质上的特殊性为基础,将"五色"的观念性特征和现象性特征相融合,显示出高度的审美象征性和象形性,这一点也是其特征。

在东方,对于不以功利或善为目的的、具有独立性概念的美的认识,始于从"五色"中感受到的美。《左传》昭公元年记载的医和的话,以及昭公25年记载的子产的话,把"五色"与五味、五声连结,作了如下分析。

> 天有六气,降生五味,发为五色,徵为五声。淫生六疾。①
>
> 天地之经,而民实则之。则天之明,因地之性,生其六气,用其五行。气为五味,发为五色,章为五声,淫则昏乱,民失其性。是故为礼以奉之,为六畜,五牲,三牺,以奉五味,为九文,六采,五章,以奉五色,为九歌,八风,七音,六律,以奉五声。(天地的规范,百姓就加以效法,效法上天的英明,依据大地的本性,产生了上天的六气,使用大地的五行。气是五种味道,表现为五种颜色,显示为五种声音,过之则昏乱,百姓就失掉本性。因此制作了礼用来使它有所遵循:制定了六畜、五牲、三牺,以使五味有所遵循。制定九文、六采、五章,以使五色有所遵循。制定九歌、八风、七音、六律,以使五声有所遵循。)②

此处所言的"淫生六疾","淫则昏乱"是指认识到了五色能给人以感官的享受。另外,《国语》"周语·下"篇中,单穆公曰:"夫乐不过以听耳,而美不过以观目。"《国语》"楚语·上"篇中,伍举曰:"土木之崇高、雕镂为美。"这里明确指出色彩能引发人们的审美享受。

在其他东方古代文献记录中,将"美"和"善"当做同义并用的记

---

① 《左传》,昭公元年。
② 《左传》,昭公二十五年。

录较为多见，而上述的记录不提及善，只以色来澄清美，这一点在东方古代美学思想的发展史上具有重要意义。尤其需要注意的是，与实用的公利或道德上的善毫无关联的最早的审美感受，是与由"五色"引发的感官上的快密不可分的。孔子之前的古代审美意识中将色看做美的对象，其渊源可从原始的巫术图腾中找寻到。因此，正如前面所分析的，《左传》和《国语》里所记载的，"五色"从巫术的意义中分化出来，开始获得其独立的意义。另外从中还可得知，与道德的善区分开来的美的观念也初步形成。① 而且以子产和医和的阴阳五行说为基础，在指出"五色"的美的方面，也包含了主要的审美性问题。首先，子产和医和都主张所有的味、色、声的美都能给人以感官的享受，然而过犹不及，太过的话则会生疾或陷于昏乱。这就提出了在感受"味""色""声"之美的同时，如何达到"和"的诸如此类问题的重要性。

在东方，除了直观感受到色彩的审美特征外，还可通过阴阳五行思想来规定色彩的审美特殊性。《国语》"周语·下"篇中，单襄公所谓："天有六气，地有五行。"六气谓阴、阳、风、雨、晦、明也。五行即金、木、水、火、土也。六气中最主要仍是"阴"和"阳"二气。它们是相对的两种力量，可理解为生成万物的根源，以及决定宇宙的变化运动的根源。阴阳统摄达成和谐统一时，宇宙万物便正常且稳定地运转。

在东方，色彩概念被理解为时间、空间没有分离的有机体。将青、赤、黄、白、黑五色称为"五方正色"，来表现东、西、南、北、中五个方位。

> 五方正色中，青为東方正色，属木，赤为南方正色，属火，黄为中央正色，属土，白为西方正色，属金，黑为北方正色，属水。五方间色为绿、红、碧、紫、硫黄，绿为青黄色，为東方間色，红为赤白色，为南方间色，碧为青白或淡青色，为西方间色，紫为赤黑色，为北方间色，硫黄为黄黑色，为中央间色。②

---

① 李泽厚，刘纲纪：《中国美学史》，安徽文艺出版社1999年版，"先秦两汉编"。
② 《理薮新编》，"皇极经世记"卷13。

将五色与呈现在颜色中的气色和河图洛书的星宿联系起来考察可知，喜为火之内里，其色为赤，其数为七；怒情为木之内里，其色为青，其数为八；非情为金之内里，气色为白，其数为九；恐情为水之内里，气色为黑，其数为六。① 将五色与品德之五常相对应，在祭礼中按红东白西分配祭需等，从中可知五色的色彩观适用于东方人的全部文化生活。

五色（五正色，五彩）根据宇宙万物的生成和变化，即易经原理之阴阳五行思想，将色彩概念化。五正色为阳，五间色为阴。另外，按照五行的相生相克原理，发现了五正色与五间色的配色及调和规则。② 根据阴阳五行原理，具有相克关系的配色有青和黄，赤和白，黄和黑，白和青，黑和赤；有相生关系的配色有青和赤，赤和黄，黄和白，白和黑，黑和青。《礼记·礼运篇》中根据五行原理，就五正色和五间色的协调运用作了如下阐述。

五味六和与十二食循环互为基调，酸、苦、辣、咸加上甜和滑，为五味六和，十二食作为一年12月的饮食，它们也循环互为基调，春三月以酸为基础，夏三月以苦味为基础，六和则为相互协调使用。五色六章与十二衣互为基调，五色为青赤黄白黑，与天玄合起来则为六章，十二个月的服装也按照月份，春着青衣，夏穿朱色。还相为质，在绘画上，则以当时的一种色调为主，然后混搭其他颜色。因此，人的生活以天地为中心，以五行为原则，食五味，辨五音，穿五色。天地之心为理，五行之端为气。食五味，辨五音，穿五色，一切按照五行协调运行，则有性情。

对此，长乐陈氏注释为："五声为气之所在，因此，也是五味的根源，五色指的是形所崇尚的基础。"根据阴阳五行说产生的设色原理，不仅适用于丹青或壁画创作的绘画，也同样适用于五礼（吉礼，凶礼，军礼，宾礼，嘉礼等仪式），旗帜、服装、食物的颜色都包含在内。恶魔或病毒相当于阴，需用用阳的五正色来驱逐或预防。特别是万物繁盛的南方之色——赤色，以及太阳初升的东方之色——青色用的最多，在凶礼中主要使用白色和黑色。设色正是凸显了这种现世福乐、寿富辟邪的巫术的色彩观念。祭祀地神的社，以及祭祀五方五色神的郊仪式等，也是按照五方色

---

① 《易学原论》，河龙得《韩国·传统色·色彩心理》，明志出版社1986年版。
② 《周礼》，"冬官考工记"。

的对比与协调来设彩①，按照星宿的颜色来判断吉凶祸福②，甚至用五色来表示家族关系③，乃至支配符籍、四柱单子以及衣食等人的精神世界和生活方式，五色的使用范围十分广泛，而且深刻影响到人们的思维方式。这种观念性的色彩与感性的色彩相互影响交融，呈现一种共存的景象④。

根据五行原理，在天地万物生成、构成并和谐发展的阴阳五行思想体系中，"五色"产生于天之"六气"。这是从自然界的运行法则及变化规律中探寻美的根源。⑤"五色"根据金、木、水、火、土这五行，与五音、五味、五数、五常、五情、五方等相连接，进而归结为与宇宙万物相结合的象征性概念。不仅如此，就五色即赤、黄、白、青、黑自身的纯粹的物理属性而言，它们以能引发强烈的美感而引人注目。

色彩在日常生活中不仅仅是单纯通过眼睛这一感觉器官传达外视觉的事物，而且还经由思考来体现内心的思维，其范畴极为广泛。因心象的色彩能反映人们的情感和意识，故与文化的特殊性密切相连。色彩的联系通过与传统相结合，具有了特定的象征性。纵观古今中外，它有相通之处，而根据时间或空间的状态，它的表现又可完全相左。色彩可从与人类相关的所有存在体中感知到，从色彩中反映出的美感，不仅能从色的物理三属性即色相、明度、彩度⑥来感知，而且还能根据体验而形成的记忆体系中产生的联想色感来构成。联想的色感因其共存于相同文化圈，且因个人特殊的感性或观念性的经验而形成，故而带有多义及主观倾向。

蕴含在东方色彩的象征性中的审美意识，其发展是基于东方具有特殊指向性的思维构造。东方的色彩观念性特征可与时空相结合来说明。即在东方，所谓色彩，与对感官上的美丑的判断无关，呈现出各自固有的方向和季节。宇宙自身由根据五行区分的时间和空间构成，时间和空间由固有的五色形成。时间和空间根据各自的色彩达成和谐统一，而五色以相对的

---

① 《史记》夏本纪"郑康成注"卷60，通典卷45，独断上韩氏外传等参考。
② 《史记》卷27"天文"。
③ 《参同契》上下，《图书集成》"干象篇"卷22。
④ 元美浪，"청색을통해본中国概念色의문제"，《空间》，1975。参考。
⑤ 《尚书》，"洪范篇"。
⑥ 色的三属性是性质和特性都不同的色彩的区别要素。色相区别有彩色的色调，明度是指明暗的程度，彩度是指清浊的程度。

关系存在,由此更进一步,色彩不断与宇宙内可规定的、具有可能性的所有概念或事物相结合,从而以色名来指称物理和精神上的宇宙本身。[①] 我们通过色彩感受到润气,寒暖,强弱,轻重,进退等,从而感受由色彩的对比和配色的和谐统一引发的多种美感。这种外视觉的色彩与内视觉层面的象征性色彩相互交融、相互牵制,构建了色彩审美的特殊性。

绘画将生命中的韵律空间化和视觉化。作为可视的形象美,它启示了象征美的指向。因此,为了探求对绘画的真正理解,需要将形式和内容直接联系起来,对形成其内部构造契机的审美意识进行考察是很必要的。另外,在对传统绘画的理解和体会中需要注意的是,毫无创意,只靠追求形式上的特殊性来谋求传统的继承是不可取的。绘画创作中,要明智地看待审美意识中形成动态推动力的精神要素,要通过画家的能动创新能力将它消化吸收,从而谋求超越性的改变。绘画中呈现的审美特殊性反映了文化意识和思想。在历史发展过程中,传统绘画必须过滤民族和时代的特殊性,通过高度的审美感受,使其得以继承和发展成自己独有的样式。通过默守陈规将传统偶像化,或仅因袭只言片语,传统将失去生气。对此要采取更具创新性的方式来探索传统。另外,对盲目地将传统按照世界化的类型来划分整合,或用只侧重某一特定方面的视角去理解继承传统的做法也应予以警戒。传统绝不是与世界化的新潮流背道而驰的概念,而是要将传统与世界化并行,并将它们结合起来讨论。如若将传统看做在悠久历史流转中与外来文化交流而形成的、具有独自特殊性的民族文化,这样也是不可取的。东方绘画正在面临的是对传统做有价值的考察,以及对发展性的继承方案做具体研究。从求新的意义来讲,要求从传统中考察其内在即审美意识,并通过这种考察来发掘具有现代性的变化。

东方传统绘画除了前面所分析的审美意识方面之外,在传统材料和技法方面也具有特殊性,这种特殊性成为发现审美价值的重要构造契机。通过对传统绘画表现出的特殊的审美画风,以及成为其基础的审美意识的深层研究,谋求并探明批判性继承和创意性发展的方案,是现如今东方绘画为确立其文化正统性的必经之路。

[①] 元美浪,"청색을통해본中国概念色의문제",《空间》1975 年,第 91 页。

重订曲阜孔庙元代加封孔子碑两通

杨海文（中山大学学报编辑部编审，
中国孟子研究院尼山学者）

曲阜孔庙有两通元碑，一通刻加封孔子为"大成至圣文宣王"的诏书，另一通刻加封孔子的圣旨以及致祭孔子、颜子、孟子的祝文三首。鉴于目前学术界的释文存在一定不足，有必要重新释读这两通碑文；并藉此重订，进一步了解元代尊孔在中国历史上的地位及其重要意义。

据《元史》卷22《武宗本纪一》记载，大德十一年（1307年）秋七月辛巳，加封至圣文宣王为大成至圣文宣王[①]。"大成"二字典出《孟子·万章下》第1章："孔子之谓集大成。集大成也者，金声而玉振之也。"[②] 阎复（1236—1312）时任翰林学士承旨等职，其《静轩集》卷4《加号大成诏书碑阴记》有云："噫！自木铎声沈千八百年，有国家者追崇圣号非一。至唐宗始进爵为文宣王，宋真宗加'至圣'二字。是皆议出一时，虽□徽美之称，孰若我朝取孟子之言为准，以圣誉圣之深切著明也！"[③]

元代以前，有两位皇帝加封孔子最为给力：一是唐玄宗李隆基（685—762，在位时间为712—756）封孔子为文宣王。据《旧唐书·玄宗本纪下》记载，开元二十七年（739年）八月甲申，"制追赠孔宣父为文宣王，颜回为兖国公，余十哲皆为侯，夹坐"[④]。这里有意味者，南朝的

---

① 参见［明］宋濂等《元史》第2册，中华书局1976年版，第484页。
② 杨伯峻：《孟子译注》，中华书局2010年第3版，第215页。
③ ［元］阎复：《静轩集》，《元人文集珍本丛刊》第2册，新文丰出版公司1985年版，第551页下栏。
④ 参见［后晋］刘昫等《旧唐书》第1册，中华书局1975年版，第211页。

萧子良（460—494）早被封为文宣王。《南齐书·武十七王列传》有竟陵文宣王萧子良本传①，《弘明集》卷 11 存其《文宣王书与中丞孔稚珪释疑惑（并笺答也）》一文②。

二是宋真宗赵恒（968—1022，在位时间为 997—1022）先封孔子为玄圣文宣王，继而改封为至圣文宣王。据《宋史·礼志·吉礼八》"文宣王庙"条，大中祥符元年（1008），"诏追谥曰玄圣文宣王，祝文进署，祭以太牢，修饰祠宇，给便近十户奉茔庙"③；据《宋史·真宗本纪三》，大中祥符五年（1012 年）十二月壬申，"改谥玄圣文宣王曰至圣文宣王"④。这里可注意者，北宋已以"大成"命名辟雍的文宣王殿。据《宋史》"文宣王庙"条，崇宁（1102—1106）初，"诏辟雍文宣王殿以'大成'为名"⑤；政和三年（1113 年），"颁辟雍大成殿名于诸路州学"⑥。

具体到曲阜孔庙，有两通碑刻与元武宗孛儿只斤·海山（1281—1311，在位时间为 1307—1311）这一加封圣旨密切相关：一是题署时间为大德十一年的《加封孔子诏碑》，现位于孔庙十三碑亭东起第四亭内中偏东；二是题署时间可视为至大元年（1308 年）的《加封孔子圣旨及致祭先师颜孟祝文碑》，现位于孔庙十三碑亭南面西起第三亭内东排南石。前者曾由曲阜孔庙、京师国子监并遍布全国勒石褒章，但曲阜孔庙碑与全国各地碑的汉译部分存有细微的文字差异；后者曾由蔡美彪（1928—）、骆承烈（1935—）先后过录，但两个誊本的文字差异极大。本文拟以原碑拓片或照片为依据，重订曲阜孔庙这两通尊崇孔子的元碑。

第一通《加封孔子诏碑》

今人编纂的《全元文》卷 692《元成宗二》，从《蔚州志》卷 9 录出

---

① 参见［南朝梁］萧子显《南齐书》（精装本）第 2 册，中华书局 1972 年版，第 692—701 页。
② 参见［南朝梁］僧祐《弘明集》，［唐］道宣：《广弘明集》，上海古籍出版社 1991 年版，第 73 页上栏—74 页上栏。
③ 参见［元］脱脱等《宋史》第 8 册，中华书局 1977 年版，第 2548 页。
④ 参见［元］脱脱等《宋史》第 1 册，第 152 页。
⑤ 参见［元］脱脱等《宋史》第 8 册，第 2550 页。
⑥ 同上书，第 2551 页。

《加封孔子诏碑（大德十一年七月）》。全文如下：

> 上天眷命，皇帝圣旨：盖闻先孔子而圣者，非孔子无以明；后孔子而圣者，非孔子无以法。所谓祖述尧舜，宪章文武，仪范百王，师表万世者也。朕纂承丕绪，敬仰休风，循治古之良规，举追封之盛典，加号大成至圣文宣王。遣使阙里，祀以太牢。於戏，父子之亲，君臣之义，永维圣教之尊；天地之大，日月之明，奚罄名言之妙。尚资神化，祚我皇元。主者施行。①

《全元文》把《加封孔子诏碑》的作者定为元成宗孛儿只斤铁穆耳（1265—1307，在位时间为1294—1307），此乃明显的误断。盖因大德十一年春正月癸酉，成宗"崩于玉德殿，在位十有三年，寿四十有二"（《元史·成宗本纪四》）②；同年五月甲申，武宗即位于上都（《元史·武宗本纪一》）③。另，经复核，《全元文》所录文字，与《[光绪]蔚州志》卷9《元加封孔子诏碑（有阴）》一致④。

据邢鹏考释，北京国子监孔庙此碑的文字为：

> 上天眷命
> 皇帝圣旨盖闻先孔子而圣者非孔子无以明后孔
> 子而圣者非孔子无以法所谓祖述尧舜宪章
> 文武仪范百王师表万世者也朕纂承丕绪敬
> 仰休风循治古之良规举追封之盛典加号
> 大成至圣文宣王遣使阙里祀以太牢于⑤戏父子
> 之亲君臣之义永惟圣教之尊天地之大日月
> 之明奚罄名言之妙尚资神化祚我

---

① 李修生主编：《全元文》第22册，凤凰出版社2004年版，第253—254页。
② 参见[明]宋濂等《元史》第2册，第472页。
③ 同上书，第478页。
④ 参见[清]杨笃《[光绪]蔚州志》，国家图书馆善本金石组编：《辽金元石刻文献全编》第3册，北京图书馆出版社2003年版，第935页上栏。
⑤ "于"当作"於"，盖因"於戏"不能简化为"于戏"。

皇元主者施行

大德十一年七月十九日

奉训大夫国子司业臣潘迪书亚中大夫国子司业臣谢端篆臣茅绍之刻①

比对上面两种碑文，有差异者乃"永□圣教之尊"一句，蔚州文庙碑作"维"，国子监孔庙碑作"惟"。中国国家图书馆网站曾公布《加封孔子诏碑》的拓片臧品五幅，其中有河北蔚县文庙碑，索书号为"各地1393"。今蔚县即古蔚州②。经比对，蔚县文庙碑拓片作"惟"，并不作"维"。以"惟"为"维"，实乃《［光绪］蔚州志》及《全元文》的误写。

骆承烈汇编的《石头上的儒家文献——曲阜碑文录》收有《大德十一年加封制诏碑》，全文为：

> 上天眷命，皇帝圣旨：盖闻先孔子而圣者，非孔子无以明。后孔子而圣者，非孔子无以法。所谓祖述尧舜，宪章文武，仪范百王，师表万世者也。朕缵承丕绪，敬仰休风。循治古之良规，举追封之盛典，加号大成至圣文宣王。遣使阙里，祀以太牢。呜呼，父子之亲，君臣之义，永惟圣教之尊。天地之大，日月之明，奚罄名言之妙。尚资神化，祚我皇元。主者施行。
>
> 大德十一年九月　日③

"篆"作"缵"，"於戏"作"呜呼"，此乃曲阜孔庙碑与前述蔚州文庙碑、国子监孔庙碑的两处差异。国图公布的《加封孔子诏碑》拓片臧品，亦有曲阜孔庙碑，索书号为"顾专1046"。经比对，骆录与拓片一致。

---

① 参见邢鹏《北京国子监孔庙元代〈加号诏书〉碑考》，《中国文物报》2006年11月15日，第5版。
② "蔚县""蔚州"之"蔚"（音Tù）。
③ 骆承烈汇编：《石头上的儒家文献——曲阜碑文录》上册，齐鲁书社2001年版，第250页。

以上列举的三碑，其题署时间并不一样：国子监孔庙碑署"大德十一年七月十九日"，蔚州文庙碑署"大德十一年七月"，曲阜孔庙碑署"大德十一年九月"。其实，议定圣号，时在七月；颁发诏书，时在九月。因而，曲阜孔庙碑的题署时间合乎历史事实，国子监孔庙碑及蔚州文庙碑把它提前了两个月。另外，读各种金石志和访碑录，我们当知其云"……年立"者均指题署时间，而实际的立碑时间通常不等于、而且晚于碑上的题署时间。比如，国子监孔庙碑实际立于至元二年（1336年）十月①，安徽当涂文庙碑实际立于至正二年（1342年）六月②。这是因为：据云南大理发现的加封孔子圣旨及立碑文告，至大二年（1309年）五月十九日，钦定全国立石；颁发此一圣旨，则在九月以后③。

除了题署时间不同，曲阜孔庙碑与全国各地碑的碑文差异也值得探究。七月份议定圣号后，加封圣旨由阎复九月份草拟。《元文类》卷11《制》录其《加封孔子制（大德十一年九月）》：

> 盖闻先孔子而圣者，非孔子无以明；后孔子而圣者，非孔子无以法。所谓祖述尧舜，宪章文武，仪范百王，师表万世者也。朕纂承丕绪，敬仰休风，循治古之良规，举追封之盛典，加号"大成至圣文宣王"。遣使阙里，祀以太牢。於戏！父子之亲，君臣之义，永惟圣教之尊；天地之大，日月之明，奚罄明言之教。尚资神化，祚我皇元。④

阎复作于至大三年（1310）的《加号大成诏书碑阴记》亦云：

> 大德丁未秋，近臣传旨，议加至圣文宣王封号。臣复承乏翰林，

---

① 参见邢鹏《北京国子监孔庙元代〈加号诏书〉碑考》，《中国文物报》2006年11月15日，第5版。
② 参见李森、傅冬华《青州文宣王碑额探考》，《中国文物报》2009年2月18日，第6版。
③ 参见杨益清《大理发现元初同刻一石的加封孔子圣旨及立碑文告》，《文物》1987年第11期，第96页。
④ ［元］苏天爵编：《元文类》，《景印文渊阁四库全书》第1367册，台湾商务印书馆1986年版，第134页下栏。

获预其议。窃谓自古称夫子者多矣，而莫如孟子。孟子曰："自有生民以来，未有孔子也。"又曰："伯夷，圣之清者也；伊尹，圣之任者也；柳下惠，圣之和者也；孔子，圣之时者也。孔子之谓集大成。集大成也者，金声而玉振之也。"盖言孔子集三圣之事，为一大成之事；犹作乐者，集众音之小成，而为一大成也。宜加号。奏可。玺书锡命。臣复职，当具草，既已颁示天下矣。①

《加封孔子诏碑》先由阎复草拟，再经群臣润色，继而下达曲阜，其后颁示天下。既然是圣旨，曲阜孔庙碑与全国各地碑不当存在文字差异。《元文类》所收阎复的草稿，无"上天眷命，皇帝圣旨""主者施行"等语，乃至"夐罄名言之妙"被四库抄手誊成"夐罄明言之教"，均为情理中事。但是，它并未把"纂"写作"纘"，"於戏"写作"呜呼"。由此或可猜测，曲阜孔庙碑的"纘""呜呼"极有可能是刻工之误。其中，"於戏"不能简化为"于戏"，也不读 yúxì，而是同"呜呼"，读 wūhū②。所以，把"於戏"刻成"呜呼"，并不算是太离谱。

全祖望（1705—1755）的《元大德孔庙碑跋》有云：

> 大德中，加封先圣，祀以太牢，碑文用蒙古书，而旁注真字。予所收蒙古碑凡三纸，其一纯用国书，不可晓，欲令人译之，而未及也；其一虽冠以真书，而亦颇难通；唯此碑为最，又出于孔林，足以入储藏之录。③

清代学者毕沅（1730—1797）、阮元（1764—1849）的《山左金石志》卷22《曲阜县孔庙加封制诰碑》描述：

> 大德十一年立。并额，俱国书。译文，正书。碑高八尺三寸，广

---

① ［元］阎复：《静轩集》，前揭书，第551页下栏。
② 参见《辞海（修订稿）·语词分册》下册，上海人民出版社1977年版，第1638页左栏。
③ 《鲒埼亭集内编》卷38《题跋三》，［清］全祖望撰、朱铸禹汇校集注：《全祖望集汇校集注》上册，上海古籍出版社2000年版，第742页。

二尺七寸。在曲阜县孔庙。

　　右碑额，蒙古书，三行。其上刻译文，正书。"大成至圣文宣王诏书"，三行，字径七分。文八行，左读，旁以正书释之。末行年月，上有钤印，方径五寸。①

　　由《山左金石志》所述的形制，可知国图拓片以及骆录均阙碑额部分，骆录还阙蒙古文部分。承蒙曲阜师范大学青年学者宋立林惠赐照片，笔者得以获知碑额"大成至圣文宣王诏书"字样的分行情形。下面，我们也不誊录蒙古文（因受学力所限），而以"额三行"（A）、"文八行"（B）的格式，并加标点符号，对曲阜孔庙的《加封孔子诏碑》予以重订：

　　大成至（A1）
　　圣文宣（A2）
　　王诏书（A3）
　　上天眷命，（B1）
　　皇帝圣旨：盖闻先孔子而圣者，非孔子无以明；后孔子而圣者，非（B2）
　　孔子无以法。所谓祖述尧舜，宪章文武，仪范百王，师表万世者也。（B3）
　　朕缵承丕绪，敬仰休风，循治古之良规，举追封之盛典，加号（B4）
　　"大成至圣文宣王"。遣使阙里，祀以太牢。呜呼！父子之亲，君臣之义，（B5）
　　永惟圣教之尊；天地之大，日月之明，奚罄名言之妙。尚资神化，祚我（B6）
　　皇元。主者施行。（B7）
　　大德十一年九月　日（B8）

---

①　[清]毕沅、阮元：《山左金石志》，国家图书馆善本金石组编：《辽金元石刻文献全编》第1册，第700页上栏。

有元一代,《加封孔子诏碑》由阙里孔庙而遍及天下学宫,流布广,影响大。择其要者有二:

第一,封号之高,空前绝后。《明史·礼志四·吉礼四》"至圣先师孔子庙祀"条有言:"汉晋及隋或称先师,或称先圣、宣尼、宣父。唐谥文宣王,宋加至圣号,元复加号大成。"① 元武宗加封孔子为"大成至圣文宣王",名号之高,由汉及宋,历代帝王无出其右者②。另外,由元及明,这一名号维系了223年。《明史》"至圣先师孔子庙祀"条记载,洪武三年(1370年),"诏革诸神封号,惟孔子封爵仍旧"③;《明史·世宗本纪一》记载,嘉靖九年(1530年),"冬十一月辛丑,更正孔庙祀典,定孔子谥号曰至圣先师孔子"④。《明史》"至圣先师孔子庙祀"条对此次改号的记录表明,由"大成至圣文宣王"到"至圣先师孔子",实乃孔子地位的下降⑤。清代,孔子亦为"先师"而不是"王",名号之高比不上元代。据《清史稿·礼志三·吉礼三》"至圣先师孔子"条,顺治二年(1645年),"定称大成至圣文宣先师孔子"⑥;十四年(1657年),又改为"至圣先师"⑦。

第二,赞誉之极,无与伦比。《加封孔子诏碑》所言"先孔子而圣

---

① [清]张廷玉等:《明史》第5册,中华书局1974年版,第1296页。
② 西夏仁宗人庆三年(1146),尊孔子为文宣帝。这里暂录三则史料。其一,虞集《西夏相斡公画像赞》:"夏人尝尊孔子为至圣文宣帝,是以画公象列诸从祀。"([元]苏天爵编:《元文类》卷18《颂》,《景印文渊阁四库全书》第1367册,台湾商务印书馆1986年版,第223—224页)其二,《宋史》卷486《列传第二百四十五·外国二·夏国下》:"十六年,尊孔子为文宣帝。"([元]脱脱等撰:《宋史》第40册,中华书局1977年版,第14025页)此"十六年"者,乃南宋绍兴十六年(1146)。其三,《西夏书事》卷36《起宋高宗绍兴十五年尽三十二年》"绍兴十六年(金皇统六年)、夏人庆三年"条:"三月,尊孔子为文宣帝。""令州郡悉立庙祀,殿庭宏敞,并如帝制。"([清]吴广成:《西夏书事》,《续修四库全书》第334册,上海古籍出版社2002年版,第582页;又见[清]吴广成撰,龚世俊、胡玉冰、陈广恩、许怀然校证:《西夏书事校证》,甘肃文化出版社1995年版,第416、417页)或谓"文宣帝"乃历代帝王赐予孔子的最高封号,然《二十五史》仅《宋史》有此一条记载,且以"外国"目之,亦即不为正统认可。
③ 参见[清]张廷玉等《明史》第5册,第1296页。
④ 参见[清]张廷玉等《明史》第2册,第223页。
⑤ 参见[清]张廷玉等《明史》第5册,第1298—1300页。
⑥ 参见赵尔巽等《清史稿》第10册,中华书局1977年版,第2533页。
⑦ 同上书,第2534页。

者,非孔子无以明;后孔子而圣者,非孔子无以法",与最早被北宋唐庚(1070—1120)《唐子西文录》记录的"天不生仲尼,万古如长夜"①,并称为极尽能事以尊崇孔子的两大名言。达三(生卒年不详)道光二年(1822年)序江藩(1761—1830)的《国朝宋学渊源记》有云:"尝观元代之尊孔子曰:'先孔子而圣者,非孔子无以明;后孔子而圣者,非孔子无以法。'至哉言乎!不唯有明讲学者所弗能及,即宋儒极力推崇,连篇累牍,亦未有若是之精确者也。"②

第二通《加封孔子圣旨及致祭先师颜孟祝文碑》

全国各地的"加封孔子诏碑"称名不一,第二通曲阜孔庙元碑亦如此。清代学者孙星衍(1753—1818)、邢澍(1759—?)编的《寰宇访碑录》卷11《元》,题其名为《加封孔子圣旨及致祭先师颜孟祝文》③。本文从之,并于末尾加"碑"字。

《民国续修曲阜县志》卷8《艺文志·金石二·碑志》录有两通元碑的碑文,一为《加封孔子圣旨及致祭先师颜孟祝文》,二为《祭孔庙碑阴致祭记》④。从内容看,笔者起先以为前者刻于碑阳,后者刻于碑阴。事实上,它们并非刻于同一石。盖因前者实为骆承烈所录的《至大元年懿旨释奠祝文碑》,"位于孔庙十三碑亭院西起第4亭内,西面南石,面东",碑阴有《至大元年皇妹大长公主祭孔庙碑》⑤;后者才是本文所说的第二通曲阜孔庙元碑。又,《民国续修曲阜县志》卷8先刻印前两通碑

---

① [北宋]唐庚撰、[南宋]强行父辑:《唐子西文录》,《续修四库全书》第1713册,上海古籍出版社2002年版,第405页下栏—406页上栏。按原文为:"蜀道馆舍壁间题一联云:'天不生仲尼,万古如长夜。'不知何人诗也。"
② [清]江藩著、钟哲整理:《国朝汉学师承记(附〈国朝经师经义目录〉〈国朝宋学渊源记〉)》,中华书局1983年版,第150页。
③ 参见[清]孙星衍、邢澍编《寰宇访碑录》,《续修四库全书》第904册,上海古籍出版社2002年版,第575页下栏。
④ 参见孙永汉修、李经野、孔昭曾纂《民国续修曲阜县志》,《中国地方志集成·山东府县志辑》第74册,凤凰出版社、上海书店、巴蜀书社2004年版,第225页。
⑤ 参见骆承烈汇编《石头上的儒家文献——曲阜碑文录》上册,第255页。

文，接着刻印《皇妹大长公主鲁王祭孔庙碑》（亦即骆录的碑阴部分）[①]。经比对，这三通碑实乃乱点鸳鸯谱，既有碑文相互错置者，又有题名相互错置者，此或为济南同志印刷所的误植。可分两步予以正确匹配：第一步，前两通的碑文互换，形成新第一通、新第二通；第二步，新第二通与原第三通的题名互换。如此，方能各归其位。

对于孔子的名号及其赞誉，《加封孔子诏碑》可谓"永惟圣教之尊"，又"奚罄名言之妙"。这些均为仅仅刻石于阙里的《加封孔子圣旨及致祭先师颜孟祝文碑》不能望其项背，但是，该碑有其重要价值者三：

一曰文献学价值。大德十一年五月二十八日、六月初八日、七月十九日，元武宗先后三次下旨，命群臣商议加封孔子圣号之事。该碑这一叙述，加上阎复同年九月草拟圣旨，构成为创制《加封孔子诏碑》的全过程，足以弥补《元史·武宗本纪一》之简略，并匡正《元史·祭祀志五》"宣圣"条之讹误："至大元年秋七月，诏加号先圣曰大成至圣文宣王。"[②]

二曰思想史价值。据《元史·祭祀志五》"宣圣"条记载，延祐三年（1316）秋七月，"诏春秋释奠于先圣，以颜子、曾子、子思、孟子配享"[③]；至顺元年（1330），封"颜子，兖国复圣公；曾子，郕国宗圣公；子思，沂国述圣公；孟子，邹国亚圣公"[④]。此碑有祭祀孔子、颜子、孟子的祝文三首，揭示了颜、曾、思、孟配享及封圣之前，元代朝野以"孔颜乐处"及"孔孟一体"为价值取向，颜、孟的地位高于曾、思。

三曰语言学价值。元人常把蒙古文案牍直译成汉语白话文，以广传播。其刻之于碑，则为白话碑。现存的元代白话碑数量较少，因其价值独特，素为海内外学术界重视。其论述之作，有冯承钧（1887—1946）编《元代白话碑》（商务印书馆1931年5月初版），以及祖生利的博士学位论文《元代白话碑文研究》（中国社会科学院研究生院2000年5月）；其辑录之编，有蔡美彪的《元代白话碑集录》（科学出版社1955年2月第1版）。《加封孔子圣旨及致祭先师颜孟祝文碑》的主体部分即是白话文，

---

① 参见孙永汉修，李经野、孔昭曾纂《民国续修曲阜县志》，前揭书，第255页下栏—226页上栏。
② ［明］宋濂等：《元史》第6册，第1892页。
③ 参见同上书，第1892页。
④ 同上书，第1893页。

可资语言学者深入研究。

为了让读者更好地理解下文即将讨论的《加封孔子圣旨及致祭先师颜孟祝文碑》，我们这里把1983年9月于云南大理发现的另一通"加封圣诏"白话碑亦过录如下。

> 皇帝圣旨里，云南诸路行尚书省准（一行）
> 尚书省咨该："至大二年五月十九日，太保三宝（二行）
> 奴丞相奏：在先孔夫子汉儿帝王虽是封赠了，（三行）
> 不曾起立碑石来。如今各处行与文字封赠了，（四行）
> 于赠学地土子粒钱内教立碑石呵，今后学本（五行）
> 事的人，肯用心也者。奏呵，奉（六行）
> 圣旨：'是有。那般者。'钦此。照得先据御史台呈，亦为此事，已（七行）
> 经遍行去讫，都省咨请照验，钦依施行。"准此，省（八行）
> 府合下仰照钦依施行。经议札付者。（九行）
> 至大二年五月十九日。（十行）①

对于本文讨论的第二通元碑，《山左金石志》卷22《元石》题其名曰《孔庙加封祭祀碑》，并述其形制：

> 至大元年七月立。正书。碑高六尺四寸，广二尺六寸。在曲阜县

---

① 方龄贵：《云南元代白话碑校证》，《云南民族学院学报》哲学社会科学版1994年第4期，第76—77页。按，杨益清最先过录此碑，其释文为："皇帝圣旨里，云南诸路行尚书省准尚书省咨，该至大二年五月十九日太保三宝奴丞相奏，在先孔夫子汉儿帝王虽是封赠了，不曾起立碑石来，如今各处行与文字封赠了，于赠学地土子粒钱内教立碑石呵，今后学本事的人肯用心也者奏呵，奉圣旨是有那般者，钦此。照得先据御史台呈，亦为此事，已经遍行去讫，都省咨请照验，钦依施行，准此，省府合下，仰照验钦依施行须议割付者。至大二年五月十九日。"（氏著：《大理发现元初同刻一石的加封孔子圣旨及立碑文告》，前揭刊，第96页）两者的断句有异，可见元代白话碑虽为白话，今人亦未必容易理会。又，方文"经议札付者"句，杨文作"须议割付者"。"须""经"孰是孰非，因杨文所刊照片模糊，难以确定。据常规，当作"须"（参见孙永汉修，李经野、孔昭曾纂：《民国续修曲阜县志》，前揭书，第255页上栏；骆承烈汇编：《石头上的儒家文献——曲阜碑文录》上册，第253、255页）。

孔庙。

右碑文二十行，题名三行，字径一寸。又祝文三首，字径五分。①

蔡美彪1955年出版的《元代白话碑集录》，收有《一三〇八年曲阜加封孔子圣旨致祭碑》。全文为：

至大元年七月内，朝廷差官钦赍圣旨加封祭祀事。

先于大德十一年五月二十一日，今上皇帝正位宸极。当月二十八日，集贤院官特进大司徒太子太傅集贤院使香山、集贤大学士资德大夫赵也先、荣禄大夫平章政事太子少傅集贤大学士王颙奏：唐宋以来，累朝代，孔夫子封赠的名儿与来。今日皇帝初登宝位，孔夫子的名号，教众学士商量与着呵宜的。一般奉圣旨商量了名儿，我行再奏者。钦此。六月初八日，香山司徒斡（斡？）赤大学士、赵大学士、王大学士、安大学士奏："如今众学士商量定：加封孔夫子作大成至圣文宣王。大都、上都、孔林，差人依旧例致祭，牲加太牢，赍制词、香、祝文洒去呵，怎生。"奉圣旨，钦此。七月十九日，中书省奏："孔夫子加封名号，翰林集贤官人他每的言语是的。一般降与圣旨，差人祭祀去呵，怎生。"奉圣旨，准钦此。至大元年三月二十三日，怀莱东璧集贤院使御史大夫脱脱丞相，集贤学士通议大夫师著奏："加封孔子与了词头宣命。如今与课银叁锭，表里段子壹拾叁疋，并合用祭祀物件，差本学士骑坐铺马前往孔林祭祀去。更大都、上都合用祭物，交与呵，怎生。"奉圣旨教省家与者。钦此。差遣本院学士嘉议大夫王德渊于七月钦赍宣词祭物到于孔林，于十一日丁卯，与守土官奉训大夫兖州知州马禧、孔氏家长抚，行三献礼。王德渊亲为祝文，宣赐银币，珍藏庙库。

五二代曹州教授之明书。五十代孙孔氏家长抚立石。

鲁人石匠张德，石聚。②

---

① ［清］毕沅、阮元：《山左金石志》，前揭书，第701页上栏。
② 蔡美彪：《元代白话碑集录》，科学出版社1955年版，第54页。

对照《山左金石志》所述,蔡录阙祝文三首。祝文用古文写,而不是用白话文写,其阙当因《元代白话碑集录》的著述体例使然。骆承烈2001年出版的《石头上的儒家文献——曲阜碑文录》,收有《至大元年加封孔子及致祭颜孟祝文碑》,祝文三首则被过录。其全文为:

至大元年七月内朝廷差官钦赍圣旨加封祭祀事,先于大德十一年五月二十一日,今上皇帝正位宸极,当月二十八日集贤大学士资德大夫赵也先,荣禄大夫平章政事太子少傅集贤大学士王颙奏,唐宋以来累朝代孔夫子封赠的名儿,与来今日皇帝初登宝位,孔夫子的名号,教众学士商量与着呵,宣的一般奉圣旨商量了名儿,我行再奏者,钦此,六月初八日,香山司徒斡赤大学士、王大学士、安大学士奏,如今众学士商量定加封孔夫子作大成至圣文宣王,大都、上都、孔林差人依旧例致祭,牲加太牢,赍制词香祝文酒去呵,怎生,奉圣旨准钦此,七月十九日中书省奏,孔夫子加封名号,翰林集贤院官人他每的言语是的、一般降与圣旨,差人祭祀去呵怎生,奉圣旨准,钦此,至大元年三月二十三日,怀莱东壁集贤院使御史大夫脱脱丞相、集贤学士通议大夫师著奏加封孔夫子与了词头宜命如令,与课银叁锭,表里缎子壹拾叁尺,并合用祭祀物件,差本院学士骑坐铺马,前往孔林祭祀去,更大都、上都合用祭物交与呵,怎生,奉圣旨,教□家与者,钦此,差遣本院学士,嘉议大夫王德渊,于七月钦赍□词祭物到于孔林,卜于十一日丁卯与守土官奉训大夫兖州知州马禧、孔氏家长抚行三献礼,王德渊亲为祝文宣赐银币,珍藏庙库,皇帝敬遣集贤院学士嘉议大夫臣王德[氵颖]谨以银币牲牢庶羞之奠,敢昭告于大成至圣文宣王。□,惟□秉德生之,垂教不朽,圣之时者,天何言哉,由百世后莫能违,自生民来未之有,特加封号,大展祭仪,仍命臣僚往祀林庙。兖国公□□□□□□独冠四科之首,不违三月之仁,宜配圣庭,式严禋祀。邹国公,惟公生有淑质,思济斯民,述尧舜之道,遂乃著书拒杨墨之徒,非为好辨,位尊侑坐,祭重推诚,五十二代曹州教授之明书,五十代孙孔氏家长抚立石①

---

① 骆承烈汇编:《石头上的儒家文献——曲阜碑文录》上册,第253—254页。

此碑的白话文部分，两位先生的断句有差异，骆录甚至一逗到底，均不难理解。但是，蔡录、骆录的文字差异极大，表明碑文有重订的必要。承蒙曲阜两位青年学者宋立林、王汉峋居中襄助，传来孔子研究院孔勇拍摄的此碑照片。下面，我们据原碑照片，以"碑文二十行"（A）、"祝文三首"（B）、"题名三行"（C）的格式，并加标点符号，对《加封孔子圣旨及致祭先师颜孟祝文碑》予以重订：

至大元年七月内，（A1）

朝廷差官钦赍（A2）

圣旨加封祭祀事。先于大德十一年五月二十一日，（A3）

今上皇帝正位宸极。当月二十八日，集贤院官特进大司徒太子太傅集贤院使香山、集贤大学士资德大夫赵也先、荣禄大夫平章政事太子少傅集（A4）

贤大学士王颙（A5）

奏："唐宋以来，累朝代，孔夫子封赠的名儿与来。今日（A6）

皇帝初登宝位，孔夫子的名号，教众学士商量与着呵。宜的一般。"奉（A7）

圣旨："商量了名儿，（A8）

我行再奏者。"钦此。六月初八日，香山司徒、幹赤大学士、赵大学士、王大学士、安大学士（A9）

奏："如今众学士商量定：加封孔夫子作大成至圣文宣王。大都、上都、孔林，差人依旧例致祭，牲加太牢，费（A10）

制词、香、祝文、酒去呵，怎生？"奉（A11）

圣旨，准。钦此。七月十九日，中书省（A12）

奏："孔夫子加封名号，翰林、集贤院官人他每的言语是的一般。降与（A13）

圣旨，差人祭祀去呵，怎生？"奉（A14）

圣旨，准。钦此。至大元年三月二十三日，怀莱东壁集贤院使御史大夫脱脱丞相、集贤学士通议大夫师著（A15）

奏："加封孔夫子与了词头（A16）

宣命。如今与课银叁锭，表里段子壹拾叁疋，并合用祭祀物件，

差本院学士骑坐铺马前往孔林祭祀去。更大都、上都合用祭物，交与呵，怎生？"奉（A17）

圣旨："教省家与者。"钦此。差遣本院学士嘉议大夫王德渊于七月钦赉（A18）

宣词祭物到于（A19）

孔林，卜于十一日丁卯，与守土官奉训大夫兖州知州马禧、孔氏家长抚，行三献礼。王德渊亲为祝文，宣赐银币，珎藏庙库。（A20）

皇帝敬遣集贤院学士嘉议大夫臣王德［氵颖］谨以银币、牲牢、庶羞之奠，敢昭告于大成至圣文宣王：□！惟□秉德生知，垂教不朽。圣之时者，天何言哉！由百世后莫能违，自生民来未之有。特加封号，大展祭仪，仍命臣僚往祠林庙。兖国公□□□□□□独冠四科之首，不违三月之仁。宜配圣庭，式严禋祀。邹国公，惟公生有淑质，思济斯民。述尧舜之道，遂乃著书；拒杨墨之徒，非为好辨。位尊侑坐，祭重推诚。（B）

五□二代曹州教授之明书。（C1）

五十□代孙孔氏家长抚立石。（C2）

鲁人石匠张德石聚刊。（C3）

以上重订，与蔡录、骆录以及《民国续修曲阜县志》（以下简称"县志"）有何不同呢？下面，我们侧重文字差异，并兼及个别史料、句读问题，做出相应说明：

A4："集贤院官特进大司徒太子太傅集贤院使香山。"按，骆录阙此句。

A7："宜的一般。"按，"宜"，骆录作"宣"。

A9："香山司徒、斡赤大学士、赵大学士、王大学士、安大学士。"按，"斡"，蔡录作"幹（斡？）"；"香山司徒、斡赤大学士"，蔡录、骆录视为一人，但实为两人，参见 A4 以及赵文坦的相关考释①；"赵

---

① 参见赵文坦《元代尊孔"大成至圣文宣王"的由来》，《历史教学》高校版 2009 年第 22 期，第 79—80 页。

大学士",骆录阙。

A11:"制词、香、祝文、酒去呵,怎生?"按,"酒",蔡录作"洒"。

A12:"圣旨,准。"按,"准",蔡录阙。

A13:"翰林、集贤院。"按,"院",蔡录阙。

A15:"怀莱东壁。"按,"壁",蔡录作"璧"。

A16:"加封孔夫子与了词头。"按,"夫",蔡录阙。

A17:"宣命。如今与课银叁锭,表里段子壹拾叁疋,并合用祭祀物件,差本院学士骑坐铺马前往孔林祭祀去。"按,"宣",骆录作"宜";"今",骆录作"令";"段",县志①、骆录作"缎";"疋",骆录作"尺";"院",蔡录阙。

A18:"教省家与者。"按,"省",县志作"〇",骆录作"□"。

A19:"宣词。"按,"宣",县志作"〇",骆录作"□"。

A20:"卜于十一日丁卯……琜藏庙库。"按,"卜",蔡录阙;"琜",县志、蔡录、骆录作"珍",但异体字宜保留。

B:祝文三首。因其字号比其他碑文小一倍,加上风化等原因,现已很难辨认,亦无法分行。这里据县志、骆录,存其原文,并略作考正。如,"秉德生知"之"知",县志、骆录作"之";"往祠林庙"之"祠",县志作"词",骆录作"祀"。又,A20有"王德渊亲为祝文"句,因而,"王德[氵颖]"实乃"王德渊",祝文三首乃王德渊(生卒年不详)的佚文,此可补《全元文》之阙②。

C1:"五□二代。"按,"□",蔡录阙,县志、骆录作"十"。

C2:"五十□代孙。"按,"□",县志、蔡录、骆录阙。

C3:"鲁人石匠张德石聚刊。"按,县志、骆录阙此行;"张德石聚",蔡录作"张德,石聚",据《山左金石志》所云"题名三行",当双行合一;"刊",蔡录阙。

---

① 参见孙永汉修,李经野、孔昭曾纂《民国续修曲阜县志》,前揭书,第255页下栏。下同。

② 《全元文》卷987收王德渊文五篇(参见李修生主编《全元文》第31册,凤凰出版社2004年版,第17—21页),阙此祝文三首。

以上，我们就曲阜孔庙有关孔子加封为"大成至圣文宣王"的两通元碑进行了力所能及的重订。因学力不足以及原碑风化严重，《加封孔子诏碑》未能过录蒙古文部分，《加封孔子圣旨及致祭先师颜孟祝文碑》未能释读出祝文三首。这两大缺憾只能寄望于后来者裨补阙漏，并期盼原碑能够得到更好地保护，否则，风吹雨洒旋成尘，就会一"平"如洗，最终变得一贫如洗。蒙元时期，孔子有"天的怯里马赤"之誉。《草木子》卷4下《杂俎篇》尝言："立怯里马赤，盖译史也，以通华夷言语文字。昔世祖尝问孔子何如人。或应之曰：是天的怯里马赤。世祖深善之。盖由其所晓以通之，深得纳约自牖之义。"① 明于此，保护好那些石头上的文献，是护守民族文化最好的体现！

---

① ［明］叶子奇：《草木子》，中华书局1959年版，第83页；按个别标点符号略有校改。

二十世纪以来的《大学》研究

——兼论《大学》研究的问题及方法论

张兴（山东社会科学院国际儒学研究与交流中心）

自 20 世纪以来，随着对传统文化的逐渐重视，对《大学》的研究也逐步开展。学者们主要从文本、诠释学、个案研究、比较研究、语言研究、总体回顾的角度对《大学》进行研究，取得了丰硕的成果，著作与论文数量相当多。然而《大学》研究也存在一些不足，研究范围过窄，研究深度不够；研究角度的单维化；缺乏从经学史角度进行研究等等。因此，今后《大学》研究要取得突破性成就，就须特别注重：将《大学》学史的研究放在中国传统经学史的视野下；从中国经典诠释学的角度进行研究；注重文献的搜集和整理、分析与解释；运用传统文献和出土文献相结合的方法。这些方法论的运用正说明《大学》研究的日益成熟，也将是未来《大学》研究的主方向。

自 20 世纪以来，随着对传统文化的逐渐重视，对《大学》的研究也逐步开展。从客观的、学术的立场研究《大学》的学术论文和学位论文也在逐渐增多。硕士论文中直接涉及《大学》书名的就有 30 篇之多，期刊论文更是数不胜数。在这三十多篇硕士论文之中，其中不乏有丰富文献征引的文章，比如中南大学辜桃的硕士论文[①]文献征引就特别丰富。作者通过对大陆地区近三十年以来研究《大学》论文的梳理，系统回顾了《大学》自改革开放以来在大陆地区的阐释情况，认为可以从三个方面来认识近三十年来大陆地区《大学》的阐释情况，这三方面的阐释成果分别是教育内容、学术研究、大众文化中的《大学》。同时指出，这三方面

---

① 辜桃：《〈大学〉在近三十年中国大陆的阐释》，中南大学硕士论文，2009 年。

的阐释成果既有成就，又有问题，好坏并存，需要仔细辨析。在这里，我们要梳理的《大学》研究仅限于《大学》的学术研究内容，而对其认定的教育内容、大众文化中的《大学》则不加梳理。

一 《大学》研究的基本情况

通过梳理这些著作与论文，我们发现围绕《大学》研究，主要是从以下六个角度展开的：

（一）从《大学》文本研究的角度来看

关于《大学》的文本问题，主要包括《大学》的作者、成书时代、宗旨（或者性质）、学派归属、《大学改本》问题的讨论。

先秦古籍由于其特殊的成书背景，一般都存在成书年代与作者难以断定的问题，《大学》也不例外，在学术史上一直争议不断。学术界争论的焦点在于《大学》是不是出于孔子及其弟子曾子之手。随着郭店竹简等一批新材料的发现，引起学者们对《大学》作者的热烈讨论。专门探讨这个主题的论文有十几篇。

大部分研究者认为《大学》是曾氏之儒的作品。这种观点虽与宋以后的主流观点相吻合，但学者们纷纷陈出各种新证。梁涛先生在《〈大学〉早出新证》一文中再一次提出《大学》"应成于曾子或其弟子之手。"[①] 之所以提出这个并不新的观点，原因在于梁涛先生认为近代"疑古派"所认为《大学》晚出的各种理由或者论据都是不能成立的，这是梁先生基于对《大学》成书及文本考察的基础上提出来的观点。而清华大学的李学勤先生通过考察当时的著书体例，以及《论语》中曾子的相关言论，指出《大学》的作者确定为曾子无疑[②]。罗华文从《礼记》的成书时间、《大学》中的一些相关因素、与曾子一派的内在联系、与孟荀两家的关系、与《中庸》的关系来证明《大学》"系出于曾氏之儒一派的

---

① 梁涛：《〈大学〉早出新证》，载《中国哲学史》，2000年第3期，第88—95页。
② 李学勤：《从简帛佚籍〈五行〉谈到〈大学〉》，载《孔子研究》，1998年第3期，第47—51页。

纯儒家作品"①。罗新慧从《大学》的思想内涵着手探求其与儒家学派的关系,指出《大学》"与曾子思想存在着较为直接的继承性质"②。胡治洪先生则认为《大学》的作者应该是曾子的学生③,其理论依据是《大学》曾经明引曾子之语及一些相关的文献记载。尽管没有达成共识,但还是可以看到学者们对于《大学》和曾子的密切关系持肯定态度。

同样是根据郭店楚简,有的学者却得出了完全不一样的结论。郭沂先生认为《大学》出自子思④。郭先生一方面比较子思书中关于"义利"关系的一番解释与《大学》中"义利"观的差异,另一方面又使用前人的研究论述来佐证自己的观点,最终认为《大学》只可能作于子思,根本不可能出自曾子一派。

关于《大学》的宗旨或者性质,唐文治先生强调《大学》的主旨是建立在周文王之道基础上的大学之教。在《〈大学〉大义》一文中,唐文治先生认为,《大学》讲的是一个人首先"明明德"然后"广修身诚意"之义,之后又引《尚书·康诰》篇的文字,引文王之诗的文字,来引出文王之道。强调文王之道就应该包括仁、敬、孝、弟、慈、信、让、絜矩之道等等。周人以此为教,奠定了八百年基业。唐文治先生在《粹芬阁四书读本序》⑤一文中明确表达了自己对于《大学》主旨的认可。众所周知,自清朝末年以来,国家民族多灾多难,面对日益衰弱的国家,一部分学者开始追求"经世致用"之学,以一种急切的救国救民的心态来治学,一心想着能找到一种立即见效的良药,期望今天学习,明天就能开启民智的速效药,所以,清末的学者一般都特别看重陆九渊与王阳明,进而排斥、压抑朱子。牟宗三先生在《心体与性体》一书中曾经贬低朱子之学是"别子为宗,非孔、孟之正脉",或许唐文治先生所主张的《大学》宗旨与牟宗三先生有相似之处。

---

① 罗华文:《〈大学〉成书时代新考》,载《孔子研究》,1996年第1期,第114—118页。
② 罗新慧:《曾子与〈大学〉》,载《济南大学学报》(社会科学版),1999年第6期,第33—37页。
③ 胡治洪:《论〈大学〉的作者时代及思想承传》,载《陕西师范大学学报》(哲学社会科学版),2008年第5期,第30—34页。
④ 郭沂:《子思书再探讨—兼论〈大学〉作于子思》,载《中国哲学史》,2003年第4期,第27—33页。
⑤ 唐文治:《茹经堂文集》,《国学大师说儒学》,云南人民出版社2009年版,第143页。

此外，还有人认为《大学》是儒家的一篇政治论文。谈到它的政治思想的论文有两篇。其中一篇是强调《大学》中所蕴含的政治智慧[①]，另一篇是阐述《大学》中"道德"的政治作用[②]。来可泓先生在《大学直解·中庸直解》[③]一书中认为《大学》是儒家的一篇政治论文，它是第一个将治国平天下的学说全面论述的儒家著作，它的核心思想是"修己以安百姓"。而《大学》的主要内容，就是"三纲领""八条目"，并对"三纲领""八条目"进行了阐发论述。这就是说，"大学之道"作为一个治国平天下的纲领，无论是从广义的社会"政治生活"的角度来看，还是从狭义的个人"道德生活"的角度来看，都是一种特殊的"德治"纲领。

叶秀山先生的《试读〈大学〉》[④]认为，"止"字才是《大学》真正的哲学精神或宗旨，所有的事情都围绕"止"字来展开。此外，与一般经验知识论的看法不同，叶秀山先生对于"格物致知"等说法提出了完全不同的见解，认为"格物致知"的真实含义应该是在排除（被动）"感觉"（物）的基础上，从而真正"认知"万物"自己"，这的确与一般的经验知识论大相径庭。

郑州大学李炯在他的硕士论文中强调：大学之道既不是一种简单的修身养性的学问，也不是一种纯粹的政治哲学，而是一种立身化世之学，传承的是儒家的"天人合一"精神。大学精神对一个人精神境界的培养起着潜移默化的作用，《大学》"下学而上达"的天命观，表现在现实社会生活之中就是修齐治平之道。这种道德的实践和实践理性精神，是儒家"天人合一"精神的体现。

接下来，我们来看下《大学》的学派归属问题。学术史上最常见的两种划分就是荀学说和孟学说。近代以来，最先主张"荀学说"的就是冯友兰先生。冯先生认为在战国末期，荀学一派的势力要远远比汉代以后

---

① 余翔林：《〈大学〉中的政治智慧》，载《教育与现代化》，1996年第2期，第11—13页。
② 刘宝才：《〈大学〉〈中庸〉的道德政治论》，载《人文杂志》，1990年第5期，第75—80页。
③ 来可泓：《大学直解·中庸直解》，复旦大学出版社1998年版，第3—4页。
④ 叶秀山：《试读〈大学〉》，《中国哲学史》，2000年，第1期。

的人想象得大得多,《大学》中所涉及到的"大学之道"更应该用荀学的观点来解释①。冯先生强调要以荀子学解《大学》,《大学》应该是荀学一派的著作。冯先生的这一观点对后世学者产生了深远的影响,为众多学者所接受;另一方面也有人主张《大学》属于孟学派,持这种不同意见的学者以徐复观先生为代表。徐复观先生的主要观点集中于《中国人性论史·先秦卷》②这部书中。徐先生强调《大学》的思想是复杂的,是一种综合性的思想,虽然在某种程度上也受到过荀学的影响,但就《大学》思想内容的主要方面来说,应该是受孟子思想影响远远大于受荀子思想的影响,原因就在于《大学》并不属于荀子以法数为主的系统,而是更接近于孟子以心为主宰的系统。故此,徐复观先生主张应该以《孟子》来解《大学》。这是主要的两派。梁涛先生结合最新出土的郭店竹简,在比较综合的基础上提出新的观点,认为《大学》的产生要远远早于《孟子》和《荀子》,后来的孟学和荀学都受到了《大学》思想的影响。如果从其思想的主要性格方面来看,应该说更接近于子思——孟子一派,故此,梁涛先生认为将《大学》作为研究思孟学派的一个环节可能会更加的合理③。

除了上面提到的这些著作,还有一些著作需要引起我们的注意。比如胡适在《中国哲学史大纲》一书中提到的"外务的儒学"与"内观的儒学"的区别。胡先生认为,在《大学》《中庸》时期,儒学是有一个由外向内的转化的。早期的儒学讲求的是"外务",特别重视现实生活中的伦理和政治,比较重视礼乐制度和具体的仪式礼节,不太注重追求人心理的变化。而到了《大学》的时代,发生了重大的变化,《大学》已经具体有了心与意的不同,心之所在就是意。《大学》不仅是论正心,而且是对人心理微妙变化的剖析。由此,胡适先生强调儒学在《大学》时期就开始了从"外务的儒学"向"内观的儒学"④转变了。不管胡先生的这种说

---

① 冯友兰:《〈大学〉为荀学说》,《三松堂学术文集》,北京大学出版社1984年版,第181页。
② 徐复观:《中国人性论史·先秦卷》,三联书店2001年,第241—244页。
③ 梁涛:《郭店楚简与思孟学派》,中国人民大学出版社2008年,第133—134页。
④ 胡适:《中国哲学史大纲》(卷上),姜义华主编《胡适学术文集·中国哲学史》上,北京:中华书局1991年,第194—195页。

法符不符合儒家思想发展的实际,至少这种说法为我们研究《大学》提供了一种思路。

在相关硕士论文中,有三篇硕士论文的类型基本是一样的。它们分别是张向华《〈大学〉文本探微》(2006年)、纪文晶《〈大学〉成书公案与流传》(2008年)、邹晓东《〈大学〉:其问题意识与文本解读》(2009年),这三篇硕士论文主要探讨《大学》的文本问题,包括《大学》的作者、成书年代、主旨等。这部分硕士论文分别对《大学》文本的作者、成书年代等进行了考辨,对其思想主旨的发展与演变也提出了自己不同的看法。可以说,这部分硕士论文涉及到了《大学》学史的部分内容,也都认为朱熹与王阳明对《大学》的注释是最重要的。但是,他们对于朱熹《大学》与王阳明《大学》传承的体系却很少涉及,这不能不说是一个大的遗憾。

关于《大学》的改本问题,清末民初,有廖平《大学》之改本。到了民国时期,易顺鼎先生有《大学私定本》一书。唐君毅先生也有自己的《大学》改本。台湾学者李纪祥先生[①]非常仔细地对两宋以后的《大学》改本作了系统地梳理,让我们对《大学》众多的改本有全面的认识。在此基础上,李先生提出《大学衍义》的出现是继承了《大学章句》的解释方法发展而来的,是一种全新的对经典诠释的形式。

(二) 从诠释学的角度来看

国内很多学者都是从诠释学的角度对《大学》进行专门研究。结合两岸的情况,这个时期重要的著作和论文可分为三种:一种是诠释注解类著作;一种是诠释方法类著作;一种是结合经学与理学研究朱子、王阳明的著作。下面我们简要来看一下。

第一种是诠释注解类著作,这类的著作更多地是从中国传统的经学角度进行解释阐发的。民国时期的民间大儒段正元可谓是其中的典型代表。段先生首先对程朱诠解的《大学》进行了批评和反省,认为《大学》跟道统的历史传承是相一致的,是自尧舜以来圣人代代相传的心法。段先生的经学诠释方法是以中国传统的儒家经学方法为基础的,在继承传统儒家经学方法的基础上对道家、佛家甚至是近代的西学进行整合,既有纯粹理

[①] 李纪祥:《两宋以来大学改本之研究》,台湾:学生书局1988年版。

性思辨的一面，更有心灵、心性的直觉体悟。

自民国以来，近代的儒家学者虽身经改朝换代的战乱时代，他们依然对儒家思想充满了信心，当然极为重视《大学》中的思想资源。整体而言，这些儒家学者认为宋明理学在现代社会依然有其价值存在，依然有益于世道人心的重建。对于《大学》的研究，整体上依然是以朱熹和王阳明为主，从学术方法上主要以传统经学的方法考察朱熹、王阳明《大学》经解的得失。学者主要有钱基博先生、傅斯年先生、钱穆先生、梁漱溟先生、熊十力先生等，其中以钱穆先生成果较多。

《四书解题及其读法》①是钱基博先生著作中的一节小文章，里面相对集中地论述了《四书》学的内容。在这一文章中，钱先生对朱熹之后的《四书》学以及清代以来的《大学》研究作了较详细的梳理和评价。

傅斯年先生认为二程和朱熹的"性论"虽然在某种程度上跟孟子有区别，但总体上是承接孔子思想而来的。

钱穆先生在《朱子新学案》一书中，细致地考察了朱子在解释《大学》时提出的许多思想。

前面我们提到的用传统方法治学的学者主要是站在程朱的立场，但也有部分学者是站在陆王之学的立场。这部分学者再次提出重归《礼记·大学》的观点，希望能够用一种全新的诠释来规整朱子《大学》注解的失误之处，这以伍、严两家对《礼记·大学》的解说为代表。梁漱溟先生对伍、严两家《礼记·大学》的解说可谓推崇备至，强调王阳明对《大学》的诠解更加符合孔孟思想，因此对朱子的《大学》整体持批评的态度。《礼记·大学》篇伍严两家解说的主要内容是伍庸伯和严立三两位先生讲解《大学》的记录，当时由梁漱溟先生与其他学者一起整理编辑而成，研究《大学》不可不读。

伍庸伯先生是一位有着传奇人生经历的独特学者，人生经历比常人丰富得多。伍先生原名伍观淇，庸伯是他的字，出生于广东番禺。年轻的时候上过保定陆军大学，在国民革命军北伐时期担任过总司令部的办公厅主任，在抗日战争时期担任过四纵队司令。出于对人生意义的怀疑，曾寻求真理于儒佛道及基督教，最后归入儒家，一生服膺《大学》，于儒家修养

---

① 钱基博著，傅宏星编：《大家国学·钱基博卷》，天津人民出版社2008年版。

工夫深有所得。晚年在北京讲解《大学》，被梁漱溟等人编录成文，即《〈礼记·大学篇〉解说》①。伍先生认为，古本《大学》并无阙文，《大学》第一章即是对"格物致知"的解释；所谓"物"，即是《大学》中所说的天下、国、家、身，所谓"知"，即是知物之本末先后关系的"知"，"格物致知"即是对身、家、国、天下这些事物本末先后关系的认知。伍庸伯先生对《大学》古本"格物致知"的独特诠解，对于理解《大学》古本原义具有重要意义。

要说到近代新儒家的代表人物，首当其冲的就是熊十力先生，可谓是新儒家的第一人，也是我们后面要提到的牟宗三、唐君毅、徐复观三人的老师。熊先生系统总结了朱熹和王阳明两家《大学》研究的成就与不足，在思想倾向上比较认同王阳明的"致良知"之说，但对于朱熹的"新民"说、"格物"说与"絜矩"说同样十分重视。熊先生的《大学》研究有一种浓浓的救世情怀，这应该与其受到佛教思想的影响有关。当然，由于深受时代背景的限制，熊先生也有不足之处，比如将《大学》的"格物"思想与西方的科学相比附，将"絜矩之道"与社会主义思想看作是一样的，都是不可取的。

台湾地区柳岳生先生的《大学阐微》一书，认同王夫之的观点，认为古本《大学》次序颠倒，朱子章句本条理次第，联系贯通，得意而理顺；认为《大学》综括"四书五经"之要旨，讲的是"内圣外王"之教，"体用兼赅，为孔孟义理之学之纲要"②，可以作为今后世界新文化运动的最高指导精神。然此书由于作者阶级立场的原因，该书中有些内容需要引起我们的注意。

这一时期，中国内地也出现了许多注解类的书籍，分别是来可泓的《大学直解·中庸直解》③、王文锦的《〈大学〉〈中庸〉译注》④、邓球柏的《大学通说》⑤、陈戍国的《四书校注》⑥中的《大学校注》、方向东的

---

① 参见《梁漱溟先生论儒释道》，广西师范大学，2004年，第123—153页。
② 柳岳生：《大学阐微》，学生书局1979年版。
③ 来可泓：《大学直解·中庸直解》，复旦大学出版社1998年版。
④ 王文锦：《〈大学〉〈中庸〉译注》，中华书局2008年版。
⑤ 邓球柏：《〈大学〉〈中庸〉通说》，湖南人民出版社2008年7月版。
⑥ 陈戍国：《四书校注》，岳麓书社，2004年9月。

《〈大学〉〈中庸〉注评》、吴应宾的《古本大学释论》等。这几部书对于《大学》的字音、字义、文义、名物制度等进行了重点疏解,将清代乾嘉以来的训诂成果运用于《大学》的注疏中,运用正是传统训诂学的方法,走得正是传统的解经之路。

在这些诠释注解类著作中,有些注解还体现出多重视域的融合。《大学》经过各个时代学者的阐释后,出现了许多衍生形态的文本。对于那些产生过重大影响的衍生文本,当代学者把他们综合到一起,然后加入自己的解释,形成多方视域融合的文本。如邓球柏的《大学通说》中,"在止于至善"的注解中引用朱熹、胡炳文、孔颖达三人的说法,最后总结得出"孔氏从品德行为上说解,'在止于至善',朱子注解'在止于至善'是从个人品德及心理的角度阐发的。实质上对'在止于至善'应该从两方面同时把握,就是将美好的品德心理和美好的品德行为结合在一起,从整体上进行把握。"在这里,作者征引前人的注解和加入自己的体会,体现了《大学》文本的原初视域、朱熹等三人的视域及作者的当今视域等多重视域的融合。另外,陈戍国在其《四书校注》中的注解一般是先列郑玄的注,接着又将朱熹相关的注解列出来,在此基础上对二位学者的注解进行评价。如作者说郑玄、朱熹两位先贤的说法都是对的。作者下面紧接着来了一个按语:这里说的就是所谓表率作用。在这个句解中,作者征引郑玄和朱熹的解释,然后再参以作者的评论,形成一种多重视域的融合。

此外,还有一类汉英对照的注释形式,汉英对照本是《大学》注释本的另一种形式。主要有两本书,分别是由理雅各英译、杨伯峻汉译的《四书》[1],由傅云龙中译、何柞康英译的《大学·中庸》[2],这两者的共同形式都是汉英相互对照的版本。两者都以朱熹的《大学章句》为底本,前者比较精炼,后者则是对中译的逐字翻译。

第二种是诠释方法类著述。由于朱子的《大学章句》产生的影响巨大,再加上宋明理学被认为是最符合西方哲学的学问,所以有些以西方诠释哲学的思想和方法为鉴,反省儒家传统的解经方法与内在逻辑理路的不

---

[1] Legge James.,杨伯峻:《汉英对照古典名著丛书——四书》,湖南出版社1994年版。
[2] 傅云龙,何柞康:《大学·中庸(汉英对照)》,华语教学出版社1996年版。

足之处，进一步从现代诠释学的角度重新考察朱子的经解著作，这一全新的诠释方法的运用可谓是近三十年来研究朱子《大学》的一个关键转变。

在这里，能够熟练运用西学批评朱子学及《大学》学，并取得突出成就的当属牟宗三先生。其核心论点都集中在其《心体与性体》下册之第五章节内。牟先生首先讨论了朱子对《大学》的诠解，强调朱子的诠解并不符合《大学》原本的原意。众所周知，自宋明以降，朱子与王阳明对《大学》诠释的分歧是一个重要的问题，牟先生力图解决这一重要问题。牟先生认为过去众多学者之所以重视《大学》是源于朱熹在这方面的权威，朱熹讲《大学》，人们都效法朱熹，也开始讲《大学》，王阳明也概莫能外。由于王阳明的"良知"学说可谓是直承孟子而来，在对《大学》作诠释的时候也以"良知"解说"明明德"，所以，阳明所诠释的《大学》从根本上来说就是孟子的《大学》，而朱熹对《大学》的诠释却是根据程伊川的注解为根据，所以王阳明就将朱熹的那种诠解给扭转过来了。牟先生以上的这些观点都集中在他的《中国哲学十九讲》[①]这本著作之中。那么，我们究竟应该采取哪种说法或者态度以及标准呢？他提出当以《论语》《孟子》《中庸》《易传》来作标准规范《大学》。牟先生指出《大学》本身的含义或者方向具有不确定性，虽然《大学》模糊地提出了一个从主观到客观实践的纲领，但却未对这些主客观的纲领作一些明确的解释。为什么会出现这种不确定性，牟先生认为这实际上是孟子以后儒家的道统就未能传下去所致，由此导致了《大学》本义的隐晦，以及实践的缺失，由此来看《大学》的本义也就变成不可确定的了。总体来看，牟先生将朱子的《大学》研究基本上是否定了。

朱熹是诠释《大学》的大家，这个毋庸置疑。所以，一些通论朱熹诠释经典的著作也是我们关注的重点书籍。这类的著作主要有两本，《朱熹经典解释学研究》与《中国古典解释学导论》，作者分别是曹海东先生和周光庆先生。另外，有两本书在部分章节之中部分地涉及到了朱子诠解经典方法上的一些特点，这两本书是《诠释与定向——中国哲学研究方法之探究》、《中国孟学诠释史论》，其作者分别是香港中文大学教授刘笑

---

① 牟宗三：《中国哲学十九讲》，上海古籍出版社1997年12月版，第79—80页。

敢先生、台湾大学历史系教授黄俊杰先生。

第三种是结合经学与理学思想，研究朱熹、王阳明解经、诠经的著述。这类著作从经学史和思想史的视角，结合诠释学和理学，有的着重研究朱子、王阳明的经学，有的着重研究朱子、王阳明的理学，成果也非常显著。着重研究朱子、王阳明经学的代表佳作有：蔡方鹿的《朱熹经学与中国经学》，陈来的《朱子哲学研究》《有无之境——王阳明哲学精神》等；着重研究朱子、王阳明理学的代表佳作有：由朱汉民、肖永明先生共同撰写的《宋代〈四书〉学与理学》，台湾地区则有陈逢源先生的《朱熹与〈四书章句集注〉》等。

前面梳理的主要是学术著作，这一时期也有几篇非常重要的学术论文。比如，陈来先生在《论朱熹〈大学章句〉的解释特点》一文中就指出朱熹对《大学》的解释是心性论上的诠解。沿着陈来先生的路径进行《大学》解读的文章还有王海宏先生的《大学之道的理学化以朱熹〈大学章句〉为核心的解读》一文，两者基本上属于一个类型的文章。此外，杨儒宾先生有两篇重量级的论文尤其值得关注，其中一篇论文是讲《中庸》与《大学》如何从《礼记》中的单篇一步步变成经典的，论文题目是《〈中庸〉〈大学〉变成经典的历程：从性命之书的观点立论》；另一篇论文是《水月与记籍：理学家如何诠释经典》，都写得非常精彩。此外，还有两篇比较有新意的文章，分别是《善与至善：论朱子对〈大学〉阐释的一个向度》《从朱子与阳明之〈大学〉疏解看中国的诠释学》，其作者分别是郭晓冬先生与冯达文先生。这是这一时期比较重要的学术文章，研究朱子经学及《大学》学者不可不看。

（三）从个案研究的角度来看

对前儒注解《大学》的个案研究，对于《大学》学术史资料的整理十分重要。这些前儒包括郑玄、孔颖达、朱熹、真德秀、邱濬、王阳明、王夫之、刘宗周、黎立武、毛奇龄和颜元等人。

目前，国内对《大学》进行专门研究的博士论文有两篇。其中一篇是岳麓书院周之翔的《朱子〈大学〉经解研究》[①]一文，是一篇专门对

---

① 周之翔：《朱子〈大学〉经解研究》[D]，岳麓书院博士论文，2012年。

朱子《大学》经解作个案研究的专门论文。作者全面论述了朱子从接触《大学》一直到去世之前解释《大学》的整个过程，可谓详细备至，并着重分析了朱子解《大学》所采用的原则、方法以及内涵，是一篇非常优秀的博士论文。另外一篇是福建师范大学陈永正的《从〈大学衍义补〉试析丘濬思想》一文，从题目就可以看出其主要内容是分析丘濬的思想。作者以《大学衍义补》作为文献基础，全面而且系统地探析了丘濬思想所产生的时代背景、渊源，以及丘濬在政治、经济、文化、教育、律法和军事等方面的思想。作者认为丘濬的思想渊源是以《大学》《大学衍义》为重心，广泛涉猎先秦儒家的思想经典、汉唐宋儒学者的学说著作，以及历史典籍中兴衰治乱的教训。其思想核心是"民本"思想，而这本书也成为中国古代总结性的治国百科全书。

此外，由于自北宋二程极力推崇"四书"以后，《大学》就存在于《四书》之中。随着近些年来研究"四书"学的论文逐渐增多，研究《四书》的博士论文中也会涉及到《大学》的研究。这方面的代表作以《〈四书集注〉与南宋四书学》一文为代表，其作者为陆建猷。作者认为，在宋以前，五经合集可以说是整个中国经学的核心，而自《四书章句集注》出现以后可以说基本取代了汉唐的五经之学，成为中国的新经学。朱熹选择章句与集注这两种不同的诠释文体是有意识的行为，其目的就是希望通过对《大学》《中庸》《论语》《孟子》的全新诠释，建立起来了一个全新的"四书学"系统。此外，作者还从思想史发展流变的视角揭示了四书的经学地位，可以说是一篇优秀的博士论文。

此外，还有一篇关于朱熹"四书学"的博士论文。2013年河北大学张伟的《朱熹"四书学"思想研究》一文，主要以朱熹"四书学"的诠解思想为核心，向着探析朱熹"内圣外王"的理论目标出发，以儒家修养工夫论的视角作为问题的切入点，对朱熹的"四书学"进行了比较笼统、模糊的解读。其中，对朱熹《大学章句》的经学厘定、《大学》"格物致知"的工夫次第、《大学》的"絜矩"之道都有专门的论述。

国内硕士论文集中在对朱熹、王阳明、王夫之、颜元、丘濬等人各自的《大学》观进行的个案研究，这样的硕士论文大约有十几篇。主要有李剑虹的《王阳明哲学对〈大学〉的继承与发展》、李月华的《〈大学衍义补〉中的天、君、臣、民观》、申淑华的《王阳明〈大学问〉研究》、刘依平的《船山〈大学〉诠释之研究》、张颖的《王阳明〈大学〉思想研究》、陈美容的《朱熹〈大学〉思想研究——从解释学的角度出发》、熊兰花的《王阳明〈大学问〉研究》、李思远的《论朱熹的〈大学〉研究》、杜敏姮的《颜元〈大学〉观探微》、杨柳的《王夫之〈大学训义〉对朱熹〈大学章句〉的继承与发展》等。从上面这些硕士论文我们可以看出，这些论文是就朱熹、王阳明、王夫之、颜元、丘濬等人解《大学》作了一些个案研究，从数量上来看研究朱熹与王阳明的硕士论文最多，也从侧面反映了在《大学》研究中，朱熹与王阳明是两座主要的山峰。

（四）从比较研究的角度来看

近三十年来，有关《大学》与其他作品的比较研究成为学者们热衷研究的课题，这些论文主要从横向和纵向两个维度对《大学》进行比较研究。

与《大学》进行横向比较研究的对象主要有两类：民族文化经典与跨民族文化经典。首先，与它比较的民族文化经典主要有《礼运》《中庸》《道德经》和《福乐智慧》。《礼运》《中庸》和《大学》皆出自《礼记》，三者体现的思想既有联系，也有区别。学者们针对"大同之道""中庸之道"与"大学之道"发表看法，认为只有"依靠大学、中庸之道的和平哲学思想，才能达到走向大同世界的目标"[1]。不同点在于《礼运》"立足于'天下为家'的社会现实"[2]，可以认为是儒家政治哲学的至高表现[3]，而《大学》则是"'为家'社会中的为学次第"[4]，这当然也是一

---

[1] 思维：《大同世界与大学、中庸之道》，载《孔子研究》，1999年第3期，第68页。
[2] 孙实明：《〈礼运〉和〈大学〉的社会伦理观》，载《学术交流》，1993年第6期，第73页。
[3] 周继旨：《"大同"之道与"大学"之道——论先秦儒家对人生的"终极关怀"与"具体设定"》，载《孔子研究》，1992年第2期，第41页。
[4] 孙实明：《〈礼运〉和〈大学〉的社会伦理观》，载《学术交流》，1993年第6期，第73页。

种政治纲领,只不过这种政治纲领的层级要显得低一些①;《中庸》是通过"行"以达到"外王"②的路径,而《大学》是通过"省"以达到"内圣"的路径。提到道家和《大学》的关系,学者们都从用语和思想等方面阐述,认为《大学》在"特定层面上体现了儒道两家思想的会通",这就使得老子在《道德经》一书中所提出的"为道"与"为学"③思想能够有机地结合在一起,使两者得到统一,是儒家与道家相互吸收、相互补充的产物④。有学者还对《福乐智慧》与《大学》进行比较。虽然从这两本书产生的时间上来看,这两本书产生于不同的时间段,但是《大学》中的"大学之道"与《福乐智慧》中的"福乐之道"在思想精神上有着惊人的相似,其在文章主旨、立论角度、阐释方法上都具有比较相似的逻辑指向⑤。其次,与跨民族文化经典的比较研究也有一些成果。从哲学的视角来看,有学者强调,《大学》中的"三纲八目",如果从宏观的视角进行分析,那么,我们就能看到孔子思想和怀特海思想有交叉融合的地方⑥。从政治的视角来看,有学者对《政府论》和《大学》进行对比分析,指出《大学》主张把政治统治的合法性建立在"德"的基础上,而《政府论》把合法性建立在"被统治者同意"的基础上,从而引出"人治"与"法治"的不同主张⑦。与此相应,还有学者对《大学》与《政治自由主义》这两本书进行了仔细的比较⑧,认为它们体现了中国古代的德治传统与西方现代社会的法治传统,存在很大区别,并以此为理论

---

① 周继旨:《"大同"之道与"大学"之道——论先秦儒家对人生的"终极关怀"与"具体设定"》,载《孔子研究》,1992年第2期,第41页。
② 程辽:《"省"、"行"之异——从"三纲领"看〈大学〉和〈中庸〉之别》,载《重庆师范大学学报》(哲学社会科学版),2005年第5期,第69页。
③ 孙以楷:《〈大学〉与道家》,载《华夏文化》,1998年第2期,第16页。
④ 丁原明:《〈易〉〈庸〉〈学〉与道家》,载《孔子研究》,1996年第1期,第30页。
⑤ 热依汗·卡德尔:《〈福乐智慧〉与〈大学〉》,载《民族文学研究》,2008年第3期,第86页。
⑥ 王立志,冯秀军:《过程哲学与大学之道》,载《河北学刊》,2006年第3期,第39页。
⑦ 张才新,吕达:《政治统治合法性建构说之比较——〈政府论〉和〈大学〉的对比分析》,载《五邑大学学报》(社会科学版),2003年第2期,第18—20页。
⑧ 陈泽环:《〈大学〉和〈政治自由主义〉之间》[C]上海市社会科学界联合会,2008年度上海市社会科学界第六届学术年会文集(哲学·历史·文学学科卷),上海人民出版社2008年版。

背景提出一种介于两者之间的组织社会道德生活的方案。

此外，还有人对《大学》进行纵向比较研究，主要包括从经学与理学的角度、理学与心学的角度。比如，曾军先生就从经学与理学比较的视角进行研究，曾先生认为"四书"中的《大学章句》《中庸章句》是属于理学范畴的，而《礼记》中的《大学》篇、《中庸》篇则是属于传统的经学范畴，它们各自的思想渊源是不同的，只能属于不同的思想体系，不能混为一谈，在研究的时候要区别对待[①]。

对前人《大学》注解的比较研究是一个重点，这些硕士论文主要集中在对郑玄、孔颖达、朱熹、王阳明解《大学》的对比上。这种比较研究的硕士论文主要有四篇。它们分别是孟威龙的《〈大学〉郑玄本与朱熹本之异同考》、吴菲的《朱熹与王阳明哲学基本路向之比较——从对〈大学〉的不同诠释来看》、冯晴的《〈大学〉、〈中庸〉之郑注、孔疏与朱子〈集注〉训诂术语比较研究》、刘登鼎的《论郑玄、孔颖达、朱子、阳明对〈大学〉之诠释》。这些硕士论文对同一个问题，不同学者的诠释，作了比较深入的研究，分别对郑玄、孔颖达、朱熹、王阳明等人从不同的视角进行了对比，包括对"格物致知"诠释的理解，朱熹"新民"与阳明"亲民"说的比较，还包括朱熹、王阳明《大学》研究的得失等问题。可以说，这类硕士论文，包括一些文章是《大学》研究中最常出现的形态。

此外，还有一篇硕士论文——《从内圣外王到心性论——〈大学〉流变初探》[②]需要引起我们的注意，其作者是西北大学的王建宏。该文作者从唐代的韩愈、李翱到宋代的司马光、程颐、程灏、朱熹，一直到明代的王阳明等人的著作入手，通过比较这些学者对《大学》关注的不同侧重点，论述了不同学者在《大学》诠释过程中所体现出来的学术思想的继承、流传与转变，同时认为这体现了儒家思想前所未有的巨大转变，即从"内圣外王"到宋明"心性论"的转化。作者通过对这一转变过程的描述，以期对儒家思想发展的历史概况有一个比较清晰的认识，从而进一步推动对儒学特质的探究。

[①] 曾军：《"四书之〈大学〉〈中庸〉非〈礼记〉之〈大学〉〈中庸〉"考释》，载《重庆邮电大学学报（社会科学版）》，2008年第3期，第92页。

[②] 王建宏：《从内圣外王到心性论——〈大学〉流变初探》，西北大学硕士论文，2002年。

不管是横向比较研究,还是纵向比较研究,都有助于我们认识《大学》在时空中与其他经典的联系与区别,特别是对于传统文化的延续以及对外交流十分有益。

(五)从语言文字研究的角度来看

语言文字研究也是学者们关注的一个热点。主要集中在两个方面的研究,一是从训诂学的角度探讨前儒注解《大学》的训诂特点;二是从《大学》中比较重要的问题来讨论,都集中在"格物""知止""大学""絜矩之道""亲民"等问题的讨论,其中"大学"和"格物"的讨论显得尤为突出。

何妍霓的《浅析朱熹〈大学章句〉的训诂》一文是从专业的训诂学视角探讨朱熹注解《大学》训诂特点的一篇佳作。作者十分重视朱熹《大学章句》所体现出来的训诂特点,总共从十个不同的角度进行了探讨,比如对词语、语言现象、典制风俗、篇题的解释,注音、校勘、句子的串讲、历史事实的补充、章旨的说明、作者感想的阐发等等,是比较专业地从训诂学角度进行学术研究的论文。

从《大学》中比较重要的问题来讨论的有以下几个:

关于"大学"的含义,叶秀山指出,"大学"是一门'大学问''大道理',亦即所涉及的是'大事'"[①]。蒋纯焦先生认为"一种精深广博的学问"[②]才是"大学"的真正含义之所在,这与叶先生的理解基本一致。此外,姜亦刚也持有相同的观点。与上面三人的理解不同,王沂暖先生认为"大学"跟我们现代的"大学"是同一概念,也就是说"大学"是一个国家的最高教育学府[③],这明显不符合古代社会的真实情况。显然,这里透射出当代学者把《大学》看成政治论文与教育论文的区别。"格物"一直以来就是争论的焦点,对它或"平议"[④],或"试阐"[⑤],但主要还是

---

① 叶秀山:《试读〈大学〉》,载《中国哲学史》,2000第1期,第109页。
② 蒋纯焦:《浅论"大学之道"》,载《贵州文史丛刊》,1999年第1期,第34页。
③ 王沂暖:《大学新注》,载《西北民族学院学报》,1994年第2期,第89页。
④ 朱翔飞:《〈大学〉"格物"解平议》,载《孔子研究》,2003第1期,第51—55页。
⑤ 张向华:《〈大学〉"格物"义试阐》,载《萍乡高等专科学校学报》,2005年第2期,第113—116页。

梳理前人的研究成果。

《大学》原是《礼记》中的一篇，所以研究《礼记》学的一些博士论文也会涉及《大学》的研究。如 2009 年四川大学潘斌的博士论文《宋代〈礼记〉学研究》①一文。作者提出，《大学》不仅提出了一套"内圣外王"之说，而且对"格物致知"论尤为重视，这是《大学》在宋代以后十分受重视的两个最重要原因。此外，作者还对二程、朱熹、湖湘学派（包括胡安国、胡宏、张栻等人）、陆九渊等的"格物致知"思想进行了分析。

除了我们上面提到的这些论文与专著，也有一些专著和论文专门研究朱子《大学》学相关思想与概念。专著方面以乐爱国先生的《朱子格物致知论研究》一书为代表，该书专门探讨了朱熹的"格物致知"思想。

（六）从总体回顾的角度来看

台湾地区有着深厚的中国传统文化研究的底蕴，有许多优秀学者用力于传统文化的研究，比如赵泽厚先生的《大学研究》②一书。赵先生对《大学》的作者问题、原文主旨、文章大意等方面进行了详细地研究和论述。此外，还有台湾地区的陈逢源先生。从陈先生的论著③中，我们获知，在这五十年中，台湾地区以"四书"为名称的翻译注释多达 24 种，以《大学》或《学庸》为名称的翻译注释多达 15 种。在学术论文方面，有四十五六篇学术论文研究探讨《大学》，有四篇论文比较朱熹、王阳明的《大学》。

在学术论文方面，对《大学》的作者、名义、成书年代、思想属性、"格物"等问题进行研究和梳理的主要有两篇。分别是张向华的《〈大学〉文本探微》④、纪文晶的《〈大学〉成书公案与流传》⑤。

还有一篇研究综述——《〈大学〉研究综述》⑥，其作者是金建州。

---

① 潘斌：《宋代〈礼记〉学研究》[D]，四川大学博士论文，2009 年。
② 赵泽厚：《大学研究》，台湾中华书局 1972 年版。
③ 陈逢源：《朱熹与"四书"章句集注》，里仁书局 2006 年版。
④ 张向华：《〈大学〉文本探微》，福建师范大学硕士学位论文，2006 年。
⑤ 纪文晶：《〈大学〉成书公案与流传》，曲阜师范大学硕士学位论文，2008 年。
⑥ 金建州：《〈大学〉研究综述》，载《文教资料》，2008 年第 4 期，第 5—7 页。

这篇综述简单地描绘了从汉代一直到清代《大学》研究的基本概况，概述了《礼记·大学》篇从两汉至唐代的研究状况和两宋及宋以后《大学》的研究状况，在此基础上主要介绍每个朝代重要学者的思想，以及有关《大学》的研究著作，让我们对《大学》从汉代至清代的研究历程有个大概了解。此外，金建州还有一篇硕士论文《大学研究考论》①，除了继续探讨前面提到的研究概况外，还着重研究了《大学》的作者、改本及其他一些重要注解问题。

阮航在自己的文章中，首先对历代主要学者对《大学》的几处经典诠释进行了比较，着重分析诠释者突出的哲学精神是"仁学"还是"礼学"②，以考察其思想倾向的差异及这种差异产生的原因。

屠建达的硕士论文③，集中考察了宋代的二程、朱子，明代的王阳明、丰坊以及明末清初的陈确等人在不同的时间与空间条件下，对《大学》文本的不同意见与修改，认为这些意见和修改与学者自身的思想倾向有着密切的关系，最终得出结论，"半开放性"是儒家经典特有的特色，在这些儒家经典中存在着"当下"与"过去"、诠释者与作者之间的张力。

曾军雄的硕士论文④着重研究了《大学》在宋明理学时代不同学者所作的不同解释，论述《大学》中不同时代不同学者对"道"的追寻，以及在其中展现的价值追求，希望从中得出儒学发展变迁的主流轨迹，以及其中所展现出来的儒学发展的一般规律。

通过我们对20世纪以来研究《大学》的著作与期刊、论文的梳理，我们可以看出朱子《大学》学和王阳明《大学》学是研究的重点。两者在被纳入到现代学术体系中后，在研究深度与研究广度上，都得到了大大的拓展。尤其是将西方诠释学的方法应用到对朱子《大学》、王阳明《大

---

① 金建州：《〈大学〉研究考论》，南京师范大学硕士学位论文，2008年。
② 阮航：《"仁"与"礼"：对〈大学〉文本的诠释立场与解释方法》，载《理论与现代化》，2007年第3期，第77—81页。
③ 屠建达：《〈大学〉的张力——经典与诠释之学理探索》，北京大学硕士学位论文，2007年。
④ 曾军雄：《〈大学〉"道"论及其对儒者价值的承载——在理学范围内以主要思想家为例》，湖南师范大学硕士学位论文，2007年。

学》的阐发上，可谓成果斐然。这也让《大学》思想的学术价值得到了新的认识与评价。

二 研究简评

随着越来越多的学者对《大学》的关注，《大学》文本与思想的研究也随之进一步深入，亟需对《大学》流传与发展演变这一方面的研究，且对研究提出了更高的要求。由于《大学》学的研究还存在着较大的空间，对于一些争议性的问题尚需要进一步梳理，对于有研究价值且较少谈及的问题需要进一步发掘。综合前人研究的成果，其中仍然存在很多有待深入和修正的问题。

（一）研究范围过窄，深度不够

这一点与对《大学》学文献的收集和整理有关，若不能充分收集和整理宋元明清的《大学》学文献，就不能对宋元明清《大学》——从前期到后期——有清晰地了解，就很容易忽视许多值得研究的话题。就学界研究所涉及到的《大学》学人物来看，主要有郑玄、孔颖达、二程、朱熹、王阳明、王夫之、丘濬等。吕大临、宋翔凤、魏源、杨简、陈确以及其他的很多人物则很少涉及。这固然与很多人物的《大学》学著述早已亡佚有关，但这些著述的很多内容在一些《礼记》学著作中却是存在的，其中包涵了很多极为丰富的信息。如从卫湜《礼记集说》中的《大学集说》中可以发现，两宋时期注释《大学》的竟然有30多家注疏被存留在《大学集说》中，可由此对两宋时期学者对《大学》注释的流传与发展演变进行研究。这样，研究的范围不仅扩大，可以充分理解两宋《大学》学发生、发展的脉络；而且，研究也更加富有深度，更加具有历史流动感。

另一个极为明显的研究过窄和不够深入的表现是，以往研究者虽然知道明代《大学》改本之丰富，但好像对此视而不见，并未对此作过深入分析。在朱熹的《大学章句》笼罩下的元明清《大学》学，如果不对元明清《大学》改本做研究，便不足以了解朱熹《大学章句》的影响，也不足以明了元明清《大学》学对于朱熹直至明代前期《大学》学继承了什么，批判了什么。这造成的结果就是，无法从宏观上把握元明清《大学》学发展的多维向度，也无法在细微层面上进行深度分析。

关于《大学》的错简阙文问题与《大学》的改本问题是两个紧紧结合在一起的问题。目前的学界一般只关注二程、朱熹对《大学》错简阙文的研究，对由此所引发的众多《大学》改本问题关注度远远不够，这不能不说是一件非常遗憾的事情。

另外，对于民国时期研究《大学》成果的严重忽略，是非常令人遗憾的。比如在台湾学者林庆彰主编的《民国时期经学丛书》中，单独以《大学》为名称的单本著作就有 23 本，比如曹元弼的《大学通义》、黄倬南的《大学之道》、顾惕生的《大学郑注讲疏》、李喆元的《圣证大学句释》等等，限于篇幅的原因我们就不一一列举了，这些《大学》著作几乎没有见到过有人对它们进行研究；而以经学史和《四书》为篇名的就更多了，然而学界对这些民国时期学者的《大学》研究几乎从未涉及，这不能不说是一个巨大的遗憾。

（二）研究角度的单维化

从研究者的已有成果来看，主要是从诠释学角度对《大学》学做研究。却很少有学者专门针对文本，从文本的诠释与当时的社会政治环境的关联中分析元明清的《大学》学。当时的社会政治形势与个体的遭际，如何反映在个体对于《大学》的注解和诠解中，这是极有意义的课题，研究视野的开阔可以从中体现。尤其是元明清时代的《大学》研究者，他们的《大学》著作就是他们当时思想与处境的一种反应。也即，研究者不是就文本谈文本，也非脱离文本谈思想，更不是脱离社会背景谈文本与思想。

此外，明代的《大学》学处在宋明理学的学术背景下，理学与经学交错影响的背景下，从哲学角度的分析和经学角度的分析都是必要的。在研究明代的《大学》学过程中，如何处理它与宋明理学及当时的学术大背景——如三教融汇思潮——的关系，这是极为重要的，也是最难驾驭的。明代有很多高僧曾经对《大学》做过一些研究，但目前很少有学者注意他们。单维化的研究视角，对于处理这一难题，是远远不够的。

(三) 缺乏从经学史角度进行研究

从经学史角度进行的研究，不能脱离对于文献的细致分析和解释。对于《大学》学著作进行文本上的研究，对于从经学角度研究《大学》是最重要的。然而，对于《大学》文献资料的搜集与整理也是差强人意，比如吕大临、司马光、胡宏、胡安国、张栻等人的《大学》注解，在今天他们的著作中已经看不到了，但是在卫湜的《礼记集说》中的《大学集说》却有保存，然而却很少有人能够将其整理出来，而这是研究《大学》学最基本的文献整理工作，更是从经学史角度进行研究的必要前提。清人杭世骏的《续礼记集说》中的《续大学集说》部分，保留着姚际恒关于《大学》的注解，但在姚际恒自己的著作中却已经看不到了，这些都是《大学》研究中差强人意的地方，还需要我们对其进行整理，在此基础上才能顺利展开从经学史的角度研究《大学》。

对于明清学术思想发展的意义，学者屡有论述。蒙文通先生早已指出："明代中叶，在学术思想所发生的巨大变化……发生了反对传统的'宋学'的新学术，而下开清代的考据、训诂之学。"[①] 稽文甫的研究已表明，晚明的考据学等方面都高度发展，露出了古学复兴的曙光[②]。林庆彰《明末清初经学研究中的回归原典运动》一文，认为"被抽离的经书，应回复原位，如《大学》《中庸》"[③]。其立论与论证颇富启发意义。所谓原典，对儒家来说主要就是《十三经》，经典具有神圣性、权威性。根据他的界定，明末清初时期的回归原典运动，是指倾向汉学的学者，为厘清宋明理学程朱、陆王义理之争而以群经辨伪作为表现方式的回归原典运动。而这一说法，实与余英时对明清学术变迁的看法不谋而合，即从思想的内在理路来说，为了解决义理的纷争，必然要回到原典，以原典文本为依据，这就走向了"道问学"，而清代汉学的生发就与此有关。明清《大学》学也具有这样的"回归原典"的特点。

皮锡瑞在《经学历史》一书中，将中国经学史分为十期，认为元明

---

① 蒙文通：《中国史学史》，上海世纪出版集团2006年版，第192页。
② 稽文甫：《晚明思想史论》，东方出版社1996年版，第144—156页。
③ 林庆彰：《明末清初经学研究的回归原典运动》，载《孔子研究》，1989年第2期，第106页。此文后收录于其所著《明代经学研究论集》，文史哲出版社1994年版。

为经学积衰的时代,他说:"论经学,宋以后为积衰时代。""论宋、元、明三朝之经学,元不及宋,明又不及元。""明人又株守元人之书,于宋儒亦少研究。"① 马宗霍《中国经学史》,皆以此为"每况愈下"②。对此,有学者辨析道:"宋、元、明学术思想,在中国哲学史上有其特殊的地位,而在经学史上却不甚了了。以宋为'变古',尚可理解;以元、明为'积衰',则值得商榷。"③ 辨析有理,儒学在元代并不受推崇,其经学成绩有限。"元儒解经,不能出朱子之范"④。而明代后期,阳明心学风动一时,解经之风也为之一变,且汉学自明代中期开始复兴,下开清学,自有其独立地位和重要价值,远逾于元代,不应以"积衰"和"明又不及元"视之,否则清代经学之"复盛"便无从谈起。皮锡瑞对宋学持有偏见,更卑视明代经学,谓"明时所谓经学,不过蒙存浅达之流;即自成一书者,亦如顾炎武云:明人之书,无非盗窃。弘治以后,经解皆隐没古人名字,将为己说而已。"⑤ 顾炎武之说是就明代所编《五经大全》所提出的批评,皮锡瑞不当妄自移此以置彼。也许是因为《大学》为宋代以后所确定的经书,故不受经学史论著的重视,蒋伯潜《经与经学》、马宗霍《中国经学史》、李源澄《经学通论》对《大学》很少涉及,在《大学》专经的研究上是很不足的。由此可见,综述性的经学史和经学研究也存有有待解决和澄清的问题。《大学》学的研究,对于今天了解宋元明清经学的流变,有着重要的意义,值得加以研究。

三 研究的方法

基于以上,我们认为,今后《大学》学的研究要取得突破成就,就须特别注重:

---

① 皮锡瑞:《经学历史》,中华书局1981年版,第275、283页。
② 马宗霍:《中国经学史》,上海书店出版社1984年版,第134页;蒋伯潜:《经与经学》,世界书局1941年版,第209页。
③ 张志哲:《中国经学史分期意见述评》,载《史学月刊》,1988年第3期,第4页。
④ 马宗霍:《中国经学史》,第129页。
⑤ 皮锡瑞:《经学历史》,第278页。

（一）将《大学》学史的研究放在中国传统经学史的视野下

自 20 世纪以来，中国大陆，包括港澳台等许多学者对《大学》进行了多角度、深层次、大范围的研究，并在各个方面都取得了卓有成效的成果。但是，将《大学》置于经学史的视野下，探讨《大学》学的流传与发展演变的论文与专著还是很少，这不能不说是一个巨大的遗憾。因为中国古代的学术主流就是经学，不研究经学就很难真正地理解中华民族的独有精神，将《大学》置于中国传统经学史的视野下研究有利于从整体上把握《大学》诠释的流传与发展演变。

（二）从中国经典诠释学的角度进行研究

所谓中国诠释学，其核心与实质其实在于"经典诠释学"。当前对于传统经典和学术的研究，"经典诠释"已成为一个热点和重点。从汉唐经学到宋明理学，一直到清代的乾嘉之学，每个时期都会形成一些对经典注释的原则与方法，而在中国长期的经典解释历史中，这些原则和方法是我们理解古人治学，以及重新诠释经典所必不可少的。即使是现代的新儒家，其对儒家思想的发展也是依靠重新诠释儒家思想和经典实现的。

所谓的"经典诠释学"，是将诠释学作为一种方法而言，这跟海德格尔的"实存性诠释学"和伽达默尔的"哲学诠释学"是不一样的，因为这两人已经将诠释学导向了本体论领域，这跟本文关注作为方法论的诠释学是不同的。中国历史上存有悠久的经典注释的传统，形成了学者所默识心通的注释原则和方法，是客观存在的事实，有其存在的固有性。将诠释学运用于对历代《大学》学的分析和理解中，主要是想以此考察历代主要儒者如何看待《大学》的文本与作者、如何注释《大学》、如何将《大学》的内容应用于现实社会中，以及历代的社会政治形势如何反映在当时儒者对《大学》的注释中。中国传统的经典注疏文本，从注释者对经典的理解、注释，再到将经典中富含的有意义的内容应用于当下，这都与西方诠释学的内在理路是一致的，具有西方诠释学理论的三个要素。这是中国传统经典注疏所固有的特点。

(三) 文献学的方法

对《大学》学史的研究,是以对《大学》学相关著述的搜集、整理、考证、辨伪为前提的。由于朱子《大学章句》本的盛行,很多《大学》其他著述就很少有人关注了。这对于《大学》学史的研究是非常不利的,至少不能对所有的相关文献做到一网打尽,所以这一文献学工作尤其显得重要。具体来说:一是文献的搜集和整理。提到文献的搜集和整理,那不得不提的就是我们现在所能用到的各种丛书以及类书。概括起来主要有三大类书籍,分别是四库类、经解类、目录类。其中四库类书籍包括《四库全书总目提要》《续修四库全书》《四库全书存目丛书》等;经解类书籍包括《经义考》《清经解》《续清经解》《通志堂经解》等;目录类书籍包括《中国古籍善本书目》等。搜集资料力求全面地了解《大学》学著述的数量、种类和内容情况,如此可谓"因类求书,因书究学"。二是文献的分析与解释。研究古代学者的思想,脱离不了各种文献。研究《大学》的学术思想,必然少不了对有关《大学》古代文献的研究。通过收集文献来获取资料,搜集了大量相关文献,阅读文献并对其进行系统的分析,做到史论结合。

(四) 传统文献和出土文献相结合的方法

荆门郭店楚简所出土的文献中有属于儒家思想的著作——《五行》经文,而在长沙马王堆帛书中也出土了《五行》的经文,两者可以相互校勘。李学勤先生就曾撰文提出,《五行》篇和《礼记》中的《大学》篇是一样的,是一篇有经、有传的作品。同时,两种《五行》中都有"慎独",与《大学》"慎独"有着密切的关系,可以说简帛《五行》篇的"慎独"思想和《大学》的"慎独"思想是一脉相承的。要想进一步研究《大学》,就必须对儒家传世的经典文献和注释进行充分把握,同时结合现在新出土的相关文献,在准确把握前人研究成果的基础上,展开对《大学》的进一步研究。

总之,《大学》研究是一项综合性的系统工程。将《大学》放在中国传统经学史的角度下,有利于更加立体地探讨《大学》的流传与演变。在方法论的意义上,运用中国经典诠释学的方法、文献学的方法、传统文献和出土文献相结合的方法，虽然各自的侧重点不同，但又是互相联系、互相补充的。文献学是基础，是史料，也是传统文献，可以与出土文献相结合运用。这些方法论的运用正说明《大学》研究的日益成熟，也将是未来《大学》研究的主方向。

后　记

第四届中韩儒学交流大会的会议主题——儒家文化与东亚文明，是中韩两国儒学界共同关注的学术问题。本书所收文章，是由会议组委会共同商定第四届中韩儒学交流大会的发言文章，展示了中韩两国学者对儒家文化与东亚文明内在关系研究的新成果。

文明因交流而多彩，文明因互鉴而丰富。习近平总书记指出，任何一种文明，不管它产生于哪个国家、哪个民族的社会土壤之中，都是流动的、开放的。这是文明传播和发展的一条重要规律。在长期演化过程中，中华文明从与其他文明的交流中获得了丰富营养，也为人类文明进步作出了重要贡献。儒学本是中国的学问，但也早已走向世界，成为人类文明的一部分。东亚各国的历史与现实，与儒家文化有着不可分割的内在关系。深入探讨儒家文化与东亚文明的内在关系，揭示儒家文化在当今东亚各国社会发展中的作用和影响，对于促进东亚社会的文明发展，构建人类命运共同体，有着重要的现实作用和应用价值。

本书出版得到了山东社会科学院和韩国驻青岛总领事馆的大力支持。中国社会科学出版社以及责任编辑冯春凤女士，为本书的顺利出版付出了辛勤劳动。在此，谨表示衷心感谢！

编　者

2019 年 1 月